绍兴文理学院越文化研究院（浙江省哲社重点研究基地越文化研究中心）
《中国越学》编委会

顾　　　问	安平秋　黄　霖						
委　　　员	王志民	叶　岗	刘毅青	朱万曙	汪俊昌	寿永明	李圣华	张太原
	陈书录	周鸿勇	赵敏俐	胡晓明	柳巨波	高利华	郭英德	诸凤娟
	徐吉军	钱　明	黄胜平	梁　涌	谢一彪	廖可斌	潘承玉	
主　　　编	汪俊昌							
执 行 总 编	潘承玉							
责 任 编 辑	钱汝平							

中国越学

【第十辑】

主　编 ◎ 汪俊昌
执行主编 ◎ 潘承玉

中国社会科学出版社

图书在版编目（CIP）数据

中国越学. 第十辑/汪俊昌，潘承玉主编. —北京：中国社会科学出版社，2019.9
ISBN 978-7-5203-4887-4

Ⅰ.①中… Ⅱ.①汪… ②潘… Ⅲ.①文化史—研究—浙江 Ⅳ.①K295.5

中国版本图书馆 CIP 数据核字(2019)第 184015 号

出 版 人	赵剑英
责任编辑	郭晓鸿
特约编辑	孙　靓
责任校对	闫　萃
责任印制	戴　宽

出　　版	中国社会科学出版社
社　　址	北京鼓楼西大街甲 158 号
邮　　编	100720
网　　址	http://www.csspw.cn
发 行 部	010-84083685
门 市 部	010-84029450
经　　销	新华书店及其他书店

印刷装订	北京君升印刷有限公司
版　　次	2019 年 9 月第 1 版
印　　次	2019 年 9 月第 1 次印刷

开　　本	880×1230　1/16
印　　张	16.25
插　　页	2
字　　数	348 千字
定　　价	88.00 元

凡购买中国社会科学出版社图书，如有质量问题请与本社营销中心联系调换
电话：010-84083683
版权所有　侵权必究

目　录

王阳明《西湖》诗碑辨伪……………………………………… 计文渊（1）

阳明夫子《传习录》版本源流考……………………………… 邹建锋（11）

从王阳明公移观其为官思想…………………………………… 徐　熠（23）

地方志中所见王阳明诗小考
　　——兼论地方志于王阳明诗歌研究之价值……………… 周丹烁（37）

"万物一体"学说是阳明心学体系的重要组成部分…………… 华建新（49）

阳明学的"良知"与"知识"
　　——兼论"两种阳明学"及其伦理问题………………… 申绪璐（61）

"致良知"附会于"格致诚正"
　　——晚明清初浙西学者对阳明心学的批判……………… 张天杰（70）

王充在越文化发展史上的经典意义…………………………… 潘承玉（84）

试论刘基官德理论的内涵……………………………………… 张宏敏（95）

陶奭龄年谱简编………………………………………………… 李会富（112）

张岱诗集四种题记……………………………………………… 夏咸淳（131）

张岱《陶庵梦忆》与明末戏曲生态谱系及其审美本质……… 吴　民（136）

论黄宗羲的科学思想…………………………………………… 朱义禄（149）

试论蔡元培先生的"家国情怀"……………………………… 马芹芬（165）

蔡元培与我国图书馆事业……………………………………… 蔡　彦（174）

历史伟人是一座精神丰碑
　　——读《鲁迅小说集》……………………………………付八军（183）
宋高宗在绍兴……………………………………………………任桂全（194）
朱熹门人廖俣家世生平考
　　——以新见诸暨出土廖氏家族圹志为中心…………………钱汝平（205）
论堕民的分布地区………………………………………………谢一彪（219）
绍兴越社的前世今生……………………………………………裘士雄（236）
兰亭学：从学科定位到学科构建…………………………………毛万宝（248）

王阳明《西湖》诗碑辨伪

计文渊

【摘要】 通过对王阳明西湖养病进行考证，引出流传已久的所谓王阳明《西湖》诗碑问题，具体梳理三种拓本的流传过程，最后辨析《西湖》诗并非王阳明本人之作，推翻数百年来以为《西湖》诗碑就是王阳明真迹的误传。

【关键词】 王阳明　《西湖》　诗碑　辨伪

明弘治十五年（1502）八月，王阳明疏请告归余姚老家养病①。明年（1503）又移疾杭州西湖休养，期间作有西湖相关诗文多篇，诗稿收录于《王文成公全书》及《西湖游览志》等书，此外，其他虽有部分散佚诗，但有真伪之别。其中有流传为王阳明七绝《西湖》诗碑一块，自清代中后期以来，其广为流传，原诗为：

　　画舫西湖载酒行，藕花风渡管弦声。
　　馀情未尽归来晚，杨柳池台月又生。②

迄今二百余年间，该《西湖》诗碑拓本流传国内多地，又传至海外，真伪问题尚未深入探究。笔者曾于20世纪80年代末，沿着王阳明遗迹，赴皖、赣、湘、黔四省追踪寻访，收获甚多。特别在贵阳阳明祠、修文古龙场等地进行实地考察，印象深刻。记得当年在贵阳扶风山阳明祠拜谒时，正适该祠大规模修缮，许多文物碑刻有待翻刻复制，有幸得到维修管理处一位老先生的友情支持，他提供了王阳明书迹相关照片，其中便有上述《西湖》诗碑拓本，为贵州省博物馆旧藏。当初自因认定此碑笔法不类王阳明手书特征，故未收录于1996年出版的拙编《王阳明法书集》③一书。而该碑诗

---

① 吴光等编：《王阳明全集》，上海古籍出版社1992年版，第291页。
② 贵阳市对外文化交流协会编：《王阳明谪黔遗迹》，贵州人民出版社1999年版，第95页。
③ 计文渊编：《王阳明法书集》，西泠印社出版社1996年版。

作是否出自王阳明，也未及考证。近三十年来，各地所编王阳明遗迹及诗文研究专集，都将此碑作为王阳明诗和真迹加以著录。

近来，笔者从日本回流的书画中，相继得到了两种该碑旧拓，同时，又找出了诗碑原作者的文献证据，可以确定《西湖》诗碑并非王阳明本人所作；有感于此，以往对此碑真伪混淆的痕迹，现在可以还原真相，为此特撰此文，以求教于海内外方家。

一　阳明西湖写怀

王阳明在《乞养病疏》（弘治十五年八月）中自述："切缘臣去岁三月忽患虚弱咳嗽之疾……入秋稍愈……旧患仍作……转增烦热，迁延三月，尪羸日甚……蝼蚁之私，期待暂离职任，投养幽闲，苟全馀生，庶申初志。伏望圣恩垂悯，乞敕吏部容臣暂归原籍就医调治。"[①] 黄绾《阳明先生行状》曾述先生得病之由："日事案牍，夜归必燃灯读《五经》及奏事……必至夜分，因得呕血疾。"[②] 由此可见王阳明公务累身，积劳成疾，遂有告病归养，筑室阳明洞之举。据《王文成公全书·年谱》载："十五年（1502）壬戌，先生三十一岁……明年（1503）遂移疾钱塘西湖，复思用世。往来南屏、虎跑诸刹……"其他各类年谱记述类同，极其简略（见表1）。王阳明在杭州西湖养病期间，曾遍访当地的古刹名寺，写了不少与西湖有关的诗文，其中题为《西湖醉中漫书二首》，有诗句"好景恨无苏老笔，乞归徒有贺公情""共君醉卧不须到，自有香风拂面来"，又有"南北双峰引高兴，醉携青竹不须扶"的诗句，赞美了西湖的景致。诸如对莲花的描写，王阳明说没有必要到莲池旁去赏花，醉卧岸边，微风一样会把莲花的芬芳送到你面前。

另外，王阳明还作有《南屏》《卧病静慈写怀》《移居胜果寺》二首，明田汝成撰《西湖游览志》[③] 时，收录了以上诸诗（见表2）。田汝成，字叔禾，钱塘（今浙江杭州）人。嘉靖五年（1526）进士，官广西右参议，福建提学副使。所撰《西湖游览志》二十四卷，每篇因名胜而附以事，鸿纤巨细，一一兼赅。他与王阳明为同时代人，所录诗文较为真实可信。

表1　　　　各种《王阳明年谱》[④] 所载王阳明移居杭州西湖的情况

名称及编者	内　　容	刊刻时间
《阳明先生年谱》 （明）钱德洪编 （明）罗洪先考订	十五年壬戌，先生三十一岁在京师…… 明年遂移疾钱塘西湖，复思用世。往来南屏、虎跑诸刹……	明嘉靖四十三年（1564）刻

---

① 吴光等编：《王阳明全集》，上海古籍出版社1992年版，第291页。
② 同上书，第1407页。
③ （明）田汝成：《西湖游览志》，东方出版社2012年版。
④ 北京图书馆编：《浙东学人年谱》第三册，国家图书馆出版社2003年版。

续表

名称及编者	内　　容	刊刻时间
《王文成公年谱》 （明）钱德洪编订 （明）谢廷杰辑	十五年壬戌，先生三十一岁，在京师。 ……明年遂移疾钱塘西湖，复思用世。往来南屏、虎跑诸刹……	明隆庆六年 （1572）刻
《阳明先生年谱》 （明）李贽编	十五年壬戌，先生三十一岁…… 明年遂移疾钱塘西湖，往来南屏、虎跑诸刹	明万历三十七年 （1609）刻
《阳明先生年谱》 （明）施邦曜编	十五年壬戌，先生三十一岁…… 乃移居西湖，往来南屏、虎跑间	明崇祯八年 （1635）刻
《王阳明先生年谱》 （清）张问达辑	十六年，先生三十有二岁，移疾钱塘之西湖。是年先生复思用世。往来南屏、虎跑诸刹……	清康熙间 （1662—1722）刻
《明王文成公年谱节抄》 （清）杨希闵节抄	十六年癸亥，三十二岁 是年移疾钱塘西湖，复思用世……往来南屏、虎跑诸刹……	清光绪四年 （1878）刻
《阳明先生年谱》 （清）刘原道编	十五年壬戌，先生三十一岁 ……乃移居西湖，往来南屏、虎跑间……	清光绪三十二年 （1897）刊
《王文成公年纪》 （清）陈淡然编	十六年癸亥，先生三十二岁，移疾钱塘西湖。先生既移钱塘西湖，往来南屏、虎跑诸刹……	清光绪间 （1875—1908）石印
《王阳明年谱节录》 （民国）陈筑山编	三十一岁，先生筑阳明洞中……明年养病钱塘西湖，往来南屏、虎跑诸刹……	民国二十二年 （1933）铅印本

表2　　　　　　　　　　　王阳明《西湖》诗录

《王文成公全书》及续编 归越诗三十五首 （弘治壬戌，以刑部之事告病归越并楚邀作）	《西湖游览志》，（明）田汝成著
● 西湖醉中漫书二首 　十年尘海劳魂梦，此日重来眼倍清。 　好景恨无苏老笔，乞归徒有贺公情。 　白鸟飞处青林晚，翠壁明边返照晴。 　烂醉湖云宿湖寺，不知山月坠江城。 　掩映红妆莫谩猜，隔林知是藕花开。 　共君醉卧不须到，自有香风拂面来。	《掩映红妆》一首辑入

续表

《王文成公全书》及续编 归越诗三十五首 （弘治壬戌，以刑部之事告病归越并楚邀作）	《西湖游览志》，（明）田汝成著
赴谪诗五十五首（正德丁卯赴贵阳龙场驿作） • 南屏 　　溪风漠漠南屏路，春服初成病眼开。 　　花竹日新僧已老，湖山如旧我重来。 　　层楼雨急青林迥，古殿云晴碧嶂回。 　　独有幽禽解相信，双飞时下读书台。 • 卧病静慈写怀 　　卧病空山春复夏，山中幽事最能知。 　　雨晴阶下泉声急，夜静松间月色迟。 　　把卷有时眠白石，解缨随意濯清漪。 　　吴山越峤俱堪老，正奈燕云系远思。	《南屏》一首辑入 《卧病静慈写怀》一首辑入
• 移居胜果寺二首 　　江山俱知山色好，峰回始见寺门开。 　　半空虚阁有云住，六月深松无暑来。 　　病肺正思移枕簟，洗心兼得远尘埃。 　　富春咫尺烟涛外，时倚层霞望钓台。 　　病馀岩阁坐朝曛，异景相新得未闻。 　　日脚倒明千顷雾，雨声高度万峰云。 　　越山阵水当吴峤，江月随潮上海门。 　　便欲携书从此老，不教猿鹤更移文。 • 西湖醉中谩书 　　湖光潋滟晴偏好，此语相传信不诬。 　　景中况有佳宾主，世上更无真画图。 　　溪风欲雨吟堤树，春光新添没渚蒲。 　　南北双峰引高兴，醉携青竹不须扶。	《江上但知》一首辑入

二 《西湖》诗碑拓本三种考论

一、王阳明《西湖》诗碑旧拓本（传），纵167cm、横85cm，阳明书屋藏。据旧拓题跋为四川成都草堂寺碑刻，故简称"成都本"。

二、王阳明《西湖》诗碑旧拓本（传），纵 183cm、横 91cm，阳明书屋藏。又贵州省博物馆藏，据传为贵阳阳明祠碑刻，故简称"贵阳本"。

三、王阳明《西湖》诗碑新拓本（传），纵 173cm、横 93cm，菱池居藏。据旧拓本复刻，新碑现存贵阳阳明祠内，故简称"新刻本"。

现在对《西湖》诗碑三种拓本考论如下。

首先，"成都本"。笔者所藏"成都本"，旧有日本学者附题跋一则：

> 此碑在成都西方，距浣花溪半里之古寺（草堂寺）境内。书碑署为著名王阳明……往昔为唐诗圣杜子美所居之处，数年间构筑草庵，过着悠然自得的田园生活。后世为纪念杜子美，将草庵改建为草堂寺，结草为寺……今境内有杜子美祠，有梅数十株，此地满园梅花开放，观赏者甚多。

关于成都草堂寺与浣花祠的创建年代，得名之由，几经更迭，异说诸多，莫衷一是。如《文选·北山移文》李善注引梁简文帝《草堂传》说："汝南周颙昔经在蜀，以蜀草堂寺林壑可怀，乃于钟岭雷次宗学馆立寺，因名草堂，亦号山茨。"①而清人赵熙则认为草堂寺创建于晋代，为蜀中佛寺之最古者。其所撰《草堂寺记》谓："寺之名昉东汉，然汉元狩元年，张骞使大夏，见蜀布、邛竹来自东南毒国，去邛西可二千里。姚秦法显求戒律至西域，悬縆过新头河。河上人言：古老传弥勒菩萨立像在佛泥洹后三百许年，当周平王时便有沙门赍经律东渡此河者。如若言邪，则汉明帝未梦金人，蜀早通天竺。蜀中流佛法亦远当蚕丛、开明，全支那学佛皆后蜀区，金行晋室奚以云。"②唐卢求在《成都记》中说："草堂寺在府西七里，浣花亭三里，寺极宏丽，有名僧履空居其中，杜员外居处逼近，常恣游焉。"这里的"杜员外居处"即指当年杜甫所建之草堂。浣花溪在何处？唐人张周封的《华阳风俗录》中说："浣花溪在州西南，有江流，至清之所也。"可见此亭距草堂寺三里之说可信。此亭因何而建？宋人葛琳在《浣花亭》诗中说："任氏载经纪。"据此推断，可能是为纪念任氏而建。至于草堂寺，距府西七里，和杜甫之草堂毗邻，仍是当年的格局③。

明代冯任修、张世雍等编纂的《四川成都府志》载草堂寺："成都治西南五里，前代为尼居名桃花寺，隋文帝时易以僧。大历中崔宁镇蜀，以冀国夫人任氏本浣溪女，遂重修之，绘任氏真于其中。会昌中欲毁寺，夜闻女子泣之声，乃止，已而祷，两有验。本寺赐今名（梵安寺），欲呼草堂寺。"④"浣花溪，华阳治西南五里，名曰百花潭，按吴中复《冀国夫人任氏碑记》：夫人微时，见一僧坠污渠，为濯其衣，有花满潭水，造为十色笺。"⑤

---

① 《文选》卷四十三《北山移文》，清胡克家刻本。
② 《赵熙集》，浙江古籍出版社 2014 年版，第 1027 页。
③ 濮禾章：《草堂寺和浣花祠》，《四川文物》1988 年第 4 期。
④ 《四川成都府志》卷三，明天启刻本。
⑤ 同上书，卷二。

清乾隆年间何礼明著《浣花草堂志》八卷，其中《胜概》篇载："草堂寺旧传八景，曰梵安兰若、工部草堂、百花潭水、万竹山房、石桥通济、泉井源深、官庄柳荫、古道柏森。"①

民国时，吴鼎南著的《工部浣花草堂考》则更为简明扼要，他认为"草堂寺在工部草堂东，一名梵安寺，堂与寺各别也。寺即周颙怀旧寺，见梁简文帝《草堂传》。寺虽在堂先，而堂则非因寺筑。惟名巧合，且同在溪畔，世多疑之"。②"此一千五百年之古寺不免为之湮没不彰，疑莫能定。寺以堂名，抑堂以寺名，聚讼亦最久，经此辨正，其争可以息矣。"③此外，还附录《草堂碑碣存目》："……石刻二十有六……其他行草书又十有四，不悉记也。"④"又草堂寺中尚有三碑。"皆指草堂寺重修碑记，存目未提及有王阳明《西湖》诗碑，或未一一详录。

综上所述，草堂寺和杜甫草堂的命运始终连在一起。随着岁月更替，其建筑与碑刻传至明末，皆毁于兵燹。清代康熙年间，相继重建。民国时期，草堂寺和杜甫草堂都曾驻扎军队，文物等多被焚毁，散失殆尽。《西湖》诗碑或许毁于这段时间，幸"成都本"拓本尚存。

其次，"贵阳本"。"贵阳本"的出处与贵阳阳明祠有关。贵阳扶风山有阳明祠，目前我们可以见到扶风山在清代所绘较早的全景图，记载于清代完颜麟庆撰的《鸿雪因缘图记》之中，这是一部论述他生平所见所闻的图文之作。按：完颜麟庆，满洲镶黄旗人，清嘉庆进士，授中书，道光十二年（1832）任贵州布政使，护理巡抚，未久离任。后官至江南河道总督，在任十年，著作《鸿雪因缘图记》影响最广。《鸿雪因缘图记》共三集，每集分上下两卷，一事一图，刻画逼肖，纤毫备具，笔触细腻，此书在史料价值之外，还有极高的艺术价值。其中贵阳部分内容分为八种，尤其是《扶风春饯》图，描绘了扶风山全景，其文记载"山本荒僻，慧先自川中来，经营三十年，楼殿台榭，因山取势，杂种花木，工于位置而妙于掩映，竟成巨观。且建塔以收遗骸作冢，而受字纸，更得大慈氏精意"⑤。当时《扶风春饯》图的场景描写，还未提及阳明祠的情况。

扶风山在贵阳城东二里许，山形绝似螺，山半有佛寺曰"扶风寺"，正殿祀关壮缪，上为奎阁，祀魁星，左为王阳明祠，右为尹道真祠，苍松翠柏，风景清幽。清代城中文人，常以此间为修禊吟眺之所，建有惜字院、字冢等，至今尚存。据近代考古学家、书家陈恒安（1910—1986）记载："阳明祠内有阳明衣冠像石刻，廊间有阳明手迹石刻，附跋语甚多，均嵌在壁上。院中有赑屃负大石碑，刻《阳明祠记》。"⑥

---

① 《成都旧志》（浣花草堂志），成都时代出版社2007年版，第5页。
② 《成都旧志》（工部浣花草堂考），成都时代出版社2007年版，第2页。
③ 同上书，第4页。
④ 同上书，第38页。
⑤ （清）完颜麟庆著，汪春泉等绘：《鸿雪因缘图记》，道光二十七年（1847）刻本第二集。
⑥ 贵阳市志编纂委员会办公室编：《贵阳名胜古迹》，贵州人民出版社1991年版，第258页。

这些记载与清代贵州著名学者郑珍的记述相吻合，谓："寺右有阳明祠，祀明王守仁，《府志》失载……待至嘉庆二十四年（1819），张澍督黔学，始与三书院长完成之，有石碑记嵌祠壁。祠中黄辅辰刻石亦谓'祠为嘉庆戊寅、己卯（1818—1819）间，傅小泉、李他山建'。己卯即二十四年也。祠中有阳明像二，题咏甚多，其始末《巢经巢集·游芙峰山观阳明像诗自注》颇详。光绪五年（1878），唐炯、罗文彬重修祠宇，并摹遗像及题刻佳者镌诸石，砌置壁间，二人各为之记。近见阳明遗像册，前为阳明晏坐小像，莫友芝书额，并有四赞：乃门生王畿、邹守益、钱德洪及其侄正思作。又一赞张岱作。次为郑珍跋……祠中别藏侯服大像，幅高大七尺许，上书封新建侯敕，亦不能详其传授。"①

上述"衣冠像"石刻，别称为侯服大像，即今《王阳明谪黔遗迹》所刊之线刻阳明先生朝服大像（贵阳阳明祠）和《贵阳阳明祠·阳明洞碑刻拓片集》王阳明先生朝服大像。此外，陈恒安所述"廊间有阳明手迹石刻，附跋语甚多，均嵌在壁上"，即今所传之王阳明《家书》《复罗整庵书》手迹刻石是也。据以上史料，均未提及有王阳明（款）《西湖》诗碑刻存于阳明祠的相关记载。

再次，贵阳"新刻本"。以陈恒安"院中有赑屃负大石碑，刻《阳明祠记》"的记述，不外乎限于张澍《阳明祠记》、唐炯《重修王阳明先生祠堂记》《阳明先生祠碑碑阴记》三种碑刻。碑文上溯扶风山阳明祠创建始于嘉庆中期，规模狭隘，岁久倾圮。后于光绪年间集资缮修，建有长廊，曾将旧藏王阳明《家书》《复罗整庵书》及《王阳明小像》等勾摹上石，嵌于壁间。笔者对陈恒安所述"院中有赑屃大石碑"，颇为关注。记得20世纪80年代，石赑屃仅存底座而已。可以说原"阳明祠记"的碑石已荡然无存。80年代末，当地文保部门考虑"文化大革命"期间阳明祠内文物受损严重，由书画专家代觅苏州石刻高手，按原拓重刻碑石，今立在赑屃之上的《西湖》诗碑即是当时的新刻，此即"新刻本"。但与上述"石赑屃大碑为阳明祠碑记"明显做了替代。问题是扶风山的阳明祠当时是否有《西湖》诗碑，目前缺少明确的记载。假如贵州省博物馆所存旧拓本为阳明祠原拓，再根据成都草堂寺的拓本分析，"贵阳本"的时间不会早于光绪年。另外，重庆合川铜梁洞也有《西湖》诗摩崖石刻，为民国初年道人谭遁九重建二仙观时据以上拓本摹刻。

现存"成都本""贵阳本""新刻本"三种拓本，字面内容大致相同，而在细微处可以管窥碑石的制作时间。诸如所刻两枚印章，"成都本"镌刻相对随意而质朴，"贵阳本"略显规整，"新刻本"刻者不理解印面文字，依样画符，明显粗糙（见附图）。

---

① 《贵阳名胜古迹》，第132、133页。

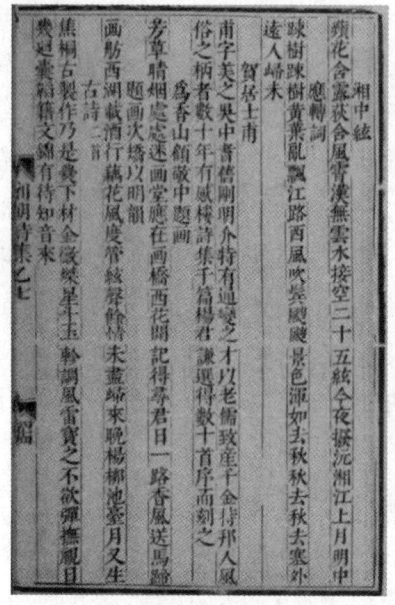
《列朝诗集》刊明贺甫诗稿

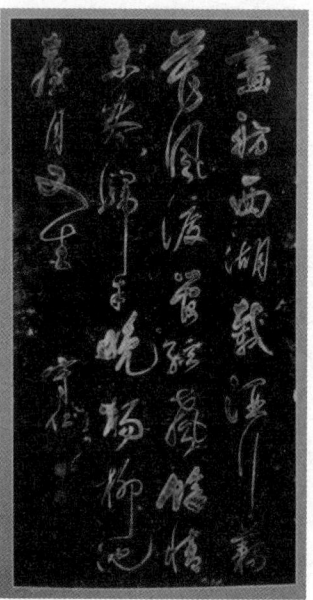
伪王阳明《西湖》诗碑拓本

成都本

贵阳本

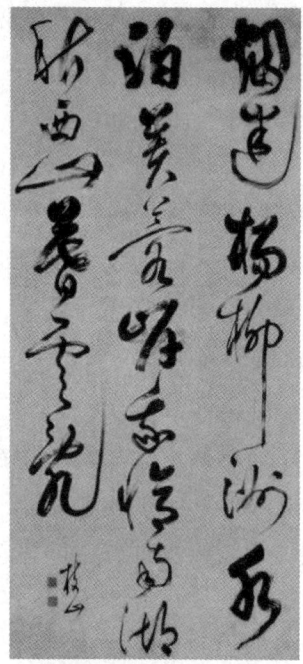
伪祝枝山书轴（一）

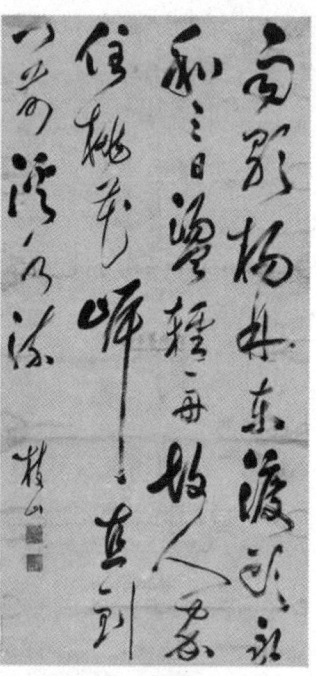
伪祝枝山书轴（二）

新刻本

图1　新刻本

三 《西湖》碑刻诗文真伪

以上所述王阳明《西湖》诗碑三种，近来出版各类著述均作为王阳明佚诗真迹，如束景南的《阳明佚文辑考编年》，并附考述："诗有阳明手迹刻石碑在贵阳扶风山阳明祠，《王阳明谪黔遗迹》著录。此为夏游钱塘西湖诗，当作在阳明移疾钱塘西湖时。今有以为此诗作为弘治十五年，乃误。钱德洪《阳明先生年谱》：'弘治十五年八月，疏请告……遂告病归越，筑室阳明洞中……明年，遂移疾钱塘西湖……'是阳明弘治十六年春乃移疾钱塘西湖，阳明此诗作在弘治十六年夏。《王阳明全集》卷十九有《西湖醉中漫书二首》，即阳明移疾钱塘西湖作，其二云：'掩映红妆莫谩猜，隔林知是藕花开。共君醉卧不须倒，自有香风拂面来。'意境与此诗相类，诗咏净慈寺前之藕花居（见《西湖览胜诗》及《西湖游览志》），当作在同时。"① 此番论述，经笔者考究，与真实情况大相径庭。此诗与王阳明西湖诗作更是风马牛不相及，穿凿附会令人费思而不解！现对《西湖》诗原作者和《西湖》诗碑手迹问题进行考证如下。

1. 《西湖》诗原作者贺甫

事实上，所传此《西湖》诗稿，并非王阳明所作，原作者另有其人。清钱谦益撰《列朝诗集》已将此《西湖》诗辑入，并明确注明原作者为明代贺甫，原题为"题画次矫以明韵"。今存有清顺治九年（1652）毛晋刻本，收录于《历朝诗集》第二册乙编七（见附图）。该集收贺甫诗作八首，又附有贺甫小传云："贺居士甫，字美之，吴中耆旧。刚明介特，有通变之才，以老儒致产千金。持邦人风俗之柄数十年。有《感楼诗集》千篇，杨君谦选得数十首，序而刻之。"② 此外，明代祝允明《祝子志怪录》卷四也载有贺甫逸闻故事一则，其云："贺解元之父甫，字美之，世儒也。为予言解元得第时，不特有鳌祥。予亦梦一翡翠自天而下，坠吾家庭中，遂死。未卜何兆也？先生言时解元固元恙，今而已矣！予追思之，岂翠鸟为文明之象，而其死乃卒于一举之应乎！"③

又清康熙御定《佩文斋咏物诗选》，也辑入贺甫此首题画诗作，该诗集共486卷，所录上古到明代咏物诗八十六类，由张玉书编。此后乾隆时陈邦彦编《御定历代题画诗类》同样也收录该诗。以上所谓《西湖》诗的原作者史料皆凿凿可据，毋庸置疑！下面再就诗碑手迹问题展开考论。

2. 《西湖》诗碑手迹问题

论书画作伪，自古已然，不胜枚举。尤其名人书画，皆可获利。明清之际，苏州、扬州地区坊间专仿宋、元、明各代名画墨迹，俗称"苏州片"。清代钱泳的《履园画

---

① 束景南：《阳明佚文辑考编年》，上海古籍出版社2012年版，第156页。
② （清）钱谦益编：《列朝诗集》卷七，清康熙九年（1670）毛晋刻本。
③ （明）祝允明：《祝子志怪录》卷四，明万历四十年（1612）刻本。

学》称:"作伪书画者,自古有之,如唐之程修己伪王右军(羲之),宋米元章伪褚河南(遂良),不过以此游戏,未必以此射利也。"① 当然也有书画家才情横溢,又玩世不恭,其逸趣故事,往往传为美谈。

比如明代草书大家祝允明,其书"风骨烂漫、天真纵逸",名动海内。他与唐寅、文徵明、徐祯卿并称为"吴中四才子",早年师法虞世南,又直追"二王",草书师法李北海、黄山谷等,故有人称其草书为"明朝第一"。因此,明代专仿祝氏之书已不足为怪,祝允明外孙吴应卯,习祝书辄可乱真,传世伪祝氏书作不少。另,文葆光为文徵明五世孙,也专门伪造祝允明草书,流传也很广。此外,还有一位专仿祝允明书的作者,正是伪造以上王阳明《西湖》诗碑者,其姓名无考,传世伪祝氏书迹多件,据笔者目前所能看到的,列举二件:

烟迷杨柳洲,水泊芙蓉岸。
我忆南湖秋,西山暮云乱。②

雨歇杨林东渡头,永和三日荡轻舟。
故人家住桃花岸,直到门前溪水流。③

以上二件诗轴墨迹,第一首为明代董其昌题《登翠微亭》诗作。第二首为唐代常建的《三日寻李九庄》诗。然二件书迹落款为"枝山",即指祝允明(枝山)书录,这样一来,这位作伪者给我们留下了明显的把柄,同样,又可以确认作伪者的大致年代。把柄是指:首先,祝允明不可能去书录明代晚期董其昌的诗作。因祝允明去世时,董其昌还未出生。其次,作伪者的生活年代上限为晚明或清初。那么以上二诗轴与《西湖》诗碑又有何关系?笔者认为《西湖》诗碑的手迹与二件诗轴墨迹为同一人手笔,根据笔迹鉴定分析,可以确定此一结论。

如选取《西湖》诗碑的个别草字,与二件诗轴墨迹进行比较,可谓玄珠在握,成竹在胸,又增添了彼此之间的佐证。以下列举数例以做比较,其中诗碑"西""花""渡""杨柳"等字,与二件诗轴墨迹相对应的"西""花""渡""杨柳"等字的笔法习性,无不一一吻合(见附图)。反之,选诗碑中的如"声"字与王阳明手迹中的"声"字写法相比对,则相去甚远;又诗碑"馀"字与王阳明《龙江留别诗卷》中的"馀"字相较,前者软弱圆钝,无阳明清劲坚挺的笔法;又诗碑"来"字的草书写法则完全误笔,圆熟而生俗态,全然无阳明师法晋人的笔意。

上述种种,不一而足,此类传世书迹,是真是假,孰是孰非,终究会水落石出,还事物一个本来面目。致使后人将伪书《诗碑》误认为阳明真迹,必有其历史原因,通过上述考证,可以定其为伪迹无疑。

---

① 国家文物鉴定委员会编:《文物鉴赏丛录》(书画一),文物出版社1994年版,第1页。
② 上海崇源拍卖会《古代书画》专场图录,2004年12月22日。
③ 无锡文苑拍卖会《名家翰墨》专场图录,2007年12月30日。

阳明夫子《传习录》版本源流考

邹建锋

【摘要】

　　学术界历来对南大吉刻、南逢吉校对整理的《传习录》语焉不详。近来，已有个别学者开始对《传习录》诸版本重新研究，接续束景南、陈来、吴震、钱明、永福青地等学界前辈名宿所做的研究。作者结合自己近几年对浙江图书馆、国家图书馆文津馆、温州图书馆、复旦大学图书馆等藏孤本《传习录》文献的调研，认为上海图书馆所藏题录《传习录》三卷、《续录》二卷并非南大吉所刻祖本，而是由钱德洪编辑的嘉靖三十三年左右水西精舍刻本或重刻翻刻本，为嘉靖后期后出本。上海图书馆本为残本，且对此本存在明显的题录错误，亟须改正。浙江省图书馆藏《传习录》三卷，现存薛侃刊印的三卷，为嘉靖二十六年范庆苏州重刻本，收录于《阳明先生文录》十七卷、《语录》三卷，《语录》卷一、二、三，为现存最早的《传习录》重刻本，具有重要的参校价值。国家图书馆文津馆所藏嘉靖二十九年萧彦刻、王畿序、江涌校正刻本孤本为翻刻本，收录于明刻本《阳明先生文录》第21、22册，最接近南大吉兄弟所刻的祖本。温州图书馆所藏钱錞刻、薛甲序、管州跋嘉靖三十三年本保存完整，有重要的参校价值。复旦大学图书馆所藏胡宗宪嘉靖三十七年本刻工精良，为清代俞嶙修缮本，实为目前隆庆六年本的祖本，规模最全，学术价值尤其重要。需要指出的是，浙江图书馆、上海图书馆、国家图书馆与温州图书馆所藏《传习录》珍本，要么题录错误，要么隐藏于文录之中，不容易发现，故而不被学者所重视与阅读。因此，重新考探、整理与研究《传习录》版本源流工作，重新做阳明夫子文集校注工作，有助于理清阳明夫子文献的传播过程，传承中国传统文化，一起夯实中国梦建设。《传习录》汇校集注工作，很有必要。

　　【关键词】《传习录》　版本　胡宗宪

　　阳明夫子亲传弟子与阳明夫子"致良知"学的传承首先表现在对夫子文集特别是

《传习录》的编订收集工作，其次才是对阳明夫子"致良知"学的创新与发展。近几十年来，学术界对王畿、王艮、钱德洪、邹守益、欧阳德等阳明夫子亲传弟子"致良知"学的整理与研究著述甚多，但是对这些弟子在夫子文集的编订收集特别是《传习录》的工作上注意与重视得还不够。

阳明夫子大多数亲传弟子会记录自己在夫子门下听讲、发问及与夫子游玩时的读书心得，有自觉的，也有不自觉的。当然也有自说自话，偏离阳明夫子本意的，如苏州来绍兴问学的黄省曾，梨洲就认为他根本没弄懂阳明夫子"致良知"学的精义，属于自我发挥型，而且是严重偏离夫子本意，但当时钱绪山并没有把他排除在师门之外，相反二人关系极其深厚，黄省曾还协助绪山编校《阳明夫子文录》，所付辛劳甚多。当然，在黄省曾自己看来，他虽然自己也承认放弃了阳明夫子在义理上的继续探究，但从精神上直接继承阳明夫子的豪杰人格，从文学上接洽良知开出的文化的世俗化启蒙，而且自认为涵养深厚，并没有与阳明夫子"致良知"学相背离，还是与阳明夫子本人一脉相承的。从今天的眼光来看，黄省曾本是文学家出身，因为客居绍兴的偶然机缘，得以拜学夫子门下，更多是文献记录者的角色，虽没有龙溪、明水、东廓、南野等人那样的学术推进者贡献那样大，但是我们应该从那个时代的特殊场景立论，这样所得结论较为真实可信。只要是原始的记录并传承阳明夫子语录的学者，不论出身，不论所得境界，更不论其后来官位大小，都应该一视同仁，给予表彰。

一　亲传弟子记载的阳明夫子语录与《传习录》文本的不断增订[①]

阳明夫子亲传弟子对《传习录》文本编撰的本意是为了更好地继承和发展孔子、孟子、象山、朱子诸门人之思想而编辑的简明文本，主要以师生答问的形式，记载了夫子在世时与其亲传弟子、同事、同人、朋友、熟人及交游人士讲学对话交流时语录，体现了师生间因材施教、随机答问和求真求善的特点，最著者当为《论语》《朱子语类》。[②]因此，为更好地传承阳明夫子的思想，让更多的人理解阳明夫子的立教宗旨，让即便是深山高龄、荒野贫瘠之地的好学深思之士都可以受教，阳明夫子之亲传嫡系弟子汲汲于刻印夫子讲学语录，阳明夫子之妹婿徐爱受父之托，在阳明夫子赴谪贵阳前就正式拜学阳明夫子门下，并开始细心地整理夫子的讲学对答语录。徐爱是内心最早感悟夫子诚心诚意探求圣学的人，也是第一个相信阳明夫子成圣之学的人，并自觉记录阳明夫子讲学语录。阳明学名传天下，徐爱当属首功，无疑。

---

① 钱明先生对阳明夫子全书的行程进行了详细的研究，可谓阳明夫子全书编撰过程研究的中国内地地区的先驱者。本书在写作过程中，参考了钱先生的不少资料，在此表示感谢和敬意。

② 语录体的好处在于其即时性与在场性，机锋随在，后世的读者随时可以体会到师生之间那种求真的热烈氛围。其缺陷在于容易暴露师生们的思考缺陷，而且义理过于集中，不利于涵养。而偏重涵养者，当属书信。这也是不少学者认为仅靠管窥语录是不足以探究研究对象的核心学术宗旨的原因。

1. 阳明夫子妹婿徐爱（14 则）、湖州门人陆澄（80 则）、广东潮州门人薛侃（35 则）编校的语录，薛侃助刻印，一册三卷本，总计语录 129 则①，由徐爱引言②、序③、跋④，即今通行本《传习录》上卷，时在正德十三年（1518）八月。

正德六年二月（1511），对于在北京城的阳明夫子而言是个重要的日子，不仅仅是因为刚入四十岁的"不惑"之年，不仅仅因为结束了两年多贵州贵阳府修水县驿站的谪居生活，告别将近一年的江西吉安府庐陵小县令工作，而是刚被荣升为吏部主事一个月就被选派为国家最重要考试会试同考官，与大学士、尚书同堂，选拔进士，为国家培养人才，成为"座主"。自此，阳明夫子不仅获得了重生，门生广进，官运也越来越亨通，开启了其宏伟教育事业的伟大征程。

早在徐爱正式记录阳明夫子语录并公开印刷之前，其实已经有在北京读书并准备参加进士考试的同门开始私下记录阳明夫子语录了，并很有可能在书市上流通，参加科举考试的举人们于坊间可以购买。当时阳明夫子听闻这件事后，表示出担忧："圣贤教人如医用药，皆因病立方，酌其虚实温凉阴阳内外而时时加减之，要在去病，初无定说。若拘执一方，鲜守为成训，他日误己误人，某之罪过可复追赎乎？"他的意思是说，我现在还年轻，也就四十来岁，刚入不惑之年，我的教法就像佛祖在《金刚经》里所说的一样，因人而异，因材施教，并没有固定的说法，也就是我目前的学术思想还没有成形，更多的讲的是学习方法，是成圣成贤的工夫论，一切都还在探索中，还请大家莫要急于出版我的讲学语录。

正德七年（1512）冬十二月，徐爱与阳明夫子同舟归越，途中阳明夫子与徐爱相与讨论《大学》，徐爱认真做了听课笔记，整理回忆并总结，总计 14 则⑤，并将语录命名为《传习录》。横山自己记录语录的本意是怕阳明学容易引起众人的反感，免得大家"骇""疑"⑥，"骇愕不定、无入头处"⑦，以为阳明"立异好奇"⑧，而且认为阳明讲学的《大学》文本有可取之处，会感觉有些地方朱子确实讲错了。为了更好地推广阳明夫子的思想，让更多地同志更好地研习阳明夫子的讲学语录，所以，将自己平日十余年来所闻私下记录下来并给同志传阅，日记中记载郑一初（郑朝朔）⑨、顾应祥（字惟贤）⑩、黄绾（字宗贤）⑪ 三位同门与自己总共四人一起问学辩论的情形，丽泽争鸣，"时时对越警发"⑫，共进阳明夫子成圣之学，不辜负阳明夫子"视生如子"的教育胸

---

① 《传习录》，（明）王阳明著，钱明、孙佳立注，哈尔滨出版社 2016 年版，第 3—88 页。
② 同上书，第 3 页。
③ 《王阳明全集》（新编本），第六册，钱明编校，《传习录序》，第 2080—2081 页。
④ 《传习录》，（明）王阳明著，钱明、孙佳立注，哈尔滨出版社 2016 年版，第 23 页。
⑤ 同上书，第 3—24 页。
⑥ 同上书，第 3 页。
⑦ 同上书，第 23 页。
⑧ 同上书，第 3 页。
⑨ 同上书，第 9 页。
⑩ 同上书，第 10 页。
⑪ 同上。
⑫ 《王阳明全集》（新编本），第六册，钱明编校，《传习录序》，第 2080 页。

怀。当然，为了让同志们更好地接受阳明夫子的思想，他也直言夫子少时豪迈，以文学起家，"不事边幅"[1]，而且学术驳杂，无所不学，出入佛老，无所不教，但经过三年的边疆流放磨炼，现今为人谦虚低调，性格平和，汇通三教，已经进入中正、中和的圣人境界，越接触，越感觉夫子可爱、可亲、可敬，"渐知反身实践"[2]，确实为"孔门嫡传"[3]，越觉其学可学、可传、可习，真所谓"手舞足蹈"[4]。可能，文辞之中，横山有一些夸大之嫌，但都是他自己内心的想法，其传承夫子讲学语录之功不可磨灭。

在横山敦厚爱学、为人和易与刻苦进学精神的带领下，阳明夫子其他同门亲传弟子记录的讲学语录慢慢开始走进儒林界、学术界，为越来越多的人传习、实践和传承，最后风行天下。同样是浙江老乡的陆澄（字元静、原静、清伯，湖州府吴兴区人）承前启后，守先待后，为人好学，一生服膺阳明夫子人品与学问，多次往返师门，至老不懈，记录语录80则[5]，学术价值较高。其作雅俗共赏，深浅相宜，保存了同门孟源（字伯生，安徽滁州府人）[6]、马明衡（字子莘，福建莆田县人）[7]、王嘉秀（字实夫）[8]、冀元亨（字惟乾，常德人）[9]、唐诩[10]、徐爱（字曰仁，绍兴人）[11]、薛侃（字尚谦，广东揭阳县人）[12]等同门七人与自己共八个人问学求教的情形。

广东潮州府揭阳县来学的薛侃，接续徐爱、陆澄的好学之心意，记载语录35则，保存了同门蔡宗兖（字希渊，绍兴市人）[13]、徐爱（字曰仁，绍兴人）[14]、杨骥（字士德，揭阳县人）[15]、欧阳德（字崇一，江西泰和县人）[16]、袁庆麟（字德章）[17]、栾惠（字子仁，衢州市区人）[18]、陈杰（字国英，福建莆田县人）[19]、黄宗明（字诚甫，宁波市区人）[20]、梁焯（字日孚，广东南海县人）[21]、冀元亨（字惟乾，常德人）[22]、郭持平

---

[1] 《传习录》，（明）王阳明著，钱明、孙佳立注，第3页。
[2] 同上书，第23页。
[3] 同上。
[4] 同上。
[5] 同上书，第25—61页。
[6] 同上书，第26页。
[7] 同上书，第37页。
[8] 同上书，第42页。
[9] 同上书，第44页。
[10] 同上书，第44页。遗憾的是，此人生卒事迹至今不明。
[11] 同上书，第47页。
[12] 同上书，第56页。
[13] 同上书，第64页；第87页。
[14] 同上书，第65页。
[15] 同上书，第65—66页。
[16] 同上书，第69—70页。
[17] 同上书，第71页。
[18] 同上书，第73页。
[19] 同上书，第74页。
[20] 同上书，第74—75页；第86页。
[21] 同上书，第76—77页。
[22] 《传习录》，（明）王阳明著，钱明、孙佳立注，第118则，第78页。

(字守衡)①、黄宏纲（字正之，江西于都县人）②、林达（字志道）③、萧惠④、刘易仲（字观时）⑤、马明衡（字子莘，福建莆田县人）⑥等同门十六人与自己共十七个人问学求教的情形。薛侃协助夫子剿匪之余，将徐爱、陆澄二人的语录，与自己的语录合并，并于正德十三年（1518，时阳明夫子47岁）八月在赣州帮助刊印《传习录》，后于古本《大学》《朱子晚年定论》一个月⑦，总计129则。恰在此时，横山捐馆，故而刻《传习录》有怀念同门之意。《传习录》，横山盖取孔夫子育人之意，辅仁养人，寓意同志彼此传承并时时研习之意，而薛侃继之。

2. 南大吉任绍兴知府从阳明夫子论学书信编校的语录，二册五卷本，今通行本《传习录》上与中，时间在嘉靖三年（1524）十月十八日。

嘉靖三年（1524）十月十八日（阳明夫子53岁），陕西渭南县南大吉利用其担任绍兴知府之便利增订刻印《传习录》。南大吉在任绍兴知府，大兴教化，尊阳明夫子为师，多次来往问学，专心良知学，悟得良知学之精密。大吉不拘小节，为人豪气，有胆略，为阳明夫子建稽山书院，吸引了三百余士子前来就学，一时之盛世伟业也。⑧由于大吉以前并没有从学阳明夫子门下，故而他自己没有自己的夫子语录。他只好从同门的手里求教，得以阅读了夫子与前辈、同志和弟子论学的书信，"朝观而玩味、口诵心求"⑨，越来越感觉夫子之学为天地之道，越发自信成圣之路。于是，大吉捐俸出资，弟弟逢吉校对，刻印二册五卷版的《续刻传习录》。⑩上册就是薛侃八年前赣州刻印的《传习录》，逢吉重新校对。下册就是他自己选编的阳明夫子论学书信两卷，八篇，其弟逢吉校对。

下册，大吉增录论学书信，即著名的与七个人论学"八书"⑪。而据笔者目前看到的最早南大吉重刻本是嘉靖二十九年萧彦绍兴府重刻本，论学书信为七人九书，说一篇，杂文二篇。⑫嘉靖二十九年萧彦绍兴府重刻本现藏于国家图书馆文津馆，据浙江图

---

① 《传习录》，（明）王阳明著，钱明、孙佳立注，第118则，第78—79页。
② 同上书，第79—80页。
③ 同上书，第80—81页。
④ 同上书，第81—83页。
⑤ 同上书，第83—84页。
⑥ 同上书，第85—86页。
⑦ 《王阳明全集》（新编本），第四册，《年谱一》，第1262页。
⑧ 《王阳明全集》（新编本），第四册，《年谱三》，第1299页。
⑨ 《王阳明全集》（新编本），第六册，《传习录序》，第2095—2096页。
⑩ 上海图书馆藏有署名南大吉嘉靖三年刻本，一册三卷，总计63页，但是是残本，没有书信部分。前有南大吉嘉靖三年冬十月十八日序等，三卷分别为徐爱、陆澄与薛侃三人记载的语录。如果不仔细辨认，很多读者会误以为此书是目前现存最早的版本。据笔者推断，该书其实并不是最早的底本，或为沈宪本的翻刻本，需要进一步地研究。
⑪ 采钱明先生说，《传习录》，钱明、孙佳立注，第92页。遗憾的是，后来钱德洪等人在增订新版《传习录》的时候，并没有尊重南大吉兄弟的成果，也没有和他们进行交流，多以己意，对南大吉兄弟的刻本进行了不少的改动，减少了一些学者论学的书信，增加了一些篇目。据而我们现在看到嘉靖二十九年王龙溪重刻南大吉文献，在嘉靖二十九年庚戌实际上或是最早的模样。
⑫ 笔者利用济南山东大学图书馆校对弘山先生与素轩先生文集清刻本之便，2016年12月16日前往国家图书馆文津馆查阅阳明夫子存世文集情况，意外发现嘉靖二十九年《传习录》萧彦绍兴府重刻本，并以教育部课题的名义购买此刻本，心中之狂喜可想而知。

书馆总馆古籍部相关版本学专家说，此书有可能是后世翻刻本。论学书依次分别为《答徐成之》（二篇，后有南逢吉所撰跋，记载逢吉向阳明夫子请问二书意）、《答罗整庵少宰书》二人三书为下卷一，《答人论学书》（隆庆版易题为《答顾东桥书》）一人一书为下卷二，《答周道通书》、《答陆原静书》（二篇）二人三书为下卷三，《答欧阳崇一》《答聂文蔚》二人二书为下卷四，总计九篇。在卷五，还有《示弟立志说》（正德十年乙亥）、《〈训蒙〉大意示教读刘伯颂等》、《教约》三篇。由此可以看出，保存阳明夫子与学友徐成之、罗钦顺（号整庵，泰和县人）、顾东桥等学术界友人争鸣良知的论辩书信，体现出当时一大批传统理学家不愿放弃其传统价值而与阳明夫子争鸣，反映16世纪我国早期学术界论辩的最高水平，可观当时学术界的保守现状与良知学传承的巨大阻力。文献还保存阳明夫子与其亲传弟子周冲（字道通，江苏宜兴人）、陆澄（字原静）、欧阳德（字崇一，号南野）、聂豹（字文蔚，号双江）等四人反复论良知学的书信，书信中涉及陈九川（字惟浚，号明水，江西临川县人）、邹守益（号东廓，江西吉水县人）等江西亲传弟子。下册所收入的论学书信主要反映嘉靖初年在绍兴讲学时期所思考的良知学思想，也就是学术界所谓阳明夫子中晚期思想，阳明夫子"致良知"学理论形态接近成熟。

可以说，从书信中摘取相关内容编入语录中，某种程度上可以说是一个创新。但是，从体例上而言，这样的做法是不够严谨的。至少，广受赞誉的《朱子语类》就没有大规模的收入朱子论学书信。毕竟，《传习录》传的是阳明夫子公开与门人的讲学语录。作为私密的书信，放在文集中，可能效果更好。这样看来，作为一个"应时产品"，南大吉、南逢吉兄弟刊印的《续刻传习录》，还是存在争议的。故而，钱德洪后来增订编校的《传习录》下卷，从众多同门私录的语录中选取一些更能反映阳明夫子"致良知"学的语句，就很好地体现了这样的原则与精神。在当时，邹守益广德版的《阳明夫子文录》四册本尚未面世（附录一卷，迟至嘉靖六年丁亥四月方才公开出版），《续刻传习录》由于其收入的书信带有浓郁的情感和简单通晓的言语方式，有力地推进了阳明夫子"致良知"学的发展，这是值得赞许的。

南大吉兄弟的绍兴版《续刻传习录》流传甚广，并经过阳明夫子不同的亲传弟子的增删校正，目前我们看到的本子都不是嘉靖三年的刻本，如嘉靖七年（1528）聂豹与陈九川福建精简校正六卷本、嘉靖二十三年（1544）湖北德安府两册八卷本、嘉靖二十九年萧彦绍兴府重刻本、嘉靖三十年（1551）蔡汝楠衡阳石鼓书院增刻（孙应奎，号蒙泉，余姚县人，为此书作序）七卷本、嘉靖三十年沈宠（号思畏）重刻本、嘉靖三十三年钱錞江阴重刻本与朱衡福建《传习诸录》本[①]等。

---

① 《王阳明全集》（新编本），第六册，（明）朱衡：《重刻传习录序》，第2200—2201页。朱衡（1512—1584），字士南，江西万安县人。嘉靖十一年进士。历任尤溪知县、婺源知县、刑部主事、刑部郎中、福建提学副使、山东布政使、右副都御史、南京刑部尚书、左副都御史等。子维京。存世的嘉靖三十年《传习录》沈宠刻本是目前较早的《传习录》节本，藏于上海图书馆。该书存三卷，总计四册，分别为卷上、续卷二卷，没有收入书信部分。前有嘉靖三十年辛亥沈宠序、南大吉序、嘉靖二十九年庚戌王畿序、钱德洪嘉靖三十三年甲寅序、徐爱序等。而且该书卷上缺薛侃记录的那部分语录。

聂豹与陈九川两人觉察到原来出版的《传习录》重复甚多，于是对文稿"重加校正，删复纂要，总为六卷"，是为福建本。① 湖北德安八卷本上册增一卷，即卷四，增补《答欧阳崇一》一篇、《答聂文蔚》二篇；下册亦增一卷，即卷四，增补了《答柴墟书》二篇、《答何子元书》、《答罗念庵书》、《示弟立志说》和《训蒙大意示教读刘伯颂》。② 衡阳石鼓书院七卷本，前三卷同于现通行本之上卷。后四卷总计九篇，收《答徐成之》二篇、《答罗整庵少宰书》、《答人论学书》、《答周道通书》、《答陆原静书》二篇、《示弟立志说》《训蒙大意》。衡阳石鼓书院因是阳明夫子亲手传授给蒙泉的③，故而蒙泉和蔡汝楠④在重新刻印的时候，或未敢有大的改动，故而据钱明先生考证，其七卷本比较接近嘉靖三年南大吉兄弟本。

嘉靖三十三年的钱錞江阴重刻本现藏于温州市图书馆。⑤ 或许由于其题为《传习录、续录》，故而一直不被学者所重视。经查阅，其下卷与嘉靖三十三年萧彦刻本一样，也分五卷，不过存在错简。五卷分别是卷四《答徐成之》（二篇，后有南逢吉所撰长跋，此跋比现行流通本跋长）、《答罗整庵少宰书》二人三书，卷五《答人论学书》（隆庆版易题为《答顾东桥书》）一人一书，卷六《答周道通书》、《答陆原静书》（二篇）、《修道说》、《亲民说》书信三篇、说两篇，卷七为《示弟立志说》《〈训蒙〉大意示教读刘伯颂等》《教约》三篇，卷八为《答欧阳崇一》《答聂文蔚》二人二书，总计五卷，书信九篇，说三篇，杂文二篇。钱錞江阴重刻本与萧彦绍兴重刻本多出说两篇，即《修道说》与《亲民说》，除了自身刻本的错刻漏刻等客观性因素，其他内容大体上一样。

《阳明夫子全书》出，《传习录》有了更全更精要的本子，隆庆以前的这些本子，慢慢就不为学界所知了，故而其中的本子可能稍有出入，也就不太在意了，更遑论说阅读与研究了。因此，诚如钱明先生所言，深入研究明嘉靖年间阳明夫子《传习录》诸刻本的内在关系，是非常必要的。

3. 钱德洪主持，与众多同门增订编校的语录，今通行本《传习录》上、中、下，约在嘉靖三十五年丙辰夏四月完工，并由胡宗宪、唐尧臣于嘉靖三十七年刻于杭州天真书院。

嘉靖七年戊子十一月丁卯二十九日辰时，阳明夫子远在广西平叛时因突染"奇疾"不幸捐馆于江西赣州南安县青龙铺驿站。边疆之地，意外离去，这在夫子本人也是未曾预料到的。悠悠赣江，难以表达对夫子的离世之情。一生操劳，一生为学，一生为国，鞠躬尽瘁，死而后已。夫子与世无争，却因当局内部的党争，而其后代子孙长时

---

① 《王阳明全集》（新编本），第六册，（明）聂豹：《重刻传习录序》，第2100—2101页。
② 相关深入的研究参阅钱明所撰《阳明全书成书经过考》，《王阳明全书》，上海古籍出版社2006年版，第1633—1648页。
③ 《王阳明全集》（新编本），第六册，（明）孙应奎：《刻阳明先生传习录序》，第2101—2102页。
④ 《王阳明全集》（新编本），第六册，（明）蔡汝楠：《叙传习录后》，第2103—2104页。
⑤ 笔者于2017年2月15日前往温州市图书馆调研阳明夫子《传习录》明刻本。仅在此特别感谢温州市图书馆给予的方便，使笔者不仅阅读了《传习录》，还阅读了王鹤山先生与王顺渠的文集，感激之情难以表达。

间受到不公正待遇，这也是夫子本人未曾预料到的。好在，阳明夫子本人生前视生如子。夫子捐馆后，其亲传嫡系弟子未曾忘恩，视师如父，回报夫子的辅仁之教，证良知深境。或收集刊印夫子文献，或在民间推广夫子之学，或从玄理上探良知境界，或在荒野乡村宣传良知之教，或在天下从事治国平天下，同门连接，广兴书院，大建宗祠，以道德立人，以良知对抗皇权，江湖与庙堂，无处不是阳明夫子门人的身影，一波接一波，阳明夫子良知之学名传天下。其中，文献传承功勋最著者，当属夫子晚年余姚县的亲传嫡系弟子钱绪山先生。

在与同门闻人邦正刊印《阳明先生文录》苏州版之后，绪山觉得有必要把近几十年收集到的同门私录的阳明夫子讲学语录扩充进来，认为原有的《传习录》还不足以穷尽夫子的"致良知"学思想，于是他把南大吉兄弟增编的论学书信进行了重新整理，减少了一些，增加了一些，并从形式上把书信体改为语录体，立为一卷，放在下卷中。另外，他根据邹东廓所讲的探究学术、精选择优的选文原则，依据"切于问正"的价值取向，把陈九川等人所录的《遗言录》进行了删减，加上龙溪和他本人记录的语录56则[1]，编成了二卷本《传习续录》。在钱德洪自己记录的语录中，保存了更多有用的学术信息，记录了他与同门何廷仁（字性之，江西于都县人）[2]、黄弘纲（字正之，江西于都县人）[3]、李珙（字候璧，浙江永康县人）[4]、王畿（字汝中，绍兴府人）[5]、朱得之（字本思，江苏靖江县人）[6]、柴鸣治[7]、欧阳德（字崇一，江西泰和县人）[8]、薛侃（字尚谦，揭阳县人）[9]、邹守益（字谦之，江西安福县人）[10]、马明衡（字子莘，莆田县人）[11]、王艮（字汝止，泰安县人）[12]、董沄（号萝石，浙江海盐县人）[13]、张元冲（号叔谦，绍兴府人）[14]、蔡宗兖（字希渊）[15] 总计十五人的问学语录，较为全面地体现了他从学阳明夫子晚期八年的讲学思想，比较集中地表现阳明夫子晚年时期成熟的学术。但是由于丁忧，打乱了他出版刻印的计划，但是在嘉靖三十二年癸丑秋前书稿是已经编好了。嘉靖三十三年，夏六月，在安徽宁国乡贤刘起宗（号初泉）、泾尹丘时雍

---

[1] 《传习录》，钱明、孙佳立注，第207—233页。
[2] 同上书，第207页。
[3] 同上书，第207页；第313则，第229—230页。
[4] 同上书，第207页。
[5] 同上书，第274则，第213页；第313则，第229—230页；第315则，第232页。
[6] 同上书，第207页。
[7] 同上书，第221—222页。遗憾的是，对于柴鸣治，至今未发现更有价值的史料，在此求教于方家，希望有余力者，查找到家谱等资料后，可以告诉笔者。
[8] 同上书，第225—226页。
[9] 同上书，第228—229页。
[10] 同上书，第228—229页；第231页。
[11] 同上。
[12] 同上。
[13] 同上书，第229—230页。
[14] 同上书，第229—230页。
[15] 同上书，第231页。

的捐资下，《传习续录》终于在安徽阳明学讲会中心著名的水西精舍成功刻印了。①二年后，嘉靖三十五年丙辰夏四月，钱德洪游于湖北蕲春的崇正书院，又应学友沈宠之请，利用新增的曾才汉、黄直（字以方，江西金溪县人）等人编撰刻印的《遗言录》语录，"复取逸稿，采其语之不背者一卷，其余影响不真与《文录》既载者皆削去，并易中卷为问答语，以付黄梅尹张君增刻之"。其主体内容应该就是目前大家看到的《传习录》下卷。②

在嘉靖三十七年，胡宗宪《传习录》刻本在杭州天真书院完工，标志《传习录》最终完成。但是由于胡宗宪嘉靖后期在狱中自杀，为免麻烦，钱德洪后来不说胡宗宪刻本之事。而后来的隆庆版《传习录》、万历三十年杨荆山刊印《传习录》的三卷本、万历朱文启与张明昌刻本均是建立在胡宗宪刻本之上的。由此可见，目前复旦大学所藏的胡宗宪刻本是目前通行本《传习录》的祖本，而其中卷书信部分已非南大吉本书信卷的原样。遗憾的是，后来的本子很少采用南大吉的原稿，多遵钱德洪重新编辑的胡宗宪刻本为原稿，故而南大吉本书信卷目录及内容目前已经很难看到了。

需要指出的是，胡宗宪刻本就是目前通行本的足本与祖本。嘉靖三十七年胡宗宪杭州天真书院刻藏本将书信放在中卷，次序依次为：《答顾东桥书》为卷一，《答周道通书》、《答陆原静书》（二篇）为卷二，《答欧阳崇一》《答罗整庵少宰书》为卷三，《答聂文蔚》二书为卷四，总计"八书"。卷五，依然还是《示弟立志说》（正德十年乙亥）、《〈训蒙〉大意示教读刘伯颂等》、《教约》三篇。而唯独《答徐成之》（二篇，后有南逢吉所撰跋，记载逢吉向阳明夫子请问二书意）未收在新版《传习录》中。可见，钱德洪所刻嘉靖三十九年本与王畿嘉靖二十九年重刻本有所微调，就是减少《答徐成之》（二篇），放入《阳明先生文录》正录里面了；增加了聂文蔚书信一篇。实际上还是减少了一封书信，这才是我们所熟知的"阳明八书"，就是指嘉靖三十七年的胡宗宪刻本。

4. 通行本下卷，收入陈明水、黄卓峰、黄修易（字勉叔）、黄五岳、钱德洪、王畿等人记载的语录，缺收孟两峰、朱近斋、卢一松、董毂、徐霈等亲传弟子对阳明夫子语录的记载。

抚州府临川县陈明水为人诚实，做官特别耿直，为学更是诚心实意，多次长途往返求学，深得夫子信赖。据史志载，其把夫子语录载入自己所编的《续传习录》一书

---

① 《王阳明全集》（新编本），第六册，（明）钱德洪：《续刻传习录序》，第2098—2099页。值得注意的是，钱绪山在嘉靖三十五年丙辰的《跋》中说，宁国水西精舍本刻印于嘉靖三十四年，而且采纳曾才汉、黄直等编撰的《遗言录》成果，但是删减了其书的三分之二。两说差一年，而且材料很多矛盾之处，致使研究者难以分辨，不知何故。见钱明等注《传习录》，第249页。

② 以现代科学编撰老师文集的原则，钱德洪的"切于问正"与"影响真者"编撰原则，只能是节本的编撰原则，不是全集、全书的编撰原则，这样他可能遗漏现今看来很有学术价值的史料。其实，从每个学者所重复记录的语录来看，可能这些语录是阳明夫子特别要重突出的观点，还可以看到哪些学者同时在阳明夫子门下求学。因此，编撰全书和全集务必求真求全，这样才可以对后世学者负责。从这个角度而言，黄绾主张的不得遗漏的编撰方针是更可取的。

中，后该书的主要内容被同门好友钱德洪编入《传习录》下卷首案，总计 21 则[1]，保存了他与同门、学友蔡宗兖（字希渊）[2]、夏良胜（字于中）[3]、舒芬（字国裳）[4]、邹守益（字谦之）[5]、欧阳德（字崇一）[6]、王时柯（字敷英，江西万安县人）[7] 等人在龙江、南昌、赣州等地问学的详细情形，主要记录明水在江西境内问学夫子门下的场景，学术性较强，体现了明水较高的理论思辨水平。

抚州府金溪县黄卓峰为官铮铮铁骨，罢官居家二十余年，晚年还著有《遗言录》一书。记载了大量的阳明语录，刊于《传习录》《阳明先生遗言录》中，其中《传习录》下卷第二案载其记录的语录 42 条[8]，《遗言录》（陈来先生整理）还有 23 条稀见语录不见于通行本《传习录》下卷中[9]，其记录保存阳明学之功甚大。黄卓峰的语录保存了他与同门、学友邵锐（号端峰）[10]、董沄[11]、林致之[12]等人的求学语录，体现了阳明夫子在赣州与晚年在绍兴讲学的思想。

《传习录》下卷第三案保存了"黄修易"（字勉叔）记载的阳明夫子语录 11 则[13]，保存了他自己与范引年（字兆期，余姚县人，温州"青田王门"的开山祖师）他们求学的情形，里面出现阳明夫子晚年在绍兴"出游禹穴"讲学的情形。[14]但，笔者遍观各类方志，未见其人。一个记载夫子语录的人，可以进入钱德洪的法眼，当为地方名士，而方志等各类文献阙如，说明历史上没有"黄修易"这个人。盖知，"黄修易"当为笔误也。从"黄修易录"内容来看，此人当为余姚县或绍兴府人，与余姚县的范引年关系深厚，且记录了不少阳明夫子语录。遗憾的是，由于他不是进士，未得正式功名，故而方志阙如。观阳明夫子余姚弟子与绍兴弟子，保存阳明夫子讲学语录文献的仅有黄文焕（号吴南），他曾任开州学正，阳明使其子受业，有《东阁私抄》记其所闻。而且"文焕"与"修易"在刻印的时候较为近似。其《东阁私抄》当为记录夫子语录的书稿。[15]

《传习录》下卷第四案保存了黄省曾（字勉之，号五岳，苏州府人）[16] 记载的阳明

---

[1] 《传习录》，钱明、孙佳立注，第 177—188 页。
[2] 同上书，第 177 页。
[3] 同上书，第 181 页；第 182—183 页；第 187 页。
[4] 同上书，第 181 页；第 187 页。
[5] 同上书，第 182—183 页。
[6] 同上书，第 184 页。
[7] 同上书，第 187 页。
[8] 同上书，第 222—236 则，第 189—195 页，总计 15 条；第 316—342 则，第 235—248 页，总计 27 条。需要注意的是，从语言风格来说，"黄以方录"的 27 条（第 316—342 则，第 235—248 页）中可能后面有几条是属于钱德洪录的，但不知何故，钱德洪并没有标注出是他自己笔录的。
[9] 《王阳明全集》（新编本），第五册，（明）黄直：《阳明先生遗言录》，第 1597—1603 页。
[10] 《传习录》，钱明、孙佳立注，第 238 页。
[11] 《王阳明全集》（新编本），第五册，（明）黄直：《阳明先生遗言录》，第 7 条，第 1597 页。
[12] 同上书，第 36 条，第 1599 页；第 46 条，第 1600 页。
[13] 《传习录》，钱明、孙佳立注，第 196—201 页。
[14] 同上书，第 199 页。
[15] 笔者查余姚县黄氏家谱，尚未得到确证，待考证。
[16] 《传习录》，钱明、孙佳立注，第 202 页。

夫子语录12则①，保存了他与刘邦采（1492—1577，字君亮，江西安福县人）②、王畿（字汝中）③、陆澄（字元静）④ 四人绍兴求学的情形，里面出现阳明夫子晚年在绍兴"出游禹穴"讲学的情形。⑤其实，黄五岳在绍兴问学期间记载了大量的语录，汇编成十卷本《会稽问道录》，皇皇巨篇，可惜我们在其现存巨幅文集《五岳山人集》三十八卷已经找不到其记载的阳明夫子语录的任何痕迹了，甚为可惜。盖由于五岳长处在文学、农业经济方面，在良知学的领悟方面不如明水、绪山、卓峰等同门，故而绪山在编选《传习录》时，也仅仅摘录12则，数量与其记载的语录不是很成比例。正是因为其以文学见长，绪山在《阳明先生存稿》（黄绾、欧阳德、钱德洪、黄弘刚等人编印）的基础上重新编印《阳明先生文录》时请他帮忙，一起在苏州完成阳明夫子文录文稿，功劳甚大。⑥

滁州府弟子孟两峰（孟津，字伯通，伯生之弟）利用在黄冈担任知县的便利，于嘉靖丁巳三十六年（1557）夏五月端阳日出版了他自己记载的阳明夫子讲学语录《良知同然录》⑦，有阳明夫子多首诗歌与语录不见通行本《传习录》⑧。

江苏靖江县门人朱近斋（朱得之，字本思），于阳明夫子门下"入道最勇，可任重致远"。近斋之学，阳明夫子良知学汇通百家，用良知学阐发老子、庄子与列子思想，自成一家，素来不为学术界知晓，见其《老子》二卷、《庄子通义》十卷、《列子通义》八卷、《新刻印古诗语》。其记载的阳明夫子语录保存在《宵练匣十卷》（日本内阁文库藏）内，《稽山承语》一卷是其简要通行本。近斋弟子尤西川《拟学小记》卷六《纪闻》也保存了近斋口述、西川记录的大量的阳明夫子语录十余条。⑨从陈来先生整理的缩编本《稽山承语》看，其保存阳明夫子稀见语录四十则⑩，保存嘉靖四年乙酉至嘉靖六年丁亥间阳明夫子亲传弟子董沄⑪、（董）实夫⑫、杨文澄⑬、（黄）正之⑭、王正之⑮、王惟中⑯、甘于磐⑰等六人问答语录，其中多人名字不见于《王文成公全书》，有助于研究的继续深入。

---

① 《传习录》，钱明、孙佳立注，第202—206页。
② 同上书，第205页。
③ 同上书，第205页。
④ 同上书，第206页。
⑤ 同上书，第199页。
⑥ 《王阳明全集》（新编本），第六册，（明）黄绾：《阳明先生存稿序》，第2097—2098页。
⑦ 同上书，第六册，（明）孟津：《良知同然录序》，第2215—2216页。
⑧ 同上书，第五册，（明）王守仁：《寄滁阳诸生二首》《忆滁阳诸生》，第1714—1715页。
⑨ （明）尤时熙：《拟学小记》，卷六，《纪闻》。
⑩ 《王阳明全集》（新编本），第五册，第1607—1616页。
⑪ 同上书，第1607、1613—1614页。
⑫ 同上书，第1608、1610页。"董石夫"采《明儒学案》说，见该书上册，卷25，《明经朱近斋先生得之》，第585页。
⑬ 同上书，第1611页。
⑭ 同上书，第1612—1613页。字"正之"或有两人，一为黄正之，一为王正之。
⑮ 同上书，第1610页。
⑯ 同上书，第1612—1613页。
⑰ 同上书，第1613页。

浙江师范大学黄灵庚教授从卢一松（卢可久，浙江永康县人）后裔的家谱中影印出版了《卢一松集》，里面保存了阳明夫子散佚语录五则。从《卢一松集》来看，一松一生以传播良知学为使命，一意讲学，弟子门人辈出，大大推进了阳明学在永康县的传承，可谓"永康王门"的集大成宗师。[1]

海盐县阳明亲传弟子董榖（字硕甫，号两湖）著《碧里后集》，记载阳明夫子散佚语录9则[2]，保存了阳明夫子不知名亲传弟子聚子[3]问学的情形。

在亲传弟子黄绾、邹守益、欧阳德、王畿、王艮、董沄、季本、需相亲、白悦、孙应奎、魏良弼、薛侃、顾应祥、蒋信等人的文集中，在学友、同志甚至后学湛若水、方鹏、罗念庵、王时槐、胡直、罗近溪、宋仪望、耿定向、张信民等人的文集中都会保留一些阳明夫子语录，都不如上述亲传弟子那样系统化、专门化与真实性。[4]二传、三传、四传等弟子记录的阳明夫子语录更需要仔细审视，亲传弟子的记忆可信度更高，有助于研究得再深入。

隆庆本《传习录》相比嘉靖三十七年刻本中卷书信又有微调，就是五卷合并为一卷，依然为中卷，并把卷五的《示弟立志说》（正德十年乙亥）放入正录卷七。依然是八书，分别为《答顾东桥书》、《启问道通书》[5]、《答陆原静书》（二篇）、《答欧阳崇一》、《答罗整庵少宰书》、《答聂文蔚》（二篇），总计"八书"。

【作者简介】 邹建锋，宁波大学国学和哲学研究中心副教授。

---

[1] （明）卢可久：《卢一松集》，《重修金华丛书》第98册，上海古籍出版社2014年版。
[2] 《王阳明全集》（新编本），第五册，钱明辑佚，第1646—1648页。
[3] 同上书，第1646页。
[4] 详细的整理成果参阅永富青地、陈来、吴震、钱明等学者近百余年来的辑佚成果，参阅《王阳明全集》（新编本），第五册，《补录》。
[5] 《启问道通书》或为《答周道通书》笔误。

从王阳明公移观其为官思想

徐 熠

【摘要】 随着文书美质的退化，公务人员写的文书越来越公式化，应用文书于今已经褪下文学的外衣，成了一种专行于政府之间的书面材料。然而明清时代的官员公移还保留有其个人特色，管中窥豹，从他们的公移中可见其人。王阳明的公移有着条理清晰、思维缜密、旁征博引的论证风格，有着情感四溢、气势充沛的情感表达，是对其事功的线性记录。它通过王阳明自己的手写下他颠簸半生的经历与处之泰然的本色。公移没有奏疏的华丽辞藻，但因其朴实，更能凸显王阳明的情感态度。学者文人治学时总是倾向于研究朝廷之上的文章，而忽视底层官员往来的公文。本文便从其公移的金沙玉屑中搜罗出折射王阳明仁心、思虑和为官处世之道的吉光片羽，以求了解王阳明为什么、怎么样去做一名大明官吏。

【关键词】 王阳明 公移 为官 人心 恶

王阳明后半生巡守闽、赣、湖广、两广数地，正值国势浸弱，民众日艰之时。四野动荡不安，天灾频降，人祸连起，地震、水灾、饥荒等字眼连连出现在《明史》之中，安化王、宁王叛乱，小王子[①]连年犯边，直隶、山西、山东、江西、河南、陕西盗贼四窜，《明史·武宗本纪》记载"是年，自畿辅迄江、淮、楚、蜀，盗贼杀官吏，山东尤甚，至破九十余城，道路梗绝"[②]，盗贼猖獗可见一斑。王阳明受命于危难之际，挽颓势于大厦将倾，巡抚四省，剿贼平反、安民定边，其事务之芜杂，问题之错综，不可不谓繁难。王阳明的公移为我们提供了一面观照骚乱不断的明朝中期地方实况的镜子，为我们了解王阳明当时的情感和思想提供了有力的素材。

邹东廓撰《阳明文录序》，有云："当时有称先师曰：'古之名世，或以文章，或

[①] 元朝灭亡后，北元分裂形成的鞑靼部落的主要首领，被明朝人称为小王子，前后有多位小王子，时常进犯明朝的北部边境。

[②] 章培恒、喻遂生分史主编：《二十四史全译·明史》（第一册），汉语大词典出版社2004年版，第167页。

以政事，或以气节，或以勋烈，而公兼克之。独除讲学一节，即全人矣。'"① 王阳明无愧于"全人"之称。王阳明的事迹已经广为人知；王阳明思想研究的成果蔚为大观；王阳明的诗歌文章也逐渐受到了重视，学界呈给世人一批对散文、诗歌的梳理、研究成果。但是，仅就王阳明散文中公牍一块的研究现状来看，成果仍旧显得粗陋，且缺少对其全面整体性的探讨，正如钱德洪在《三征公移逸稿》序中所言："吾师学敦大源，故发诸政事，澜涌川决，千态万状，时出而无穷。是稿皆据案批答，平常说去，殊不经意，而仁爱自足以沦人心髓，思虑自足以彻人机智，文章又足以鼓舞天下之人心，若金沙玉屑，散落人世，人自不能弃之，又奚病于繁耶？"②

王阳明的公移并不是冷冰冰的行政命令，反而处处充满着人文情怀和哲学意味，这是他本于心学而渗透进去的活泼个性，也反映出王阳明作为大儒、大臣、将领三位一体所特有的仁心。

一　爱护百姓的儒家情怀

儒家最根本的内容就是以民为本，孔子提倡"仁""爱人""修己以安民"，而孟子更是将其理论发扬光大，提出"民贵君轻""贵民保民"的思想，何况王阳明的心学以孟子为本源，他对百姓的关怀则落实到具体的政策上。王阳明初入赣，定下的政策之一就是立社学、兴教化，改善民风，设立十家牌法保障居民安全，防止间谍出入，这既是出于稳定政局的考虑，也是对民生利益的考量。王阳明的仁人爱人之心体现在他能够设身处地地为他人着想，体现在他能以百姓父母官的身份，用真心去对待治下百姓。

（一）剖心之语

王阳明爱护百姓的思想出现在劝谕父老子弟的告谕文里，如《告谕各府父老子弟》：

> 父老子弟曾见有温良逊让、卑己尊人而人不敬爱者乎？曾见有凶狠贪暴、利己侵人而人不疾怨者乎？夫嚣讼之人争利而未必得利，求伸而未必能伸，外见疾于官府，内破败其家业，上辱父祖，下累儿孙，何苦而为此乎？此邦之俗，争利健讼；故吾言恳恳于此。吾愧无德政，而徒以言教，父老其勉听吾言，各训戒其子弟，毋忽！③

---

① （明）王守仁：《王阳明全集》（全四册）第一册，第17页。
② 同上书，第315页。
③ 同上书，第200页。

王阳明屡屡说自己没有德政徒以言教,表示愧疚之意,从百姓的立场出发,担忧父老不听劝告,并引以为责,反复教诲父老子弟之间要温良恭谨让,以恳切之语诉说真情,耳提面命,令人感到阳明作为百姓父母官,为引导百姓向善的真心。

《十家牌法告谕父老子弟》一文让王阳明的爱民之心如青天白日,不可不让人知,故在文章开头就写下了:

> 本院奉命巡抚是方,惟欲剪除盗贼,安养小民。所限才力短浅,智虑不及;虽挟爱民之心,未有爱民之政;父老子弟,凡可以匡我之不逮,苟有益于民者,皆有以告我,我当商度其可,以次举行。今为此牌,似亦烦劳。尔众中间固多诗书礼义之家,吾亦岂忍以狡诈待尔良民。便欲防奸革弊,以保安尔良善,则又不得不然,父老子弟,其体此意。自今各家务要父慈子孝,兄爱弟敬,夫和妇随,长惠幼顺,小心以奉官法,勤谨以办国课,恭俭以守家业,谦和以处乡里,心要平恕,毋得轻意忿争,事要含忍,毋得辄兴词讼,见善互相劝勉,有恶互相惩戒,务兴礼让之风,以成敦厚之俗。吾愧德政未敷,而徒以言教,父老子弟,其勉体吾意,毋忽![1]

言辞恳切,殷殷之心,拳拳可见。王阳明并不是用一个强制性的口吻来推行他的十家牌法,他首先将自己置于与百姓同等的地位,让"凡可以匡我之不逮,苟有益于民者,皆有以告我",又再三强调此法实乃出于不得已之境况希望百姓体谅,如其他告谕中一样提倡众人向善之心,之后才说明十家牌法的具体内容。阳明没有将这段话放在文末,而是置于文首,可见其对父老子弟的重视之心、爱护之情。

(二)一视同仁

王阳明爱护百姓的举动还体现在劝服新民的告谕里,新民大多是原先不服王化的匪寇、村寨,在王阳明征剿期间主动投靠归顺,王阳明将他们收留安置,对他们与和平居民一视同仁。

如《告谕新民》说:

> 尔等各安生理,父老教训子弟,头目人等抚缉下人,俱要勤尔农业,守尔门户,爱尔身命,保尔室家,孝顺尔父母,抚养尔子孙,无有为善而不蒙福,无有为恶而不受殃,毋以众暴寡,毋以强凌弱,尔等务兴礼义之习,永为良善之民。子弟群小中或有不遵教诲,出外生事为非者,父老头目即与执送官府,明正典刑,一则彰明尔等为善去恶之诚,一则剪除莨莠,免致延蔓,贻累尔等良善。
>
> 吾今奉命巡抚是方,惟欲尔等小民安居乐业,共享太平。所恨才识短浅,虽怀爱民之心,未有爱民之政。近因督征象湖、可塘诸处贼巢,悉已擒斩扫荡,住

---

[1] (明)王守仁:《王阳明全集》(全四册)第二册,第197页。

军于此，当兹春耕，甚欲亲至尔等所居乡村，面问疾苦；又恐跟随人众，或至劳扰尔民，特遣官者谕告，及以布匹颁赐父老头目人等，见吾勤勤抚恤之心。余人众多，不能遍及，各宜体悉此意。①

第一段阳明对新民谆谆劝导，告诉新民如何为善如何去恶，并用善恶果报的思想来引导众人向善。第二段阳明剖心明意，想要当面询问民生疾苦，又担心搅扰民众生活，只能颁赐父老头目，为不能给所有人奖励，还要对余下众人表示歉意，希望他们能够理解。矛盾的心理无一不是为百姓着想。

《行龙川县抚谕新民》里，新民因为听闻坏消息而奔走逃窜，惊扰和平居民，王阳明也没有全数拿下处刑，反而站在新民的立场上进行解释开脱：

> 本当拿究为首之人，绑赴军门，斩首示众；但念各民意亦无他，姑且记罪晓谕。为此牌仰龙川县掌印官，即将投城居民，谕以前项听抚新民，俱已改恶从善；止因广东调兵征剿，居民素怀仇隙者，因而假此恐吓，致令东奔西窜；各民意在避兵，本非叛招出劫，尔等毋得妄生惊疑。②

当地其他居民还对新民有所偏见，或因仇隙挑拨恐吓的时候，王阳明已经放下成见，为他们说话，拨给田地供其耕种。

王阳明爱护百姓的思想甚至体现在面对贼寇的时候，一篇《告谕浰头巢贼》洋洋洒洒说将下来，晓之以理，动之以情，诱之以利，威之以刑。而正是在这篇文章中，王阳明表达了他家国天下等同一身的思想理念：

> 尔等今虽从恶，其始同是朝廷赤子；譬如一父母同生十子，八人为善，二人背逆，要害八人；父母之心须除去二人，然后八人得以安生；均之为子，父母之心何故必欲偏杀二子，不得已也；吾于尔等，亦正如此。若此二子者一旦悔恶迁善，号泣投诚，为父母者亦必哀悯而收之。何者？不忍杀其子者，乃父母之本心也；今得遂其本心，何喜何幸如之；吾于尔等，亦正如此。③

王阳明将国家比喻成家庭，将朝廷比喻成父母，将百姓比喻成子女，哀其不幸，痛其不争，对他们自私自利、侵略他人的行为感到愤懑：

> 呜呼！吾岂好杀尔等哉？尔等苦必欲害吾良民，使吾民寒无衣，饥无食，居无庐，耕无牛，父母死亡，妻子离散；吾欲使吾民避尔，则田业被尔等所侵夺，已无可避之地；欲使吾民贿尔，则家资为尔等所掳掠，已无可贿之财；就使尔等

---

① （明）王守仁：《王阳明全集》（全四册）第二册，第220页。
② 同上书，第226页。
③ 同上书，第221页。

今为我谋，亦必须尽杀尔等而后可。①

《年谱》中按："是谕文蔼然哀怜无辜之情，可以想见虞廷干羽之化矣。故当时酋长若黄金巢、卢珂等，即率众来投，愿效死以报。"②可见此文真情。

正如王阳明自己所言："呜呼！吾民同胞，不幸陷于罪戮，恻然尚不忍见，岂有追寻旧恶，必欲置之死地之理。"③他将所有的治下之民都看作自己的同胞，会因他们走向歧途为他们感到伤心，会为他们有向善改过之心而感到高兴，从不以杀戮为功，反多以安抚体恤为本。在赣州遇上水灾、荒灾时，他不辞远近，务必使"庶几小民得蒙救急之惠，而远乡可免久候之难"④，让治下之民"少免医疮剜肉之苦"⑤。俯顺民情，体谅民心，阳明如此爱护百姓自然也得到了百姓的真心拥戴与回馈。

（三）以民为重

赈灾抚恤更能见得王阳明悲悯苍生的情怀。正德十二年（1517），他就因为会昌民田稼禾旱枯作祈雨文。正德十四年（1519），旱灾发生，七月初五，王阳明驻兵吉安发布了《行吉安府踏勘灾伤》说："人皆为兵，不暇耕种，况兼三月不雨，四郊赤地，民之危急，莫甚于此。"⑥正德十五年（1520），他又批了吉安府的救荒申文。同年，南康、建昌、抚州、宜黄等县遭遇大水。可见，王阳明要面对的不仅是人祸，还有天灾。

王阳明面临的困难有哪些呢？从他的《批赣州府赈济石城县申》可见一二，政府拿的出手的粮少，等待救济的灾民却很多，此为供不应求之患；其次，离城近的人能得到救济，但是地方偏远的灾民却得不到粮食，此为分配之弊。《行吉安府踏勘灾伤》中说到了征兵带来的不便，妨碍了农业，也让人心惶惶。加上天灾，情况十分危急，此为征兵之弊。

王阳明针对天灾的做法大约可用"提前预防、用一缓二、渐次而行"来概括，如他在《批吉安府救荒申》中赞成了崇仁县知县祝鳌申"预备仓谷，凶荒之时则倍数借给，以济难民；收成之日则减半还官"的申请，并认为这是官民两便，而针对现在这种灾情，"仰布政司酌量缓急，分别重轻，略定征收先后之次……少免医疮剜肉之苦"⑦。同样的，在针对南昌水灾时，他让南昌官吏"不必扬言赈饥，专以踏勘水灾为事，其间验有贫难下户，就便量给升斗，暂救目前之急"⑧。

---

① （明）王守仁：《王阳明全集》（全四册）第二册，第222页。
② 同上书，第25页。
③ 同上书，第249页。
④ 同上书，第225页。
⑤ 同上书，第250页。
⑥ 同上书，第357页。
⑦ 同上书，第250页。
⑧ 同上书，第275页。

王阳明一直秉持着以民为重的准则，无论是在处理公务还是征战时，其首要的条件都是不扰民，让民众休养生息，这也是江西地区的恶劣事态得以迅速缓解恢复的原因之一。

二 善恶认识的心学思想

陈立胜在《王阳明思想中"恶"之问题研究》中反驳了王阳明往往从性善的角度来思考人性而忽略恶的思想，指出王阳明对恶的思考散录于"语录"和"公移"两种文本。前者是针对个体的，是形而上层面的，后者是针对"草根阶级"的，是社会制度层面的，反映了儒家修身和治人的微妙差异。① 从哲学向度的划分来说确实是越精细越好，但是从王阳明的思想而言，无论是社会政治的治理还是个人道德的培养都是一体的，人心向善，则社会向善，人心从恶，则社会从恶，这是王阳明针对恶的第一义，而社会保障、高薪养廉等手段则是在这第一义上的延伸与变通，二者是一体的。陈立胜先生是针对王阳明哲学体系中涉及恶观的定性而做出的阐述，在已经确定恶观的前提下，我们仍需收束回来，辩证地看待王阳明的善恶认识。下面主要谈及王阳明所指恶之源头在何处，以及他的观点和解决办法。

（一）恶之源头

善恶二字贯串王阳明的"四句教"，也贯串了王阳明的政治史，王阳明致力于这个儒家自古以来就在思考的问题。从王阳明的观点中我们也可以看出，中国儒家并不是一味地在性善上打转而忽视了对恶的思考。王阳明在知行合一的基础上提出了知行一体的理念，套用至善恶认识上，也可以说是善恶一体。

王阳明的学说上溯源头可追至孟子，孟子支持性善说，从人之四端阐发了社会伦理上的仁义礼智四种美德。王阳明秉持着这一观点，并发展到心体上，心体本是无善无恶的，如寂然不动便是这样一种状态，但如果顺着天理流动，应物起念，那应当是善的，那何为"恶"呢？《传习录》有言："或曰：'人皆有是心。心即理，何以有为善，有为不善？'先生曰：'恶人之心，失其本体。'"② 又说："意与良知当分别明白。凡应物起念处，皆谓之意。意则有是有非，能知得意之是与非者，则谓之良知。"③ 王阳明说人心即是天理，理应不偏不倚，无善无恶，但是在应物起念时所产生的意便有是非之分，其中失去本体，偏离了天理之路的意就是恶。而这种"意"源自应物，如果受到"不好"的感染，就会脱离轨道，滑向恶之一边。牵引意之偏移的便是私欲，私欲源于好色、好名、好利等恶相。王阳明又有言："夫恶念者，习气也；善念者，本

---

① 陈立胜：《王阳明思想中"恶"之问题研究》，《中山大学学报》（社会科学版）2005年第1期。
② （明）王守仁：《王阳明全集》（全四册）第一册，第43页。
③ 同上书，第215页。

性也；本性为习气所汨者，由于志之不立也。故凡学者为习所移，气所胜，则惟务痛惩其志。久则志亦渐立。志立而习气渐消。学本于立志，志立而学问之功已过半矣。"①

这句话将恶念与习气勾连起来，说明了习气的坏处。

下面再来讨论王阳明在对社会制度层面上的恶的看法。

陈立胜先生在《王阳明思想中"恶"之问题研究》中以《南赣乡约》为例来说明草根阶级"恶"的产生。

《南赣乡约》中总结得极为简略："民俗之善恶，岂不由于积习使然哉"②，在《边方缺官荐才赞理疏》中也说"用是观之，亦何怪乎斯土之民愈困，乱愈积，而祸日以深也哉！是固相沿积习之弊，不及今一洗而改革之，边患未见其能有瘳也"③，这是积习惹的祸。陈立胜先生将民众、官吏为恶的原因归纳为没有物质性保障和社会关系性的依恋，而间接原因是统治阶级的过错。也就是说，这些都属于外部原因的影响，似乎与心体、私欲没有什么关系。前文曾总结了民俗善恶的一大根源是"人心陷溺""人心逐利"。积习和习气是否为一物？而所谓习气是否便是王阳明所认为的"恶"的源头呢？

习气在佛教中是指烦恼的残余物，而现在一般指不良习惯和作风，积习则是长久以来形成的习惯。《全集》中，涉及习气和积习的部分并不多，大部分的情况下可以相互替代而用。在《全集》中霍韬的《地方疏》用"习气"一词解释广西贼多的原因："由山高土恶，习气凶悍，虽良民至者亦化为贼也"④，王阳明在《与陆元静》中则是用了"积习"一词来解释自己学说不被理解的原因，"是非之心，人皆有之，彼其但蔽于积习，故于吾说卒未易解"⑤。王阳明还说："天下之人心，其始亦非有异于圣人也，特其间于有我之私，隔于物欲之蔽，大者以小，通者以塞，人各有心，至有视其父子兄弟如仇雠者。"⑥ 这是由个体的弊病推广到了社会全体。所以观察社会积习和个人习气两者之共性，依旧出自人心私欲，无论是因为依恋心理还是逐利心理，都会使得贯通天理的人心发生偏移，转向"恶"的方向，反映在个人身上就是有恶念，反映在社会层面则是社会整体滑向堕落的深渊。

恶之根源在于人心，在于习气，也在于社会环境。社会环境在人心习气影响下发生变化，而人心习气在社会环境熏陶下趋于同一，那就是逐利，人们对于物质享受的追求是在人心逐利的大环境下自然而然产生的。明朝时期物质生活水平提高，社会阶层逐渐变得模糊，这使得下一阶层的人有着往上阶层努力的愿望，而在这种普遍意识之下，对手段的选择和对道德的认可退居第二位。所以，没有做好物质准备就让人改善人心是极其困难的一件事。反之，想要改善人心民俗，首先就得提供一个基本的有

---

① （明）王守仁：《王阳明全集》（全四册）第一册，第237页。
② （明）王守仁：《王阳明全集》（全四册）第二册，第251页。
③ 同上书，第156页。
④ （明）王守仁：《王阳明全集》（全四册）第四册，第216页。
⑤ （明）王守仁：《王阳明全集》（全四册）第一册，第190页。
⑥ 同上书，第78页。

保障的社会。江西地区常年积弱，而攀比之风能让贫者愈加贫困，低廉的薪资甚至能让低级官吏这些颇有文化的人陷入腐败之中。

王阳明认识到了要想改变民风民俗，就得从人心习气出发，想要改变人心习气就得从内部的修养提升和外部的环境改造出发。在《治心与治世》一书中，作者朱承提到"王阳明和大多数儒家学者一样，对良好政治抱有一种几近不可为而为之的理想主义态度"①。在王阳明眼里理想中的乌托邦式的大同世界中，人人以内心约束自己，培养道德情感和观念，在精神层次上达到一种和谐一体的状态，从而走向天下太平之路。然而，我们深知，这种思想似乎忽略了现实操作的难度。正如王阳明将人划分成三类，他也没有眼高手低地去处理根除社会的问题，而依旧是从提高人们生活水平、完善社会秩序等物质层面着手从而达到一个基本的稳定局面。这和他要求人人成圣的方法是一样的，同样是尽心求知成圣，他对生知安行、学知利行和困知勉行三种人的要求不一样。同样是对社会的塑造，他对三代之治和现代社会的要求也是不一样的。

所以我们需要认识到：王阳明对恶的认知不是不完善的，也不是孤立的。他能根据事实结合他的理论做出不同的选择，这才是他身为儒生、身为官员的过人之处。他不尚空谈，他的方法论契合当时的实际、当时的环境和当时的人心。他的核心观念依旧是由于意动产生恶，无论是从个人的人心还是社会群体的人心上来说都是恶产生的土壤和根源，物欲则是滋润恶产生的土壤，所以下面我们来讨论他的善恶观。这些善恶观往往经他之口，会以一种生动形象的方式为人牢记。

（二）善恶之喻

王阳明最善譬喻，在他的语录中最为著名的便是明镜之喻和根叶之喻。而在王阳明的公移中，王阳明也多次运用了他娴熟的比喻技能，劝导他人。除了上文所言的家国父子之喻外，还有一个很重要的譬喻在他的文中屡屡出现，这代表了他心学的一个重要方面，那就是除恶务尽，莨莠之喻。这个譬喻代表了王阳明对善与恶的态度，莨莠之病一在于其本身，一在于其蔓延开来致害嘉禾，莨莠与嘉禾正是恶与善的投射。

王阳明心学思想最为突出的就是致良知，他的四句教中有"为善去恶是格物"一句。在他致良知的工夫论里，也有在一念萌动之时格去，让良知常亮如明镜的做法，应用在他治民剿匪之时，"破心中贼"外化为"破山中贼"，便是除恶务尽。

首先，对于民众，除恶是勿以善小而不为，勿以恶小而为之，在《告谕新民中》王阳明首次用了"莨莠蔓延"的比喻：

> 子弟群小中或有不遵教诲，出外生事为非者，父老头目即与执送官府，明正典刑，一则彰明尔等为善去恶之诚，一则剪除莨莠，免致延蔓，贻累尔等良善。②

---

① 朱承：《治心与治世——王阳明哲学的政治向度》，上海人民出版社2008年版，第59页。
② （明）王守仁：《王阳明全集》（全四册）第二册，第205页。

从王阳明公移观其为官思想

王阳明将子弟群小惹是生非,不遵教诲者及时加以惩治,就是要将这些不良行为扼杀于萌芽之中,以免蔓延,带坏风气。这种譬喻是如此形象,以致它贯串了阳明之劝谕的公文里。针对被宁王驱使的安义等县渔户,他做出了"明正典刑,以安善类,勿容莨莠,致害嘉禾"① 的申明。总督两广之时,王阳明更是将除恶扬善直接喻指成农夫植禾,园丁去草:"择其长恶不悛者,间行雕剿,惩一戒百。如农夫之植禾,必逐渐而耕耨;如园丁之去草,必以次而芟除。"②

其次,对于贼寇,除恶是剿贼务尽,不放过任何一小股流寇,《批留兵搜捕呈》中说到:

> 以据各哨贼徒穴巢,虽已底定,而漏殄难保必无;况闻湖兵撤后,各该巢穴,多复啸聚;河源、龙川诸处残贼,亦复招群集党,连结渐多;逆其将来,必复炽盛。今虽役久兵疲,且宜班师息众,但留兵搜捕,亦不可苟。毋谓斩木之不蘖,死灰之不然,苟涓涓之不塞,将江河之莫御。其狼兵既已罢散,难复追留。若机快乡兵之属,暂令归休,即可起集为轮番迭出之计,务使搜剿之兵,若农夫之耘耨,庶几盗贼之种,如莨莠之可除。该道仍备行搜捕各官,务体此意,悉拔根苗,无遗后患。③

流寇犹如断木上的新芽,死灰中的火星,终会再起,面对这种情况,王阳明提出了除恶务尽、不留后患的坚定口号,将搜剿余寇比喻成农夫耕耘,一定要将莨莠的根苗悉数拔起。

但是并不是说所有的流寇都是莨莠,阳明除恶的根本目的还是为了扬善,为扬善创造良好的环境。正如阳明父母子女之喻。他希望即使是匪寇也能改恶从善,正如他另一个玉石之喻,在处理江古诸处的瑶贼时,他便说道:"容令改恶从善,务在去暴除残,惩一戒百,不必广捕多杀,致令玉石无分,惊疑远迩,后难行事。"阳明以"神武不杀"为要,所以在征剿之前后都会给贼寇提供一个改过自新的机会,这也正是王阳明"善恶只是一物"④"恶者非本恶,但于本性上过与不及之间耳"⑤ 的心学思想。

三 廉能刚果的为官之道

王阳明自正德五年(151)起复庐陵知县,半生戎马,官至两广总督、南京兵部尚书,但终未入朝,颇是一件憾事。他所任官职多系督抚之衔,作为地方之官,王阳明

---

① (明)王守仁:《王阳明全集》(全四册)第二册,第249页。
② 同上书,第275页。
③ 同上书,第219—220页。
④ (明)王守仁:《王阳明全集》(全四册)第一册,第117页。
⑤ 同上。

了解民生疾苦，较之朝中大吏的决策更有细微体贴之处，而作为封疆大吏，阳明在国家大计上也看得透彻，较之地方因循之吏又多有宏观把控的创见。但也正由于王阳明正处于君与民之间，上有国计之忧，下有民生之困，故所行所思不得不两相权衡，所施所行如履薄冰，不曾有一步行差踏错，这实非易事。观照他的公牍，王阳明诚可谓仰不愧君，俯不负民，立于官场中，书写了一个大大的"人"字。

（一）廉谨公勤的职业操守

为官者，其身正，其令方行，其德高，才能为民之表率，其能力强，才能真正为民做好事。王阳明身为风宪大臣，本身便要"廉能刚果，肃清积弊"[1]。王阳明用他的文字、行为为地方父母官做出了一个表率。

持廉守法就是阳明为官的首要要求。"各该官吏俱要守法奉公，长廉远耻，祛患卫民，竭诚报国。"[2] 这是王阳明甫至南赣发布的通告。王阳明为官严谨、清廉，从对待下属的要求中我们可看出他的为官之道。王阳明常在公文中夸赞奖励清廉官员以劝其余。在评价主簿于旺的时候，他如此说道："看得近来所属下僚，鲜能持廉守法；访得兴国县主簿于旺，独能操持清白，处事详审，近委管理抽分，纤毫无玷，奸弊划革"[3]；而在评价汀州知府唐淳时，王阳明的批语为："沉勇多智，精敏有为，兼之持守能谨，制事以勤"[4]；对致仕的县丞龙韬，王阳明的评语是"平素居官清谨"[5]。

王阳明在公文中还屡屡申明为官要守法奉公、勤劳做事，"各该官吏俱要守法奉公，长廉远耻，祛患卫民，竭诚报国"[6]。对于那些虚与委蛇、贪赃枉法的官员，他也决不手软。王阳明有一篇专记录了官员因公索财，并对他们处以惩罚的公文，即《行江西按察司查禁因公科索民财》。王阳明指出，对这些公然索贿受贿、狐假虎威的官吏，"若不查禁处置、深为民患"[7]。对于"中间敢有隐瞒纤毫不发"[8] 者"定行拿赃问罪，绝不轻贷"[9]。用坚定的态度表明了他对贪赃枉法的不容姑息。

王阳明查访属下是否贤能时举例说明："要见某官廉勤公谨，某官贪婪畏缩，某官罢软无为，某官峻刑暴"[10]。他在所举的四个例子中，将廉勤公谨作为贤能表率置于首位，其余三者皆是官吏不足之处，可见王阳明对遵守为官职业操守的态度了。

（二）忠君爱国的报国热情

"夫为人臣者，上有益于国，下有益于民，虽死亦甘为之。今日所行，上使朝廷失

---

[1]（明）王守仁：《王阳明全集》（全四册）第二册，第210页。
[2] 同上书，第196页。
[3] 同上书，第258页。
[4] 同上书，第223页。
[5] 同上书，第227页。
[6] 同上书，第196页。
[7]（明）王守仁：《王阳明全集》（全四册）第三册，第368页。
[8] 同上。
[9] 同上。
[10] 同上书，第322页。

信于民，下使百姓归怨于上，重贫民之困，益地方之灾，纵使钱粮果可立办，忍心害理，亦不能为……"① 经过重重选拔，科举考试，儒生得以在朝为官，自幼熟读的经典要求他们一方面要对君上保持应有的忠孝观念，另一方面让他们以天下为己任，为民谋福祉。

自古君国一体，"效忠君王的思想渊源实际上可追溯至尧、舜、禹三代时期的天命神学观"②，董仲舒将这种天命神学观与阴阳家、儒家等学说联系起来，构成了君权神授、三纲五常的儒家基本思想。董仲舒说："君臣、父子、夫妇之义，皆取诸阴阳之道。君为阳，臣为阴；父为阳，子为阴；夫为阳，妻为阴"③，由此将整个社会纳入一个标准的伦理体系，家国天下同一，事君如事父，忠君即爱国。王阳明的体认亦是传承于此。危难之中，方见真情，王阳明心存天下，急天下所急，爱国之心，可昭日月。宁王谋反时，王阳明正要前往福建，且因祖母疾病多次上疏乞退，且生逃观之心，但当谋反消息传来时，他果断抛下一切，号召各地官员兴兵襄助，共讨宁王。于是他说："天下之事，莫急于君父之难"④ "适遇宁王兴兵作乱，看系君父大难，义不忍去……"⑤ 事实上，先前王阳明已经因为父亲年迈、祖母去世几度上疏想要致仕，甚至想中途弃官挂印而去，"不意行至中途，遭值宁王反叛，此系国家大变，臣子之义，不容舍之而去……"⑥ 他如同三过家门而不入的大禹一般，已然是舍弃小家顾全大家了。正如王阳明自己所言："臣区区报国血诚，上通于天，不辞灭宗之祸，不避形迹之嫌，冒非其任，以勤国难，亦望朝廷鉴臣此心……"⑦

明朝中期，上有内阁辅政，内官秉笔，君王执政，政策的决定是内官、君王、廷臣三方角力的结果。所以，臣子向上忠君爱国的对象范围也扩大至整个朝廷。王阳明也多有不负庙堂的言论，正如他在《批江西都司掌管印信》中说道："兹当该卫改革之初，仍行各官务在图新更始，端本澄源，共惟同心同德之美，以立可久可大之规，不独显功业于当时，必欲垂模范于来裔，上不负庙堂之特选，而下可副诸司之举任。"⑧ 为官者，求的是名垂后世，求的是不负庙堂，求的是问心无愧。

（三）诚心为民的做事态度

仰不负于君，俯不愧于民，王阳明的为官理念让他在忠君爱国的同时要对百姓负责。首先要做到的就是体恤民众，他认为"地方安靖，足申体恤国情"⑨。在面对伍文定患病的辞呈时，王阳明让伍文定自己将个人病痛与治下百姓疮痍做比对，"谅本官自

---

① （明）王守仁：《王阳明全集》（全四册）第二册，第248页。
② 付兴林：《白居易散文研究》，中国社会科学出版社2007年版，第472页。
③ 董仲舒：《春秋繁露·基义》，中华书局1975年版，第432—433页。
④ （明）王守仁：《王阳明全集》（全四册）第二册，第232页。
⑤ 同上书，第245页。
⑥ 同上。
⑦ 同上。
⑧ 同上书，第263页。
⑨ 同上书，第208页。

切百姓疮痍之忧,岂遑一身痛痒之顾"①。以百姓为重,他让伍文定一面调理,一面供职。除此之外,王阳明还将天下治理的责任担在身上:"大抵天下之不治,皆由有司之失职;而有司之失职,独非小官下吏偷惰苟安偞悖度日,亦由上司之人,不遵国宪,不恤民事,不以地方为念,不以职业经心,既无身率之教,又无警戒之行,是以荡弛日甚,亦宜分受其责可矣。"②在上为官者,须时刻将地方民情挂在心头,体恤民情,警戒自身,以身为范。

官员除了有体恤民情的心思,还需要诚心实意为民做事。尽心、诚心之道,王阳明在语录中也屡屡提及,应用在官场,就是实心做事,不虚应文字。

作为百姓的父母官,要为百姓实心做事,为长久计,而不可为一时功绩而劳民伤财。"据本县所申,是亦良法,但须行以实心,节用爱民,施为有渐,不致徒饰一时之名,务垂百年之泽始可"③,"使为有司者,皆能以是实心修举,下民焉有不被其泽,风俗焉有不归于厚者乎"④。王阳明如此说,亦是如此做,他推行的政策,无一不是为百姓打算:"看得本院自行十家牌式,若使有司果能著实举行,则处处皆兵,家家皆兵,人人皆兵,防守之备既密,则追捕之兵自可以渐减省,以节民财,以宽民力。"⑤他对有关机构晓之以理,让他们本着实心为百姓做事的态度去遵循他的命令。他的话总是正确的,"但今有司类皆视为虚文,未曾实心修举;一旦遂将额设民壮三分减一,则意外不测之虞,果亦有如各官所呈者"⑥。那些虚应文事者,终究遇上麻烦,救应不及,反而又要上呈求助。

但是王阳明做事也不是死板地去遵循,而是灵活应变,王阳明清理钱粮、推行十家牌法、处理贪赃枉法的官员等政策多是纲领性的文件,他正是担心自己的政令没有被良好地推行,反而会遗祸百姓,所以每每要在文末申明"毋使虚应故事"和"不得苟且因循"等话语。江西布政司欲效仿王阳明设县,却不识地理,设县劳民伤财,所以他细心回复:

  盗贼盘据,人迹罕通,声教不及,不得已而为权宜之计;若腹裹平衍,四通五达之区,止宜减并,不贵增添。盖增一县,即增一县之事,官吏供给,学校仓库,图狱差徭,一应烦费,未易悉举;且又有彼此推避之奸,互相牵制之患,计其为利,不偿所害。古人谓省吏不如省官,省官不如省事,凡今作事,贵在谋始。仰布政司再行会同二司各官从长计议,设县之外,果无别策,可以致理,具议呈夺。⑦

---

① (明)王守仁:《王阳明全集》(全四册)第二册,第249页。
② 同上书,第276页。
③ 同上书,第274页。
④ 同上书,第277页。
⑤ 同上。
⑥ 同上书,第280页。
⑦ 同上书,第256页。

其心虽好，却未必切实为民众做考量。王阳明将官、吏、事做了一个排序，最终得出要在"事"上谋划，这样才能真正做到为民做实事。

（四）宽厚体恤的仁心

王阳明的为官之道除了面对君、民，还要面对同僚。对同僚属下，王阳明是宽容的。

战争给王阳明带来了荣誉、升迁、爵位甚至诽谤、敌对，但对王阳明来说，这些是可有可无的东西。正如他自己所言："我在南都以前，尚有些子乡愿的意思在。我今信得这良知真是真非，信手行去，更不着些覆藏。我今才做得个狂者的胸次，使天下之人都说我行不掩言也罢。"① 豁达洒脱的胸次能够让他坦然面对世间毁誉，真正地做到宠辱不惊。但如王阳明这般修养的大儒毕竟少数，世人苦于名利，进退宠辱都是心头大病。王阳明能体恤下属人情，让人在公文中体会到王阳明的敦厚之风。

王阳明本身并不提倡争功，他认为"获级匹夫之所能，争功君子之大耻"②。但他不喜争功不代表就会因此断了他人上进的仕途。下属所拥有功劳，王阳明都一一记在心中，发于文上，让下属的功劳得以宣扬于朝廷之上。他不仅以战场收获为记录分派功劳，对于如湖广统兵参将史春这样的将领，他们可能并不长于战场杀敌，而是"纪律严明，行阵肃整，故能远扬威武，致兹克捷，虽兵不接刃而先声以张"③，这种功劳不显，难以上报，阳明也要将之提点出来，将功劳列明，要"传布本院奖励之意，以彰本官不显之功"④。此外，征剿田州时，王阳明对彭明辅、彭九霄保全兵力的隐形功劳也进行犒赏："为照宣慰彭明辅、彭九霄虽未及冲冒矢石，摧坚破敌；然跋涉道途，间关山海，不但劳苦之备尝，且其勤事之忠，赴义之勇，不战而胜，全师以归，隐然之功，亦不可掩。"⑤ 王阳明不仅不争功，还处处为属下将领做打算。他在《戒谕土目》中说："其于本院勤勤恳恳，不顾利害是非，务要委曲成就尔等之意亦莘负矣……"⑥岑伯高以一介儒生的身份参与平定思、田之乱，"深入诸夷，仰布朝廷之德，下宣本院之诚……"⑦ 但是岑伯高志在科举，所以力辞恩典。王阳明依旧认为"凡有微劳于兹役者，莫不开列；而本生之功泯然未表其于报功励忠之典，诚有未当"⑧，所以从岑伯高的功劳和本人意愿考虑还是给予了他相应的奖励："该司仍备给札付执照，并行原籍官司，以礼优待，免其杂泛差徭，明朝廷赏功之典，彰军门激励之道，既以遂其养母之愿，且以遂其高尚之心；是后本生志求科第，其冠带自不相妨。"⑨

---

① （明）王守仁：《王阳明全集》（全四册）第一册，第133页。
② （明）王守仁：《王阳明全集》（全四册）第二册，第220页。
③ 同上书，第218页。
④ 同上。
⑤ 同上书，第275页。
⑥ 同上书，第287页。
⑦ 同上书，第285页。
⑧ 同上书，第275页。
⑨ 同上书，第285—286页。

另外，王阳明体恤下属体现在能够对下属乞病乞休的公文酌情考虑，并不简单粗暴拒绝，而是给出理由，以自己为例，晓之以理，动之以情。阳明批下属致仕、乞休、告病的公文有五条。成功者有之，失败者有之，但是读来每条都不会让人产生反感，反而心悦诚服地遵循王阳明的决定。其中《批提学佥事邵锐乞休呈》写得尤为恳切：

> 据江西按察司呈，看得提学佥事邵锐求归诚切，坚守考槃之操；而按察使伍文定挽留恳至，曲尽缁衣之情；是亦人各有志，可谓两尽其美。然求归者虽亦明哲保身，使皆洁身而去，则君臣之义或几乎息；挽留者虽以为国惜贤，使皆腼颜在位，则高尚之风亦日以微；况本院自欲求退而未能，安可沮人之求退。仰该司备行本官，再加酌量于去就之间，务求尽合于天理之至，必欲全身远害，则挂冠东门，亦遂听行所志。若犹眷顾宗国，未忍割情独往，且可见危受命，同舟共艰，稍须弘济，却遂初心，则临难之义，既无苟免于抢攘之日；而恬退之节，自可求伸于事定之余；兴言及此，中心怆切！①

诸事已定，邵锐辞归，王阳明看到邵锐就想到了自己，"本院自欲求退而未能，安可沮人之求退"，心中不忍之情溢于言表。对于邵锐临难奋不顾身，事定挂冠东门的做法，阳明也是深表赞同，还在文末加上"兴言及此，中心怆切"这样很感性的话语，真是一位性情中人。

王阳明为官清正廉洁，有功必赏，有过必罚，有情必申，以诚事君，以诚待民，这样的做法自然让属下极力拥戴，百姓闻风而服，朝廷累加爵赏。即使被排挤在外不得起复时，王阳明亦不多生怨念，读书讲学怡然自得，待到国家需要，又毅然赴任，鞠躬尽瘁。子夏曰："仕而优则学，学而优则仕"，概莫如是。无论是为一县之尊还是封疆大吏，他在任上都表现出了兢兢业业的办事态度，认真、严谨、廉洁且勤劳。这种态度与行动正是他仁心爱人代天牧民的儒家精神和责任感与知行合一、向内而不向外求的心学精髓所支撑出的。王阳明无愧于民、无愧于君，最重要的是其不违本心，真正做到为官极致。

【作者简介】徐熠，绍兴文理学院人文学院 2015 级研究生。

---

① （明）王守仁：《王阳明全集》（全四册）第二册，第 251 页。

地方志中所见王阳明诗小考
——兼论地方志于王阳明诗歌研究之价值

周丹烁

【摘要】 王阳明的诗歌除了存于《王阳明全集》中,各类地方志亦录有不少冠以"王阳明""王守仁"之名的诗作。有的可信度较高,如《登莲花绝顶书赠章汝愚》《明社亭》《迎仙笙鹤》《宣风公馆》等诗;而有的只要略加考证,即可发现这类作品或是误录人名,或是有意假托,如《惠济寺》《墨池遗迹》《道过子文故里有感》《游玲珑岩》《登香炉峰次萝石韵》等数首伪托之作。总体来讲,地方志对于王阳明诗歌研究具有辑补阳明诗歌作品、完整阳明人生行迹、旁证心学思想变迁等重要价值,应当引起论者们的注意。

【关键词】 王阳明 佚诗 考辨 地方志

王阳明之著述作品,从明正德年间起刊刻语录,到嘉靖年间续编文集,至庆隆年间终于整合成为《王文成公全书》,其后经过各类版本全书、全集的誊录、刊印,乃有今日之《王阳明全集》[①]。虽然钱德洪、邹守益在编修《王文成公全书》之前身《阳明先生文录》时已"遣诸生走江、浙、闽、广、直隶搜猎逸稿"[②],广泛搜辑阳明遗文,但由于顾虑先师早年言论、诗文中的思想尚不甚成熟,因而尽数删去。故依然有较多阳明之言语、诗文未刊于世而散佚各处;全书不全,亦为王阳明研究界所知。近年来,无论是大陆、台湾,抑或是海外的阳明学研究者们,均为阳明著作之辑佚考辨做出了努力[③],

---

① 吴光等编校:《王阳明全集》,上海古籍出版社2011年版。本文考释诗文亦建立在此书基础之上。以下正文中均将此书简称为《全集》。

② 吴光等编校:《王阳明全集》,上海古籍出版社2011年版,第1471页。

③ 大陆作品如叶树望《新发现的王阳明佚文六件》(载《文献》1989年第4期)、计文渊《吉光片羽弥足珍——新发现王阳明诗文墨迹十种》(载钱明、叶树望主编《王阳明的世界》,浙江古籍出版社2008年版,第558—569页)、陈来《王龙溪、邹东廓等集所见阳明言行录佚文辑录》(载《中国哲学史》2001年第1期)等;台湾的作品如杨正显《王阳明诗文辑佚及考释》(载《中国文哲研究通讯》2010年第1期)、方旭东《〈王阳明法书集〉所存之王阳明佚文佚诗》(载《中国文哲研究通讯》2003年第2期);海外则如永富青地《间东本〈阳明先生文集〉的价值》(载日本《东阳的思想と宗教》1999年第16号)。

其中以束景南先生《王阳明佚文辑考编年》及台湾花木兰文化出版社的《中国学术思想研究辑刊·十编·第20册——心运时务：正德时期（1506—21）的王阳明》辑录最多。仅就诗歌而言，便已在《全集》原有基础上增加了百余首，可谓成绩斐然。不过对于这些已被辑录的作品，仍有真伪、作年等值得商榷之处；而笔者在翻查各类地方志、诗选的过程中，发现尚有部分散佚之篇章遗落在论者们难以注意之隅。故本文主要辑补笔者在地方志中所见而各类辑佚、考辨著作未曾编录的王阳明诗歌作品；对地方志中所录非王阳明创作而冠以其名的诗歌加以辨伪；并在最后总结王阳明诗歌辑佚工作中地方志著作所具有的价值。

一 佚诗考释

笔者查阅各类地方志，在此辑补4首诗作，分别为《登莲花绝顶书赠章汝愚》《明社亭》《迎仙笙鹤》《宣风公馆》，其中《明社亭》《迎仙笙鹤》《宣风公馆》3首未曾见载于《王阳明佚文辑考编年》《中国学术思想研究辑刊》以及钱明等人所撰写的各类辑佚论作。

（一）《登莲花绝顶书赠章汝愚》（正德十五年）：

> 灵峭九十九，此峰应最高。岩栖半夜日，地隐九江滔。天碍乌纱帽，霞生紫绮袍。翩翩云外侣，吾亦尔同曹。

此五言律诗见于乾隆《池州府志》卷第九，又载于光绪《青阳县志》卷之十二《艺文志》。束景南先生将其认定为伪作[①]，然而笔者以为尚有可商榷处。束景南先生于乾隆《青阳县志》中所得诗歌题名为《登莲花绝顶书赠章如愚》，以为此"章如愚"指南宋《山堂考索》之作者章如愚，而笔者在光绪《青阳县志》中所见此诗，则题名为"章汝愚"。实际上，《明诗钞》之"明诗七言古"部录有明代学者黄省曾所作《池州章汝愚家九华山之阳迩来游学吴中盛谈峰峦之胜慨然长怀作九华山歌》，明书法家王宠《雅宜山人集》亦抄录此诗，祝允明《怀星堂集》卷二十六《纪叙》则有《题池州章汝愚秀才藏履吉九华山歌》，其中言"汝愚寝食其中（指九华山），又广之于吴……"按：此三者皆为吴中名士，且生卒年与阳明相近，由黄省曾之诗题、祝允明之题词可推知明代"章汝愚"应确有其人，而非宋代之"章如愚"。据《明人传记资料索引》，有名为章允贤者，字汝愚，号九华，青阳人，为嘉靖八年进士[②]，乾隆《池州府志》卷七《乡试》载青阳之章允贤于嘉靖七年登进士，乾隆《贵溪县志》卷六

[①] 束景南：《王阳明佚文辑考编年》，上海古籍出版社2015年版，第1143页。
[②] "国立中央图书馆"：《明人传记资料索引》，台湾文史哲出版社1965年版，第480页。

《秩官》则曰："章允贤，字汝愚，南直隶青阳进士，十年任以丁忧去"，亦可佐证。故众人题中之"汝愚"实为章允贤之字。阳明正德九年（1514）至十一年（1516）升南京鸿胪寺卿居于南京，其间兼事讲学，不仅有徐爱、黄宗名、薛侃等二十余名弟子"同聚师门，日夕渍砺不懈"，更有"客有道自滁游学之士"，可见其教学之盛况①。当时尚为秀才的章允贤游学至吴中，即有可能短期受业于王阳明座下，二人遂相识。王阳明写下此赠诗当为正德十五年（1520）平定江西风波之后，因张忠、许泰等人的逸言勾留九华游览时与章允贤会面所留，在同时期他还创作了《芙蓉阁》《登莲花峰》《江上望九华不见》等诗，数量颇夥。由于"如""汝"同音，故乾隆《青阳县志》应是抄录有误，其后乾隆《池州府志》、光绪《青阳县志》的修订者则对此予以更正。

（二）《明社亭》（嘉靖六年）

四十年来欲解簪，萦人王事益相寻。伏波欲兆南征梦，梁父空期归去吟。深耻有年劳甲马，每惭无德沛甘霖。武平未必遵吾化，也识寻盟契此心。

此七言律诗见于康熙《武平县志》卷之十《艺文》，原题为"明社亭"。翻阅此地方志的《方舆》《建置》等部分可知，"明社亭"原名"平明亭社"，在县城南三里外的龙济岩左侧。王阳明在赣时于瑞金、上杭等地驻军，不远于武平，且明朝设所军屯于武平，此地或为阳明借兵、用兵之处。据阳明正德十三年（1518）之公移《批漳南道设立军堡呈》，阳明之军为剿灭深田、半砂等地的顽匪而修建军堡，确实曾驻扎于此："看得所呈深田等处，盗贼日渐猖炽……及照该道原议，设立军堡十处……稍候武备既设，施行有次，仍旧还归武平住扎。"②王阳明生前曾数度至赣州，一为其经尚书王琼举荐升督察院左佥都史巡抚南赣汀漳，于正德十二年（1517）正月赴此奉命平寇；二为正德十五年间定宸濠之乱后还赣；三为嘉靖六年（1527），朝中命其兼都察院左都御史，征思、田二州，九月由越入广取道于此，途经南昌、吉安、赣州等地，十一月抵肇庆。王阳明二十八岁举进士，观政工部，第一次入赣时为四十六岁，第二次为四十九岁，第三次过赣为五十六岁，诗云"四十年来欲解簪"，作年当为嘉靖六年。《王阳明全集》所收"两广诗二十一首"中存《谒伏波庙》一诗，其中有言："四十年前梦里诗，此行天定岂人为"，亦与以上诸言相合。自其巡抚汀漳以来，又平定宸濠之乱，已为大明王朝驱驰征逐久矣。此次入两广又是南下，故曰："伏波欲兆南征梦。"王阳明是年兼任都察院左都御史一官后，曾于六月对此重任呈以辞疏，未被允诺，"萦人王事益相寻""深耻有年劳甲马，每惭无德沛甘霖"便是指此。王阳明初至赣州时尝颁发"十家牌法"以淳民风，如今过赣，忆昔种种，感慨颇多，

---

① 吴光等编校：《王阳明全集》，第1364页。
② 同上书，第1202页。

因此有"武平未必遵吾化，也识寻盟契此心"之语，所以笔者以为王阳明有充分的理由为重游故地赋诗一首。也有学者提出，阳明不常在诗中直书县城地名，此诗或为修县志者之伪托①，且就朝代而言，康熙《武平县志》、乾隆《汀州府志》、民国《武平县志》的修撰时间晚，因而可信度不高，也许出于此番顾虑，《王阳明佚文辑考编年》、钱明辑佚的系列论文等著作中均未收录此诗。然就诗歌语言看，诗中所见典故与意象均为王阳明惯用之语。"伏波"即指东汉将军马援，十五岁时阳明梦谒伏波庙，觉后得绝句曰"卷甲归来马伏波，早年兵法鬓毛皤。云埋铜柱雷轰折，六字题文尚不磨"，自此对军征之事、将军伏波充满了特殊的希冀与情感，如其初次至赣时所作《喜雨三首》其一曰："五月南征想伏波"。"梁甫"原意为文学作品《梁甫吟》，在前人诗歌中多用以指代诸葛亮。阳明越城旧居附近有山曰卧龙②，常常令年轻时的他想起卧龙先生诸葛亮，如其《春晴散步（又）》所言："空吟动梁甫，何处卧龙岗"。王阳明一生于宦途奔波操劳，而然其内心渴求之事依然为投身圣学，常以"解簪""投簪"表达投官之志，如其《七盘》"投簪实有居夷志"，《回军龙南小憩玉石岩双洞绝奇徘徊不忍去因寓以阳明别洞之号兼留此作三首·其一》"投簪最好支茅地"，等等。嘉靖年间阳明受命征战两广，一方面已觉自己力渐衰弱，不欲驰骋，如其《复过钓台》"微雨林径滑，肺病双足胝"；一方面又关切民瘼，如其《谒伏波庙》之"尚喜远人知向望，却惭无术救疮痍"、《重登黄土脑》"水南多少流亡屋，尚诉征求杼轴空"等，诸如此类的两广诗二十一首，无不与《平明社亭》同声同气，故笔者以为此诗当为王阳明亲出。

（三）《宣风公馆》（正德五年）

> 醉梦腾腾听打衙，三年踪迹类匏瓜。如今不是穿云子，衣钵随身到处家。

此诗见于同治《萍乡县志》卷六，题下按"明王守仁"。而据今《全宋诗》记载，此诗为宋赵汝域所作，由民国时期所修之《缙云赵氏总祠志》《五云赵氏宗谱》著录而来，原诗无题，正文则仅"一钵随身到处家"与引文不合。《全宋诗》云："赵汝域（1172—1250），字守礼，缙云人，宁宗嘉定元年（1208）进士，调真州判官。历福建节度推官，知武宁县，通判兴化府、越州③……事见《缙云赵氏总祠志》卷一、《五云赵氏宗谱》卷三。"而笔者在万历《括苍县志》卷六《选举表》的"缙云县"下也曾查找到"赵汝域"一人，其中卷六言其为"嘉定戊辰科"，卷十二言"字汉卿，由进士历真州判官、福州节推、知武宁通判，越州从官，多可记录。晚薄宦清奉，祠归。家庭雍睦，同居共财，昆季无闲言"。乾隆《缙云县志》卷六、光绪《处州

---

① 练建安：《千里江汀》，海风出版社2014年版，第278—280页。
② 万历《绍兴府志》卷四《山川志一》："卧龙山，旧名种山，越大夫种所葬处。"
③ 傅璇琮等主编：《全宋诗》第五十五册，北京大学出版社1991年版，第24260页。道光《重修仪征县志》卷二十六、乾隆《缙云县志》卷六、光绪《处州府志》卷二十亦有相似记录。

府志》卷二十中均有相同记录，与《全宋诗》所载相比，仕宦经历并无二致，但是此人之字却为"汉卿"而非"守礼"，此为疑点之一。隆庆《仪真县志》卷五也录有"赵汝域"："字汉卿，处州人，有政声俱，政和中任"，嘉庆《扬州府志》卷三中则言其为"处州人，政和军事判官"，道光《重修仪征县志》卷二十六曰："赵汝域，字汉卿，处州人，进士。政和中任真州通判，有能声，其居官政事多可记录。"这里的"赵汝域"之字虽为"汉卿"，但仕宦活动时间却与前面的南宋嘉定年间不同，为北宋政和年间，此为疑点之二。综上，"汉卿""守礼"是否指的是同一位"赵汝域？若是，其生活年代到底是北宋还是南宋？笔者以为，"赵汝域"者确有其人，要么是同一个，方志编撰者们各自对地方名宦记录时难免有细微的出入；要么是北宋"赵汝域"与南宋"赵汝域"均有任过真州推官，同名同姓、仕宦经历相似，容易令人混淆二者身份。无论是哪种情况，《全宋诗》所取《缙云赵氏总祠志》《五云赵氏宗谱》之说法，确实更像是将地方志中所见的几类零碎人物信息统合起来的大杂烩而不甚确切，考虑到其作品亦未曾见载于前代诗集，此诗作者为赵汝域的观点便殊可疑之。反观同治《萍乡县志》所载此诗，则颇合于阳明当时的心境与经历。阳明正德二年（1507）被谪龙场，经江西萍乡时，曾留下《夜宿宣风馆》《谒廉溪祠》《夜宿萍乡武云观》三首诗。而正德五年（1510）春间阳明调任江西庐陵县尹，按来时之路返江西赴任，又经萍乡，故地重游，作《再过廉溪祠用前韵》《再经武云观书林玉玑道士壁》，因此再宿宣风馆的可能性亦极大。由于与前度经过此处正好时隔三年，或许回忆起自己在龙场搭建草庵、粮绝躬耕的经历，故诗中有言曰"三年踪迹类匏瓜"。此调令虽寓示其政治生涯有所转机，然而何时能归家奉养长辈、享天伦之乐，似乎依旧遥遥无期，因而慨叹自己并非热爱漂泊的鸟雀，却不得不"衣钵随身到处家"。此诗的诗题、内容、情感均与阳明身世、行迹相印证，且就同治《萍乡县志》与民国《缙云赵氏总祠志》《五云赵氏宗谱》的修撰时间而言，同治《萍乡县志》编成时间更早，可信度更高，故此诗出自王阳明之手的可能性较大，而作者为赵汝域一说在掌握更多确切资料之前亦不能全盘定，此诗是否为王阳明佚诗，应当存疑。

（四）迎仙笙鹤（疑正德三年）

山谷风回尽好音，何须玉管引玄禽。仙骖日日闲来住，我去迎之不寻。

此诗仅存于光绪《平越直隶州志》卷三十九《艺文·诗》之中，而未见其他地方志、诗选选录。原作当为一首七言绝句，疑最后一句有字脱去。"迎仙笙鹤"亦称"迎仙洞"，为平越（今贵州省福泉）十景之一，据光绪《平越直隶州志》卷四十，此地在城西三里，屏山后背，由于山洞空窍处得风辄有清异之声，故将其比为鹤唳，即诗题中之"仙笙鹤"。虽然无论是在记录王阳明行迹的《年谱》，或是其散文、书信中，未写明其曾游此地①，但此处与王阳明留诗的七盘岭、钟鼓洞等地相近，王阳明寓居贵阳近两年之久，其间也并非公事繁忙，应有充足的余暇游览观赏，如水滨洞、天生桥、来仙洞等当地名胜，阳明均留有诗作。此诗在光绪《平越直隶州志》卷三十九《艺文·诗》中与《过七盘岭》《题兴隆卫壁》《南八将军庙》②等并列，具有一定的可信度，在掌握更多确切资料前定此诗为阳明佚诗尚可存疑。

二 伪作考释

据笔者不完全统计，束景南的《王阳明佚文辑考编年》、台湾地区的《中国学术思想研究辑刊·十编·第20册——心运时务：正德时期（1506—21）的王阳明》，以及钱明、计文渊等人的辑佚论文，总共辑录166首王阳明佚诗。其中台湾地区《中国学术思想研究辑刊》及各类王阳明诗文考佚论文，多将所见之诗直接抄录并据文本推测大致的创作时间，而特意辨伪者，仅束景南先生一位而已。此外笔者并未见过为王阳明诗辨伪的专题论文。虽束景南先生的《王阳明佚文辑考编年》一书附《王阳明佚文辨伪考录》一节以去伪存真，不啻一盏明灯，为后来者指点迷津，自是意义非凡。然笔者翻阅各类地方志时，发现依然有数首未曾被刊录的诗歌，或是传抄有误，作者之名或衍或脱，而误作"王守仁"；或是伪托王阳明之名，以在地方志中使自己的作品得以传世、光大某地声名；或是对王阳明生平行迹未加考索，仅因地名相似、相同便将其并非为此地写就的诗作录入方志的艺文、寺观、山川等部类之中。若此类文献之读者将其误以为真，恐为如今的王阳明研究蔽上一层迷雾，故在此就笔者于地方志中所见之伪作加以考释。

（一）人名之误

各类地方志所收录的王阳明诗歌，"王守仁作"之类语常按于诗旁，然其中有误辑、错抄处，辑佚者们却多对此不甚注意，而是不加怀疑地直接抄录。实际上，发生此类误会多是由于字形相似，编纂者无意中多抄或者漏抄造成的。

《惠济寺》
停车古寺竹林幽，石壁烟霞澹素秋。趺坐观心禅榻静，紫薇花上月华浮。

此诗见于乾隆《绍兴府志》卷之三十九《祠祀志》，曰："王守仁诗。"然嘉靖

---

① 在政协贵州省委员会文史资料委员会《贵州旅游文史系列丛书》编委会所编《神话世界》一书中，言及"阳明先生在《使黔杂记》中写道：进入平越境，风和日丽，繁华盛开，道路起伏减缓，轿伕健步如飞。夕阳西沉，宿杨老驿……"笔者无缘一瞻《使黔杂记》之书影，对此行迹姑记疑之。
② 即《全集》"居夷诗"中《七盘》《兴隆卫书壁》《南霁云祠》三诗。除题目外，诗歌文本部分除个别同音字"峰""烽"外，均无差异。

《萧山县志》卷六《杂志》录有一首正文内容完全相同的诗作，其时题下尚按："进士吴郡王守诗"，万历《绍兴府志》卷二十一《祠祀志》中言此为"王守诗"，康熙《萧山县志》卷十四《祠祀志》亦录为"吴郡王守诗"。吴郡王守者，据嘉靖《宁波府志》卷二《秩官·表一》，为嘉靖四年"吴县人由进士"，授宁波府推官。此诗为其嘉靖时在宁波为官期间游萧山而作，嘉靖《萧山县志》完成于嘉靖二十二年（1543），故得以收录王守诗作。此公赋诗好以"停车"起兴，如嘉靖《宁波府志》卷六《疆域志·山川下》"炼丹山"一条载"国朝推官王守"诗，起句曰："停车临碧海，飞泻凌丹山……"又据嘉靖《萧山县志》卷六《寺庵》所述，惠济寺在萧山县内凤堰村北，而王阳明生前所至多为靠近山阴县城的浮峰一带，未曾至此。故乾隆《绍兴府志》所言此为"王守仁诗"，有误，实为"王守诗"。

（二）伪托其名

与上一部分无意误抄作者之名的情况不同，即使作者姓名字形完全不相像，依然会有人将诗歌原作者的名字替换为"王守仁"之类，如下面的《墨池遗迹》；有些地方志中的诗作虽署名为"王守仁""阳明"等，但实际上王阳明平生并未到过此处，细读文本则与王阳明自身的诗歌风格、言语习惯全然不同，如下面的《道过子文故里有感》。实际上这都是地方志编纂者刻意为之，借助王阳明之名以壮地方声名、以示民风淳朴。

1.《道过子文故里有感》

> 胜地传于菟，名声爵里存。神灵腓异物，忠孝锡贤孙。岩石蔚然古，风流遐不宣。谁人任刚武，乳虎在方言。

此诗见于康熙《云梦县志》卷十二《艺文下·五古》，道光年间所修《云梦县志略》《安陆县志》等亦收此诗，诗作者则皆写作"王守仁"。束景南的《王阳明全集补编》将这首诗归入"存伪"一类，但是并未附以考释文字，故笔者在此斗胆欲以一家之言弥补此缺憾。题中"子文"乃指春秋时期楚国的令尹子文。子文本为斗伯比之私生子，为遮家族之羞被弃于云梦荒野。谁料这个婴孩却如有神助，得母虎以乳哺之而免遭夭折，遂被带回，并被命名为"斗谷于菟"[①]。第一句的"于菟"指于菟乡，位于湖北云梦县北，即是得名于子文的传说。明代时湖北、湖南并称湖广，王阳明曾两度过此处：一是正德三年（1508）谪龙场，其时主要取道湖南，经醴陵、长沙、桃源，由沅江逆流而上入贵阳，在《全集》中有《醴陵道中风雨夜宿泗州寺次韵》《游岳麓书事》《沅水驿》等诗为证；二则是正德五年（1510）调庐陵县令，据《年

[①] 据《左传·宣公四年》载："初，若敖娶于郧，生斗伯比。若敖卒，从其母畜于郧，淫于郧子之女，生子文焉。郧夫人使弃诸梦中。虎乳之。郧子田，见之，惧而归。夫人以告，遂使收之。楚人谓乳谷，谓虎于菟，故命之曰斗谷于菟，以其女妻伯比。实为令尹子文。"杨伯峻编著：《春秋左传注》，中华书局2009年版，第682—683页。

谱》所记，阳明从龙场出发"过常德、辰州"，有《辰州虎溪龙兴寺闻杨名父将到留韵壁间》《沅江晚泊》等诗为证。故阳明在湖广的行迹多布于湖南，至北为常德地区，是否曾经过湖北地区，则在其诗文书信、人物传记中均无足征之文献，具体到云梦县更是无迹可寻。从诗歌整体所使用的语言、表达的思想内容来看，对当地的称颂过于直露，令人嚼之无味，近乎王婆之扯嗓买瓜，虽冠以阳明之名而全然不似其人之言。阳明游览历史旧迹、风景名胜时多倾重于描写自然风光与周边环境，对当地之人之事之民风常常一笔带过，如束景南、钱明等人均有考释的《万松窝》一诗，同为观名人故居有感而发，以"一径清影合，三冬翠色多""西无车马迹，射兔麇鹿过"等对眼中所见之景的描写性语言为主体，真正言及先贤的，仅最后升华诗歌思想的"千古陶弘景，高风满浙阿"一句而已。《全集》中《李白祠二首》《萍乡道中谒濂溪祠》等作品无不如此。故综合阳明生平行迹与创作习惯，笔者以为此诗盖为县志修撰者所伪托。

2.《墨池遗迹》

千载招提半亩塘，张颠遗迹已荒凉。当时自号书中圣，异日谁知酒后狂。骤雨颠风随变化，秋蛇春蚓久潜藏。惟余一脉涓水，流出烟云不断香。

诗见于康熙《龙阳县志》卷四《诗》，其后嘉庆、光绪两朝所修县志则沿用康熙版本，所录此诗无甚差异。华建新的《王阳明诗歌研究》中曾录此诗，然而仅对内容进行分析解读，未加考证[①]。束景南《王阳明全集补编》一书亦载，考辨论据则不够详细[②]。此诗题中的"墨池"指唐代张旭练习书法后盥洗笔墨之地，据嘉靖《常德府志》卷三《地里志》，此墨池位于龙阳县净照寺内，张旭尝学书于其中，并且"善草书，嗜酒，每大醉乃下笔，或以头濡墨而书。既醒，自视以为甚。世号张颠"，即诗中所言之"张颠"。实际上，嘉靖《常德府志》卷十九同样收录此诗，作者题名则为"应履平"。据嘉靖《常德府志》卷十二，应履平者，浙江奉化人也，永乐十四年为常州知府，正统年间升任云南布政司，乃去，此诗当为其任常州知府时所作。阳明平素未曾踏足湖北地区，前已有所考，在此不再赘述。并且嘉靖《常德府志》成书时间更早，可信度更高，故后来数部《龙阳县志》的撰写者们，难脱附会嫌疑。

（三）借诗自重

地方志中的诗歌作品多为艺文部分所辑录，也有被附注于山川、寺观等部分的，其中包括诗人、名家给当地亲友的赠诗、寄诗；游览时诗兴所至，在当时当地便援笔立就，后来被作为题壁刻石；而有的则是写及此地风景名胜，被收录于个人别集中，

[①] 详见华建新《王阳明诗歌研究》，安徽人民出版社2008年版，第256—257页。
[②] 详见束景南、查明昊辑编《王阳明全集补编》，上海古籍出版社2016年版，第404页。

为后来的地方志修撰者所援引。总体说来，此类诗歌内容必定与本地有所关联。但是笔者发现，在某些地方志所录的王阳明诗歌中，存在部分并非阳明在此地所作，却由于诗所描写的名胜古迹之名相同、相似而被编纂者或有意或无意地征引，借阳明诗歌之言以自重。

1. 《游玲珑岩》

青山随地佳，岂必故园好？但得此身闲，尘寰亦蓬岛。西林日初暮，明月来何早！醉卧石床凉，洞云秋未扫。

诗见于同治《直隶南雄州志》。实际上即为《全集》中《通天岩》一诗，除题目外诗文无差。按天启《赣州府志》卷二《舆地志·山川》所载，通天岩在赣县城西二十里，忘言岩则在其中，为通天岩之半壁。此诗原为阳明正德十五年平宸濠之乱，六月归赣州后各处游览，于通天岩群峰中与门人讲学所出，《全集》所载《游通天岩次邹谦之韵》《忘言岩次谦之韵》《坐忘言岩问二三子》等诗，即作于同时。此地至今仍留有其手迹刻石。而同治《直隶南雄州志》所指玲珑岩又名机山，在广东省南雄州（今南雄市）县城南三十里处。州志编纂者对此诗之偷梁换柱则可笑矣。

2. 《登香炉峰次萝石韵》

曾从炉鼎蹑天风，下数天南百二峰。胜事纵为多病阻，幽怀远与故人同。旌旗影动星辰北，鼓角声回沧海东。世故茫茫混未定，且乘溪月放归篷。

此诗即《全集》中的《登香炉峰次萝石韵》一诗，题目、诗歌文本虽无差，然一在《全集》中被归类于"居越诗三十四首"，且见载于万历《会稽县志》、万历《绍兴府志》等浙江地方志；另一见于同治《南康府志》、光绪《江西通志》等江西地方志之中。香炉峰在会稽县东南十五里处，一名玉笥山，因其状如香炉又谓之香炉峰[1]，为会稽群山之一峰，与禹井、禹庙等遗址相近[2]。而在江西亦有峰曰"香炉"，据光绪《江西通志》卷五十五《山川略》载，香炉峰在德化县（今江西九江）西南三十里，为庐山之北峰。那么，阳明所攀之峰到底为何者？诗题中之"萝石"为阳明弟子，原名董沄，号萝石，浙江海宁人，年近七十，"以能诗闻江湖间"，故常与阳明唱和对诗。嘉靖三年阳明与其相识，尚留有一段求学拜师之佳话。阳明为其所作的《从吾道人记》曰二人曾"探禹穴，登炉峰，陟秦望，寻兰亭之遗迹，徜徉于云门、若耶、鉴湖、剡曲"[3]，而《年谱》所记"先生与之徜徉山水间"实际上亦是指此[4]。其后阳明征战两

---

[1] 嘉泰《会稽志》卷9《山》，清文渊阁四库全书本。
[2] 万历《绍兴府志》卷4《山川志》曰："（苗龙仙人台）台下有香炉峰……西北五里即禹井、禹庙又西百余步有大禹寺、菲饮泉。"
[3] （明）王守仁撰，吴光等编校：《王阳明全集》，第278页。
[4] 同上书，第1423页。

广时虽过江西，由钱塘江取道衢州常山入江西，又从广信、南昌至肇庆①，并未经过德化县，董萝石年逾古稀，亦未曾陪伴其侧。因此答案显而易见，阳明所登香炉峰当为浙江绍兴之香炉峰。也许是由于地名重合，《南康府志》的修撰者在对府志进行补订时不加稽考而误收此诗。

三 地方志于王阳明诗歌研究之价值

目前王阳明诗歌研究多构建在《全集》已收录的诗歌文本上，大陆学者如左东岭的《明代心学与诗学》、华建新的《王阳明诗歌研究》，台湾学者如林丽娟的《吾心自有光明月：王阳明诗研究》等代表性论著，不管是涉及思想内容阐发或是艺术风格论析，其中举例所引诗歌均源于《全集》。究其原因，一方面在于《全集》的刊印建立于各类版本的《王文成公全书》《阳明全集》等刻本、选本作品之上，并且至今已数度核定、编补，经过时间的检验，可信度高，便于征引；另一方面王阳明诗歌辑佚工作虽从20世纪八九十年代便已开展②，但不少辑考类专著在近年才得以集结面世，且详加考辨者不多，因此研究者们在引用时可能顾虑重重。实际上各类地方志同样作为记录了阳明诗歌的第一手资料（虽然这些诗作分布较为分散），对于王阳明诗歌研究亦具有一定意义，理应为论者们重视。

第一，辑补阳明诗歌作品。搜求各类地方志，能够在原有基础上大大增加王阳明诗歌作品的数量。如前所述，现所发现的王阳明佚诗共有166首，而其中93首辑录自地方志之中，占半数有余。除了能够支持辑佚工作，还可与《全集》中的诗作互相对比，起到校勘文字的作用。《全集》中"江西诗一百二十首"部分有诗歌名为《火秀宫次一峰韵三首》，查阅康熙《江西通志》、隆庆《临江府志》等当地地方志，始知当称"大秀宫"而非"火秀宫"。在修正诗题之外，将地方志中的诗歌与《全集》中的诗歌略加核对，也能发现不少诗歌文本相异的情况。如《登香炉峰次萝石韵》一诗在《全集》中，开篇为"曾从炉鼎蹑天风"，而在万历《会稽县志》卷二《地书二·山川》里此诗首句里的"鼎"作"顶"字。阳明本意应为登上香炉峰顶之"炉顶"，若作"炉鼎"，容易令人产生攀在"炉鼎"上之歧义。张岱的《陶庵梦忆》记曰："炉峰绝顶，复岫回峦，斗耸相乱，千丈岩陬牙横梧，两石不相接者丈许，俯身下视，足震慑不得前。王文成少年曾趵而过，人服其胆"③，与此诗所述契合，从中亦可见阳明之行为动作，应是跨越峰顶。一字变动，在山顶感受谷中猎风与攀爬炉鼎之举动，境界层次全然不同。虽亦可理解为阳明将整个香炉峰比喻为

---

① （明）王守仁撰，吴光等编校：《王阳明全集》，第1443—1445页。
② 学者叶树望1989年于《文献》第4期上发表《新发现的王阳明佚文六件》一文，为最早可查的一篇辑佚文字。
③ 张岱：《陶庵梦忆 西湖梦寻》，上海古籍出版社2012年版，第79页。

"炉鼎",但还是略显牵强,故此处取"顶"字应更为妥当。类似值得注意之处还有不少,在此不一一赘述。

第二,补全阳明人生行迹。地方志中所辑录的诗歌作品具有较为鲜明的地方性特征,可作为阳明人生行迹的辅证,丰富其经历。如钱明《王阳明散佚诗汇编及考释》、束景南《王阳明佚文辑考编年》中所收《寓资圣僧房》[①] 一诗,此诗若能确考,不仅可印证阳明之父王华在状元及第前曾受聘任浙江望族世家弟子师的事实,填补《年谱》中阳明幼年时弘治十二年(1499)到弘治十七年(1504)间的空白期[②],亦可作为王学在浙西地区萌发、传播的依据,推动王阳明研究的地方性发展。同时,地方志中所辑录的诗歌作品还能够为阳明的交游活动提供补充材料,譬如弘治十五年(1502)时阳明曾有"吾焉能以有限精神为无用之虚文也"[③] 一言,不少学者以为他自发从明代诗坛上退却而下,从此不再着意于诗歌工拙,庶几为定论,而在地方志中发现的《梦游黄鹤楼答奉答凤山院长》[④] 一诗则动摇了旧说法,证明正德十年(1515)时阳明犹与李东阳等茶陵派诗人唱和往来,对创作诗歌的热情实际伴随其一生。在《全集》所录的552首诗歌作品中,虽已大致按照阳明的人生编年排列,但时有因创作时间不明而归类有误的情况存在。如《全集》中《冬夜偶书》一诗,仅被归类于正德九年(1514)后所作的"南都诗四十七首"中,向不知其具体何年写就,而在康熙《云南府志》中,笔者所见此诗题为《寄朱宪长致政》,朱宪长即朱玑,官于贵州时适逢阳明谪居贵州龙场,因而相识。据《蒙化府朱氏家谱》,此人正德八年(1513)乞休,始知此诗当作于正德八年。因此,如果能够在地方志中搜寻到这些诗歌,即便没有小序、落款之类,也可以反之参照地方志所提供的信息按图索骥,以确定诗歌的创作年份。

第三,旁证心学思想变迁。阳明的思想体系发展除了见于其语录、书信之中,诗歌作品亦映射出其哲学智慧之光,如《王阳明诗与其思想》《良知说与王阳明的诗学观念》[⑤] 等论著便是以诗歌为桥梁沟通了哲学与文学两界;陈来先生的《有无之境》一书中也时常征引阳明诗歌以阐释其心即理、致良知、万物一体论等心学体系。而束景南先生从光绪《青阳县志》、乾隆《金山志》中考索而得的《地藏塔》《赠京口三山僧》等诗若能确定为阳明亲笔[⑥],则弘治十五年(1502)前阳明尚耽于佛老之学可又添一证。《中国学术思想研究辑刊》所录《给事诸学》一诗,笔者在万历年间的《贵

---

① 钱明先生文中诗题为《寓资圣寺》,束景南先生书中诗题为《寓资圣僧房》,实则文本部分无差。在此以万历《嘉兴府志》中所见诗名称为准。来源均为当地地方志,如万历《嘉兴府志》、康熙《嘉兴府志》,以及光绪《海盐县志》等。
② 束景南先生据同治《湖州府志》"德清县锦香亭,在大麻,明王守仁读书处。又按:父王华未遇时,挈公馆于此"之言推测,王华尝受聘往德清任子弟师,并携幼年阳明一同受教。详见束景南《王阳明佚文辑考编年》,上海古籍出版社2015年版,第5页。
③ (明)王守仁撰,吴光等编校:《王阳明全集》,第1351页。
④ 见钱明《王阳明散佚诗汇编及考释》,《浙江学刊》2002年第6期;又见束景南《王阳明佚文辑考编年》,第436—440页。
⑤ 廖凤琳:《王阳明诗与其思想》,台湾花木兰文化出版社2010年版。左东岭:《良知说与王阳明的诗学观念》,《文学遗产》2010年第4期。
⑥ 详见束景南《王阳明佚文辑考编年》,第116、137—138页。

州通志》中亦曾寻得其诗影,但苦于尚未发现其他材料能足以支持此诗为阳明所作。其中所言"欲使身心还道体,莫将口耳任筌鱼",意思是要注重心的力量,不能让自己随事而流,而应当在实践中磨炼自己的心性,要着"一分意",表现了其心学思想注重事上磨炼、知行合一的内涵,同时也体现了阳明对贵阳士子的谆谆教诲,兴讲学之风,为当地修建书院、行科举之制,使得"风教大行,向道知方,人文益彬彬"[①]。

故综上所述,笔者在各类地方志中发现了 9 首未经详考的王阳明诗作,其中《登莲花绝顶书赠章汝愚》《明社亭》可确考为阳明佚诗,而《宣风公馆》《迎仙笙鹤》由于资料不足尚可存疑。《惠济寺》《墨池遗迹》《道过子文故里有感》《游玲珑岩》《登香炉峰次萝石韵》等数首则为伪托、借重之作。在目前笔者所能接触到的地方志中,未经刊发确证的阳明诗歌佚作虽寥寥而已,但吉光片羽亦弥足珍惜。也有不少误抄、伪托阳明所作的诗歌在地方志间鱼目混珠,这就要求作为研究者的我们在辑佚的同时,也要大胆怀疑、仔细求证,去假存真,将辨伪工作落到实处,以惠后来者。地方志作品对于王阳明诗歌研究的意义,除辑补阳明诗歌作品、完善阳明人生行迹、旁证心学思想变迁三点价值之外,还有许多值得我们深层发掘的,诸如各类地方志中有诸多后人步阳明诗歌之韵的作品,通过这些步韵诗可以考察《全集》编纂时阳明原诗作韵脚是否有错抄现象,便于还原作品原貌,等等。由于地方志数量多、质量杂,更需要我们能够耐心、细致地对其中所存的王阳明诗作进行发掘。

---

① 见嘉靖《贵州通志》卷三《风俗·土产·土贡·土田·户口》,明嘉靖刻本。

"万物一体"学说是阳明心学体系的重要组成部分

华建新

【摘要】 王阳明的"万物一体"学说其逻辑起点是"良知"本体论,即从"良知"的角度进行思想创设,是王阳明"致良知"学说的进一步深化和提升。此说,使其心学理论的构建和阐释更为严密,在内容上更为丰富,在说理上更加透彻。"万物一体"学说是阳明心学体系的重要组成部分,是心学思想在人生观、社会观和宇宙观上的拓展和圆通。此说,既传达出王阳明的人生理想、社会理想和普世情怀,也表达了其对现实社会的忧患意识和批判精神。因而,只有深刻地把握"万物一体"学说才能全面、正确、深刻地理解阳明的心学体系的内涵。

【关键词】 万物一体　发展过程　思想内涵　现实意义

王阳明的"万物一体"学说是王阳明晚年所创设的重要心学理论,代表了其心学思想的真正完善。其将"良知"思想推及人类社会、人与自然关系的和谐统一,故此学说是其心学体系的重要组成部分。只有全面地、系统地把握"万物一体"的学说,方能正确理解阳明心学的思想内涵和意义,否则就难以解读王阳明在晚年进行这一思想创设时所做的极大努力。王阳明"万物一体"学说的文字记载,主要反映在作于明嘉靖四年(1525)的《答顾东桥书》(其中的论"拔本塞源"部分)、作于嘉靖五年(1526)的《答聂文蔚》,以及作于嘉靖六年的(1527)《大学问》等论著中。

一　"万物一体"学说的思想渊源及其创设轨迹

长期以来,学术界有一种说法,认为阳明心学体系的基本理论命题由"心即理""知行合一"和"致良知"三部分构成,而未把"万物一体"学说纳入其中。笔者在十余年的研读中,一直以为"万物一体"学说亦是阳明心学体系的重要组成部分,且相互间具有严密的逻辑联系。

(一)"万物一体"学说的思想渊源

所谓"阳明心学体系",专指王阳明所论证的系统化的心学基本理论。理解王阳明的"万物一体"学说,首先要梳理这一学说的思想源头。战国时代的孟子,已提出了"万物皆备于我矣。反身而诚,乐莫大焉"(《孟子·尽心上》)的观点。此说揭示了"吾心"与"万物"之间的关系,强调了"诚"与"乐"是沟通世界的基本途径和目的;然而并未从理论上阐明内在的联系。北宋理学家也注意到了世界的统一性问题。张载在《西铭》中亦提出了类似的思想:"乾称父,坤称母。予兹藐焉,乃混然中处。故天地之塞,吾其体。天地之帅,吾其性。民吾同胞,物吾与也。"①程颢在《识仁篇》中也明确地提出:"仁者,与天地万物为一体。义、礼、智、信皆仁也。"②《识仁篇》是程颢学说的精华所在,全文虽不足300字,但言简意赅,立论精深。其中指出:"若反身未诚,则是二物有对,以己合彼,终未有之,又安得乐?"意思是说,必须通过"诚身"功夫才能达到"万物与我为一"的境界。可见,程颢的"万物一体"论与孟子"万物皆备于我"的思想有相通之处。但是,张载、程颢的思想都认为"万事万物"的同一,是由宇宙这个外在的"理"决定的,即"仁者,浑然与物同体"。意思是说,一个爱人的君子必然将自己与万物同化。这里涉及"仁者"境界或称之为"仁者"气象。在他们看来,这一境界对人来说,具有普遍意义。程颢指出:"圣人,仁之至也,独能体是心而已,曷尝支离多端,而求之自外乎?"③意谓"体仁"就是"体是心而已"。显然,此语与阳明心学思想有某种相通之处。

(二)"万物一体"学说的创设轨迹

然而,王阳明提出"万物一体"学说,则是从"良知"本体学说立论的,并将"良知"与万事万物看作一个有机的整体关系,而不是"二物"对立关系。明嘉靖三年(1524),朝中发生了一场声势浩大的所谓"议大礼"事件。王阳明创设"万物一体"学说正是"大礼议"兴起之际。嘉靖帝不顾社稷民生强行"议大礼",满朝文武百官被迫卷入旷日持久的议礼争斗。朝廷大员,包括王阳明在朝的弟子亦分为两派,针锋相对,各不相让,社稷民生抛在一边不管,导致"议大礼"失去了合乎人心天道的内在联系。《阳明先生年谱》(以下简称"年谱")记载:"是时大礼议起,先生夜坐碧霞池,有诗曰:'一雨秋凉入夜新,池边孤月倍精神。潜鱼水底传心诀,栖鸟枝头说

---

① 《张载集》,中华书局1978年版,第62页。
② 《二程遗书》卷二,清文渊阁四库全书本。
③ 同上书,卷四。

道真。莫谓天机非嗜欲，须知万物是吾身。无端礼乐纷纷议，谁与青天扫旧尘？'"①《年谱》又载："（嘉靖三年）四月，（丁忧）服阕，朝中屡疏引荐。霍兀涯、席元山、黄宗贤、黄宗明先后皆以大礼问，竟不答。"② 以上诗句，论及王阳明对自己的道友、弟子所提出的问题"竟不答"，都表达了王阳明对"议大礼"走上邪道是非常反感的。嘉靖皇帝和满朝文武，不以社稷民生为怀，反而陷入旷日持久的党争之中，对此王阳明的态度是十分冷漠的。这就是阳明提出"万物一体说"的历史背景。王阳明在丁父忧期间，就对自己的思想学说做了进一步探究，将"万物一体"作为主要的议题加以研究和发挥。《年谱》记载："三年甲申，先生五十三岁，在越。正月，门人日进。"③ 二月，王阳明在绍兴稽山书院讲学。"先生临之，只发《大学》万物同体之旨，使人各求本性，致极良知以至于至善，功夫有得，则因方设教。"④ 这里特别强调了"只发《大学》万物同体之旨"这一带有程度副词提示的表述。此"同体之旨"即是从本体论的角度阐述了"万物一体"的基本原理。同时，指出如何领悟"同体之旨"，必须从人的本性上求，即通过开显良知之光，达于至善，在心体上下功夫，方为悟道之法。这就说明王阳明对阐发"万物一体"学说的重视。为从理论上进一步阐明"万物一体"的内在关系，从心体上为解决人与人、人与社会及人与自然的关系问题提供了佐证。在嘉靖四年（1525），王阳明撰写了著名的论学书信：《答顾东桥书》，其中说道："圣人有忧之，是以推其天地万物一体之仁以教天下，使之皆有以克其私、去其蔽，以复其心体之同然。"⑤ 在《答聂文蔚》中说："夫人者，天地之心；天地万物，本吾一体者也。生民之困苦荼毒，孰非疾痛之切于吾身者乎？不知吾身之疾痛，无是非之心者也。是非之心，不虑而知，不学而能，所谓良知也。良知之在人心，无间于圣愚，天下古今之所同也。世之君子惟务致其良知，则自能公是非，同好恶，视人犹己，视国犹家，而以天地万物为一体，求天下无治不可得矣。"⑥ 在王阳明看来，开显"万物一体"的思想，必须经过内心的体认，内化为自身的意念后，才能发用。正因为晚年的王阳明对"万物一体"学说有全面的体认，故而他在居越城时，常投身越中山水，与道友、弟子们在会稽山中、鉴湖之畔出行悟道，山水点化，流连忘返，体悟万物同体之乐。

以上所述，王阳明的"万物一体"思想是有其思想渊源与创设过程的，其晚年诸多著作较系统地阐述了"万物一体"的思想，"万物一体"是阳明心学体系中不可缺失的基本部分。

---

① （明）王阳明：《王阳明全集》，吴光等编校，上海古籍出版社1992年版，第1292页。
② 同上书，第1292页。
③ 同上书，第1289页。
④ 同上书，第1290页。
⑤ 同上书，第54页。
⑥ 同上书，第79页。

二 "万物一体说"的基本思想内涵

"万物一体"学说是王阳明晚年心学思想日臻完善的标志,一气贯通,内容丰富,含义深刻。其主要涵盖以下三个方面。

(一)"万物一体"的世界观

王阳明"万物一体说"之逻辑基础是基于其所阐发的"良知说"。在王阳明看来,人、社会与自然万物均是统一体,这种不可分离的关系,可通过"良知"来表征,方能正确揭示这种内在的关系而自圆其说。然佛道对于人、社会与自然万物的关系,偏执一端,各从"养生""超度"立说,自然无法正确阐释这种本源性的关系。王阳明在教习弟子时说:"仙家说到虚,圣人岂能虚上加得一毫?佛氏说到无,圣人岂能无上加得一毫有?但仙家说虚从养生上来,佛氏说无从出离生死苦海上来,却于本上加却这些子意思在,便不是他虚无的本色了,便于本体有障碍。圣人只是还他良知的本色更不着些子意在。真知之虚便是天之太虚,良知之无便是太虚之无形,日、月、风、雷、山川、民、物,凡有貌象形色,皆在太虚无形中发用流行。未尝作得天的障碍。圣人只是顺其良知之发用,天地万物在我真知的发用流行中,何尝又有一物起于良知之外能作得障碍?"① 王阳明认为,人存在之本体与外部世界的存在是统一的,是不可分的,因而只能从本源状态中去体认;而佛道则是从自身的需求观念出发来解释世界的存在,将自身放在与世界的对立面,构建一个能体现自身意志的理想王国,从而流入虚幻世界,严重地影响了人类对自身与自然世界之间关系的认识,故对佛道的世界宇宙学说王阳明是持异议态度的。王阳明一方面否定佛道的世界观,另一方面从"良知"本体论的角度,鲜明地提出了"万物一体"的世界学说,从而解释了人、社会与世界万物之间的内在联系。

"世界"是什么?良知与自然万物是如何"同体"的?王阳明认为世界即是"太虚无形",无边无际,无时不在,不会被任何其他的观念与事物所障碍,正因为良知与自然万物具有内在的同一性。"真知之虚便是天之太虚,良知之无便是太虚之无形一切",两者是同构的。"有""无"都是"太虚无形中发用流行"之现象存在。日、月、风、雷、山川、民、物,凡是有貌象、有形式的东西,皆在太虚无形中发用流行,从来也不能成为天的障碍。而"良知"会随时随地感应"太虚"之"有无",昭示"万事万物"的发展变化。显然,王阳明将"良知"作为与世界万物的同体,是符合人之认识规律的。那么,"良知"与自然万物的信息交互又是怎么进行的呢?也就是说,这种内在的联系又是怎样贯通的呢?王阳明的弟子朱本思提出了一个尖锐的问题:"人有

---

① (明)王阳明:《王阳明全集》,吴光等编校,上海古籍出版社1992年版,第106页。

虚灵，方有良知。若草、木、瓦、石之类，亦有良知否？"对这一问题王阳明回答说：

> 人的良知，就是草、木、瓦、石的真知：若草、木、瓦、石无人的良知，不可以为草、木、瓦、石矣。岂惟草、木、瓦、石为然，天、地无人的良知，亦不可为天、地矣。盖天、地、万物与人原是一体，其发窍之最精处，是人心之一点灵明，风、雨、露、雷，日、月、星、辰，禽、兽、草、木，山、川、土、石，与人原只一体。故五谷、禽兽之类皆可以养人，药石之类，皆可以疗疾。只为同此一气，故能相通耳。①

朱本思的问题很有代表性，这就涉及对"良知"本义的理解问题了。在朱本思看来"良知"是独立性的精神存在，而自然万物亦是物质性的独立存在，是"二物"而非"同体"。正因为如此，他就无法理解"草、木、瓦、石之类"为什么具有良知。这种"二物"对立的线性思维自然影响了他对世界的整体认识。王阳明通过简明、形象、生动的自然与人类信息交互的现象，阐释了万事万物都具有"良知"本性，不然就不能成为事物了。原因在于"万物同此一气"，互相贯通。王阳明举出通俗的例子："故五谷、禽兽之类皆可以养人，药石之类，皆可以疗疾。"类似的现象可以说充塞社会、自然、宇宙。正如人类的存在须臾不能离开水、阳光、空气等一样。王阳明将这种相互依存的"同体"联系，用"良知"来表述，从理论上揭示了"万物一体"的基本原理。那么，"良知"是如何与"自然万物"交互的呢？"良知是造化的精灵，这些精灵，生天生地，成鬼成帝，皆从此出，真是与物无对。人若复得他完完全全，无少亏欠，自不觉手舞足蹈，不知天地间更有何乐可代。"② 在王阳明看来，作为精神状态的"良知"，是一种"意识性"的本能存在，是一种"明觉"，是昭示"自然万物"的"精灵"。王阳明在答弟子问学时，将这种关系阐释得十分透彻：

> 我的灵明，便是天地鬼神的主宰。天没有我的灵明，谁去仰他高？地没有我的灵明，谁去俯他深？鬼神没有我的灵明，谁去辨他吉凶灾祥？天地鬼神万物离去我的灵明，便没有天地鬼神万物了。我的灵明离却天地鬼神万物，亦没有我的灵明。如此，便是一气流通的，如何与他间隔得！③

正因为有这种"灵明"的存在，"太虚"之流行发用，造化之明灭都可被显现，这便是王阳明"万物一体"宇宙观的内涵。

由此可知，王阳明的"万物一体"说显然从整体上把握对世界的解释：一是世界万事、万物之间的信息都是可以交互的、互相吸纳的，万事万物具有统一性，对立只是相对的、有限的，不具有本体论的意义；二是人的"灵明"能够感知和把握世界

---

① （明）王阳明：《王阳明全集》，吴光等编校，上海古籍出版社1992年版，第107页。
② 同上书，第104页。
③ 同上书，第124页。

"万事万物"的联系,并通过语言、现象符号做出具有意义性、价值性的表征,从而引导人们具体地认识万事万物的属性和功能,并通过对万事万物价值的判断揭示其理性意义,这就是王阳明"万物一体"说的本体论意义。王阳明对"万物一体"学说的系统阐发基于对"良知"的精神阐发。"良知"贯穿于万事万物的方方面面,使整个宇宙世界"精神流贯,志气通达,而无有乎人己之分,物我之间"。王阳明还用人的生理机制作比,形象地揭示了"万物一体"的神奇之妙。"万物一体"学说,至简至易,易知易从,学易能而才易成者。作为个体的人只要复其"心体"就自然能进入"万物一体"的"大同"境界。

(二)"万物一体"的社会观

明嘉靖四年(1525),王阳明在居越城讲学论道期间,在回复其好友顾东桥的信中,提出了著名的理论"拔本塞源"学说。着重阐释了"万物一体"的社会观。在《答顾东桥书》一文中,王阳明强调人的社会活动"惟以成德为事",并认为社会的和谐协在于"德",以"德"为尊,"德"存在于"万事万物"之中,是"万物一体"的内在要求。那么,在王阳明看来,上古社会、三代时期社会为什么能和谐,是圣人之教起了重要的作用,而圣人之心便是"万物一体"之本然的开显。王阳明在文中说:

> 夫圣人之心,以天地万物为一体,其视天下之人,无外内远近,凡有血气,皆其昆弟赤子之亲,莫不欲安全而教养之,以遂其万物一体之念。天下之人心,其始亦非有异于圣人也,特其间于有我之私,隔于物欲之蔽,大者以小,通者以塞,人各有心,至有视其父子兄弟如仇雠者。圣人有忧之,是以推其天地万物一体之仁以教天下,使之皆有以克其私,去其蔽,以复其心体之同然。[①]

王阳明从"圣人"与"凡人"之心的异同立论,认为:"圣人之心"与"天下之人心"本无区别,只是圣人"以天地万物为一体,其视天下之人,无外内远近,凡有血气,皆其昆弟赤子之亲,莫不欲安全而教养之,以遂其万物一体之念";而"天下之人心",因为"有我之私,隔于物欲之蔽,大者以小,通者以塞,人各有心,至有视其父子兄弟如仇雠者"。王阳明又以圣人"推其天地万物一体之仁以教天下,使之皆有以克其私,去其蔽,以复其心体之同然"之教法,由此肯定和赞美"三代"社会的和谐美好。这并不是否认历史的发展规律,恰恰相反,而是揭示人与人之间、人与社会之间以及人与自然之间的和谐统一关系的本然状态,即复其"本体同然"。作为个体的人只有"以德为要务",方能敬重"他人""社会""自然",这样的社会才具有"和谐之美"的基础。在王阳明看来,每个人的心体都是"同然"的,无论是百姓,还是国君都没有差别。这一思想设定,排除了作为"天子""圣人"的特殊地位,并将此作为处理人际关系和人与自然关系的基本法则。这种在近五百多年以前就能提出"物我同

[①] (明)王阳明:《王阳明全集》,吴光等编校,上海古籍出版社1992年版,第54页。

一"的思想，对于如何解决社会和谐问题是难能可贵的。同时，王阳明将社会意识形态方面的现象归纳为"成德"之学和"闻见""记诵""辞章"之学等。"成德"之学是"良知"的外在体现，是"万物一体"学说的理论概括。在王阳明看来，如果为学者将目标定位在"闻见""记诵""辞章"之学上，一旦脱离了"德性"；那么，就违背了"万物一体"的思想，就可能成为心体的障碍。社会是由人构成的，如何才能使社会和谐呢？王阳明进一步阐述了作为"人"的内涵，特别是"大人"的基本内涵。王阳明在《大学问》一文中指出：

> 大人者，以天地万物为一体者也，其视天下犹一家，中国犹一人焉。若夫间形骸而分尔我者，小人矣。大人之能以天地万物为一体也，非意之也，其心之仁本若是，其与天地万物而为一也。岂惟大人，虽小人之心亦莫不然，彼顾自小耳。①

上述论证，观点鲜明，气势磅礴。王阳明从"大人"与"小人"在开显"良知"上的重大差别切入，认为"大人"是"以天地万物为一体者也，其视天下犹一家，中国犹一人焉"。为什么能如此，是由其自觉开显"良知"所决定的。从心体的角度看，大人、小人都是一样的；只是小人以一己之私而遮蔽了"良知"的开显，即"体仁"。王阳明进而论述"仁者"以"天地万物为一体"的种种表现："见孺子之入井，必有怵惕恻隐之心；见鸟兽之哀鸣觳觫，必有不忍之心焉；见草木之摧折而必有悯恤之心；见瓦石之毁坏而必有顾惜之心。"其原因就在于"仁者"心中"万物皆为一体"。王阳明将这一认知过程称之为："明德"，是"天命之性"。相反，由于小人心体被私欲所遮掩，在认知和行为上往往做出损人利己、伤天害理的事。"及其动于欲，蔽于私，而利害相攻，忿怒相激，则将戕物圮类，无所不为，其甚至有骨肉相残者，而一体之仁亡矣。"其原因就是心中失却了"仁心"，即"良知"。王阳明提出了解决的办法，就是"去其私欲之蔽，以自明其明德，复其天地万物一体之本然"，除此之外，再也没有别的办法。王阳明"万物一体"的社会观，是其"致良知"思想在人类社会关系中的推演，显示了王阳明"万物一体"学说的普世精神，并描绘出"和谐社会"人际关系的价值取向和行为准则。王阳明所向往的社会理想是"万物一体"的"大同世界"。在《答聂文蔚》一文中，其从"良知"心体出发，提出了社会和谐的蓝图：

> 夫人者，天地之心。天地万物，本吾一体者也。生民之困苦荼毒，孰非疾痛之切于吾身者乎？不知吾身之疾痛，无是非之心者也。是非之心，不虑而知、不学而能，所谓良知也。良知之在人心，无间于圣愚，天下古今之所同也。世之君子惟务致其良知，则自能公是非，同好恶，视人犹己，视国犹家，而以天地万物

---

① （明）王阳明：《王阳明全集》，吴光等编校，上海古籍出版社1992年版，第968页。

为一体，求天下无治，不可得矣。①

在上述论证中，王阳明所提出的"和谐社会"的内涵，即"亲民"，以民为本。也就是说，要推己及人，这是三代社会和谐的基本原因，也是治理天下的"良策"，简易而行。同时，王阳明在《答顾东桥书》中提出了怎样才能做到社会和谐的方略：

> 学校之中，惟以成德为事，而才能之异，或有长于礼乐、长于政教、长于水土播植者，则就其成德，而因使益精其能于学校之中。迨夫举德而任，则使之终身居其职而不易。用之者惟知同心一德，以共安天下之民，视才之称否，而不以崇卑为轻重，劳逸为美恶；效用者亦惟知同心一德，以共安天下之民，苟当其能，则终身处于烦剧而不以为劳，安于卑琐而不以为贱。②

王阳明所倡导的社会和谐思想，即"惟以成德为事"，"各按其才，发挥其长"；按照社会的合理分工，集谋合力，以"礼乐为范"。最后的结论就是"明德"，"明德"即进入"万物一体"的境界。王阳明说：

> 明明德者，立其天地万物一体之体也。亲民者，达其天地万物一体之用也。故明明德必在于亲民，而亲民乃所以明其明德也。是故亲吾之父，以及人之父，以及天下人之父，而后吾之仁实与吾之父、人之父与天下人之父而为一体矣；实与之为一体，而后孝之明德始明矣！亲吾之兄，以及人之兄，以及天下人之兄，而后吾之仁实与吾之兄、人之兄与天下人之兄而为一体矣；实与之为一体，而后弟之明德始明矣！君臣也，夫妇也，朋友也，以至于山川鬼神鸟兽草木也，莫不实有以亲之，以达吾一体之仁，然后吾之明德始无不明，而真能以天地万物为一体矣。夫是之谓明明德于天下，是之谓家齐国治而天下平，是之谓尽性。③

王阳明的一生，历经劫难，如果没有对"良知"的信仰，没有在"致良知"上狠下功夫，其一生可能是挺不过来的。因此，立"万物一体"之心，重视道德修炼，唤醒人的内在良知，坚守人的道德底线，恪守道德自律，规范自己的行为，必须自觉地把握"万物一体"的思想。

（三）"万物一体"的历史观

王阳明善于总结历史经验教训，从历史的流变中发现社会演变中的规律性问题。从学术的角度考察历史现象，大凡"良知"不显，则会造成社会的混乱和不稳定。王阳明说：

---

① （明）王阳明：《王阳明全集》，吴光等编校，上海古籍出版社1992年版，第79页。
② 同上书，第54页。
③ 同上书，第968页。

> 三代之衰，王道熄而霸术猖，孔孟既没，圣学晦而邪说横，教者不复以此为教，而学者不复以此为学。霸者之徒，窃取先王之近似者，假之于外，以内济其私己之欲，天下靡然而宗之，圣人之道遂以芜塞，相仿相效，日求所以富强之说，倾诈之谋，攻伐之计，一切欺天罔人，苟一时之得，以猎取声利之术，若管、商、苏、张之属者，至不可名数。既其久也，斗争劫夺，不胜其祸，斯人沦于禽兽夷狄，而霸术亦有所不能行矣。世之儒家者，慨然悲伤，搜猎先圣王之典章法制，而掇拾修补于煨烬之余。盖其为心，良亦欲以挽回先王之道。①

在上述论证中，王阳明从"三代之衰，王道熄而霸术猖，孔孟既没，圣学晦而邪说横，教者不复以此为教，而学者不复以此为学"的社会现象中，看到了"万物一体"原理对于治国理政的重要性。王阳明反对各种"霸术"，认为"霸术"与"良知"相左。战国时代的纵横家，以富国强兵的名义，实则干了许多"斗争劫夺，不胜其祸"的勾当，阳明对此做了坚决否定。而儒家在举世物欲汹汹前还是做了种种努力："慨然悲伤，搜猎先圣王之典章法制，而掇拾修补于煨烬之余。盖其为心，良亦欲以挽回先王之道。"但这种努力的效果极其有限。王阳明总结说：

> 圣学既远，霸术之传积渍已深，虽在贤知，皆不免于习染，其所以讲明修饰，以求宣畅光复于世者，仅足以增霸者之藩篱，而圣学之门墙遂不复可睹。于是乎有训诂之学，而传之以为名；有记诵之学，而言之以为博；有词章之学，而侈之以为丽。若是者纷纷藉藉，群起角立于天下，又不知其几家，万径千蹊，莫知所适。②

在以上论述中，王阳明认为由于"圣学既远，霸术之传积渍已深，虽在贤知，皆不免于习染"。学者们又通过研究所谓"训诂之学""记诵之学""词章之学"传播天下，世之学者"莫知所适"。王阳明描述了历史上的这种现象："世之学者，如入百戏之场，欢谑跳踉，骋奇斗巧，献笑争妍者，四面而竞出，前瞻后盼，应接不遑，而耳目眩瞀，精神恍惑，日夜遨游淹息其间，如病狂丧心之人，莫自知其家业之所归。"由此造成了严重的社会后果。"时君世主亦皆昏迷颠倒于其说，而终身从事于无用之虚文，莫自知其所谓。间有觉其空疏谬妄，支离牵滞，而卓然自奋，欲以见诸行事之实者，极其所抵，亦不过为富强、功利、五霸之事业而止。圣人之学日远日晦，而功利之习愈趋愈下。"③后世学者用儒释道来破解这一社会发展中的难题，但终未如愿。王阳明对圣学不明所造成的严重后果感慨不已，此种恶习无论在官场还是学界都难以幸免，无限膨胀的"私欲"成为消解"三代和谐社会"的洪水猛兽。所谓各种学问，归根结底没有把"万物一体"的宇宙观、社会观、历史观作为学术之本。王阳明对此甚

---

① （明）王阳明：《王阳明全集》，吴光等编校，上海古籍出版社1992年版，第55页。
② 同上。
③ 同上书，第56页。

感忧虑："以若是之积染，以若是之心志，而又讲之以若是之学术，宜其闻吾圣人之教，而视之以为赘疣枘凿，则其以良知为未足，而谓圣人之学为无所用，亦其势有所必至矣！"[1] 王阳明此番议论痛快淋漓，振聋发聩，针砭时弊，荡气回肠，具有警世、醒世的作用。对各种所谓"学术"提出了批判，认为"拔本塞源"。所谓"拔本塞源"，语见《左传·昭公九年》，原意为"堵塞源头""背弃根本"，王阳明用来指从心体上解决社会的种种弊端，不失为通达明见之论。现实社会中一些荒诞的学说和行为背弃"良知"根本，即为"拔本塞源"，其后果除了"误人子弟"以外，对社会的和谐起到了极坏的污染作用。为此，王阳明感到可悲之极；但其坚信每个人是有"良知"的："终有所不可泯，而良知之明，万古一日。"如果人们理解他的"拔本塞源"之论，就会感到"恻然而悲，戚然而痛，愤然而起"。在心灵上亦能受到震撼："沛然若决江河而有所不可御者矣！"王阳明希望有"豪杰之士"能担纲起拯救浊世，起衰振兴，从根本上解决恢复心体的问题，复其"本"，开其"源"，将"万物一体"的历史观运用于治世之中。明末名臣、王阳明同邑后学施邦曜在点评此文时说："后拔本塞源之论，阐明古今学术升降之因。真是从五藏八宝，悉倾示以人。读之，即昏愚亦恍然有觉。此是先生万物一体之心，不惮详言以启后学也。当详完勿忽。"[2] 此评真可谓切中时弊，洞彻万古。

三 "万物一体说"的现实意义

（一）以德为事，物我同体

个体作为社会的分子，总是与他人处于同一社会之中，形成相互交往的关系，这种共存状态往往通过日常生活的交往得以展现。而现实社会实际上存在种种的利益关系，作为个体往往出于自身的利益以决定自己的行为和处世方式，这样就难免受到"私欲"的支配和控制，形成了社会生活的趋利性。因此，日常的世界充满着各种个体利益的冲突、诱惑和陷阱；而且过分地趋利化就可能成为现代人的价值取向，导致社会道德价值观及评判的严重扭曲，以及社会道德风尚严重滑坡。由此，人们在选择和追求自我价值目标时，往往自觉与不自觉地导向"自我中心论"，有的甚至为一时、一己之利而不惜铤而走险，谋财害命，包括民族与民族之间、国与国之间的暴力性冲突，等等，以此消解人类社会的和谐。所谓"私欲"，即执着于一己之我，以自我利益作为处事的行为出发点和准则，根本不考虑与他人的和谐存在和利益上的互利互惠，简单地说就是未能推己而及人。最后，由此导致人际关系的分离、排斥，直至生命的冲突。

---

[1] （明）王阳明：《王阳明全集》，吴光等编校，上海古籍出版社1992年版，第56页。
[2] （明）施邦曜：《阳明先生集要》，中华书局2008年版，第226页。

正因如此，王阳明提出的"万物一体"学说，将"万物一体"作为处理人际关系、社会关系的基本原则。王阳明的这一思想，将自我的利益和价值取向与他人的利益和价值取向统一起来，具有本体意义上的一致性。以此引导人们跳出狭隘的自我"小圈子"，排除自我的封闭，从思想维度抵御了在人际领域上道德滑坡和自我沉沦。王阳明"以德为事"的思想，将"万物一体"的理论推演到日常生活之中，充分体现出作为心学家开放的心态。王阳明的"万物一体"学说，将"德"作为人们处世的核心理念，明显具有超越功利化的境界，引导人们避免自我沉沦，以宽广的胸怀处理人际关系、社会关系，真诚地关心他人。所以说"万物一体"学说既是人的一种行为方式，也是一种做人的理想境界。作为个体通过力行"良知"，方能进入"万物一体"的理想境界。

（二）仁爱恻隐，走向"大我"

孔子的"爱人观"和孟子的"恻隐之心"，是从儒家的社会观念出发，阐明社会和谐的基础。而王阳明则从心学的角度，在更高的层面上，即宇宙和人类社会统一性的角度论证了"万物一体"对人类自身的意义。这不仅解决了哲学上的理论问题，同时从人性的角度回答了人的生存价值和目的，以及人际之间交往的方式和准则。总之，"万物一体"的道德观既要求每个人能关注自身存在的价值和意义，又要求人们确认和尊重他人存在的价值和意义，尊重和热爱自然万物，从而走向"大我"，构建和谐的社会关系。王阳明的"万物一体说"将"德性""仁爱""恻隐之心"作为"万物一体说"的理论内核；尽管具有理论思辨的色彩，但他所提出的一系列社会仁道原则，对规范社会成员的思想和行为，抑制"人欲"泛滥，避免社会成员之间为私利而争斗、导致你死我活局面的出现，无疑具有不可忽视的现实意义。"万物一体"学说要求个体以"仁"的精神对待社会、自然，真诚地关心、友爱他人，包括与自然万物和谐相处。当然，王阳明的"万物一体"学说是其心学理论在社会领域、宇宙领域的展开，着重是理论意义上的世界本体论建构，或者说是既有现实性又有理想化成分的社会生存图式。在人类社会发展的历史长河中，人们通过不断地克服人际间、人与自然的摩擦和冲突，逐步走向和谐，这就是王阳明希望达到的"万物同体"的和谐世界。以现在流行的话来说，就是构建人类命运共同体。王阳明认为，假如每一个人都能树立"万物一体"的观念；那么，就会产生推己及人的"仁爱"之心，推而广之，便可消除人我之间、人物之间的隔阂和对立。"万物一体"的基本精神在于尊重和确认"人"与"物"具有同等的内在价值，当二者作为整体而存在时，即"二物无对"时，这个世界才有意义。

（三）解放思想，与时俱进

人们对于世界的认识总是按照"万物一体"的思想，不断地深化对于自身、社会和宇宙的认识，特别是相互之间直接与间接的内在联系。随着人们认识的深化，必然伴随方法与技术的突飞猛进。以互联网为标志的信息技术，将世界万物之间在时空上的联系推到了更新的领域；人类以往的交际没有比今天的联系来的如此紧密与快捷。即便是细小的认识深化也会带动方法与技术的创新和发展，而且这种发展变化大多发展成弥散型扩展的状态与良性的结果。因此，封闭的、孤立的、绝对的思想认识亦会带来方法与技术的落后和陈旧。早在近五百年前，王阳明从心学的角度就已经注意并提出的"万物一体"学说，具有思想启蒙和解放的意义。其思想的可贵之处在于引导人们关注万事万物之间的联系，包括人类自身亦处在万事万物之中，并在实践中体悟这种联系。绝不能人为地割裂人与万事万物之间这种天然的联系，或者把人类自身放在不恰当的地位，凌驾于万事万物之上；更不能走极端之路，放弃对世界无限可能性的认知。注重对万事万物之间内在联系规律性的认识，注重破解绝对化的、僵化的思维方式，无疑是有益于社会向更加和谐、幸福的目标发展。

四　结　语

王阳明晚年居越城讲学论道时，致力于创设"万物一体"的心学理论，将"良知"学说扩充到万事万物的宇宙世界，丰富和发展了"心即理""知行合一""致良知"学说，圆通了阳明心学的理论体系。作为心学体系，如缺失了"万物一体"学说，就无法正确认识和践行"心即理""知行合一""致良知"学说。在阳明心学的体系结构中，这四大心学命题的确立，最终形成了阳明心学体系，且相辅相成，浑然一体，朗照宇宙，美轮美奂。同时，对于世人体悟阳明心学理论的完整性、系统性、逻辑性，以及认识、深化人类命运共同体的建设具有重要的理论价值和人生启迪意义。王阳明的心学体系是在自觉的探索中逐渐形成的，在思想交锋中取得了哲学史上的地位，在求新求变中获得了学术活力，在坚持不懈的讲学中激活了思想的灵感及思想的传播，在后人不断的阐释中，阳明心学思想获得了永恒。

【作者简介】 华建新，副教授，余姚市东海城市文化研究院院长。

阳明学的"良知"与"知识"
——兼论"两种阳明学"及其伦理问题

申绪璐

【摘要】 阳明学在东亚地区的传播过程中,出现了"两种阳明学"的说法。这种说法强调了阳明学在中国和日本的不同特性。但从阳明学思想中良知与知识关系的视角予以分析,"两种阳明学"说法的出现,事实上与阳明学本身的特点有关。只有在了解阳明学的特征、价值所在以及理论界限的基础上,才能真正理解阳明学的精神。

【关键词】 阳明学　良知　知识　价值　特征

对于阳明学在东亚地区的传播、发展,尤其是阳明学在日本的展开,吴震教授撰文指出,阳明学在东亚的发展过程中,出现很多曲折。在研究中,出现了"两种阳明学"的说法,用以强调阳明学在中国和日本的不同特性,甚至阳明学在近代日本出现的不同观点。东京大学小岛毅教授提出"白色阳明学"与"红色阳明学"的表述。这样的观点注意到,同样地标榜自己作为阳明学的信奉者,却会出现"国家主义"与"社会主义"等截然对立的主张。[①] 自 1896 年日本学者吉本襄的《阳明学》杂志创刊以来,后有高瀬武次郎的《日本之阳明学》和井上哲次郎的《日本阳明学派之哲学》,以上三人无不持有维护日本天皇权威的国家主义思想。一时之间,阳明学思想似乎成为日本国家主义的一部分。但是,1910 年突然发生的"大逆事件",无疑使日本社会 20 世纪初期的阳明学热面临危机。反对天皇制的社会主义者、无政府主义者,同时声称自己为阳明学的信徒。后来出现的大阪的阳明学会,更是

---

① 参见吴震《关于"东亚阳明学"的若干思考——以"两种阳明学"问题为核心》,《复旦学报(社会科学版)》2017 年第 2 期,以及《再论"两种阳明学"——近代日本阳明学的问题省思》,《社会科学战线》2018 年第 7 期。除本文讨论内容以外,沟口雄三教授使用"两种阳明学"一词,表示"日本阳明学"的特殊性。本文的讨论并不针对此问题,而是从阳明学的知识论立场,分析同为阳明学者而持有不同立场的原因,及其引发的理论问题。

在自由民权的立场上反对国家主义。何以同为阳明学的信奉者，会出现如此截然对立的反差呢？

对于这样的现象，本文将从阳明学的思想中良知与知识关系的视角予以分析，认为这样对立观点的出现，事实上与阳明学本身的特点有关。换言之，阳明学强调的是内在道德的动力，自主的良知是道德成立的根源。与此同时，对于良知判断的反思，即良知的决断在不同环境中的普遍性问题，并未被纳入心学的思想之中。只有了解阳明学的特征、价值所在以及理论界限，而非无限地放大阳明学，才能真正地理解阳明学的精神，并将这样的思想与实践相结合。

一 心外无理——道德行为的根据

阳明学中良知与知识之间的紧张，在王阳明的心学思想提出之际，就已经出现。甚至在"引言"中，徐爱就表示自己"十余年来，竟未能窥其藩篱"①。从徐爱记录的内容来看，良知与知识之间的紧张，是阳明门人中普遍存在的困惑。《传习录》第2条，徐爱即举出朱子所说"事事物物皆有定理"之论，显然徐爱所说事物之定理，即外在的知识。阳明的回答是"于事事物物上求至善，却是义外也"②。在阳明的思想中，道德行为成立的根据不在外部的事物，而在于内在的良知，这是阳明学的基本观点。《传习录》第3条中，徐爱继续问寻良知与知识的问题。

> （徐）爱问："至善只求诸心，恐于天下事理有不能尽。"先生曰："心即理也。天下又有心外之事、心外之理乎？"
>
> 爱曰："如事父之孝，事君之忠，交友之信，治民之仁，其间有许多理在，恐亦不可不察。"先生叹曰："此说之蔽久矣，岂一语所能悟？今姑就所问者言之：且如事父，不成去父上求个孝的理；事君，不成去君上求个忠的理；交友治民，不成去友上民上求个信与仁的理。都只在此心，心即理也。此心无私欲之蔽，即是天理，不须外面添一分。以此纯乎天理之心，发之事父便是孝，发之事君便是忠，发之交友治民便是信与仁。只在此心去人欲、存天理上用功便是。"③

上文中徐爱的两个问题"至善只求诸心，恐于天下事理有不能尽"以及"事父之孝"等之理"恐亦不可不察"，都是针对阳明所说"心外无理"的论断。阳明提出"心外无理"，是要指出道德的根据在于内心，"以此纯乎天理之心，发之事父便是孝"。虽然徐爱的提问是基于朱子学的格物穷理说，但是徐爱同时指出另外一个问题，

---

① 陈荣捷：《王阳明〈传习录〉详注集评》，重庆出版社2017年版，第19页。
② 《传习录》第2条，同上书，第23页。
③ 《传习录》第3条，同上书，第23页。

即道德行为外在的共同判断标准。朱子学的格物穷理说，恰恰是要解决这样的问题。按照格物穷理说，只要把握道德行为的共同标准，即事物之理，并切实践行，道德的行为就可以由此成立。作为此学说的超越，王阳明不得不通过"心外无理"的命题，强调道德的行为根据在于内心之理，而非外在事物之理。阳明的洞见固然重要，但是个体的判断、行为如何与共同标准一致的问题，仍然困扰徐爱等人。对此，徐爱继续提问：

> 爱曰："闻先生如此说，爱已觉有省悟处。但旧说缠于胸中，尚有未脱然者。如事父一事，其间温清定省之类有许多节目，不知亦须讲求否？"
> 先生曰："如何不讲求？只是有个头脑，只是就此心去人欲、存天理上讲求。就如讲求冬温，也只是要尽此心之孝，恐怕有一毫人欲间杂；讲求夏清，也只是要尽此心之孝，恐怕有一毫人欲间杂。只是讲求得此心。此心若无人欲，纯是天理，是个诚于孝亲的心，冬时自然思量父母的寒，便自要去求个温的道理；夏时自然思量父母的热，便自要去求个清的道理。这都是那诚孝的心发出来的条件。却是须有这诚孝的心，然后有这条件发出来。譬之树木，这诚孝的心便是根，许多条件便是枝叶，须先有根，然后有枝叶，不是先寻了枝叶然后去种根。《礼记》言：'孝子之有深爱者，必有和气；有和气者，必有愉色；有愉色者，必有婉容。'须是有个深爱做根，便自然如此。"①

徐爱认为，即使承认内心之理是道德行为的最终依据，是道德动力的源泉，但面对复杂的外部世界，"温清定省之类有许多节目"，要使自己的行为具有道德的普遍性，显然不是具备善良的道德动机就能轻易实现的。对此阳明再次强调，"只是有个头脑，只是就此心去人欲、存天理上讲求"。道德行为的根据在于内心之天理，这是根本。在道德发用的过程中，具体的温清定省，如何使自己的行为符合外在的标准，道德主体自然会去认知探求。可见，在阳明的思想中，格物致知，即外在知识的获得处于从属的地位。从阳明的对答中可以看出，阳明虽然没有否定外在的格物，但是格物的地位却明显降低。如果说事父、交友之类私人性的活动较为简单，容易掌握的话，那么事君、治民之类，显然需要对于客观世界有着全面的掌握，而且这样的活动是非常复杂的。

《传习录》第4条郑朝朔的提问，几乎可以看作徐爱问题的翻版，由此反映此问题是阳明门人普遍关心的。

> 郑朝朔问："至善亦须有从事物上求者？"先生曰："至善只是此心纯乎天理之极便是，更于事物上怎生求？且试说几件看。"
> 朝朔曰："且如事亲，如何而为温清之节，如何而为奉养之宜，须求个是

---

① 陈荣捷：《王阳明〈传习录〉详注集评》，重庆出版社2017年版，第23—24页。

当,方是至善,所以有学问思辩之功。"先生曰:"若只是温清之节、奉养之宜,可一日二日讲之而尽,用得甚学问思辩?惟于温清时也只要此心纯乎天理之极,奉养时也只要此心纯乎天理之极,此则非有学问思辩之功,将不免于毫厘千里之谬。所以虽在圣人,犹加'精一'之训。若只是那些仪节求得是当,便谓至善,即如今扮戏子扮得许多温清奉养的仪节是当,亦可谓之至善矣。"爱于是日又有省。①

郑朝朔的提问"至善亦须有从事物上求者",与徐爱一样,都提出道德行为的一个必要条件,即个体行为与共同标准的吻合,"奉养之宜,须求个是当"。阳明强调,"此心纯乎天理之极",是道德行为的根源。温清奉养之类的讲求,不过是道德行为实现过程中的一个步骤而已。甚至阳明从反面举例,如戏子养戏,纵使将事父之事做得"仪节是当",也只能从技艺上肯定,而不可能将其看作孝的道德行为。徐爱听到这番问答后表示"又有省",大概也是再次确认阳明的基本观点,即道德行为的根据在于内心之理,而非外在的规范。

问:"名物度数,亦须先讲求否?"先生曰:"人只要成就自家心体,则用在其中。如养得心体果有未发之中,自然有发而中节之和,自然无施不可。苟无是心,虽预先讲得世上许多名物度数,与己原不相干,只是装缀,临时自行不去。亦不是将名物度数全然不理,只要知所先后,则近道。"②

《传习录》第 67 条中,类似的问题再次出现,"名物度数"的关心与之前是一致的。阳明指出,只要保持自己的心之本体,自然会有道德的发用。而且名物度数的讲求,无不内含在这样的发用过程中。与前文戏子之喻相似,阳明指出如果外在的行为不是出于内心之理,即使一切名物度数讲求得当,亦不可能有道德的发用。

道德的根据在于内心之理,这样的观点阳明反复提及。如在《答顾东桥书》中,阳明指出"夫求理于事事物物者,如求孝之理于其亲之谓也"③。"孝之理",即孝之道德行为的依据不在于父母,而在于自己的内心。同样,成就事物的根据,也在于自己的本心,外在的事物不过是作用的对象而已。总而言之,阳明提出"心外无理"说,在反对朱子学向外的格物穷理以外,主要强调道德的成立在于个人。在这一点上,类似于康德的"善良意志",即只有善良意志产生的行为才是道德的。与外在规则的符合,行为产生的效果,不过是行为评价的一个方面而已,绝不能认为是根本性的标准。

---

① 陈荣捷:《王阳明〈传习录〉详注集评》第 4 条,重庆出版社 2017 年版,第 25 页。
② 同上书,第 78 页。
③ 《传习录》第 135 条,同上书,第 137 页。

二 不告而娶——道德判断的困境

以上分析可见，王阳明将道德行为的根据放在内心之理，而外在知识的探求仅被看作良知发用的一个步骤。虽然阳明要解决的主要问题是道德行为的根据和道德动力的源泉，但在此过程中，个体行为与共同标准的符合这一涉及外在知识的问题，却在阳明学的体系中有意无意地被忽略了。阳明强调道德行为的根源在于道德主体，一切行为都是自知、自求，那么如何能够确定个人所作的行为判断具有时代或者历史的公共性呢？尽管这不是阳明学的核心问题，但是作为一种对社会产生作用的思想，则不得不被我们所反思。之前提及的"两种阳明学"的问题，正与此相关。

《答顾东桥书》中，对于顾东桥所提出的"舜之不告而娶，武之不葬而兴师……处常处变，过与不及之间，必须讨论是非，以为制事之本"的观点，阳明回应"节目时变，圣人夫岂不知？但不专以此为学。而其所谓学者，正惟致其良知，以精察此心之天理"。不仅圣人之学的根本在于致良知，甚至对于外在节目时变的具体考察，亦有赖于良知为准绳。"夫良知之于节目时变，犹规矩尺度之于方圆长短也。"可见，阳明反复强调的，皆是道德行为过程中内在的天理良知的作用。进而，阳明提出：

> 夫舜之不告而娶，岂舜之前已有不告而娶者之准则，故舜得以考之何典，问诸何人，而为此邪？抑亦求诸其心一念之良知，权轻重之宜，不得已而为此邪？武之不葬而兴师，岂武之前已有不葬而兴师者为之准则，故武得以考之何典，问诸何人，而为此邪？抑亦求诸其心一念之良知，权轻重之宜，不得已而为此邪？使舜之心而非诚于为无后，武之心而非诚于为救民，则其不告而娶，与不葬而兴师，乃不孝不忠之大者。[①]

顾东桥以"舜之不告而娶，武之不葬而兴师"的例子，强调在具体环境中予以分析讨论的重要性。但是，阳明反而以此表明，舜、武的行为恰恰是无典籍可考，无人可讨论，只能依靠舜、武自己内在的良知予以决定。阳明强调，若非出于良知之发用，而仅从外在行为来看，舜、武的行为有可能会被认为是"不孝不忠之大者"。可见，只有内在的良知是道德行为的根据与判断的准绳。

如果将此讨论进一步深入，这一事例还能引出其他的问题。众所周知，武不葬而兴师的例子源于《史记·伯夷列传》，其中记载"西伯卒，武王载木主，号为文王，东伐纣。伯夷、叔齐叩马而谏曰：'父死不葬，爰及干戈，可谓孝乎？以臣弑君，可谓仁乎？'"对于伯夷、叔齐，孔子认为二者"求仁而得仁"（《论语·述而篇》）。如果说武

[①] 陈荣捷：《王阳明〈传习录〉详注集评》，重庆出版社2017年版，第145—146页。

王不葬而兴师是"求诸其心一念之良知，权轻重之宜，不得已而为此"，那么伯夷、叔齐冒着被杀的危险"叩马而谏"，难道不是出于二者内在的良知判断吗？显然武王和伯夷、叔齐都是出于自己良知的判断，但是却出现了截然相反的结论。管见所及，这一问题似乎阳明及其后学的思想中都没有妥善地解决。

近代出现的"两种阳明学"的问题，难道不是与此相同吗？20世纪初的日本，站在国家主义立场，希望以阳明学培养国民道德的阳明学者，与大逆事件中反对天皇制，主张社会主义、无政府主义的左派学者，难道他们的判断不都是"求诸其心一念之良知，权轻重之宜，不得已而为此"。可见，阳明学在强调道德根源的同时，却无法很好地回应在复杂的环境中，道德判断的普遍性问题。

事实上，日本幕末时期所谓阳明学精神影响的维新志士们，其攘夷、锁国的主张，从后世来看反而是错误的，虽然他们这一错误的出发点导致了明治维新的"正确"行为。但是他们这一判断的得出，难道我们能说不是从他们内在的良知发出的吗？显然在类似复杂的环境中，外在知识的重要性更加突出。"两种阳明学"的产生，正是源于对立双方不同的知识背景。这个问题可以说是阳明学所缺失的，或者说不为阳明学所涵盖的。

三 希高慕大——对世俗儒者的批判

如上所论，王阳明将道德行为的根据放于内在良知之时，对于外在知识探求问题的关注有限，这导致不同个体的良知判断如何具有公共性，甚至在复杂的环境中如何避免截然相反的结论，这是阳明学理论本身的困境。但即便如此，阳明为何还是要反复强调内在良知的重要性呢？这源于对当时社会问题的批判。

《传习录》第107条，阳明指出儒者执着于外在知识探求的弊病。

> 后儒不明圣学，不知就自己心的良知良能上体认扩充，却去求知其所不知，求能其所不能。一味只是希高慕大，不知自己是桀、纣心地，动辄要做尧、舜事业，如何做得？终年碌碌，至于老死。竟不知成就了个什么，可哀也已。[①]

不明圣学的后儒以为道德成就的原因在于外在知识的扩充，通过尽可能多地掌握知识，"求知其所不知，求能其所不能，一味只是希高慕大"以规范自己的行为。阳明认为，这样的做法无异缘木求鱼。不知道道德根据在于内心，即使"终年碌碌，至于老死"，也不可能成就自己的道德。

《答顾东桥书》中，针对"多闻多见，前言往行，好古敏求，博学审问，温故知新，博学详说，好问好察……用功节目，固不容紊矣"的质疑，阳明指出，即使孔门

---

① 陈荣捷：《王阳明〈传习录〉详注集评》，重庆出版社2017年版，第102页。

弟子之中"至于多闻多见,乃孔子因子张之务外好高,徒欲以多闻多见为学,而不能求诸其心以阙疑殆,此其言行所以不免于尤悔,而所谓见闻者适以资其务外好高而已"①。阳明认为,孔子对子张指出"多闻阙疑,慎言其余,则寡尤;多见阙殆,慎行其余,则寡悔"(《论语·为政篇》)。"多闻阙疑""多见阙殆"并非强调学者多闻多见,而是"所以救子张多闻多见之病,而非以是教之为学"。

对孔门的另外一个重要弟子子贡,孔子亦提出"赐也,汝以予为多学而识之者欤?非也。予一以贯之"(《论语·卫灵公篇》)②。可见对于"多闻多见""多学而识"的为学方向,孔子本人亦保持警惕。对于当时的部分儒者,阳明批评"今学者之学圣人,于圣人之所能知者,未能学而知之,而顾汲汲焉求知圣人之所不能知者以为学,无乃失其所以希圣之方欤?"总而言之,当时连顾东桥这样的学者,亦对外在知识的探求抱有极大的兴趣,故阳明反复强调道德成就的根据是内在的天理,而非外在的知识。阳明批评孔门的重要弟子如子贡、子张、子夏等人已有外在求知之弊,甚至在孔子的多次警醒之后,仍未能回转,由此阳明提出引起后世争议的命题"颜子没而圣学亡"③。

《传习录》第220条中,针对当时学者外向求学的弊病,阳明提出"后世学者博闻多识,留滞胸中,皆伤食之病也"④。阳明认为,后世学者所学不能以心为根据,不仅对于道德的践履无益,反而产生妨碍。根据阳明学心外无物的观念,离开心的发用,那么一切行为本身都将失去意义。离开心的作用,外在的求学本身也没有任何意义。

对于外在知识的探求,到底应抱以怎样的态度呢?阳明认为就是孔子的"入太庙,每事问"。阳明指出:

> 圣人无所不知,只是知个天理;无所不能,只是能个天理。圣人本体明白,故事事知个天理所在,便去尽个天理。不是本体明后,却于天下事物,都便知得,便做得来。天下事物,如名物、度数、草木、鸟兽之类,不胜其烦。圣人须是本体明了,亦何缘能尽知得?但不必知的,圣人自不消求知。其所当知的,圣人自能问人。如"子入太庙,每事问"之类。先儒谓虽知亦问,敬谨之至。此说不可通。圣人于礼乐名物不必尽知。然他知得一个天理,便自有许多节文度数出来。不知能问,亦即是天理节文所在。⑤

阳明强调,"圣人于礼乐名物不必尽知"。求知的背后,必须有内在天理的发动为

---

① 陈荣捷:《王阳明〈传习录〉详注集评》第140条,重庆出版社2017年版,第149页。
② 有关心学思想中对子贡的批判,参见申绪璐《论语"闻一知十"章再诠——兼论孔子思想的德性之维》,《孔子研究》2016年第2期。
③ 参见吴震《心学道统论——以"颜子没而圣学亡"为中心》,《浙江大学学报》(人文社会科学版)2017年第3期。以及申绪璐《阳明学的"良知"与"知识"之辨——再论"颜子没而圣学亡"》,《浙江社会科学》2018年第9期。
④ 《传习录》第220条,同上书,第243页。
⑤ 《传习录》第227条,同上书,第246页。

根据。"其所当知的，圣人自能问人。"在良知的发现过程中，根据具体的"节文度数"去求知。知识的探求还是要置于天理的涵盖之下。还有一处，阳明提到：

> 孔子气魄极大，凡帝王事业，无不一一理会，也只从那心上来。譬如大树，有多少枝叶，也只是根本上用得培养工夫，故自然能如此。非是从枝叶上用功，做得根本也。学者学孔子，不在心上用功，汲汲然去学那气魄，却倒做了。①

阳明认为，孔子对于帝王事业，一一理会，其根据在于内心的重整礼乐之志。相反，一般学者只看到孔子的礼乐知识，以为这就是圣学的全部，正是舍本逐末。知识的探求本身阳明并不反对，阳明所强调的是不能离开内心的良知发用以求知。

四 结 语

整体而言，外在知识的探求作为良知发用的一个步骤，其在心学中的地位并不突出。但是回到明代的现实社会中，有学者研究指出，恰恰是阳明学流行的时候，诸子书的出版迎来了一个高峰。这一现象与阳明学的思想并不矛盾。阳明提出，

> 虽小道必有可观。如虚无、权谋、术数、技能之学，非不可超脱世情。若能于本体上得所悟入，俱可通入精妙。但其意有所着。欲以之治天下国家，便不能通。故君子不用。②

阳明反对离开本心，泛泛地求知。但是，如果"能于本体上得所悟入"，那么"虽小道必有可观"，"俱可通入精妙"。吊诡的是，在朱子学中被排斥的，认为与圣人之道相悖的诸子书，在阳明学的良知理论中，诸子书的阅读也可以作为良知发现过程中的一个步骤，反而摆脱了朱子学的束缚，其价值也在一定程度上得到肯定。诸子书出版的繁荣，恰恰与一些阳明学的士人有关。《传习录》第248条以后的语录，为黄省曾所记。而黄省曾本人，即对诸子学著作保持极大的兴趣，并出版相关著作。

最后再回到"两种阳明学"的问题，应当注意，阳明学提倡心外无理、心外无物，是要寻找道德行为的根据与动力源。至于良知的发现、行为的决断这些过程本身，并未得到相应的反思。日本幕末时期受阳明学鼓动的志士，其良知的判断和主张却是尊王攘夷、闭关锁国等这些在后世看来错误的目标。显然当时的环境中，阳明学为这种主张的实现提供了精神的动力，但这种主张本身是否具有时代和历史批判的共同性，

---

① 《传习录》第299条，第282页。
② 《传习录拾遗》第36条，见陈荣捷《王阳明〈传习录〉详注集评》，附录，第330页。

则非阳明学所能够涵盖的。再如一些当代社会的伦理争议，比如同性恋等问题。当代社会一般的价值观念是消除对同性恋的歧视，但是几十年前，医学、伦理学等相关领域，仍将同性恋等问题视作需要接受治疗的心理疾病。阳明学以"知行合一"等口号，为人们提供践行理念的动力。但是对这种理念本身的反思，比如医学和伦理学领域对同性恋等问题的态度的转变，反而是基于外在知识的增长。[1] 深入理解阳明学本身的特点，清楚地了解其前提和界限，而不将所有问题的解决都纳入阳明学的实践范畴，这样才能更好地展现阳明学的魅力。

【作者简介】申绪璐，杭州师范大学国学院副教授，博士。

---

[1] 再举笔者的一个经历，一般在地铁中乘坐扶手电梯时，经常有提倡靠右边站立，让出左边的通道给需要快速通过的人步行使用，提高通行效率的情况。但数年前笔者访问日本之时，却遇到地铁的工作人员宣传两边站立，不要在电梯上行走，亦不要让出空道。这是因为一旦遭遇电梯突然停止的情况时，若有人正在电梯上行走，会造成非常严重的事故。因此，反而提倡乘坐电梯时，两边站立，不要空出过道。在此之前，主动站在一边，空出过道被认为是道德的行为。但是近年来却提倡不要在电梯上行走，不要让出空道，这样是道德的。如果以阳明学的"致良知""知行合一"来看，仅要求主体按照已知的规则来做，那么是否需要单边站立，让出空道，显然这些问题不是阳明学所能处理的。

"致良知"附会于"格致诚正"
——晚明清初浙西学者对阳明心学的批判①

张天杰

【摘要】通过考察晚明清初的浙西学者张履祥、吕留良、陆陇其,可知这三位学者在学术思想上有着相互承继关系,且都有着"辟王"的理论与实践,推动了明清学术转型的一个重要方面,也即"尊朱辟王"思潮的发生、发展过程;同时也可以通过对这些学者的研究,探讨阳明心学在浙西地区的传播,区别它不同于浙东地区的独特发展状况。

【关键词】晚明清初 浙西 阳明心学 尊朱辟王

明清之际,盛行已逾百年的阳明心学,开始显露出种种弊端,东林学派的顾宪成(1550—1612)、高攀龙(1562—1626),还有蕺山学派的刘宗周(1578—1645)等学者,都有对阳明学的批判。然后真正较为彻底的批判,则要从梁启超所谓"清儒中辟王学的第一个人"②张履祥(1611—1674,字考夫,学者称杨园先生,浙江桐乡人)开始。张履祥的"辟王"思想则影响了因为《四书讲义》而在清初传播极广的吕留良(1629—1683,字用晦,号晚村,浙江崇德人),吕留良则又影响了被称为"本朝理学儒臣第一"③的陆陇其(1630—1692,字稼书,谥清献,浙江平湖人)。

这些学者站在朱子学为"正学"的立场上,往往批判阳明学的"致良知"之教,故意附会于《大学》"格致诚正"之教,其实并非"圣学",也即以为"离格致诚正,而别为宗旨"④,于是提倡必须重新"尊朱",致使"尊朱辟王"的思潮发生。考察张履祥、吕留良、陆陇其这三位在学术思想上有着相互承继关系的浙西学者的"辟王"

---

① 国家社会科学基金一般项目:"尊朱辟王——清初由王返朱思潮研究"(14BZX047)。
② 梁启超:《中国近三百年学术史》,天津古籍出版社2003年版,第111页。
③ 吴光酉、郭麟、周梁:《陆陇其年谱》,中华书局1993年版,第1页。
④ 唐鉴:《清学案小识叙》,《清学案小识》卷首,商务印书馆1934年版,第3—4页。

的理论与实践,可以使得我们对于明清学术转型的一个重要方面,也即"尊朱辟王"思潮的发生、发展过程,以及张履祥、吕留良、陆陇其这三人在清初理学史上的地位,有一个更为具体、明晰的认识;同时也可以借此而探讨阳明心学在浙西地区的传播,为什么会出现不同于浙东地区的独特发展状况。

一

吕留良是张履祥晚年最重要的友人之一,张履祥与吕留良的交往应该是从康熙三年(1664)开始。那年冬吕留良聘请张履祥到他家处馆,被辞却,第二年吕留良又一再托张履祥的好友朱韫斯传递聘请之意,又被张履祥辞却。康熙六年(1667),吕留良就不另请塾师,虚席以待,这一年张履祥与吕留良有书信往来,其中说:"窃意令子春秋方盛,正宜强学励志,以规无疆之业,万不当以弟之故,久虚师席也。"① 张履祥劝吕留良不要因为自己而耽误了子弟的读书。康熙八年(1669),张履祥才正式到吕留良家处馆。在吕留良《与张考夫书》中也有表达,其中说:

> 今读手札所教,正学渊源,漆灯如炬,又自喜瓦声叶响,上应黄钟,志趣益坚,已荷鞭策不小矣……平生言距阳明,却正坐阳明之病,以是急欲求轩岐医治耳。②

吕留良为了进一步医治"阳明之病"并深入钻研程朱之学,力请于程朱之学有"躬行实得"的张履祥到家中处馆。陈祖武先生认为,张履祥晚年"遂以恪守朱学深刻影响吕氏父子与浙西诸儒","吕留良之学,受张履祥影响极深。清初浙西诸儒,以表彰朱学而足以同浙东王学大儒黄宗羲相颉颃者,当首推张履祥"③。

陆陇其小吕留良一岁,他是清初著名的官方理学家,但受吕留良的影响非常之大。早在康熙十年(1671),陆陇其正式认识吕留良之前,他所辑的《四书讲义续编》就已经多取吕留良之说。④ 康熙十一年(1672),陆陇其与吕留良会于嘉兴,私淑陆氏的吴光酉所编辑的《陆稼书先生年谱》中记载:"先生访吕石门于禾郡,彼此恨相见之晚。一时往复,皆关学术人心。详《卫滨日钞》中。"⑤《卫滨日钞》一书,后改名为《松阳钞存》,主要记录吕留良当时与他交谈的内容。就二人这次会面,吕留良之子吕无党在《行略》中也有提及:"于禾,遇当湖陆稼书先生,语移日,甚契。稼书商及出处,

---

① 张履祥:《与吕用晦一》,《杨园先生全集》,中华书局2002年版,第194页。
② 吕留良:《与张考夫书》,《吕晚村先生文集》卷一,雍正三年天盖楼刻本。
③ 陈祖武:《清初学术思辨录》,中国社会科学出版社1992年版,第132页。
④ 吴光酉、郭麟、周梁:《陆陇其年谱》,中华书局1993年版,第29页。
⑤ 同上书,第30页。

先君曰：一命之士，苟存心于爱物，于人必有所济。君得无疑误是言与？"① 可见二人论学很是默契，并且谈到"出处"等许多问题。陆陇其在《松阳钞存》中说：

> 余于壬子五月，始会东庄于郡城旅舍，谆谆以学术人心为言。曰："今之人心，大坏至于此极，皆阳明之教之流毒也。"又曰："泾阳、景逸之学，大段无不是。然论心性，则虽甚辟阳明，而终不能脱阳明之藩篱。"又曰："东坡学术尤误人，好其学者戏谑游荡，权诈苟且，无所不可，故人多乐而从之。今之聪明才俊而决裂于廉耻之防者，皆以东坡为窟穴者也。若程朱之教行，则人不可自便，此所以恶其害己而去之。朱子《杂学辨》最有功于世。"又曰："今日为学，当明可不可之界限，古人大则以王，小则以伯，犹有所不可，况其他乎？"又曰："考夫虽师念台，而不尽从其学。考夫之于念台也，犹朱子之于籍溪、屏山、白水乎？非延平之比也。"一时之言，皆有关系，余所深佩服者。②

当时所谈主要内容就是"尊朱辟王"，吕留良还谈到了顾宪成与高攀龙的"辟王"还未脱离"阳明藩篱"等，这些都对陆陇其触动很大。

吕留良与陆陇其的这次会面，关系重大。据吴光酉的《陆稼书先生年谱》所载，直到四十岁前后，陆陇其尚在朱王学术间徘徊。此后三四年间，他结识吕留良，受吕氏学术影响，方才成为朱学笃信者。关于这一点，陆陇其本人也不讳言。康熙二十二年（1683）十月，当陆陇其在京中获悉吕留良去世的凶讯，曾撰文祭奠。《陆稼书先生年谱》记载："闻吕君晚村之变，为文哭之。"下面注明：

> 吴容大邀先生酌，言晚村凶闻已确，八月十三日事也。先生太息久之。盖先生于晚村，出处虽不同，而任道之心则一，恃为辟邪崇正之助，一旦云亡，哀可知矣。……又言晚村自甲辰以后，行事最笃实。阅数月遇有南旋之便，为文以哭之，兼与长君无党书以致奠焉。③

陆陇其在祭文中说：

> 某不敏，四十以前亦尝反覆程、朱之书，粗知其梗概。继而纵观诸家之语录，糠秕杂陈，琉珠并列，反生淆惑。壬子癸丑始遇先生，从容指示，我志始坚，不可复变。④

由此文可知，陆陇其的"尊朱辟王"思想，就是从结识吕留良而变得坚定起来，吕留良深刻影响了陆陇其的学术趋向，使得陆陇其后半生全心致力于"尊朱辟王"运动。

---

① 吕葆中：《行略》，《吕晚村先生文集》附录。
② 陆陇其：《松阳钞存》卷下，《陆子全书》，光绪十六年刊本。
③ 吴光酉、郭麟、周梁：《陆陇其年谱》，中华书局1993年版，第94页。
④ 同上书，第94—95页。

从《祭吕晚村先生文》之中，可以看出陆陇其对吕留良和他的辟王主张推崇备至。他说：

> 先生之学，已见大意，辟除榛莽，扫去云雾，一时学者，获睹天日，如游坦途，功亦巨矣。天假之年，日新月盛；世道人心，庶几有补。而胡竟至于斯耶？自嘉、隆以来，阳儒阴释之学起，中于人心，形于政事，流于风俗。百病杂兴，莫可救药。先生出而破其藩，拔其根，勇于贲、育。我谓天生先生，必非无因，而胡遽夺其年耶？[①]

陆陇其对吕留良的"尊朱辟王"思想做了高度的评价，并且指出其对于当时学术界的重要意义。

关于吕留良在学术上对陆陇其的影响，钱穆先生曾指出："晚村尝与陆稼书交游，论学甚洽。其后稼书议论，颇有蹈袭晚村。"而且就"蹈袭"这一问题，钱穆先生在小注中说："稼书《松阳讲义》十二卷，其间称引晚村者不下三四十处，迹尤显也。"[②]《松阳讲义》是陆陇其最重要的著作之一，其中重要观点多有来自吕留良。另外还有前面提到的《松阳钞存》与《问学录》，则以记录吕留良与其论学的言论为主。另外，陆陇其在给张烈的《王学质疑》作序中说："近年惟吾浙吕君石门，大声疾呼，毅然以辟阳明为己任。"[③]还有在《王学质疑·后序》中说："先生与吕公不讲而合，信乎德之不孤，而道之不可终晦也矣。"[④] 由此可见，陆陇其的辟王学几乎都以吕留良为标准。

二

程朱、陆王之争贯串宋、元、明、清四朝。南宋有朱熹（1130—1200）、陆九渊（1139—1193）鹅湖之会与太极无极之辩。明代有程敏政（1445—1499）《道一编》、王阳明《朱子晚年定论》与罗钦顺（1465—1547）《困知记》、陈建《学蔀通辨》之间的书面辩驳。到清初则情况更为复杂，主要表现为以黄宗羲（1610—1695）、孙奇逢（1584—1675）、毛奇龄（1623—1716）、汤斌（1627—1687）为代表的"朱王调和"派，与张履祥、吕留良、陆陇其、张烈（1622—1685）为代表的"尊朱辟王"派，两派之间的论辩日益激烈。

张履祥的"尊朱辟王"，主要表现在对王学全面而深刻的批判，其中既有为学之辩，又有学理之辩。张履祥认为王阳明在为学上存在着"欺己诳人"并以"私意""排黜程朱"等弊病。他说："年之晚与不晚，论之定与不定，考之年谱自见。即此，

[①] 吴光酉、郭麟、周梁：《陆陇其年谱》，中华书局1993年版，第94—95页。
[②] 钱穆：《中国近三百年学术史》，中华书局1993年版，第84—85页。
[③] 陆陇其：《王学质疑序》，见张烈《王学质疑》，福州正谊书局同治五年版。
[④] 陆陇其：《王学质疑后序》，见《王学质疑》。

姚江欺己诳人之罪,虽有仪、秦之辩,不能为之解矣。"① 王阳明著《朱子晚年定论》以己意选编朱子文章,造成朱子晚年倾向心学的假象,这确实有"诳人"之嫌。张履祥还指出:"复《古本》,是姚江一种私意,大指只是排黜程、朱以伸己说耳。"② 在他看来,王阳明通过恢复《古本大学》,就是为了排斥程朱之学。张履祥进而怀疑王阳明的"诚意"之说:"姚江谓:'大学之道,诚意而已。'今观其言,无非自欺欺人之语,诚于何有?"③治学不诚而倡"诚意",便是自欺欺人。再从学理上看,王阳明之所以在工夫论上排斥"格物穷理",是因为没有弄明白天理与人欲:

> 或疑阳明与朱子同曰存天理、去人欲;同是尧、舜,非桀、纣;同云好善而恶恶,安在良知之言有害人心世道?曰:阳明欲排"穷理"二字,而惟心之所发便为天理;又以性善为无善无恶,未尝指气拘、物蔽以为欲。不知何者为天理,何者为人欲也。④

作为理学,王阳明与朱熹都说"存天理、去人欲",但是王阳明说的"天理"是指"心之所发",是心之本体的善,而人欲之恶则是人心"失其本体"。⑤ 至于为什么会有人欲,王阳明只强调意念有是有非,对气拘与物蔽的重要性关注不够,将格物转换成了格心,"去其心之不正"⑥。这在张履祥看来是混淆了天理与人欲,将天理等同于良知,就不需要从外界进行格物穷理,由此导致了"为良知之说者,遂以闻见为次而不足事"⑦ 等后果。张履祥进一步指出:

> 姚江良知之学,其精微之言,只"吾心自有天则"一语而已。夫人性本善,以为天则不具于吾心不可也。然人之生也,有气禀之拘,有习染之迁,有物欲之蔽,此心已非性之本然……今以未尝学问之人,而谓吾心即是天则可乎?⑧

因为气禀、习染、物欲等影响,人心与天则之间有一定的距离,良知之学盲目相信"吾心自有天则",就是弊端之根本。他还说:"近世学者,祖尚其说,以为捷径,稍及格物穷理,则谓之支离烦碎。夫恶支离则好直捷,厌烦碎则乐径省,是以礼教陵夷,邪淫日炽,而天下之祸不可胜言。"⑨ 王学不讲"格物穷理"而"好直捷""乐径省",导致了礼教崩溃、人欲横流,最后就是立身之败、家国之亡。

吕留良首先也是将明亡归罪于学术不明,但在"辟王"之后更为突出了"尊朱"。

---

① 张履祥:《传习录总评》,《杨园先生全集》,第 1514 页。
② 张履祥:《跋山阴先生别帙》,《杨园先生全集》,中华书局 2002 年版,第 25 页。
③ 张履祥:《备忘四》,《杨园先生全集》,中华书局 2002 年版,第 1173 页。
④ 张履祥:《传习录总评》,见苏惇元《张杨园先生年谱》,《杨园先生全集》附录,第 1514 页。
⑤ 王守仁:《王阳明全集》,上海古籍出版社 1992 年版,第 15 页。
⑥ 同上书,第 6 页。
⑦ 张履祥:《备忘一》,《杨园先生全集》,中华书局 2002 年版,第 1060 页。
⑧ 张履祥:《答沈德孚二》,《杨园先生全集》,中华书局 2002 年版,第 85、86 页。
⑨ 张履祥:《与何商隐一》,《杨园先生全集》,中华书局 2002 年版,第 111 页。

他说：

> 道之不明也，几五百年矣。正、嘉以来，邪说横流，生心害政，至于陆沉。此生民祸乱之原，非仅争儒林之门户也……而紫阳之学，自吴、许以下已失其传，不足为法。今日辟邪，当先正姚江之非。而欲正姚江之非，当真得紫阳之是。①

吕留良认为自从元代的吴澄、许衡之后，就没有纯粹尊信朱子的学者，正德、嘉靖以来各种邪说流行，最后影响人心、政事，以至于明亡。在吕留良看来，想要明道就必须力辟王学以及其他各种邪说，这只是为了学术、人心，而非程朱、陆王之间的门户之见。关于攻击王学，吕留良曾有解释："某尊朱则有之，攻王则未也。凡天下辨理道，阐绝学，而有一不合于朱子者，则不惜辞而辟之耳。盖不独一王学也，王其尤著者耳……盖某之辟王说也，正以其畔朱子。"② 他一直强调，只有朱子之学才是孔、孟正学，不合朱子者都是异学，都需要辟之而已，王学只是其中"尤著者尔"。除了王学，还有佛学、事功之学，这些都在其辟异学的范围之内。再者，吕留良不愿有所调停。他说："且所论者道，非论人也。论人，则可节取恕收，在阳明不无足法之善；论道，必须直穷到底，不容包罗和会。一着含糊，即是自见不的，无所用争，亦无所用调停也。"③ 当清初之时，诸如黄宗羲等人主张朱、王调停，其背后则是为王学张本。吕留良虽然也认为就个人事功而言，王阳明"不无足法之善"，但是就学术而言，他主张将论人与论学分开，然后在学术上当求唯一性，故而不可调停。至于王学之所以具有危害，在吕留良看来也是因为其放弃了朱熹的"格物致知"。他指出："如陆、王之自以为立大体、致良知矣，而所为、所诲，皆猖狂傲悍，日骛于功利、权诈是也。凡诸谬害，皆从不穷理而空致知来。"④ 不通过外在的"格物穷理"，盲从于内在良知，就会造成"功利""权诈"等谬害，最后导致"陆沉"的家国之痛。

吕留良与张履祥交往之后，有许多学术活动，共同推动了"尊朱辟王"思潮的传播。其中主要有吕留良敦请张履祥著《先朝名臣言行录》、评《传习录》；张履祥协助吕留良刊刻《二程遗书》《朱子遗书》等理学先儒著述，并且共同选编《朱子近思录》《四子近思录》等书。这些活动，对于清初程朱之学的流传影响巨大。

首先，吕留良与何商隐一起请张履祥评《传习录》。康熙十一年（1672）秋，张履祥在吕留良家评《传习录》，最初是由何商隐提出。苏惇元在《杨园先生年谱》中说："先是馆半逻时，何商隐请先生评之，以维斯道，以觉来学，先生谢不敢任。今四月，商隐复请……至是，馆主人复请，先生谢不敏，三请，乃允。"⑤ 此处的"馆主人"即指吕留良，经过吕留良的再三敦促，张履祥才开始评《传习录》。张履祥迟迟不动笔，

---

① 吕留良：《复高汇旃书》，《吕晚村先生文集》卷一，雍正三年天盖楼刻本。
② 吕留良：《与吴晴岩书》，《吕晚村先生文集》卷一。
③ 吕留良：《与施愚山书》，《吕晚村先生文集》卷一。
④ 吕留良：《吕晚村先生四书讲义》卷一，雍正三年天盖楼刻本。
⑤ 苏惇元：《张杨园先生年谱》，《杨园先生全集》附录，中华书局2002年版，第1513页。

不是不敢，而是不愿，他在与吕留良信中说：

> 初夏，承商兄委批《传习录》，此固商兄斯世斯民之心，切切于出焚援溺，故不择人而呼号以属之。窃意人心胥溺之久，有未可以笔舌争者。抑中间诐淫邪遁之病在在是，本原已非，末流之失盖有辩之不胜辩者，故亦未之举笔。①

最初张履祥不愿动笔，主要是因为当时士人陷于王学弊病的久而且多，即使以程朱之正学来重新评点《传习录》，做一番笔舌之争也恐怕难以有什么成效，更何况其中弊病"辩不胜辩"。吕留良在回信中就著《言行录》与评《传习录》的意义进行了阐明：

> 然今日有学识之君子，不就其所知见而折中之，将来日更泯没，又何所依傍哉？事关学术人心，同志商榷，不期行世，似非知小谋大，妄希表见者比。至于徇外为人，亦各求其志之所在，义之所归，恐不得于燔书而废烹饪之用也。惟先生所谓心力可惜，韶光无几，当玩心于先代遗经，则此义更有大于斯者，然则先生即以尊经实学指教后生，亦不可谓非其义所出矣。②

张履祥接此信后，虽然没有著《言行录》，但开始评《传习录》。他因为对王学厌恶，此事进行也不顺利，张履祥说："此等文字，屏而绝之，不接耳目者二十余年。今不得已为一展卷，每阅及一、二条，心绪辄复作恶，遂尔中止者数四。"③ 关于张履祥评《传习录》的经过，陈梓的《张杨园先生小传》有详细的记载：

> 澉湖何商隐先生延之家塾，出《传习录》请评，以维斯道，以觉来学，先生不敢任也。既而馆语水，主人复以请，先生复固辞。既乃慨然谓"东南坛坫，西北干戈，其乱于世，无所上下。东林诸公，气节伟然，而学术未纯。神州陆沉，天地晦盲，生心害政，厥由《传习》"。于是毅然秉笔，条分缕析，洞揭其阳儒阴释之隐，以为炯鉴。盖自此书出，而《闲辟》《通辨》《困知》皆所谓"择焉而不精"者矣。④

张履祥深知《传习录》关系学术纯正，辟王就必须从《传习录》开始。与明代程瞳《闲辟录》、陈建《学蔀通辨》、罗钦顺《困知录》这三部著名的"尊朱辟王"著作相比，陈梓认为张履祥评《传习录》辟王更精。可惜此书后来遗失，仅在《杨园先生年谱》中辑录其《总评》和《评晚年定论》二篇。根据《杨园先生全集》附录《未列年谱书目》，其中有《王学辨》一种，小注说："海昌范北溟鲲刻先生《全书》，取

---

① 张履祥：《与吕用晦六》，《杨园先生全集》，中华书局2002年版，第199页。
② 吕留良：《复张考夫》，《吕晚村先生文集》卷一。
③ 张履祥：《答张佩葱十九》，《杨园先生全集》，中华书局2002年版，第318页。
④ 卞僧慧：《吕留良年谱长编》，中华书局2002年版，第227页。

《传习录》评语汇为一卷，题为此名。"① 至少应该有《评传习录》一卷当时曾有流行。对于张履祥评《传习录》，桐城派学者方东树认为："自朱子而后，学术之差，启于阳明。而先生闲邪之功，其最切者，莫如辨阳明之失。惜所评《传习录》不见，然就其总评及集中所论，皆坚确明著，已足订阳明之歧误矣。"② 可见张履祥评点《传习录》，对于"尊朱辟王"意义重大。

其次，他们一起刊刻程朱遗书。晚明以来，士人只读陆王之书，程朱之书竟然难以寻觅。张履祥对此现象深表忧虑：

> 百余年来，承阳明气习，程、朱之书不行于世，而王、陆则家有其书，士人挟册，便已沦浃其耳目，师友之论，复锢其心思，遂以先入之言为主。虽使间读程、朱，亦只本王、陆之意指摘其短长而已。谁复能虚心笃志，求所为穷理以致其知，践履以敏其行者？此种习尚不能丕变，窃忧生心害事之祸，未有艾也。③

或问："程、朱之书，何以今人读之者少？"曰："王守仁推倒于前，袁黄扫除于后，至于今日，书尚不易得见，何从而读？虽有其书，父兄师长先有指摘批驳之言，充塞子弟之心，又安能笃信深求，而得其旨趣哉？"④

张履祥"尊朱辟王"，吕留良同样有这样的思想，他也反对王阳明与袁黄等人的思想，所以张履祥劝吕留良刊刻程朱遗书，吕留良很快就答应，并且努力实施。《杨园先生年谱》提到："先生馆语水数年，劝友人、门人刻《二程遗书》《朱子遗书》《语类》及诸先儒书数十种，且同商略。迄今能得见诸书之全者，先生力也。"⑤张履祥就曾对门人姚琏说起："吕先生所刻《遗书》四种，最救时急务，有益学者。而《近思录》，某谓治经之阶梯，尤不可不熟复深造也。"⑥ 据查吕留良所刻《朱子遗书》有：《近思录》《延平答问》《杂学辨》《中庸辑略》《论孟或问》《伊洛渊源录》《谢上蔡语录》等。其中他们最为重视的是《近思录》。吕留良认为："救正之道，必从朱子；求朱子之学必于《近思录》始……凡朱子之书有大醇而无小疵，当笃信死守，而不可妄置疑凿于其间。"⑦

三

再看陆陇其的"尊朱辟王"，与张履祥、吕留良相比，道统意识更为强烈，辟王态

---

① 苏惇元：《张杨园先生年谱》，《杨园先生全集》附录，中华书局2002年版，第1525页。
② 方东树：《重编张杨园先生年谱序》，《杨园先生全集》附录，中华书局2002年版，第1488页。
③ 张履祥：《备忘三》，《杨园先生全集》，中华书局2002年版，第1143页。
④ 张履祥：《愿学记三》，《杨园先生全集》，中华书局2002年版，第781页。
⑤ 苏惇元：《张杨园先生年谱》，《杨园先生全集》附录，中华书局2002年版，1512页。
⑥ 张履祥：《训门人语三》，《杨园先生全集》，中华书局2002年版，第1473页。
⑦ 吕留良：《与张考夫书》，《吕晚村先生文集》卷一，雍正三年天盖楼刻本。

度也更为坚决。在《学术辨》中他批判说：

> 王氏之学遍天下，几以为圣人复起，而古先贤下学上达之遗法灭裂无余。学术坏而风俗随之。其弊也至于荡轶礼法、蔑视伦常，天下之人，恣睢横肆，不复自安于规矩绳墨之内，而百病交作……明之天下，不亡于寇盗，不亡于朋党，而亡于学术。学术之坏，所以酿成寇盗、朋党之祸也。①

与张履祥、吕留良一样，陆陇其在学术上也将王学归入释老异端，认为王学造成了学者"师心自用"，学术败坏风俗也随之败坏，最后导致寇盗与朋党之祸，从而明亡。为了将明亡的责任推至学术，在张、吕的基础上，他又进一步论证，强调了道统的重要性。他认为："天下之盛衰，自道统之明晦始。君子之欲维持世教者，亦必辨道统始。"② 在陆陇其看来，只有明辨道统，尊程朱而黜阳明，才能国家强盛：

> 考有明一代盛衰之故，其盛也，学术一而风俗淳，则尊程、朱之明效也；其衰也，学术歧而风俗坏，则诋程、朱之明效也。每论启、祯丧乱之事而追原祸始，未尝不叹息痛恨于姚江。故断然以为今之学，非尊程朱、黜阳明不可。③

明辨道统，必须明辨立教之弊与末学之弊，他说："夫天下有立教之弊，有末学之弊。末学之弊如源清而流浊也，立教之弊如源浊而流亦浊也。学程朱而偏执固滞，是末学之弊也。若夫阳明之所以为教，则其源先已病矣，是岂可徒咎末学哉。"④ 通过源与流的分辨，"朱王是非"更加明显。

再进一步，陆陇其还将批判的范围进一步扩大，甚至是主张修正、回护王学的学者如顾宪成、高攀龙、孙奇逢、黄宗羲等人，表现出更为彻底的学术立场。他认为东林学派的顾宪成、高攀龙的学术都不够纯正，"泾阳、景逸亦未能脱逃姚江之藩篱。谓其尊朱子则可，谓其为朱子之正脉则未也"⑤。至于黄宗羲、孙奇逢，他就更为不满，"近来南方有一黄梨洲，北方有一孙钟元，皆是君子。然天下学者，多被他教得不清不楚"⑥。他还指出：

> 今之回护姚江者有二：一则以程、朱之意解姚江之语，此不过欲宽姚江，其罪小；一则以姚江之意解程、朱之语，此则直欲诬程、朱，其罪大。⑦

黄宗羲的《明儒学案》、孙奇逢的《理学宗传》都有对王学的肯定，这就是陆陇

---

① 陆陇其：《学术辨》，《三鱼堂文集》卷二，《陆子全书》，光绪十六年刊本。
② 陆陇其：《道统》，《三鱼堂外集》卷四，《陆子全书》，光绪十六年刊本。
③ 陆陇其：《周云虬先生四书集义序》，《三鱼堂文集》卷八，《陆子全书》，光绪十六年刊本。
④ 陆陇其：《学术辨》，《三鱼堂文集》卷二，《陆子全书》，光绪十六年刊本。
⑤ 陆陇其：《答嘉善李子乔书》，《三鱼堂文集》卷五。
⑥ 吴光酉、郭麟、周梁：《陆陇其年谱》，第291页。
⑦ 同上书，第301页。

其批判这二人的主要原因。而顾宪成、高攀龙则是因为对王学批判得不够彻底而被陆陇其批判，他说：

> 泾阳、景逸起而救之，痛言王氏之弊，使天下学者复寻程、朱之遗规，向之邪说诐行为之稍变。然至于本源之际，所谓阳尊而阴篡之者，犹未能尽绝之也。①

顾宪成（字泾阳）、高攀龙（字景逸），这二人为首的东林学派虽然批判王学，但还是不够彻底，其实只是对王学的修正，还不能算作程朱之学，特别是顾、高二人还讲"静坐"等功夫，在"收拾精神一路功夫"与陆、王并无不同。② 陆陇其对混淆"朱王是非"或主张"朱王调和"都严加排斥，认为唯一正途就是"宗朱"："愚尝谓今之论学者无他，亦宗朱子而已。宗朱子者为正学，不宗朱子者即非正学……朱子之学尊，而孔子之道明，学者庶乎知所从矣。"③ 只有接续孔子道统的朱学才是正学，正本清源就必须"尊朱辟王"。

与常年隐居乡里的遗民学者张履祥、吕留良不同，跻身于清廷的陆陇其在清初"尊朱辟王"思潮中自然也就发挥了更大的作用。陆陇其出仕于清廷，虽然官居不高，但是他有了将"尊朱辟王"思想在士林之中进一步扩展的机会。他的主要学术活动有两方面，一是撰写、修订、刊行辟王学的学术著作；二是与王学学者进行学术论辩。

陆陇其撰有《学术辨》《松阳讲义》等著作专门批判阳明心学，在当时影响颇广。他在自己著述之余，还修订了陈建的《学蔀通辨》，并与张烈的《王学质疑》一起刊行。对于陈建的《学蔀通辨》，张履祥与吕留良也颇为欣赏，认为这是"救时之书也，亦放龙蛇、驱虎豹之意"④。陆陇其也说："陆、王之学，不必多辨，已有《学蔀通辨》在也。"⑤ 有了这书他就不必再对陆王之学多加辨析了。而且他还亲自进行校订《学蔀通辨》："是书有明东莞陈清澜氏所作，以崇正斥异端者也。先生重加较订。"⑥ 后来他将这书与友人张烈的《王学质疑》一起加以刊行。《陆稼书先生年谱》中提到他在回信给范彪西的时候就说："嘉靖中广东陈清澜先生有《学蔀通辨》一书，备言其弊，不识先生曾见之否？近有舍亲刊其书，谨以呈览。又有大兴张武承著《王学质疑》一编，言阳明病痛，亦甚深切著明。仆新为刊之，今并附呈。"⑦ 可见陆陇其经常在与友人论学之时，向他们介绍、赠送《学蔀通辨》《王学质疑》等书。

《王学质疑》一书的作者张烈是陆陇其的友人。张烈（1621—1685），字武承，一字庄持，大兴（今北京）人，曾就《明史》是否设《道学传》、王阳明应该归在何传等问题，与毛奇龄有一场著名的论辩。张烈所著的《王学质疑》与陆陇其的《学术

---

① 陆陇其：《学术辨》，《三鱼堂文集》卷二，《陆子全书》，光绪十六年刊本。
② 陆陇其：《松阳钞存》卷下。
③ 陆陇其：《经学》，《三鱼堂外集》卷四，《陆子全书》，光绪十六年刊本。
④ 张履祥：《备忘二》，《杨园先生全集》，第1094页。
⑤ 吴光酉、郭麟、周梁：《陆陇其年谱》，第190页。
⑥ 同上书，第73页。
⑦ 同上书，第161页。

辨》都是辟王学的代表作,在此书中对王学进行了较为系统的批判。其中所论也与陆陇其较为接近,如张烈认为王学泛滥之后,"若以是鄙弃一切,长傲恣胸,决堤防,破崖岸,蹈擎拳竖拂,呵祖骂佛之余智,则圣门之罪人也"①。他认为必须"尊朱辟王",重新建立礼教的"堤防""崖岸",他说:"若朱子之言,如食可致饱,衣可御寒,宫室之蔽风雨,药饵之疗疾病,皆实用也。"② 他们二人都可以说是清初排辟王学、复兴朱学的中坚力量。康熙二十二年(1683)八月,张烈曾向陆陇其请教。《陆稼书先生年谱》记载:"先生庚戌同年友,深以阳明之学为非。谓在嘉、隆之际,其弊犹未见,而辟之也难;在今日其弊已著,而辟之也易。因出《王学质疑》《史学质疑》等书请正。先生俱许可,并为《王学质疑》作序授梓,以嘉惠后学。"③康熙二十二年(1683)八月张烈约会陆陇其,出示《王学质疑》等书。陆陇其为其作序并刊行,他对此书评价很高,认为:

> 张武承先生示余《王学质疑》一卷,其言良知之害,至明至悉,不特尽扫龙溪、海门之毒,而凡梁溪之所含糊未决者,一旦如拨云雾、见白日。盖自罗整庵、陈清澜而后,未有言之深切著明如斯者也。④

由于陆陇其对辟王著述的重视,通过他的努力,多种辟王之书都得到了广泛的传播。

在清初"尊朱辟王"运动中,陆陇其与汤斌的学术争论,跟张烈与毛奇龄的争论同样重要。汤斌(1627—1687)字孔伯,别号荆岘,晚又号潜庵,河南睢阳人,官至内阁学士、江宁巡抚、礼部尚书等,是康熙朝的理学名臣,主张"朱王调和"。他认为:"王文成致良知之教,返本归原,正以救末学之流弊……夫学者于积重难返之际,深忧大惧,不得已补偏救弊,固吾道之所赖以存。学者先识孔孟之真,身体而力行之,久之徐有见焉,未尝不殊途同归。"⑤汤斌赞同刘宗周"朱王调和"的思想,认为王学可以补朱学末流之弊,为学的关键只在于身体力行。汤斌与陆陇其之间,不但有当面的学术论辩,又有书信往来论学。据《陆稼书先生年谱》记载康熙二十二年(1683)七月,"汤公潜庵来会。"具体过程也颇为详细:

> 汤言:"今学者好排击先儒,不知应如此否?"先生云:"大抵为姚江而发。"酉按:汤公天资朴茂,人品清高,为一代伟人。第其师门授受,犹不脱良知家窠白,所以卒不能接洛、闽之传。其所谓今学者,意盖在石门,且借以讽先生也。先生以未深交,弗与骤辨。他日以书论姚江之失,兼录旧所作《学术辨》示之,

---

① 张烈:《总论》,《王学质疑》卷五。
② 张烈:《自序》,《王学质疑》。
③ 吴光酉、郭麟、周梁:《陆陇其年谱》,第90页。
④ 陆陇其:《王学质疑序》,见《王学质疑》。
⑤ 汤斌:《蕺山刘先生文录序》,《汤斌集》,中州古籍出版社2003年版,第93页。

冀其自悟耳。惜乎汤公晚年所学，一出于正，不久而殁也。①

他们二人会面就论及吕留良辟王学之事，不过当时没有发生激烈论辩。另外还记载，这年的十一月，陆陇其有书信给汤斌："先生重汤公人品，弟惜其学术犹偏，因致书以正之。并赠旧所作《学术辨》，意在卫道，兼哀汤公故也。"② 这次汤斌还有回复："汤公复书，似亦知阳明学术之非，不复为之回护矣。谓学贵实践，不在多言，亦是吃紧为人处。"③ 其实汤斌并未赞同陆陇其的观点，委婉迂回地为王学进行辩护。陆陇其虽然没有真正说服汤斌，但是汤斌也不再对陆陇其"尊朱辟王"之论多加批驳。后来他的思想越来越倾向于朱学一面，晚清学者唐鉴将汤斌列入"翼道学案"，认为他"不主阳明"。④

四

明代中后期王学风行，成为儒学中的显学，《明史·儒林传》就说："宗守仁者曰姚江之学，别立宗旨，显与朱子背驰，门徒遍天下，流传逾百年，其教大行，其弊滋甚。嘉、隆而后，笃信程、朱，不迁异说者，无复几人矣。"⑤ 王学到了明末其过分强调主观、"师心自用"的弊端日愈显现。为了挽救学术，东林学派开始向朱学回归，从外部出发对王学加以批判；蕺山学派的刘宗周则是从内部出发对王学加以修正，这一修正由黄宗羲等人继续延续直至清初。所以梁启超就说："明清嬗代之际，王门下惟蕺山一派独盛，学风已渐趋健实。"⑥ 这两者其实都属于"朱王调和"论。

接续东林学派，进一步推动"由王返朱"的代表人物，则是清初时期的浙西学者张履祥、吕留良、陆陇其等人，他们三人以及友人、弟子组成了以"尊朱辟王"为特色的朱子学派。张履祥虽然师从刘宗周，却由王学而返朱学，并且以强硬的态度开始力辟王学，成为"清儒中辟王学的第一个人"。不过一心以明之遗民自居，隐居乡里的张履祥"声誉不出闾巷"⑦，其著作也只有《备忘录》等少量有所传抄、刊行，所以他的"尊朱辟王"思想只是在友人与弟子之间传播，在当时的影响并不广。

吕留良虽然也是一位遗民学者，但是他受到张履祥的影响和帮助，选辑、刊行二程、朱子等先儒著作，以及以"尊朱辟王"的思想去评选时文，他的思想在当时产生了广泛的影响，从而也有力地推动了"尊朱辟王"思潮的发展。当时隐居深山的王夫

---

① 吴光酉、郭麟、周梁：《陆陇其年谱》，第88页。
② 吴光酉、郭麟、周梁：《陆陇其年谱》，第97页。
③ 同上书，第102页。
④ 唐鉴：《清学案小识》，商务印书馆1935年版，第45页。
⑤ 张廷玉：《明史》卷二八二《儒林一》，中华书局1974年版，第7222页。
⑥ 梁启超：《中国近三百年学术史》，天津古籍出版社2003年版，第111页。
⑦ 左宗棠：《张杨园先生〈寒风伫立图〉跋后》，《左宗棠全集》（第13册），岳麓书社1987年版，第290页。

之，在其《搔首问》中也提到吕留良："近有崇德人吕留良字用晦，极诋陆王之学，以卫朱子之教，是已。"① 可见其"尊朱辟王"确实影响范围之广。当时就有学者指出：

  紫阳之学，六传以及方侯成，道靖之变，而其统遂绝，河汾崛起，曲高和寡，而陈公甫、王伯安遂鼓偏执之说以乱之，学士大夫从风而靡，虽胡振斋、罗整庵力加攻诋，义甚正而力或未之逮也。至吕晚村氏，始大声疾呼，以号于一世……率其同志，精思力究，南方风气，为之一变。②

朱熹（别号紫阳）的理学传至明初的方孝孺（1357—1402，著有《侯成集》等），靖难之变后有薛瑄（1389—1464，山西河津人）的河汾之学兴起，但是很快就被陈献章、王阳明的心学替代了，一直到吕留良大声疾呼之后，才扭转了局面。之后的戴名世（1653—1713）也说："吾读吕氏之书，而叹其维挽风气，力砥狂澜，其功有不可没也……而二十余年以来，家诵程、朱之书，人知伪体之辨，实自吕氏倡之。"③ 可见吕留良的"尊朱辟王"影响确实较大，在张履祥开风气之后，他进一步倡导程朱之学，重振学风。

另外，"尊朱辟王"思潮由深受张履祥、吕留良影响的陆陇其发扬光大。陆陇其与王学名臣汤斌的论辩，与辟王学者张烈的交往，以及撰写《学术辨》并修订、刊行《学蔀通辨》与《王学质疑》等辟王学著作，使得"尊朱辟王"运动逐步扩展至庙堂之上，他在清初"尊朱辟王"思潮中发挥的作用自然也就比张履祥、吕留良更大。陆陇其作为理学名臣，又成为清代第一个从祀孔庙的学者，其"尊朱辟王"的学术影响就是最主要的原因。康熙帝对他的评价很高，曾感叹："本朝如这样人，不可多得了。"④ 乾隆三年御赐碑文，也肯定其"尊朱辟王"之功："研清圣学，作洙泗之干城；辞辟异端，守程朱之嫡派。"⑤ 晚清学者唐鉴著《清学案小识》将陆陇其列为第一人，他说：

  蒙是编，自平湖陆先生始，重传道也。有先生之辨之力，而后知阳明之学，断不能附会于程朱；有先生之行之笃，而后知程朱之学，断不能离格致诚正，而别为宗旨；有先生之扶持辅翼于学术败坏之时，而后知天之未丧斯文。有宋之朱子，即有今之陆先生也。与先生同时诸儒以及后之继起者，间多不及先生之纯，而能遵程朱之道，则亦先生之心也。⑥

正因为陆陇其的"传道"之功，以及之后的熊赐履（1635—1709）、张伯行

---

① 王夫之：《搔首问》，《船山全书》（第十二册），岳麓书社1996年版，第646页。
② 李文照：《王元复传》，转引自王俊义《清代学术探研录》，中国社会科学出版社2002年版，第141页。
③ 戴名世：《九科大题文序》，《戴名世集》，中华书局1986年版，第102页。
④ 吴光酉、郭麟、周梁：《陆陇其年谱》附《殁后垂恤》，第197页。
⑤ 同上书，第2页。
⑥ 唐鉴：《清学案小识叙》，《清学案小识》卷首，商务印书馆1934年版，第3—4页。

（1651—1725）等人继续"尊朱辟王"，使得程朱之学在康熙朝被确立为学术正统。而王学则渐趋式微，乾隆时期编撰的《四库全书》就对清初的王学著作收入得相当之少。

梁启超曾概括清初学术说："从顺治元年到康熙二十年约三四十年间，完全是前明遗老支配学界。他们所努力者，对于王学实行革命。""王学反动，其第一步则返于程朱。"[①] 清初的"尊朱辟王"思潮，张履祥发其端，吕留良将其拓展，而到了陆陇其等学者则达到了高潮，最终王学式微而朱学重新成为学术正统。他们认为王阳明的"致良知"之教，其实是故意附会于《大学》的"格致诚正"之教，混淆了从孔孟到程朱的圣学，这一观点也是值得当代学者从儒学发展史或《大学》文本诠释史来加以进一步思考的。而在整个"尊朱辟王"运动中，这三位浙西的学者起到了至关重要的作用，所以他们之间的交游、思想承继与相关的学术活动，可以说是清初"尊朱辟王"思潮发展的一条主线。把握这一主线，我们就对清初"尊朱辟王"思潮有了更为具体、明晰的认识。至于为什么这一推动"尊朱辟王"运动朱子学派出现在浙西而非浙东，其中的原因有许多，比如浙东的阳明后学众多，以及如黄宗羲等逐渐转向了考据学，这些因素应当都值得注意，进一步的探讨则有待于将来了。

【作者简介】张天杰，杭州师范大学哲学系副教授、博士。

---

① 梁启超：《中国近三百年学术史》，天津古籍出版社2003年版，第18、110页。

王充在越文化发展史上的经典意义

潘承玉

【摘要】 王充作为越文化发展史上具有经典意义的思想巨人,其意义早已超越了越文化的范畴而具有了中华文化的全局意义。其意义具体表现在以下几个方面:王充是中华民族精神"实事求是"的突出贡献者;王充彰显了传统士大夫的"大丈夫"人格和"大人之胸怀";王充政治上的温和态度对古今学者都有启迪意义;王充对越文化采取的辩证态度也为今人树立了榜样。

【关键词】 王充 越文化 经典 思想 意义

有的思想家的思想可以影响一时,不能影响一世;有的思想家的思想可以影响一世,不能影响百代。文化史、思想史上可以影响百代的巨人不多,在中华民族的主体汉族实际上也是整个中华民族共同体定形的汉代,在我们越地就诞生了这样一位百世之师的巨人——王充。这是越文化发展史上具有经典意义的思想巨人。

这里所说的越文化,不仅指以先秦越国文化为源头,在当年越国都城绍兴及其腹心地区繁衍发达起来的绍兴文化、浙东文化,还指在当年越王勾践灭吴、实现吴越两国统一以后,受"大越国"文化福泽,在大越国主要统治区绵延发祥起来的两浙文化甚至江浙地区文化亦即江南文化;这里所说的经典意义,也不限于越文化发展史,也可以说是在中国传统文化发展史上的经典意义。

王充作为越文化发展史和中国传统文化发展史上的巨人,其经典意义是多元的。笔者只择取其中最基本的四点来评述。

一 王充是中华民族精神"实事求是"的突出贡献者

众所周知,20世纪中国最重大的历史事件,就是马克思主义在中国的落地生根;之所以能如此,在于马克思主义精义中存在很多与中华民族精神契合的地方。不少学者在总结归纳中华民族精神时,都把"实事求是"列为其中的核心要素之一。① 笔者以为,"实事求是"既是马克思主义的活的灵魂,又是中华民族精神的核心要素之一;在中华民族精神"实事求是"核心要素的形成发展过程中,很多思想家都做出了贡献,但第一个贡献者是王充;在近代以前的历史时期,最执着、最重要、影响最大的贡献者也是王充。

《论衡》权威的现代标点整理本,是语言学家、汉语史家程相清等七人所编《论衡索引》附录的《论衡》原文。② 笔者统计了一下,两书对传世《论衡》30卷84篇(另有第44篇佚缺)的语段处理,如下表所列:

表1 《论衡》30卷84篇语段处理

篇序	语段数	篇序	语段数	篇序	语段数	篇序	语段数
1	10	22	12	43	12	65	13
2	9	23	20	45	21	66	8
3	6	24	25	46	17	67	8
4	4	25	14	47	23	68	18
5	5	26	17	48	6	69	6
6	8	27	11	49	13	70	8
7	6	28	24	50	29	71	11
8	13	29	16	51	14	72	8
9	15	30	10	52	16	73	9
10	10	31	8	53	10	74	6
11	16	32	23	54	14	75	8
12	9	33	14	55	14	76	10
13	9	34	13	56	14	77	8

---

① 如方立天把中华民族精神概括为"重德精神""务实精神""自强精神""宽容精神""爱国精神"等五个方面(参见方立天《民族精神的界定与中华民族精神的内涵》,《哲学研究》1991年第5期);许全兴把中华民族精神概括为"刚健有为,自强不息""经世致用,实事求是""阴阳互补,辩证思维""民贵君轻,以人为本""大同理想,止于至善"等五点(参见许全兴《马克思主义哲学自我革命》;中国社会科学出版社2009年版,第161—172页);金忠严归纳中华民族精神为"自强不息、刚健有为""厚德载物、止于至善""忧患意识、爱国主义""经世致用、实事求是"(参见金忠严《马克思主义与中国传统文化融合论》,河北人民出版社2012年版,第285—192页),其中都提到"实事求是"或"务实精神"。

② 程相清等编《论衡索引》,中华书局1994年版。

续表

篇序	语段数	篇序	语段数	篇序	语段数	篇序	语段数
14	11	35	7	57	10	78	9
15	8	36	12	58	15	79	26
16	29	37	8	59	6	80	29
17	7	38	11	60	11	81	19
18	8	39	9	61	9	82	10
19	25	40	7	62	20	83	7
20	12	41	10	63	28	84	9
21	17	42	12	64	23	85	23
总计语段数				1098			

进一步对《论衡》文本21万字进行统计，可以发现：

1. 其中提到与"实事"概念相关的字词有："实"字648处、"真"字75处，合计723处；提到"实"又提到"实事"28处、"事实"2处。

2. 根据"实事求是"理念反驳各种说法时，用到与"实事"概念相反的字词有："虚"189处、"妄"121处、"伪"51处、"夸诞"4处，合计365处；提到"虚""妄"，又直接痛斥"虚妄"的，有36处。

3. 还有讲到要正确区分"是非"的地方，有49处。

这样，《论衡》全书正面反面反复提倡"实事求是"的地方，共有1136处，而全书语段大约1100个。

不仅如此，王充还在书中一再直接说："《诗》三百，一言以蔽之，曰：'思无邪。'《论衡》篇以十数，亦一言也，曰：'疾虚妄。'"（《佚文篇》）"《论衡》之造也，起众书并失实虚妄之言胜真美也……故《论衡》者，所以铨轻重之言，立真伪之平，非苟调文饰辞，为奇伟之观也……虚妄显于真，实诚乱于伪，世人不悟，是非不定，紫朱杂厕，瓦玉集糅。以情言之，岂吾心所能忍哉！……《论衡》实事疾妄。"（《对作篇》）

可见，王充的《论衡》几乎段段都在讲求"实"去"虚"、求"真"去"伪"、求"是"斥"非"；全书的根本使命就在"立真伪之平"，确立"实事求是"的思想准则。

当然，从儒学的角度来说，王充求"实"去"虚"、求"真"去"伪"、求"是"斥"非"的主要所指，是董仲舒所代表的天人感应思想和官方谶纬神学。如韦政通所云，"自战国末年起，历秦、汉的一二百年之间，阴阳家的感应思想，代表这一时期思想的主调，其间思想上成就最大的就是董仲舒，王充的工作，就在结束这个时代，为思想史建立一个新的主调","他透过自然主义的天论和对种种虚妄的批评,重又把先秦儒学中理智的理性主义推向新的高峰"①。但从中华民族精神发展史的角度去看王充的"立真伪之平",或许更有意义。

不错,在中国文化史上,"实事求是"作为一个完整的语词,最早在《汉书》中就已出现;普遍地提倡"实事求是"理念,形成群体性自觉思潮,是清代乾嘉学派史学家。但最早旗帜鲜明地提出这一理念,竭尽全力加以论证、传播的是与《汉书》作者班固（32—92）完全同时的王充（27—约97）。

王充"实事求是"理念的高度自觉,其对"实事求是"这个中华民族核心精神贡献之大,在古代历史上找不到第二人,我们今天怎么估计王充的这个贡献都不过分。

继王充之后,越文化发展史上的不少其他学人,也都对发展和形成新的中华民族精神做出过重要贡献。如南宋永康学派的陈亮提倡"以适用为主"[《又乙巳春书（与朱元晦）之一》]的效用目的论和"大有功之验"（《勉强行道大有功》）,丰富和发展了中华民族精神中的辩证义利观;明代王阳明提出"心外无物""心外无理",提倡"知行合一""致良知",丰富和发展了中华民族精神中的知行合一观;明末清初黄宗羲在《明夷待访录》中批判封建君主专制,呼唤民主政体,丰富和发展了中华民族精神中的以民为本、天下为公理念。

二　王充彰显出传统士人的"大丈夫"人格和"大人之胸怀"

众所周知,人民群众创造历史,是一个基本的马克思主义历史观;随着历史研究的不断深入,今天看来,这个人民群众的概念理应从既往极左时期的狭窄认知中摆脱出来,也就是不仅包括物质财富的创造者,也应该包括精神财富的创造者。平实的判断应该是,几千年中国社会阶层中的"四民",中国传统物质财富的创造者主要是"农",其次是"工""商";中国传统精神财富也就是各种思想学术和文学艺术的创造者主要是"士",由于"士"与其他阶层特别是"农"有很密切的关系,二者之间身份可以转变,"农""工""商"等也参与精神财富的创造。"四民"共同创造整个中国传统文明,但"士"主要承担创造和发展中国传统精神文化的使命。

在王权专制主义时代,士人如何承担这一使命,是做"犬儒""小人儒",还是做"君子儒"或者说"大丈夫"? 那是有不同选择和自觉性的。现代鲁迅曾说:"我们从古以来,就有埋头苦干的人,有拼命硬干的人,有为民请命的人,有舍身求法的人……虽是等于为帝王将相作家谱的所谓'正史',也往往掩不住他们的光耀,这就是中国的脊梁。"（《且介亭杂文·中国人失掉自信力了吗》）鲁迅所见,应该是绝大多数是士人知识分子;他自己就是近代这样一个为国民性现代化而拼命硬干的士人。往上

---

① 韦政通:《中国思想史》上卷,吉林出版集团2009年版,第370—372页。

张载提出，"为天地立心，为生民立命，为往圣继绝学，为万世开太平"（《张子语录中》），这是中古士人的自觉。现代、中古的士人自觉，都可溯源至上古末战国时代孟子的"大丈夫"观。针对"一怒而诸侯惧，安居而天下熄"的庸俗"大丈夫"观，孟子提出："居天下之广居，立天下之正位，行天下之大道，得志与民由之，不得志独行其道，富贵不能淫，贫贱不能移，威武不能屈，此之谓大丈夫。"（《孟子·滕文公下》）可以说，这是士人文化史上第一次正式提出"大丈夫"的理想人格，也是孟子向后世士人第一次指出"大丈夫"的人生道路。在孟子这里，做大丈夫的关键，就在于"行天下之大道""独行其道"，坚持其志、无可转移。

可以说，王充是孟子提出"大丈夫"理想人格后，第一个凭借士人所该有所能有的文化建树，最耀眼地彰显出"大丈夫"人格者。

是的，王充撰有《刺孟篇》，以相当大篇幅批驳了孟子的不少具体言论。但总体上，他对孟子是十分尊崇的。如在《刺孟篇》之外，王充多次直接援引孟子言论。在《知实篇》中，王充论断"圣人不能先知"时，引述孟子和陈贾关于"周公之过"的对话指出，"孟子，实事之人也，言周公之圣，处其下，不能知管叔之畔"，定谳孟子为"实事之人"，这是一个相当高的评价。《偶会篇》称，"孟子言天，不尤臧仓，诚知时命当自然也"，又把孟子定位为在其思想系统中占有极高地位的自然哲学的同路人。《对作篇》复载："孟子伤杨、墨之议大夺儒家之论，引平直之说，褒是抑非，世人以为好辩。孟子曰：'予岂好辩哉？予不得已！'今吾不得已也！"俨然以孟子再世自居了。可见，王充对孟子为人为学归根到底是服膺的。他对孟子的"大丈夫"说虽未正面展开讨论，但在《别通篇》中诗意描绘的"大人之胸怀""其于道术无所不包"，"日光照室内，道术明胸中"，与《自纪篇》中所自称的，"贫无一亩庇身，志佚于王公；贱无斗石之秩，意若食万钟"，其境界、其风采，与孟子所说的"大丈夫"人格理想，实质上毫无二致！

王充"大丈夫"人格和"大人之胸怀"之彰显，凭借的不是"居天下之广居，立天下之正位"的有利外在条件，恰恰相反，凭借的是"以农桑为业"的低微出身，与"细族孤门""仕数不耦"的艰难处境（《论衡·自纪篇》），却对截至公元 1 世纪的中国话语环境进行了一次最全面的清算，使之成为公元 1 世纪中国的思想清道夫和文化清道夫。

具体说来，王充不仅对西汉董仲舒建立起来的官方谶纬神学进行了全面解构，还以"俗说"云云对民间各种鬼神迷信、礼俗进行了全面解剖。王充不仅颠覆当代主流思想，还以"儒者"云云对夏商周以降积累已千年的历史文化遗产进行了全面清算。如有学者所言，"他把当时流行的谶、纬，灾异符瑞及天人感应之说，阴阳五行，神仙术，图宅术，鬼祟的迷信，一切禁忌，禳解祈祷，卜筮，龙、雷、天、日的神话，以及伪书与书中的伪事，都大胆的一概攻倒"，"他甚至问孔、刺孟，推翻儒者的偶像崇拜"[①]。更有甚

[①] 陶希圣：《中国政治思想史》下册，中国大百科全书出版社 2009 年版，第 511 页。

者，连从大禹到汉高祖刘邦的"圣人之生"神话，王充也一起否定了。如《奇怪篇》说："儒者称圣人之生，不因人气，更禀精于天。禹母吞薏苡而生禹，故夏姓曰姒；卨母吞燕卵而生卨，故殷姓曰子。后稷母履大人迹而生后稷，故周姓曰姬……《高祖本纪》言：刘媪尝息大泽之陂，梦与神遇。是时，雷电晦冥，太公往视，见蛟龙于上。已而有身，遂生高祖。其言神验，文又明著，世儒学者，莫谓不然。如实论之，虚妄言也。"这是对王权专制时代最大理论基础——"君权神授"的根本否定！

可以毫不夸张地说，王充凭借东汉科学技术的发达（以浙东青瓷烧造为契机）和自己的科学思考，批判了几乎是当时整个世界和全部历史时期所形成的知识系统和价值观；换言之，他摆脱了几乎是当时整个世界和全部历史时期所形成的知识系统和价值观对他的束缚，在他身上实现了一次前所未有的思想创新和人格独立。所以，现代有学者肯定，王充"勇气胆识，特立独行，堪称前无古人后无来者，五千年中仅此一人而已"[①]。

王充的"勇气胆识"，或者说"大人之胸怀"，其中最核心的成分乃是一种前所未有的士人自信和文化自信。

王充在《效力篇》中说："人有知学，则有力矣。"大家都很看重这句话，很多人都认为其意就是培根的名言"知识就是力量"，而王充比培根早了1500年。但有学者早就指出，培根名言的主要原话是，"人类统治万物的权力是深藏在知识和技术之中的"[②]。所以，培根的这句名言主要反映这位近代科学技术鼻祖对科技知识的高度重视，而王充的"有知有力"说，则主要反映公元1世纪中国士人崭新的人文自信，两者还是有很大区别的。《效力篇》在提出上述命题后，接着写道："文吏以理事为力，而儒生以学问为力。或问扬子云曰：'力能扛鸿鼎、揭华旗，知德亦有之乎？'答曰：'百人矣。'夫知德百人者，与彼扛鸿鼎、揭华旗者为料敌也。夫壮士力多者，扛鼎揭旗；儒生力多者，博达疏通。"论证了儒生的力量是扛鼎揭旗壮士力量的百倍。但接着他又说："诸生能传百万言，不能览古今，守信师法，虽辞说多，终不为博。殷、周以前，颇载《六经》，儒生所不能说也。秦、汉之事，儒生不见，力劣不能览也。周监二代，汉监周、秦，周、秦以来，儒生不知；汉欲观览，儒生无力。使儒生博观览，则为文儒。文儒者，力多于儒生，如少都之言，文儒才能千万人矣。曾子曰：'士不可以不弘毅，任重而道远。仁以为己任，不亦重乎！死而后已，不亦远乎！'由此言之，儒者所怀，独己重矣；志所欲至，独己远矣。身载重任，至于终死，不倦不衰，力独多矣……夫文儒之力过于儒生，况文吏乎？……孔子，周世多力之人也。作《春秋》，删《五经》，秘书微文，无所不定……河发昆仑，江起岷山，水力盛多，滂沛之流，浸下益盛，不得广岸低地，不能通流入乎东海。如岸狭地仰，沟洫决泆，散在丘墟矣。文

[①] 黄云生：《王充评论》，台湾三信出版社1975年版，第169页。
[②] 何新译培根《人生论》"前言"介绍，培根论说文中有两句话，一句是："人类统治万物的权力是深藏在知识和技术之中的。"另一句是："人的知识和人的力量是合于一体的。"两句话后来被凝缩成现在为人所共知的名言："知识就是力量。"培根著：《人生论》，何新译，湖南人民出版社1987年版，第16页。

儒之知，有似于此。"说明文儒之力"多于儒生""过于儒生"，"文儒才能千万人"，又是普通壮士力量的千万倍；文儒任重道远，敢于创作新知和淘汰旧知，敢于判决文化史上的一切是非，就像孔子乃是周代最有力之人，"作《春秋》，删《五经》，秘书微文，无所不定"，而这一切又以"知如江海"为基础。

《效力篇》可视为中国古代士人知识自信、人文自信和文化自信的宣言。

从魏晋时代开始，以拥有、传承、创新知识为天职的中国士人走入一个个性自觉的时代；这个时代的到来，是以知识自信、文化自信为前导的。王充实际上开创了这个时代。

王充的"大丈夫"人格、"大人之胸怀"和其中的士人自信、文化自信，也使后来的越地士人不怕"异端邪说"指责，勇敢面对排山倒海的各种压力，帮助中国话语环境一次次实现转型、创新，如南宋"浙学"、明代"心学"诸夫子之所为，为后世文人树立光辉的榜样。

我们今天讲文化自信，重温王充可以更深切地体认越文化发展史上的这一宝贵精神。

三　王充在政治上的温和态度对古今学者都有启迪意义

王充对当世话语环境也就是对当时流行的思想学说、民俗信仰等精神文化的态度，与其对当世政治的态度是不同步的。或者说，他对当时当世思想学说、民俗信仰等精神文化的态度是非常激进的，而对当时当世政治政权的态度却是比较温和的，甚至可以说是妥协的。

有学者曾批评指出，"王充对神学的世界观的批判是勇敢的、尖锐的，然而，当天国的批判转而为地上的批判，宗教的批判转而为法律的批判，神学的批判转而为政治的批判时，王充就显得有了局限"[1]。徐复观认为这是王充的生活遭际所限。他说："两汉思想家的共同特性，是对现实政治的特别关心。所以在各家著作中，论政都占有重要的地位。就《论衡》来说，不仅论政的比例占得少。并且在内容上，除了以他自己的遭遇为中心，反映了一部分地方政治问题外，对于当时的全般政治的根源问题，根本没有触到。在政治方面，他还有《备乏》《禁酒》《政务》三书，没有传下来；但就《论衡》中的《对作》《自纪》两篇所陈述的三书内容，实属政治上的枝节问题，其意义恐亦微不足道。且《论衡》中以极大的分量，从事于歌功颂德，这在古今值得称为思想家中，实系最突出的现象。笔者认为除了他过分力求表现的气质以外，和他身处乡曲，沉沦下僚，没有机会接触到政治的中心，因而也没有接触到时代的大问题，有不可分的关系。人情上，凡在追求想象中，不仅没有得到，

---

[1] 侯外庐等：《中国思想通史》第2卷，人民出版社1957年版，第284页。

并且也没有实际接触到的事务，便自然是容易美化的事物。所以王充在政治方面写下了繁复而异乎寻常的歌功颂德的文章，不只是他的品格上的问题，而实际是由他的遭遇限制了他展望时代的眼界。"① 还有学者提出，这与王充的主观选择有关，"对王充哲学思想的评价，以往亦多政治色彩，多以阶级性的哲学作为认识的基点。其实，王充思想与同时代的其他思想家相比，恰恰于政治方面较为淡漠"②；或者反过来，可认为王充颂汉一方面是为了避祸，另一方面"还有凭之进身的积极意识"③，希望像班固一样跻身统治集团。

按之文献，说王充不了解东汉政坛现实不准确，他既在京师洛阳求学，又曾往来洛阳、陈留、颖川等地做官，期间还目睹明帝驾临辟雍的盛况，又曾负责丹阳、九江、庐江三郡监察工作，绝非对东汉政治孤陋寡闻；说王充对政治问题淡漠，更是没有任何根据，王充自己也说，他曾"闵人君之政，徒欲治人，不得其宜，不晓其务，愁精苦思，不睹所趋，故作《政务》之书"(《论衡·自纪篇》)，"其《政务》言治民之道"，"《政务》为郡国守相、县邑令长陈通政事所当尚务，欲令全民立化"，"《论衡》《政务》，其犹《诗》也，冀望见采"(《论衡·对作篇》)，足见他对政治充满热情，并对东汉政治文化颇有足以骄傲的建树。然则王充何以在比较全面批判流行思想学说民俗的同时，对当代政治并不同样予以尖锐针砭，反而公开提出"须颂"即必须歌颂口号，写下《齐世》《宣汉》《恢国》《验符》《盛褒》《须颂》等对东汉朝廷和天子进行"繁复而异乎寻常的歌功颂德的文章"？能否认为主要是为了跻身统治集团上层？如果那样，又与一般御用文人的阿谀奉承有什么差别？

这方面，周桂钿曾提出，"王充认为，从各个方面比较，汉代都比过去强"，"我们讲汉唐盛世，东汉早期又是盛世中的繁荣期"；作为"反潮流的中流砥柱，头脑清醒的思想家"，王充反对长期以来盲目的颂古非今思潮，因而提出要"彰汉德于百代，使帝名如日月"(《论衡·须颂篇》)，"王充歌颂汉朝是实事求是的，是正确的，肯定了历史的发展"④。我们认为，类似的判断是中肯的，但还不够到位。

值得提出的是，王充反对"俗好褒远称古"(《宣汉篇》)，旗帜鲜明地歌颂汉朝，所提一系列理据中，有一点一直未引起学者们的足够重视，这就是《宣汉篇》中说的："周家越常献白雉，方今匈奴、善鄯、哀牢贡献牛马。周时仅治五千里内，汉氏廓土收荒服之外。牛马珍于白雉，近属不若远物。古之戎狄，今为中国；古之裸人，今被朝服。"《恢国篇》在"《宣汉》之篇，高汉于周，拟汉过周"之后，又"恢论汉国在百代之上"提出："如儒者之言，五代皆一受命，唯汉独再，此则天命于汉厚也……绝而复属，死而复生。世有死而复生之人，人必谓之神。汉统绝而复属，光武存亡，可谓优矣……武王伐纣，庸、蜀之夷佐战牧野；成王之时，越常献

---

① 徐复观：《两汉思想史》，九州出版社 2014 年版，第 513—514 页。
② 张岂之主编：《中国思想学说史·秦汉卷》，广西师范大学出版社 2007 年版，第 700 页。
③ 邵毅平：《论衡研究》，复旦大学出版社 2009 年版，第 82—83 页。
④ 周桂钿：《王充评传》，南京大学出版社 1993 年版，第 437 页。

雉,倭人贡畅;幽、厉衰微,戎狄攻周,平王东走,以避其难。至汉,四夷朝贡。孝平元始元年,越常重译,献白雉一、黑雉二。夫以成王之贤,辅以周公,越常献一,平帝得三。后至四年,金城塞外羌豪良愿等献其鱼盐之地,愿内属汉,遂得西王母石室,因为西海郡。周时戎狄攻王,至汉内属,献其宝地。西王母国在绝极之外,而汉属之。德孰大?壤孰广?方今哀牢、鄯善、婼羌降附归德,匈奴时扰,遣将搉讨,获虏生口千万数。夏禹俾人吴国,太伯采药,断发文身。唐、虞国界,吴为荒服,越在九夷,蠫衣关头,今皆夏服、褒衣、履舄。巴、蜀、越巂、郁林、日南、辽东、乐浪,周时被发椎髻,今戴皮弁;周时重译,今吟《诗》《书》。"可见,王充赞美两汉,关键原因是到王充生活时止,"汉家三百岁"(《宣汉篇》),汉代第一次实现了中国历史上的真正长期的大一统,实现华夏族和周边各民族的和平共处,实现周边各民族前所未有的华夏化和文明进步。

以王充的政治阅历和思维理性,绝非不知道东汉政治存在的问题,也绝非不知道其颂汉说辞中也有谶纬的成分,与《论衡》主体部分自相矛盾;但汉代实现了空前大一统和全面文化进步,对这一主要事实的充分体认,对这一政治局势的衷心拥戴,压倒了对汉代政治运作的枝节性考虑。这是一种深沉、高远的爱国情怀的表现。

王充之后的历代越地文化大家,多数也对当朝政治采取温和的合作态度,也是深沉的爱国者,都是国家长期大一统的拥护和维护者,这应该和王充的影响有一定关系。

作为当代越地学人,我们重温王充,同样应该记得王充深沉的爱国情怀。

四 王充对越地文化采取的辩证态度也为今人树立榜样

王充是越地文化的热心提倡者,又是清醒整理者。

如前所述,两汉是中国历史上第一个真正意义上的大一统国家。继西汉之后,东汉的政治家及学者不但倾力总结历代政权兴衰成败的经验教训,还从建设大一统国家意识形态的需要出发,注重考察、研究、吸收春秋战国以来各地形成的地域文化,力图对各种文化资源进行重新整合。东汉会稽郡学者也积极参与到这一文化工程之中,其中的整理重点是先秦越国的历史文化,突出代表就是赵晔在《吴越春秋》中和袁康、吴平在《越绝书》中进行的越文化研究。元代徐天祜对《吴越春秋》的思想倾向分析说:"其言上稽天时,下测物变,明微推远,憭若蓍蔡。至于盛衰成败之迹,则彼己君臣反复上下其议论;种、蠡诸大夫之谋,迭用则霸;子胥之谏,一不听则亡;皆凿凿然,可以劝戒万世,岂独为是邦二千年故实哉!"[1]明代钱福也云:"是书所载,若胥之忠、蠡之智、种之谋、包胥之论战、孙武之论兵、越女之论剑、陈音之论弩、勾践之

---

[1] 周生春:《吴越春秋辑校汇考·徐天祜序》,上海古籍出版社1997年版,第9页。

畏天自苦、臣吴之别辞、伐吴之戒语、五大夫（计倪、扶同、向垣、若成、曳庸）之自效，世亦胡可少哉？"①但赵晔、袁康、吴平等的研究虽在建构大一统国家意识形态的过程中彰显了本土历史文化，也因缺乏严谨的学理逻辑而传播了不少似是而非的东西。

与赵晔、袁康、吴平等人有些盲目颂古而忽今不同，王充向外着重传播的不是历史文化，而是外人罕知的越地当代学术文化。试看王充比较典型的论述："古昔之远，四方辟匿，文墨之士，难得纪录，且近自以会稽言之，周长生者，文士之雄也。在州，为刺史任安举奏；在郡，为太守孟观上书，事解忧除，州郡无事，二将以全。长生之身不尊显，非其才知少、功力薄也，二将怀俗人之节，不能贵也。使遭前世燕昭，则长生已蒙邹衍之宠矣……长生之才，非徒锐于牒牍也，作《洞历》十篇，上自黄帝，下至汉朝，锋芒毛发之事，莫不记载，与太吏公《表》《纪》相似类也，上通下达，故曰《洞历》。然则长生非徒文人，所谓鸿儒者也。前世有严夫子，后有吴君（高），末有周长生。……孔子曰：'文王既没，文不在兹乎！'文王之文在孔子，孔子之文在仲舒；仲舒既死，岂在长生之徒与？何言之卓殊，文之美丽也！……会稽文才，岂独周长生哉？所以未论列者，长生尤逾出也。九州岛多山，而华、岱为岳，四方多川，而江、河为渎者，华、岱高而江、河大也。长生，州郡高大者也。……长生说文辞之伯，文人之所共宗，独纪录之，《春秋》记元于鲁之义也。"（《论衡·超奇篇》）"案东番邹伯奇、临淮袁太伯、袁文术、会稽吴君高、周长生之辈，位虽不至公卿，诚能知之囊橐，文雅之英雄也。观伯奇之《元思》、太伯之《易（章）句》、文术之《咸铭》、君高之《越纽录》、长生之《洞历》，刘子政、扬子云不能过也。"（《论衡·案书篇》）

与赵晔、袁康、吴平等人几乎是以完全信从的态度对待越地历史文化包括各种传说不同，王充对历代士人津津乐道的越地历史文化采取了理性分析的态度。如其一，在《书虚篇》中，王充指出："禹到会稽，非其实也。"他的解释是："吴君高说，会稽本山名，夏禹巡守会计于此山，因以名郡，故曰会稽。夫言因山名郡，可也；夏禹巡狩此山，虚也。巡狩本不至会稽，安得会计于此山？宜听君高之说，诚'会稽'为'会计'，禹到南方，何所会计！如禹始东，死于会稽，舜亦巡狩，至于苍梧，安所会计？百王治定则出巡，巡则辄会计，是则四方之山皆会计也。"吴君高的意思是说会稽郡是因会稽山而得名的，会稽山的名称是因大禹巡游视察，大会诸侯，计功行赏于此山，于是此山就名为"会计"了，故称"会稽"。王充虽十分推崇吴君高的文章，但对其学术观点并不认同，认为大禹巡游视察，大会诸侯，计功行赏于此山是虚妄之言。他认为禹统治的范围在唐虞国界，而越远在九夷，属于偏远荒蛮之地，禹很难从中原到达他统治范围以外的偏远地区；就算姑且相信吴君高的说法，舜也曾到南方巡视过，

---

① 张觉：《吴越春秋全译》附录，《〈吴越春秋〉的研究考证资料辑录》，贵州人民出版社2008年版，第348页。

南方怎么就没有因舜而取名"会稽"的地方呢？历代帝王外出巡察时总是要大会诸侯，计功行赏的，那四境之内岂不是有很多山都名会计了？其二，在《书虚篇》中，王充又指出："传书言，舜葬于苍梧，象为之耕；禹葬会稽，鸟为之田，盖以圣德所致，天使鸟兽报佑之也。世莫不然。考实之，殆虚言也。"王充分析指出，"实者，苍梧多象之地，会稽众鸟所居。《禹贡》曰：'彭蠡既潴，阳鸟攸居。'天地之情，鸟兽之行也。象自蹈土，鸟自食苹，土蹶草尽，若耕田状，壤靡泥易，人随种之，世俗则谓舜、禹田。"王充采用实证主义的方法和精神来考察与分析越国文化，否定了长期流传于越地的传说。

笔者认为，注重及时发掘当代地域文化而非在古老陈旧的说法上打圈圈，注重对本土文化采取一种科学分析的理性态度而非盲目自卖自夸，对王充的地域文化进行研究，对今天的地域文化研究者仍然不失其教育意义。

试论刘基官德理论的内涵

张宏敏

【摘要】 刘基作为元末明初的大政治家,虽然没有留下系统阐述官德理论的著作,但是如果详细梳理刘基仕宦期间的从政事迹、为官之道及其传世诗文集所包含的治国理念、政治哲学,还是可以总结出他的官德理论的,那就是"勤政""爱民""廉节""公直",这对新时期官德建设也有一定的启示作用。

【关键词】 刘基 官德 勤政 爱民 廉节 公直

刘基(1311—1375),字伯温,号犁眉,封诚意伯,谥文成,浙江文成南田(旧属处州青田)人,元末明初伟大的政治家、思想家、文学家,以辅佐朱元璋完成帝业、开创大明王朝而驰名天下。作为思想家的刘基,其学术思想之立场定位是"传统儒家""儒者有用之学"[1],萧公权指出刘基学术理论"本之儒家"而"上复先秦古学",[2] 成中英把刘基界定为一位"古典的儒家"。笔者认为"(刘基)是一位儒者,只不过是主张兼容佛老的儒者而已"[3]。儒者刘基一生"刚毅慷慨,持大节,留心经济"[4],故而留下了不朽的"经济"名作《郁离子》《覆瓿集》《犁眉公集》《写情集》《春秋明经》《多能鄙事》等,"皆所以写其忧世拯民之心"[5]。

作为政治家的刘基,毕生以传统儒学"修己以治人""修己以安百姓"理想为追求,在元、明两代均有仕宦经历:仕元期间,先后任高安县丞(1336—1338)、江西行省职官掾史(1339—1340)、江浙行省儒学副提举(1348—1351)、浙东元帅府都事(1352)、行省都事(1353、1356)、行省枢密院经历(1357)、行省郎中(1358);宦

---

[1] 关于对刘基作为一个"儒者"而具有的"有用之学"的相关论述,据笔者检索,见于《明史·刘基传》"基以儒者有用之学,辅翊治平……"语。见《明史》卷一百二十八,中华书局1974年版,第3792页。
[2] 萧公权:《中国政治思想史》,辽宁人民出版社1998年版,第481页。
[3] 详参张宏敏《刘基思想研究》,浙江人民出版社2011年版,第16—17页。
[4] 转引自裴世俊等选注:《刘基文选》,苏州大学出版社2001年版(下引版本同),第272页。
[5] 同上书,第273页。

明之时，参与军机（1360—1364），历任太史监太史令（1365—1366）、御史台御史中丞兼太史院院使（1367—1370，其中洪武元年即1368年又兼任弘文馆学士），洪武三年（1370）晋封开国翊运守正文臣、资善大夫、护军、诚意伯①；洪武四、五年间隐居还乡，洪武六、七年间因遭胡惟庸等陷害而入朝引咎不敢归，洪武八年病重还乡而辞世。

如果详细考辨刘基仕宦期间的从政事迹、为官之道及其传世诗文集所包含的治国理念、政治哲学，借此解读作为近世士大夫阶层的刘基的官德内涵，笔者以为可用"勤政、爱民、廉节、公直"四组关键词来提炼，又可用"勤""仁""廉""公"四个单字来概括。

一 勤政："居则匡辅治道"

儒者刘基所"勤"之"政"即传统儒家的"德政"，即要求君臣上下皆"为政以德"，国君持守君道、人臣恪守臣道，从而达至"君圣臣直"。孔孟儒家政治思想的基本制度就是"德政"，作为一种典型的伦理政治，主要阐述物质生活与道德修养、统治者的道德修养与被统治者的道德修养、德教与刑罚等相互之间的关系。

（一）"本之于德政，辅之以威刑"

孔子有"为政以德，譬如北辰，居其所而众星拱之"（《论语·为政》）的政治哲学，这是对周公"明德慎罚"理论的继承和发展；孟子仁政学说理论是孔子"德政"的具体阐发："数罟不入洿池，鱼鳖不可胜食也。斧斤以时入山林，材木不可胜用也。谷与鱼鳖不可胜食，材木不可胜用，是使民养生丧死无憾也。养生丧死无憾，王道之始也。五亩之宅，树之以桑，五十者可以衣帛矣。鸡豚狗彘之畜，无失其时，七十者可以食肉矣。百亩之田，勿夺其时，数口之家可以无饥矣。谨庠序之教，申之以孝悌之义，颁白者不负载于道路矣。七十者衣帛食肉，黎民不饥不寒，然而不王者，未之有也。""行仁政于民，省刑法，薄税敛，深耕易耨……使民以时，谷不可胜食也。"（《孟子·梁惠王上》）总之，"以不忍人之心，行不忍人之政，治天下可运之掌上"（《孟子·公孙丑上》）。与此同时，儒家的德政并不否认刑罚的辅助功能，易言之，德政的理念还包括"以刑辅德"，最终目的是"以德去刑"。汉儒董仲舒继承和发展了自孔子以来"德主刑辅"的思想，突出强调以道德教化作为治国的重要工具。

对于元明之际统治者当采取的治国之道，刘基在《郁离子·喻治》中有论："治

---

① 吕立汉：《刘基传》，浙江人民出版社2005年版（下引版本同），第362页。

乱，政也；纪纲，脉也；道德、政刑，方与法也；人才，药也。"① 这里，刘基开出了国家治乱的四大要素：纪纲、道德、政刑、人才。分而言之，"纪纲"即儒家的三纲五常之道，"道德"即儒家的仁义礼智信等条目，"政刑"即治理国家的法制、制度等，"人才"即维系国家政权长治久安的儒家知识分子，抑或封建士大夫。可以肯定，刘基主张以上古三代之治为治道之摹本，推行汉代以降形成的德主刑辅理念，从而反对秦王朝"以吏为师、以法为教"的极端法制独裁论，"秦用酷刑苛法以箝天下，天下苦之；而汉承之以宽大，守之以宁壹"。② 这也是秦仅历二世而亡天下、汉兴数百载而治天下的原因所在。这也是刘基等儒臣在明朝创建伊始进谏以儒治国的同时，草创《大明律》的法理依据。总之，在刘基看来，治理国家的"行法之道"就在于"本之于德政，辅之以威刑"③。

刘基文学名作《拟连珠》第一首开篇明示："福不可徼，德胜则集；功不可幸，人归则成。"④ 孔子说："远人不服，则修文德以来之。"(《论语·季氏》)⑤ 即主张通过修治仁义礼乐，去吸引并招徕远方之人，成就王者之业；上古三代帝王十分注重"德"，"以德行仁者王"，"汤以七十里，文王以百里"而成就王者之业，孟子而有"以力服人者，非心服也，力不赡也；以德服人者，中心悦而诚服也"的"以德服人"论(《孟子·公孙丑上》)。⑥ 刘基之论显然由承续孔孟之论而有，这是典型的儒家王道治国论。与此同时，刘基还提出了"胜天下之道在德"的儒家军事伦理主张，这是对孔孟儒家"德治""仁政"理念的延续，"大德胜小德，小德胜无德；大德胜大力，小德敌大力。力生敌，德生力；力生于德，天下无敌。故力者胜，一时者也，德愈久而愈胜者也。夫力非吾力也，人各力其力也，惟大德为能得群力，是故德不可穷，而力可困"⑦。简言之，这就是"以德致胜""王者行仁政，无敌于天下"，仁义道德尤其是"大德"的感化力量具有无限能量。不难发现，对于荀子"王霸之辨"的政治议题，刘基并没有因循荀子"王霸并用"理论即"德与力相结合，王与霸相混合"的话语；而是一再强调孔孟提倡的王道政治，"仁义之莫强于天下也"，"以德养民，则四方之贤望风而慕"。

刘基经学代表作《春秋明经》也反映了儒者刘基的"爱民"理念，"夫国以民为本。君子之爱民也，如保赤民"⑧。刘基的《春秋明经》虽为"举业"而作，但是反映了刘基的一些儒学思想，比如儒家"修齐治平"的治国理念就得到了充分的诠释，"修

---

① （明）刘基著、吕立汉等注释：《郁离子》，中州古籍出版社2008年版（下引版本同），第40页。
② 《郁离子》，第40页。
③ 同上书，第221页。
④ （明）刘基著、林家骊点校：《刘基集》，浙江古籍出版社1999年版（下引版本同），第195页。
⑤ （宋）朱熹：《四书章句集注》，中华书局1983年版（下引版本同），第170页。
⑥ 同上书，第235页。
⑦ 《郁离子》，第49页。
⑧ 《刘基集》，第620页。

德以仁"①"为国以礼"②"修明德政"③"明德修政"④"正心修身而行王道"⑤ 等。也就是说，"修身治德"不仅是"君道""臣道"的基本要义，也是维系国家政权长治久安的根本"义理"，"德不修而惧外患者为可鄙，身不正而结外交者为可危"⑥。

此外，《郁离子·省敌》一文也突出强调了仁义、道德的力量与功效："惟天下至仁，为能以我之敌敌敌，是故敌不敌而天下服。"⑦ 这就是仁义教化、道德感化以"省敌"的理论阐释。"德者，众之所归也"，"尧舜以仁义为的而天下之善聚焉"，尧舜就是以仁义治理天下的典范，"九州来同，四夷乡风，穆穆雍雍"，⑧ 一派祥和、和谐的治道图景。这就是对"仁者无敌"命题的最好诠释。申而言之，"君人者，惟德与量俱，而后天下莫不归焉。德以收之，量以容之"，反之，在位执政者不具备宽广心胸与崇高的理想道德，必然会招致祸患："德不广不能使人来，量不宏不能使人安。故量小而思纳大者，祸也。"⑨

（二）"孔氏所谓'以道事君'者"

传统儒家入世的隐逸观是一种积极有为的行为方式，主要在于完成自身所担当的使命——"志"，孔子曰："隐居以求志。"刘基基于此种立场，以为："夫君子之有道也，遇则仕，不遇则仕与隐虽两途，而岂二其志哉！"⑩ 这就是说，儒家倡导的君子之"隐"于"道"无害，"贤者遭时之不然，或辟世或辟地，或耕或渔，或居山林，或处城市，或处抱关而击柝，无所不可，而其志则不以是有易焉"⑪。贤人君子因时际而遭厄，辟世而隐，并非消极不作为，而是不易志业，等待时机，以求有为，即是范仲淹在《岳阳楼记》中所论"居庙堂之高则忧其民，处江湖之远则忧其君""先天下之忧而忧，后天下之乐而乐"的宽宏胸襟与政治抱负。这里，观照刘基的隐逸观，我们对刘基数次致仕蒙元王朝的真实用意自然可以合理解读之，因为传统儒者刘基此举与儒家立场是一致的。值此元明嬗代之际，目睹蒙元王朝腐朽不堪、国祚即逝的惨败景象，刘基只能发出"无人以救之，天道几乎熄矣"的感慨；尽管如此，刘基对传统儒家道统依旧充满希望，立志以"圣人之道"挽救衰颓之势，"讲尧舜之道，论汤武之事。宪伊吕，师周召，稽考先王之典，商度救时之政，明法度，肄礼乐，以待王室之兴"⑫。这就是古典儒家的"穷则独善其身，达则兼济天下""天下有道则见，无道则隐"的

---

① （宋）朱熹：《四书章句集注》，中华书局1983年版（下引版本同），第590页。
② 同上。
③ 同上书，第591页。
④ 同上书，第593页。
⑤ 同上书，第623页。
⑥ 同上书，第593页。
⑦ 《郁离子》，第138页。
⑧ 同上书，第139页。
⑨ 同上书，第116页。
⑩ 《刘基集》，第123页。
⑪ 同上书，第124页。
⑫ 《郁离子》，第242页。

淑世情怀。

"以道事君",作为传统君臣观要义之一,不仅揭示了臣子对国君"有条件"的义务关系,而且张扬了臣子的人格独立性。《论语·先进》:"以道事君,不可则止。"[1] 对此,朱熹的疏解为:"以道事君者,不从君之欲;不可则止者,必行己之志。"[2]《孟子》一书对君臣伦理之道的论述最为精彩,比如《公孙丑下》:"内则父子,外则君臣,人之大伦也。"《离娄上》:"欲为君,尽君道;欲为臣,尽臣道。二者皆法尧舜而已。"《滕文公上》:"教以人伦:父子有亲,君臣有义,夫妇有别,长幼有序,朋友有信。"《离娄下》:"君之视臣如手足,则臣视君如腹心;君之视臣如犬马,则臣视君如国人;君之视臣如草芥,则臣视君如寇雠。"经过科举考试而对儒家"四书五经"有深刻领悟的刘基,对上述之"道"不可谓不熟知。

尽管历来代有学者对刘基起始为官元朝、尔后辅佐朱明的"一臣侍二君"的行事方式予以批评,然而应该指出,刘基此举并不违背儒家纲常伦理及政治信条。理由如下:第一,"严华夷之辨""尊华攘夷"一直以来是传统儒家道统的一条主线,主要体现在《春秋》经、传之中,师习《春秋经》而成《春秋明经》的刘基摒弃腐朽无道的蒙元夷族王朝也有一定的"法理"依据;再有,孔孟儒家"以道事君"的君臣伦理观与"有道则见,无道则隐"出仕价值观也可以为刘基再次"出山"辅佐朱元璋提供"学理"依据。第二,刘基出山辅佐朱元璋也符合儒家"君使臣以礼,臣事君以忠"的君臣伦理原则:一方面,朱元璋派遣总制官孙炎数次诚邀"礼聘"刘基(包括宋濂、章溢、叶琛等)以辅佐自己一统天下,建邦立业,所以说朱元璋做到了"君使臣以礼",刘基没有理由回绝;另一方面,"臣事君以忠"系刘基本人一贯所奉行的"臣道"原则,仕元期间,无论是任职高安县丞,辟为江西行省职官掾史,起用为江浙行省儒学副提举,转任浙东元帅府都事、行省都事、行省枢密院经历、行省郎中,刘基都一心侍奉并忠于元朝国君;"良禽择木而栖",刘基佐明主定天下之时,更是忠心耿耿,任劳任怨,实践并恪守了"臣事君以忠"的臣道原则。然而,"贰臣"的心理负担也使得刘基在生命的晚年备受煎熬,尤其是洪武政权确立之后,刘基就时常受到朱元璋的奚落与侮辱。诸如,据《明太祖实录》卷五十三载,洪武三年(1370)六月,朱元璋命礼部榜示:"凡北方捷至,尝仕元者不许称贺。"[3] 这足以使刘基陷入"贰臣"地步,难以自处。《明太祖实录》卷八十四载,洪武六年(1373)八月,"遣御史大夫陈宁释奠于先师孔子。时丞相胡惟庸、诚意伯刘基、参政冯冕等不陪祀而受胙,上闻之曰:'基等学圣人之道而不陪祀,使勿学者何以劝……'命停基、冕俸各一月。"[4] 朱元璋对刘基等儒臣的侮辱可见一斑,"臣事君以忠"的儒家信条使得人臣的独立人格不存。

---

[1] 杨伯峻:《论语译注》,中华书局1980年版,第117页。
[2] 《四书章句集注》,第128页。
[3] 《明太祖实录》,台湾"中研院"历史语言研究所1972年版(下引版本同),第1040页。
[4] 同上书,第1498页。

尽管如此，作为臣民的刘基在辅佐朱元璋开创并巩固朱明封建王朝国家政权之时，时时刻刻注意以传统儒家德政思想劝谏国君要施仁心、行德政。据《明太祖实录》卷二十九载，刘基向朱元璋谏言："生息之道，在于宽仁"，"以仁心行仁政，实在今日，天下之幸也"[1]。洪武四年（1371），已告老还乡的刘基在奏复朱元璋"问天象事"时，有言"霜雪之后，必有阳春，今我国威已立，自宜少济以宽"[2]。刘基死前命次子刘璟所上奏之遗表，以为国家治理应当奉行的准则为"修德省刑，祈天永命，且为政宽猛如循环耳"云云。张时彻的《刘公神道碑铭》记有朱元璋评刘基语："居则每匡治道，动则仰观乾象，以至谳狱审刑，罚之中议，礼新国朝之制，运筹决胜，功实茂焉。"[3]《弘文馆学士诰》文称："（刘基）每于闲暇之时，数以孔子之言道予，是以颇知古意。"[4] 所以说，朱元璋本人也承认刘基、宋濂等儒士文臣的规谏之功："天下甫定，朕愿与诸儒讲明治道。"[5] 朱元璋在洪武初年所采取的一系列与民休息、轻徭薄役、督修水利、发展农耕等经济措施，无不与刘基、宋濂等儒臣的进谏有关。

谢廷杰在《诚意伯刘文成公文集序》一文中，以为刘基（臣）事朱元璋（君）之举就是对孔子儒家"以道事君"原则的完美诠释："公（刘基）刚毅慷慨持大节，留心经济。既遇真主，期以王道致太平，却小明王御座诸正论，义形于色，危行危言。高皇帝天威严重，惟公抗辞，不以利害怵其中，振纲纪，斥奸慝，虽李善长亦忌潛之，况胡惟庸乎。考公履历，岂孔氏所谓'以道事君'者非耶？"[6] 确系正论。此外，刘基在《郁离子·好禽谏》一文中也提出了臣为君、为民办事的职责论，"邦君为天牧民，设观分职，以任其事"[7]。

然而，从刘基晚年在朱明王朝所经受的悲惨遭遇之中，我们应该看到传统儒家知识分子的悲剧命运。自孔孟以降，"内圣外王"便成为儒家知识分子毕生为之奋斗的理想信条，以儒家圣道为宗的刘基也不例外，任职元廷的动机就是为民请命、忠君报国；然而，病入膏肓的蒙元王朝远非一介书生的刘基所能拯救，迫不得已，只能"弃官归田里"，锐意著书立说，"以待王者之兴"。当朱元璋义军崛起于群豪之时，"有道则见"的刘基毅然出山辅佐之，在一定程度之上扮演了"帝师""王佐"即"一代宗臣"的角色。然而，一介平民出身的朱元璋在取得国家政权、成为专制皇帝之后，为维护"一家一姓之天下"，"以天下之利尽归于己，天下之害尽归于人"，心态完全失衡，排除异己，大肆杀戮开国功臣。刘基虽然幸免于难，然而"君要臣死，臣不得不死"的"君为臣纲"教条已经严重束缚了刘基本人的手脚，"谈洋事件"所引发的悲剧就说明了这一点，刘基只能成为"淮西官僚集团"与"浙东文人集团"之间政治斗争的牺牲

---

[1]《明太祖实录》，台湾"中研院"历史语言研究所1972年版（下引版本同），第496页。
[2]《刘基文选》，第270页。
[3] 同上书，第263页。
[4]《刘基集》，第659页。
[5]（清）张廷玉等：《明史》，中华书局1974年版（下引版本同），第21页。
[6]《刘基文选》，第272—273页。
[7]《刘基集》，第73页。

品。在此，我们必须看到传统儒家理想信条与政治诉求的致命缺陷，比如无限膨胀的皇权没有一定法规、制度的约束，这都是造成传统儒家知识分子悲剧命运之源。

二 爱民："治国之道在爱民"

除却"德政"以外，传统儒家政治哲学的另一要义是"民本"，而"民本"的基点即是"爱民"。我们知道，传统的民本观念是相对于"君本""官本"而言，其原意是指中国古代的明君贤臣为维护和巩固其统治，而提出的一种"以民为国家之本、以民为政权之基"的统治观，其基本思想内涵有爱民、重民、贵民、仁民、安民、保民、利民、养民、育民、富民、便民等，并要求统治者顺民之意、从民之欲、恤民之苦、惜民之力，从而博民之心、取民之信，进而求王位之稳固、谋国家之安宁。中国的民本思想是与国君之"开明的专制"结合在一起的，传统儒家的民本思想体现了一种以道德修养为核心的东方人文主义精神。

（一）"民用纾矣，邦本固矣"

《古文尚书·五子之歌》有"民可近，不可下。民惟邦本，本固邦宁"之论[1]。汉儒董仲舒《春秋繁露·尧舜不擅移汤武不专杀》云："天之生民，非为王也；而天立王，以为民也。故其德足以安乐民者，天予之；其恶足以贼害民者，天夺之。"[2] 儒家民本的要义从中可见。刘基自幼受儒家经典熏陶，自然对以"爱民"为出发点的民本思想了然于胸，"国不自富，民足则富；君不自强，士多则强"[3]，刘基基于儒家的财富观已经打上了"藏富于民"的烙印，钟惺对刘基此语的评价是"千古富强之术，无以逾此"[4]；"国以民为本"，国家的物质财富不应聚敛于国君一人之手，唯有举国百姓富庶，"让利于民"，才是儒家民本应有之义。

以人为基、以民为本，"民惟邦本，本固邦宁"[5]是儒家政治哲学主线，刘基继承之而有论："民用纾矣，邦本固矣。"[6] 刘基在五言古诗《咏史》中有"为邦贵知本"句[7]，在《官箴》篇中[8]，特别指出，如果"民本"政治无法执行，社会秩序无法稳定，"邦本弗固，庶事咸堕"。邦国之"固"的关键在于统治者是否实行"以民为本"的治国策略，"振惰奖勤，拯艰息疲。疾病颠连，我扶我持。禁暴戢奸，损赢益亏"。体察民情，体恤民瘼，尊重民意，"视民如儿"，这是儒家王道政治实施的关键。

---

[1] 李民、王健撰：《尚书译注》，上海古籍出版社2000年版（下引版本同），第93页。
[2] 袁长江主编：《董仲舒集》，学苑出版社2003年版，第176页。
[3] 《刘基集》，第196页。
[4] （明）钟惺辑评：《刘文成公全集》卷十一，明天启刻本（下引版本同）。
[5] 《尚书译注》，第93页。
[6] 《刘基集》，第165页。
[7] 同上书，第319页。
[8] 同上书，第167页。

应该承认，刘基"爱民"即民本理念之理论来源系先秦儒家"亚圣"孟子，因为《孟子》学说对刘基的影响是多方面的。比如刘基有论："若夫吉凶利害之所趋避，则吾（刘基）闻之《孟子》矣"。《孟子·尽心上》之中"穷则独善其身，达则兼济天下"的至理名言，也成为刘基致仕、出仕的基本法理依据，他将其成功地运用于自己的政治生涯实践之中，在朝为官则兢兢业业，悲天悯人；不为当政者所容，则主动致仕，但是匡世济民之职志、为民请命之淑世情怀则一生秉持。在这一点上，刘基的官场之道颇似范仲淹《岳阳楼记》所记"居庙堂之高则忧其民，处江湖之远则忧其君"，以天下万民之忧乐为己任。刘基对《孟子》提倡的"民为贵，社稷次之，君为轻"的民本思想也是无条件地服膺与继承，并形成了自己的民本政治思想。吊诡的是，朱元璋因忌恨《孟子》"君之视臣如草芥，则臣视君如寇仇"语而有"删孟"之举，即删《孟子》原文八十五条，剩百余条，编成《孟子节文》。朱元璋之举与刘基对《孟子》学说的继承毫无关系。

元至元二年（1336），初次步入仕途即"授江西高安县丞"的刘基，上任伊始，便作《官箴》以昭示自己以民为本、关注民生、为民请命的从政理念："治民奚先，字之以慈。有顽弗迪，警之以威。振惰奖勤，拯艰怠疲。疾病颠连，我扶我持。"① 这体现了传统儒家施仁心、行仁政的德治理念。刘基在仕元期间，或因朝廷地方官吏腐败而投劾致仕，或因社会动乱而"避地"他乡，但时时刻刻以关注百姓的生计为己任。比如，至正十三年至十五年（1353—1355）"避地"绍兴期间，他依旧对国事民生十分牵挂，追忆王羲之昔日创作《兰亭序》的情境，不禁大发感慨："王右军抱济世之才而不用，观其与桓温戒谢万之语，可以知其人矣！放浪山水，抑岂其本心哉？临文感痛，良有以也，而独以能书称之后世，悲夫！"② 这里，刘基以王羲之怀才不用的遭遇比喻自己的处境，从而表现出刘基本人经邦济世的决心与期望。

（二）"君子之爱民也，如保赤民"

刘基在《感时述事》中指出："惟民食为命，王政之所先。海咸实天物，厥利何可专？"③《郁离子·天地之盗》文称："先王之使民也，义而公，时而度，同其欲，不隐其情，故民之从之也，如手足之从心，而奚恃于术乎！"④ 所以，刘基在阐发养民、育民、爱民之道时，格外要求在位施政者提升自身的道德修养水平，"聚其所欲而勿施其所恶"，时时刻刻以老百姓的根本利益为为政之道的根本出发点。

对于官与民的关系，刘基在《送海宁张知州满任去官序》一文中有论："夫设官所以为民也。官为父母，民为子。为父母而使其子不我爱，亦独何哉！"这是对"父母官"称谓的诠释，信非虚言。对于为官之"道"，刘基也有点拨："善为官者，犹农夫

---

① 《刘基集》，第 167 页。
② 同上书，第 138 页。
③ 同上书，第 366 页。
④ 同上书，第 32 页。

之善为田也，嘉谷以为亲，粮莠以为仇。"① 疾恶如仇，惩恶扬善，官民一家，官应以为民服务为职志。刘基在《送海宁尹知州之官序》一文中把治民之"官"（守令）喻为"牧民"："夫牧也者，受人之牛羊而牧之，必为之丰其水草，适其寝讹，去其疾蠹，驱其豺狼，然后物生，遂而牧之道得矣。"② 又，在《悦茂堂诗序》一文中，刘基也有类似论述："使世之为人牧者，怀其民如上人（按：会稽涟教寺学庭上人）之怀其菊也，天下其永安哉！"③ 为官之道与牧人为牧之道相仿，一举一动皆应以老百姓的利益为根本出发点。关心民众生活疾苦，爱民如子，"其爱之也，如慈母之于子也"。用时语讲就是："想百姓之所想，急百姓之所急。替百姓说话，为百姓做事。"真正做到"情为民所系，权为民所用，利为民所谋"。

以儒家民本哲学为先导，刘基对君王如何统治国家也有善意的提醒，比如在《元夜》诗作中有"君王注意防骄佚，万岁千秋乐未央"句，他反对骄佚放纵的生活方式，从而唤起朱元璋以及明王朝的忧患意识。此外，刘基还反对君王在"国家闲暇"之时，为求"逸乐"而征用劳役、大兴土木，"夫国家闲暇，乃修明政刑之时，而劳民以自奉，则岂君人之道哉！"④ 可见，居安思危的忧患意识、明德修政的治道诉求是成就一代开明君王的基本要求。

三 廉节："安得廉循吏，与国共欣戚"

刘基，不仅是一个历史文化名人的称谓符号，而且还是浙南乃至中国东南地域廉政文化教育的一面旗帜。刘基在为官从政期间，始终保持了一个廉洁自律、执法如山、不徇私情、不畏权势的"廉节"形象，民间口头文学作品"刘伯温传说"之中至今传诵着二十余则以"除恶安良"为题材的刘伯温廉政小故事⑤，其中"高安县判案""公断争功案""国师斩恶吏""斩蛇除霸""严惩衙役"等惩治贪污腐败官吏、公正断案为民申冤做主的传说，为刘基在民间博得了"刘青天"的美名。然而，这些民间故事并非无稽之论，因为这些传说的原型就是刘基四十载官场生涯的"廉节"事迹⑥。

（一）"之官，以廉节著名"

刘基在其坎坷波折的官场生涯之中数次致仕，究其缘由，主要就是刘基刚毅、耿直的性格所造成。元至元二年（1336），刘基出仕任江西高安县丞，据黄伯生《故诚意

---

① 《刘基集》，第70页。
② 同上书，第71页。
③ 同上书，第76页。
④ 《刘基集》，第592页。
⑤ 曾娓阳主编：《刘伯温传说》，中国文联出版社2008年版，第265—326页。
⑥ 对于刘基廉政事迹、廉政理论的详细论述，可以参阅拙文《刘基的廉政事迹与廉政理论》，《廉政文化研究》2010年第3期；《一代廉臣：刘基》，《温州日报》2011年7月14日。

伯刘公行状》载："之官，以廉节著名。发奸摘伏，不避强御。为政严而有惠，小民咸慈父戴之，而豪右数欲陷焉。时上下信其廉平，卒莫能害也。"① 这里，我们知道初入仕途的刘基就呈现给众人一个廉洁自律、不畏权势、刚直不阿、秉公执法、受人敬重的"廉"者形象。也正是刘基的"廉平"，在"新昌州有人命狱，府委公（刘基）复检，案核得其故杀状，初检官得罢职罪，其家众倚蒙古根脚，欲害公（刘基）以复仇"之时，② 江西行省大臣救之，辟刘基为职官掾史。但是"以谠直闻"的性格特质与处事风格决定了刘基在腐败的封建官场上难以施展自己的才华，至正二年（1342）因"与幕官议事不合，遂投劾去"。

隐居游学数年后，刘基于至正六年（1346）北上大都干谒③，并于至正八年（1348）任江浙儒学副提举，至正十年（1350）继任行省考试官，至正十一年（1351）"为建言监察御史失职事，为台宪所沮，遂移文决去"。至正十二年（1352），行省檄为浙东元帅府都事。至正十三年（1353），改任江浙行省都事。又因反对招安台州反贼"首恶"方国珍而为行省所抑，去职还乡，于至正十四年（1354）奉母"避地"绍兴两年有余。④ 至正十六年（1356）二月，省檄复为江浙行省都事。第二年（1357）因"招安山寇"有功改任行枢密院经历。至正十八年（1358）升任江浙行省郎中，然而，由于执政者抑刘基军功，"仅由儒学副提举授处州路总管府判，且不与兵事"。刘基愤而弃官归里，彻底与蒙元王朝决裂。

元季吏道腐败，刘基对此予以强烈批判与嘲讽："利己而无恤乎人者，吏之道也，其心忍以刻，而不仁者好之。"⑤ 在《卖柑者言》一文中⑥，刘基用"金玉其外，败絮其中"来讥讽元季当权者欺世盗名、外强中干、色厉内荏、不可一世的丑恶本质，从而体现了刘基"愤世疾邪"的性格特质。缘此，刘基在《感时述事》一诗中有"官吏逞贪婪，树怨结祸胎""盗贼乘间发，咎实由官司"句，对元季官场腐败予以控诉，同时发出"安得廉循吏，与国共欣戚？"的无限感叹。

此外，刘基在至元二年（1336）江西高安县丞任上所作的具有"自勉"性质的《官箴》篇，对如何遏制贪腐即"何以弭贪"也有说明："慎检乃躬。去馋斥佞，远吏近民。待人以宽，律己以勤。"⑦ 这就要求各级政府官员即"牧民者"加强自身的修养，提高预腐反贪能力，不给奸佞小人以任何可乘之机，"是故君子之修慝辨惑，如良医之治疾也，针其膏肓，绝其根源，然后邪淫不生。苟知谄与欺之能丧人心，亡人国也，屏其媒，坏其宅，奸者熄矣"。⑧ 可见，预防腐败体系建构的第一道屏障就在于各级行政官员提高自身的道德修养水平。

---

① 《刘基文选》，第265页。
② 同上。
③ 周松芳：《刘基至正六年干谒事迹考论》，《浙江社会科学》2004年第2期。
④ 周松芳：《刘基年谱》，载《自负一代文宗——刘基研究》，广东人民出版社2006年版，第237页。
⑤ 《刘基集》，第76页。
⑥ 同上书，第146页。
⑦ 同上书，第168页。
⑧ 《郁离子》，第80页。

刘基明白，在"天下无道"的封建社会里，为官廉洁，必须承受极大的压力与不公，甘于寂寞，并且要耐得住清苦与无助。《郁离子·蜀贾》篇就讲述了这样一个事例："昔楚鄙三县之尹三。其一廉而不获于上官，其去也，无以僦舟，人皆笑以为痴。其一择可而取之，人不尤其取而称其能贤。其一无所不取，以交于上官，子吏卒而宾富民，则不待三年，举而任诸纲纪之司，虽百姓亦称其善。不亦怪哉！"可见，在吏治腐败的乱世之中，成就"廉节"人格、留下"公正廉明"的美誉相当不易。尽管如此，各级政府官员还是要加强道德实践，保持"廉者"本色。对于政府各级官员如何"苦练内功"，即加强自身的道德修养的方式与策略，刘基认为应该主要从"敬""诚"上下功夫："勿谓政难，克敬则立。勿谓俗殊，克诚则辑。"① 以儒家先贤圣人为标的，"企贤则善，企圣则贤"，"克敬勿懈，何适不臻？"② 尤其应当注重实践"慎独"功夫，以成就君子人格。

检讨上文提到的刘基在元朝"四仕四隐"的官场经历，究其根源，从客观方面讲，这是元朝朝政混乱、官场腐败、扼杀人才所致；从主观方面讲，主要是刘基本人秉公办事的官道与刚毅廉洁的性格根本无法适应渐趋衰落的封建官僚体制。

（二）"贪廉由乎内而不假乎外"

由于刘基本人"性刚嫉恶"，物以类聚、人以群分，刘基对"尚气节、敢直言、见贪夫疾之如仇"之士十分敬重。至正十四年（1354），刘基有歌颂东晋广东刺史吴隐之与元宪副吴君这两位循臣廉吏的廉文佳作——《饮泉亭记》。③ 据《晋书》载，"吴隐之（？—414），字处默，濮阳鄄城人……广州包带山海，珍异所出，一箧之宝，可资数世，故前后刺史皆多黩货。朝廷欲革岭南之弊，以隐之广州刺史。未至州二十里，地名石门，有水曰'贪泉'，饮者怀无厌之欲。隐之既至，语其亲人曰：'不见可欲，使心不乱。越岭丧清，吾知之矣。'乃至泉所，酌而饮之，因赋诗曰：'古人云此水，一歃怀千金。试使夷齐饮，终当不易心。'及在州，清操逾厉，常食不过菜及干鱼而已，帷帐器服皆付外库，时人颇谓其矫，然亦终始不易……隐之清操不渝，……廉士以为荣。"吴隐之饮"贪泉"并赋诗而"清操逾厉"之事，后被奉为廉吏典范，官场之中世代传为佳话。初唐文学家王勃（649—676）脍炙人口的《滕王阁序》一文引吴隐之酌饮"贪泉"事，留下了"酌贪泉而觉爽，处涸辙以犹欢"的名句，高度赞扬吴隐之的人品。

元代一位吴姓宪副任职广西时特访石门"贪泉"，因仰慕吴隐之之举而名泉旁小亭曰"饮泉亭"，并效仿吴隐之之官德操守，终成一代廉吏。在刘基看来，吴宪副之"廉"可与吴隐之之"廉"相提并论，应吴宪副之孙吴以时之请，再加上刘基本人对循臣廉吏的敬重，遂成《饮泉亭记》。该文充分反映了刘基的廉政理论。刘基以为贪腐

---

① 《刘基集》，第305页。
② 同上书，第307页。
③ 同上书，第103页。

发生的根源就在于"名""利"等无限膨胀的物欲:"人之好利与好名,皆蛊于物也。"物欲是贪腐之根,"有一焉则其守不固而物得以移之矣";此外,"贪相承,习为故"之恶习也是滋生贪腐的毒瘤。根据贪腐发生的缘由,刘基对症下药,提出了"人心之贪与廉,自我作之,岂外物所能易哉!""贪廉由乎内而不假乎外"的立论。这是说一个人能否保持清廉,其关键还在于自身道德修养水平,不能怪罪于外在环境和客观条件。易言之,"仁以充之,礼以立之"的"大丈夫之心"才是抵制贪婪、拒绝腐败的"不二法门"。从上文所记吴宪副敬仰吴隐之而成廉吏事迹受到启示,刘基以为确立像吴隐之一样的循臣廉吏之典范,也是遏制贪腐的一种方式:"夫君子以身立教,有可以植正道、遏邪说、正人心、扬公论,皆当见而为之。"① 这就是道德楷模、廉吏典范的榜样力量。与受贿者亡身亡家的下场一样,刘基以为行贿者也会酿成亡身亡家的可悲下场,《郁离子》之中就有多则寓言故事来说明这个道理。比如《献马》一文中的周卿士芮伯,因帅师伐戎取胜而获得良马一匹,献给了贪得无厌的周厉王,结果有谗臣趁机诬陷芮伯隐藏战利品,最终芮伯落得个被放逐的下场。"君子谓芮伯亦有罪焉尔。知王之渎货而启之,芮伯之罪也。"② 芮伯献马贾祸的事例就说明了行贿者自取其辱的道理。

毋庸置疑,作为一个以身作则的"循吏",刘基对勤廉施政、出类拔萃的州县级地方官吏的称道与歌颂是不遗余力的。与刘基出仕县丞于江西高安相邻的临江,府县之中的"贱役"即不法衙役相互勾结、结党营私、沆瀣一气、为害一方,府县官吏亦无可奈何;刘基任职高安,辖区所限,爱莫能助,"每闻而切齿焉,无能如之何也"③。为根治临江"贱役"之患,元廷招蒙古官员月忽难明德(生卒年不详)为临江路经历。月忽难到任伊始,"访民瘼,按宿狱",严惩为非作歹的贱役之徒,铲除积弊,扫荡邪恶,为民除害,此举自然赢得民心,刘基"闻甚喜"。若干年后,月忽难因疾辞官于江浙府总管任时,刘基特赠《送月忽难明德江浙府总管谢病去官》序文,以讴歌这位清廉为民的正直官员。④ 鄞县县尹许广大(1307—1353)作为一名"以廉能闻"的地方官吏,"为人厚重,寡嗜好,饮食、衣服可而止,故能以廉终其身",刘基自然十分赏识,在许氏死后亲作"碑铭"以志之。⑤

四 公直:"抗言直议,不以利害怵其中"

对于古代士大夫处理公务政事的标准,传统儒家推崇"公正耿直""处事正直"的理念。《礼记·礼运》:"大道之行也,天下为公。"《贞观政要·公平》:"理国要道,

---

① 《刘基集》,第103页。
② 《郁离子》,第33—34页。
③ 《刘基集》,第68页。
④ 同上书,第69页。
⑤ 同上书,第176—178页。

在于公平正直。"《宋史·刘谕列传》:"公道名,则人心自一;公道废,则人心之二。"① 可见在我国古代社会中,能够秉公办事是一种优良官德,受到儒家学说的肯定和人们的称道。难能可贵的是元明之际的儒者刘基具有"公直"的性格,而持心公正、处事正直即"公直"亦成为其为官之道的"官德"之一。

(一)"刚毅慷慨而有大节"

至正二十年(1360),经过"艰难抉择"的刘基因朱元璋之礼聘,奔赴应天(南京)以"谋臣"身份辅佐朱元璋创建大明帝国。起初,刘基得到朱元璋的重用,但是"江山易改,本性难移",过于"公直""廉节"的秉性使得他自己的处境多次处于被动。洪武元年(1368)四月,朱元璋发京师赴汴梁,命李善长、刘基留守建康(南京)②;时任太史院使、御史中丞的刘基力主整肃纪纲,"命宪司纠察诸道,弹劾无所避"③,中书省都事李彬侮法罪当死,但是丞相李善长素爱李彬,"乃请缓其事",刘基不听,遣官赍奏诣并承旨依法斩李彬。这使得刘基与以李善长为首的淮西集团的关系十分恶化,只得暂时"求退"并"告归"。尽管如此,"奏斩李彬"一事体现了刘基不畏权势、疾恶如仇、秉公执法的高贵品质。又,据张时彻《刘公神道碑铭》记:"廷臣以过被谴,公(刘基)密为解救,其人知而谢之,辄拒不纳;其人不知,卒亦未尝言也。"④ 拒绝接受任何不义之财,这从一个侧面反映了刘基秉公执法的高尚官德。

刘基"公直"的官德还体现在与朱元璋"论相"这件事上。朱元璋为巩固新兴的明王朝政权,在废除李善长相位之后,亟须遴选丞相人选,遂与刘基商议此事。朱元璋提出或由杨宪,或由汪广洋,或由胡惟庸出任丞相一职,刘基均予以否定:"(杨)宪有相才,无相器。夫宰相者,持心如水,以义理为权衡而己无与者也,宪则不然。""(汪广洋)褊浅,观其人可知。""(胡惟庸)小犊,将偾辕而破犁矣。"此时,朱元璋曰:"吾之相,诚无逾先生。"刘基当场拒之:"臣非不自知,但臣疾恶太深,又不耐繁剧,为之且孤大恩。"⑤ 通过这段君臣"论相"对话录,不难发现,在商定丞相人选问题上,刘基秉持了对政事高度认真负责的态度,为顾全大局而不计个人恩怨,既不规避自己的性格"缺陷",也敢于直言,直陈诸相位人选的优劣得失。这,也是刘基廉政事迹的一个注脚。

据《明史》记⑥,洪武三年(1370)十一月,朱元璋"大封功臣",初八日,封李善长、徐达等六人为公爵,汤和等二十八人为侯爵;二十九日,封汪广洋为"忠勤伯"、刘基为"诚意伯"。又,《明太祖实录》载有敕封刘基诰文:"朕观诸古俊杰之士,能识真主于草昧之初,效劳于多难之际,终成功业,可谓贤知者也。汉之如张子

---

① 转引自吴光、祝鸿杰注译《古今廉文》,浙江人民出版社2005年版,第269页。
② 《刘基传》,第363页。
③ 《刘基文选》,第269页。
④ 同上书,第263页。
⑤ 同上书,第269页。
⑥ 《明史》,第25页。

房、诸葛亮独能当之……特加尔为开国翊运守正文臣资善大夫护军诚意伯，食禄二百四十石……"① 在朱元璋眼中，刘基可以与张良、诸葛亮相媲美，但是年俸仅二百四十石，不仅不及李善长年俸两千四百石的一个零头，甚至还不及汪广洋年俸五百石的一半。尽管如此，刘基依然不计名位，不贪爵禄，一派廉者形象。洪武四年（1371）正月，已届风烛残年的刘基"致仕",②"归老还乡里"之后，不与人事，深居简出，"还隐山中，惟饮酒弈棋，口不言功。邑令求见不得，微服为野人谒基。基方濯足，令从子引入茆舍，炊黍饭令。令告曰：'某青田知县也。'基惊起称民，谢去，终不复见。其韬迹如此……"③ 刘基致仕之后"口不言功"的举动足以说明刘基淡泊名利、不求闻达的高风亮节与人生价值观。洪武八年（1375）四月，刘基病卒于家乡南田武阳。其夏山墓仅为一抔黄土，简朴而淡雅，昭示了自己"坦坦荡荡做人，清清白白做官"的一生。

刘基"刚毅、慷慨而有大节""义所不直，无少假借"的性格与"抗言直议，不以利害怵其中"的即"公直"的处事方式也博得了朱元璋的敬重与信任，"上（朱元璋）亦甚礼公，常称为'老先生'而不名，又曰'吾子房也'"。④ 刘基与宋濂、章溢、叶琛等浙东文人因受儒学道统影响，为保持君子人格，庄重自矜，漠视功名利禄，并没有为了博得朱元璋赏识而阿谀奉承、出卖人格，真正做到了"君子不阿""君子不党"。《诚意伯次子合门使刘仲璟遇恩录》就载有朱元璋称赞刘基"不党"语："刘伯温他在这里时，满朝都是党，只是他一个不从他……"⑤ 总之，刘基作为人臣，恪尽职守，树立了一代诤臣的君子人格形象。

（二）"任人之长，唯才是举"

刘基"秉公任直"的官德还体现在其"任人之长，唯才是举"的人才观上。刘基认为，胸怀大抱负、欲有大作为的栋梁之材，必须选择、投奔适合施展自己才华的场所与事业，"志大业者，必择所任；抱大器者，必则所投"⑥。国家的强大富庶需要贤人良才（"士"）即知识分子的加盟与辅佐，如果"媢嫉之人""掊克之吏"得到重用，贤良之才受到排斥，只会造成"士隐而君独""民夷而国伤"的后果⑦。刘基在蒙元之季的悲惨遭遇也正好印证了这一点。

刘基以为使用人才要用人之长、用人之专，"盖闻物无全才，适用为可；材无弃用，择可惟长"，刘基在这里举"稷苴治师，智勇贪愚，咸宜其任；公输构厦，栋梁枅梲，各得其良"为例子⑧，说明了物尽其用、人尽其才的道理，从而使人力资源得到最

---

① 《明太祖实录》，第1145页。
② 《明史》，第26页。
③ 《明史》，第3781页。
④ 杨讷：《刘基事迹考述》，北京图书馆出版社2004年版，第205页。
⑤ 《刘基集》，第668页。
⑥ 同上书，第195页。
⑦ 同上书，第196页。
⑧ 同上书，第195页。

大限度的挖掘与利用。钟惺对刘基的用人之道评价为："因材器使，自足至论！"可谓恰当；倘若反其道而行之，"舍人之能，而强之以所不能""夺人之好，而遗之以其不好"①，只会出现众"叛"亲"离"的可怕结局。

刘基在《拟连珠》中多次强调管理者使用人才的原则之一就是"避短而庸长"，"君欲任贤，当如用器，惟能避短而庸长，乃克奏功而济事"②。这就是说，抑人之长而用人之短是一种愚蠢的浪费人力资源行为，"是故骅骝骐骥以之运磨，不若蹇驴之能；干将莫邪以之刈草，不若钩镰之利"。③ 此外，刘基提倡君臣之间应该"言论自由"，"盖闻天不掩慝，而神人之道不睽；君不忌言，则上下之情无蔽。是故周史陈诗而八百其年，秦令禁语而一二其世"④。统治者应该广开言路，广纳谏言，使民意畅通，秦王朝就是因为阻塞民意，历二世而亡，言论自由的重要性不言而喻。

传统儒家学者的理想政治模型是上古三代的圣人之治，刘基自幼接受传统儒家文化教育与熏陶，自然对三代政治制度包括"取士"制度极为熟悉。选才要试用，不问出身，问贤能："三代之取士也，必学而后入官，必试之事而能，然后用之。不问其系族，惟其贤，不鄙其侧陋。"（《郁离子·千里马》）这就是说，国家选拔人才、任用官吏，必须首先接受学校教育，在熟悉为人处世之道之后，才有"入官"从政的资本；选拔人才必须经过一定的途径与渠道，这就是"试之事"，以判断待选之人是否胜任所拟官职，如果经过试用的铨选考核，则此人可称贤才而授以官衔。识才辨才，不要被表面现象所迷惑，真才实学者"举德为第一"，既不是貌似君子的伪才腐才，也不是类似的奸才。

"自古得人者昌，失人者亡。"纵观古今中外，皆是如此。古人曾讲过，"能当一人而天下取，失当一人而社稷危"。用人事关社稷的兴废，不可不察，不能不慎之又慎。使用人才要"顺其性、安其心"，并把它放在合适的位置，也就是俗语说的"好钢要用在刀刃上"。否则在于事无补的同时，也就白白地糟蹋了贤才，造成了不必要的人才浪费。《郁离子》之中有一则"冯妇搏虎"的寓言故事，要用人之长、反对用人之短。东瓯（今属温州）那里多盖茅草屋子，经常发生火灾，当地人为此很苦恼。有个商人到晋那个地方去做生意，听说此处有个叫冯妇的专善治"虎"。东瓯人"火""虎"不分，商人便以为冯妇专善治"火"。于是商人赶紧把情况报告给东瓯君，东瓯君以上宾之礼把冯妇迎至东瓯。"明日，市有火，国人奔告冯妇，冯妇攘臂从国人出，求虎弗得。火迫于宫肆，国人拥冯妇以趋火，灼而死。于是贾人以妄得罪，而冯妇死弗悟。"⑤这则极具讽刺性意味的故事在嘲笑东瓯国君、贾人的愚蠢之时，然而我们必须可怜白白浪费了冯妇这位"搏虎"的人才。总之，用人必须用人之长，反对扼杀人才。

① 《刘基集》，第 195 页。
② 同上书，第 197 页。
③ 《刘基集》，第 197 页。
④ 同上书，第 199 页。
⑤ 《郁离子》，第 98 页。

结语：刘基官德的历史局限性及其现代价值

笔者以为，对于刘基为官之道、从政之德的解读必须以元明为界。详言之，刘基在元季的官道、官德理论是积极向上，富有朝气的；而在朱元璋明王朝政权基本巩固、国家政体基本完善之后，作为一介儒生的刘基在"伴君如伴虎"的年代，屡受打压，为求自保，只得委屈自身，屈从于高压政治。这是传统儒家知识分子无法摆脱的宿命，更是历史局限性所限，我们不能也不应该苛求儒臣刘基独立人格的完整。

刘基官道、官德理论是传统宗法伦理社会的产物，传统君臣关系之"君为臣纲"的理念，带有浓厚的君主专制思想。比如，"君禄我食，君令我施"①，明显强调了君权的无限至上性，臣子必须听命于君王，这种封建君主专制体制下的君臣关系不利于国家政权的稳定与社会的长治久安。刘基在成为朱明王朝的谋臣之后，"忠君"意识更为严重，如在《送黄岩林生伯云还乡觐省》一诗中有"人生有亲乐莫乐，况乃君恩重山岳"句②；此外，还有"臣子宜奉承，天威不违咫"③"君恩重山岳，刿敢负以蚊？"句，这些"愚忠"思想不利于开明政治的形成，反而助长了朱元璋无限膨胀的专制独裁欲望，从而酿成了"废相"事件，相权无法制约皇权，权力制衡机制不存，直接致使明代政制逐步走向恶化。所以，钱穆先生在《国史大纲》中说："明代是中国传统政治之再建，然而恶化了。恶化的主因，便在洪武废相。"至此，存在千余年并经历汉、唐、宋等诸朝而逐渐完善的丞相制度，被朱元璋一道诏令"以后嗣君毋得议置丞相，臣下有奏请设立者，论以极刑"给毁灭了，而传统君主专制达到了中国历史最高峰。明清之际的民主启蒙思想家黄宗羲（1610—1695）在《明夷待访录·置相》篇中直陈"有明之无善治，自高皇帝罢丞相始也"④，不无道理。所以，我们应该对于刘基官德体系之中的"愚忠"观念予以检讨与批判。

尽管刘基官道、官德思想有其历史局限性，但是刘基本人仕宦事迹及其政治哲学之中所蕴含的以"勤政、爱民、廉节、公直"为"关键词"的官德确实历久而弥新，具有极强的生命力，代代相传，绵延至今，泽被后世。今日，浙江文成南田的刘伯温纪念馆已经升格为浙江省省级廉政文化教育基地，历经沧桑岁月而依旧肃穆庄严的刘基庙、墓为国家级重点文物保护单位，代代相传而脍炙人口的刘伯温传说故事、赓续不绝而肃穆隆重的"太公春秋二祭"也是国家级非物质文化遗产，这些都是"一代儒臣"刘基留给后世的宝贵的物质文化、精神文化遗产。

"善言古者当有验于今"，在经济全球化、政治多极化、文化多元化的今天，我们

---

① 《刘基集》，第153页。
② 同上书，第299页。
③ 同上书，第333页。
④ 沈善洪主编、吴光执行主编：《黄宗羲全集》第一册，浙江古籍出版社2005年版，第8页。

研究和考察传统文化之中的官德思想，目的在于指导现实，推进有中国特色的社会主义政治文明建设。

近年来，习近平同志先后发表过关于《领导干部要爱读书读好书善读书》[①]《领导干部要读点历史》[②]的重要讲话，要求领导干部多读古今中外优秀传统文化书籍，特别是我们中华民族有着五千年的文明史，"传统文化中的许多优秀文化典籍蕴含着做人做事和治国理政的大道理"；"在中国的史籍书林之中，蕴含着十分丰富的治国理政的历史经验。既有升平之世社会发展进步的丰富经验，也有衰乱之世的深刻教训以及由乱到治的经验智慧；既有当事者对时势的分析陈述，也有后人对前人得失的评论总结。其中包含着许多涉及对国家、社会、民族及个人的成与败、兴与衰、安与危、正与邪、荣与辱、义与利、廉与贪等等方面的经验与教训"。毋庸置疑，作为"蕴含着十分丰富的治国理政的历史经验"的刘基官道、官德是中华传统政治文化资源的重要组成部分。在新的历史时期，我们应该继续学习并弘扬刘基官道、官德思想中以人为本、坚持正义、廉洁自律、秉公执法的合理内核与基本精神，"从中获得精神鼓舞，升华思想境界，陶冶道德情操，完善优良品格，培养浩然正气"。

【作者简介】 张宏敏，浙江省社会科学院哲学所副研究员、博士。

---

① 人民网，http://politics.people.com.cn/GB/1024/9294704.html.
② 新华网，http://news.xinhuanet.com/politics/2011-09/01/c_121949418.htm.

陶奭龄年谱简编

李会富

【摘要】 陶奭龄是明代后期的知名学者,是阳明后学之一,与其兄陶望龄并称"二陶"。目前学界对陶奭龄的研究比较欠缺,即使有论文涉及陶奭龄,也显得比较肤浅,不成系统。从梳理陶奭龄的著述和生平经历入手,为陶奭龄研究打下基础,不失为一条途径。《陶奭龄年谱简编》对陶氏的一生行迹做了系统整理。对相关诗文的写作年月做了考订。

【关键词】 陶奭龄 年谱 今是堂 陶望龄 袁宏道

陶奭龄(1571—1640),字君奭,一字公望,号石梁,晚年自号柴桑老人,明代浙江承宣布政使司绍兴府会稽县陶家堰(今浙江省绍兴市越城区陶堰镇陶堰村)人。其先祖陶岳于元季自绍兴府城陶家坊迁至城东四十里之陶家堰南渚间,是为陶家堰堰南陶氏始祖。岳生义,义生仲濂,仲濂生善,善生璇,璇生愫,愫生试,试生廷奎,即奭龄祖。廷奎生子三人:长曰惟学,字子殖,号少塘;季曰幼学,字子行,号晴宇,嘉靖二十八年己酉科举人,三十八年己未科进士,官至云南左布政使;仲曰承学,即奭龄父。承学字子述,号泗桥,正德十三年生,嘉靖二十二年癸卯科举人,二十六年丁未科进士,授中书舍人。二十九年庚戌,选为南京湖广道御史。三十五年丙辰,出任徽州知府。三十九年,转江西按察副使,视兵九江。后历任湖广参政,福建按察使,广东按察使,河南左布政使,太仆寺卿,应天府尹,南、北大理寺卿,工部侍郎,至南京礼部尚书致仕,卒赠太子少保。生子五人:长子与龄,次子益龄,三子望龄,四子奭龄,五子祖龄。据《歇庵集·亡兄虞仲传》,望龄有一孪生兄弟名高龄,早夭。与龄字德望,号石堂,万历十三年领应天乡荐。望龄字周望,号石篑,万历十七年进士第三人,授翰林院编修,历官左春坊左中允、左谕德兼翰林院侍讲,以国子监祭酒致仕。

隆庆五年辛未（1571），一岁

十一月二十三日，母董氏生奭龄于会稽家中。

按，《赐曲园今是堂集》卷九《六十初度豫章舟中书示肇儿》云："天开穆皇岁辛未，子月辛巳吾以降。""穆皇岁辛未"即隆庆五年。"子月"即十一月。又据《明穆宗实录》卷六十三有"隆庆五年十一月己未朔"云云，则知十一月之"辛巳"日为二十三日。

又考清陶际尧编修《会稽陶氏族谱》卷三所录《广东肇庆府推官陶奭龄父母诰命一道》有"尔累封夫人董氏，乃广东肇庆府推官陶奭龄之母"云云，陶式玉《济宁州知州石梁公传》亦云"癸卯，领乡荐。计偕，拜母董夫人、兄文简公于京邸"，可知奭龄母为董氏。

又据《明穆宗实录》卷五十五，隆庆五年三月"升山东布政使司右布政使陶承学为河南布政使司左布政使"。是年，承学赴任河南。陶奭龄《先兄周望先生行略》云："先大人以左方伯之官河南，携家自随。族祖母王贫且寡，誓不二庭。先大人绝怜重之，令太夫人视犹母，偕之官，中道病殛。太夫人将与偕返，问先生曰：'若从父邪？从母邪？'"由此可知，董氏未至开封，中道返越。故奭龄当生于会稽家中。

是年，伯兄与龄二十二岁，补会稽县生员，掌理家务。仲兄益龄十二岁，三兄望龄十岁，皆随父居官衙。

隆庆六年壬申（1572），二岁

八月，父承学擢太仆寺卿。十月十九日，承学赴任至都。二十日，复迁应天府尹。见陶望龄《先考行略》，《明神宗实录》卷四、卷六。

万历元年癸酉（1573），三岁

十月，父承学由应天府尹升南京大理寺卿。见《明神宗实录》卷十八。

万历二年甲戌（1574），四岁

万历三年乙亥（1575），五岁

五月，父承学改大理寺卿，十一月改工部右侍郎。

万历四年丙子（1576），六岁

二月，父承学改刑部右侍郎，六月改本部左侍郎。

万历五年丁丑（1577），七岁

万历六年戊寅（1578），八岁

三月，父承学升任南京礼部尚书。

是年，三兄望龄补邑弟子员，致力于古文词。奭龄随兄左右，或有所闻。

陶式玉《济宁州知州石梁公传》云：奭龄"幼岐嶷，有大志，与石堂、文简两兄相师友，学先行谊，不沾沾文艺为也。"

万历七年己卯（1579），九岁

万历八年庚辰（1580），十岁

是年，三兄望龄就婚于商家燕邸。

按，会稽陶、商皆为望族，世有联姻。据《先兄周望先生行略》《祭酒陶先生传》，时商为正"方以御史持节，校士三辅"。望龄"既处甥馆，得尽阅都人士所为文。即燕尔之初，日弄文笔，浃旬遂成帙焉"。

万历九年辛巳（1581），十一岁

是年京察。父承学因逆张居正意，于二月以南京礼部尚书致仕。

三月，仲兄益龄病卒，时年二十二岁。三兄望龄闻信，悲不自胜，自燕返越。

万历十年壬午（1582），十二岁

是年，三兄望龄罢试，复之北京，受业于携李黄洪宪之门。

万历十一年癸未（1583），十三岁

万历十二年甲申（1584），十四岁

是年，三兄望龄复自燕返，补试于睦州，被浙江提学副使林偕春（号儆庸）置为案首。

万历十三年乙酉（1585），十五岁

是年秋闱，伯兄与龄举于南京，三兄望龄以第二人举于浙江。奭龄益奋力研读五经四子。

按，陶式玉的《济宁州知州石梁公传》云："万历乙酉，石堂荐应天，而文简魁于乡。公益攻苦，奋励研极，五经四子书，穷其旨趣，下至史传嘉言懿行，考索力践，日惟不足。"

万历十四年丙戌（1586），十六岁

万历十五年丁亥（1587），十七岁

万历十六年戊子（1588），十八岁

万历十七年己丑（1589），十九岁

是年，奭龄在越修举子业。三兄望龄春闱高中，学有所悟。奭龄以所作时文，千里遗书，求教于兄，受作文之道，得举业之义。

按，去年秋，伯兄与龄、三兄望龄赴京应己丑会试。至己丑二月礼闱，与龄落选；望龄得中会元，三月廷试，赐进士一甲第三人，授翰林院编修。先是，奭龄补弟子员，尝受学于何先生，且追随二兄。至是，望龄登第，奭龄益致书请教焉。望龄勉其谦谨勤学曰："金人白圭，可为良规。居斯世者，惟重密可以免。弟子之职，尤以谦退为本……何先生长者，可法。其谈说，多有自得，当虚心领受。"又曰："少年学文，正宜直寻旁讨，多读古书，多看时贤名笔，浸灌日久，范我驰驱，自是秀颖特达，不可自缚逸足，反慕驽马也。"讲解举业之义曰："举子之义，当先入体局，调其气脉，使修短适节，疏密称情，然后运之以新藻，行之以古词。"传授作文之道曰："作文之道，虽以平粹为体，然必钩深极远，出之浅近。若因循陋辙，自称捷径，一涉熟烂，不复可振救矣。"又曰："吾论文亦有二种，但以内外分好恶，不作奇平论也。凡自胸膈中陶写出者是奇是平，为好；从外剽贼沿袭者非奇非平，是为劣。……自古不新不足为文，不平不足为奇。镕范之工，归于自然，何患不新、不古、不平、不奇乎？时文虽小伎，然有神机，须悟得之。能悟者，看一句书明，经书皆明；读古人一篇文字，得其机杼，全部在是；作一篇文，便如百十篇。"其文详见《歇庵集·登第后寄君奭弟书五首》。

时，望龄与同年焦竑友。竑，字弱侯，长望龄廿二岁，尝师事耿定向，尤推尊李贽，主三教会通、以禅杂儒，登第前已名满天下。己丑开科，竑为一甲第一名，授翰林院修撰。同馆诸人多受其影响，思想为之一变，禅悦之风兴起。望龄亦"与焦弱侯修撰读书中秘，朝暮相激励。于是薄文人习，颛力圣贤之学"（黄汝亨：《寓林集·祭酒陶先生传》）。故其与书奭龄，一则勉其致力举业，勤于用功，谦谨为学，一则劝其勿执着功名、陷溺时文，宜早悟性命之学。其言曰："向时迷陋，视一科名为究竟地，政如海狮妄认鱼背，谓是洲岸，真可痛也。弟聪明，应早悟此，勿似而兄。"

是年，奭龄与时任江西按察副使张一坤之女成婚。

按，陶望龄《歇庵集·登第后寄君奭弟书》有云："岁里得信，知弟已就姻，殊慰。既已有室，又处甥馆，甚非髫年比，须凡百谦谨为上。"据此知，奭龄成婚在是年。

又，《会稽陶氏族谱》世系卷云，奭龄配布政张一坤女。一坤山阴人，万历二年甲戌科进士，曾任山东按察副使、江西按察副使、江西右参政、云南按察使、广东按察使、江西右布政使。据《明神宗实录》卷二百一十，是年四月，一坤除江西按察副使。

万历十八年庚寅（1590），二十岁

万历十九年辛卯（1591），二十一岁

四月，伯兄与龄卒。七月，三兄望龄告病回籍。嗣后，奭龄与之终日论学，读书析义，寒暑勿辍。至甲午望龄赴京补原职，二人仍以书信往来论学。

万历二十年壬辰（1592），二十二岁

万历二十一年癸巳（1593），二十三岁

万历二十二年甲午（1594），二十四岁

万历二十三年乙未（1595），二十五岁

是年，奭龄在家修习文辞，因心厌时弊，思力洗之，遗书求证于三兄望龄。又钻研佛经，暇时为母董氏讲解佛法。望龄劝其读《楞严》《圆觉》。

先是去年甲午，望龄奉父命诣阙，补原官。至是乙未，奭龄以为时文之弊在好求奇丽，因与书望龄云心厌时弊，欲以平淡洗之。望龄书曰："文之平淡者，乃奇丽之极。今人千般作怪，非是厌平淡不为，政是不能耳。""切忌舍奇丽而求平淡，奇丽不极，则平淡不来也。"又以为，以平淡洗时文之弊固好，然若务求平淡，失之枯寂，则恐难动人目，不能中第。况科举时文本是"打门瓦子"，意在谋求一第，故不必对其时弊太认真。真正为学之道，当在发明自家心性，只信得自家便是，切勿往外驰求，与自生退屈。时母董氏读《坛经》，学佛法。望龄因曰："我母若直下信得自家是佛，每日礼拜持咒与量柴数米，俱是自己佛光明、自己佛妙用，无是无非，无二无别。只此便无生死，便无涅槃，便无凡夫，便无诸佛矣。吾弟可以此意时常宣说。《坛经》外，惟《圆觉经》直截明白，弟可顺文解说与母亲听之。"又曰："暇时于《楞严》《圆觉》当时时钻研，不可放过。"其言详见《歇庵集·甲午入京寄君奭弟书》。

万历二十四年丙申（1596），二十六岁

九月，随兄望龄赴苏州，会袁宏道，剧谈五日，偕览太湖，游洞庭山，七日而还。

按，奭龄结识公安袁氏兄弟，皆因其兄望龄。望龄识袁氏，始于万历己丑入选翰林。时袁宗道为翰林院编修，宏道会试不第，与兄同居。望龄与宗道同馆任职，皆交于焦竑。未几，宗道回公安，望龄返越。至甲午冬，二人皆诣阙补原官。明年乙未春，同任会试同考官。至是，望龄与袁宗道及同馆黄辉、王图、顾天埈等朝夕相处，游览寺观，结社作诗，研读内典，同修性命之学，大有诣入，尤与袁宗道、黄辉相契相赏。其与奭龄书曰："吾近与袁伯修先辈及同好三四人游从甚密，虽未能了当大事，而受益不浅。且消释拘累，共逃于形骸礼数之外，可谓极乐。"

先是宏道于甲午冬赴京谒选，乙未二月出京赴任吴县令。十月，望龄复请告归，道吴，与宏道语三日，饮中语及后会，时方食橘，因曰："予俟此熟来游洞庭。"至丙申夏秋中，宏道来书申前约。望龄"遂以九月之望发山阴，弟君奭、侄尔质、曹生伯通、武林僧真鉴皆从"（陶望龄：《歇庵集·游洞庭山记》）。此次访吴，奭龄随兄而行，一则游览山水，赋诗作文，一则商讨性命之学、禅门要义，消除闻见之累。兄弟二人见宏道后，"剧谈五日，已乃放舟五湖，观七十二峰绝胜处，游竟复返衙斋，摩霄极地，无所不谈"[1]。语及永明延寿，论《宗镜录》之义，豁然有深省处。其游览行程，详见望龄《游洞庭山记》与宏道《锦帆集》。奭龄亦作《太湖》《石公山》《大小龙山》《从周望访吴令袁中郎抵金阊人无知者戏书》《游洞庭山还示吴令袁中郎》诸诗

---

[1] 钱伯城笺校：《袁宏道集笺校》卷六，上海古籍出版社2008年版，第289页。

记此行。经此次随兄访吴，奭龄得以结识宏道，二人相互赏识。是年，宏道与其兄宗道书称赞奭龄"爽朗轩豁，大有我家三哥风"①。

又按，望龄《游洞庭山记》记其行程云："丁巳抵苏，止开元寺。中郎方卧疾新愈，谈于榻之右者三日。壬戌，始渡胥口，绝湖八十里，登西山，宿包山寺。癸亥，步游毛公坛、林屋山，昇至天王寺宿。甲子，取径西小湖，登缥缈峰，下宿上真宫。乙丑，游大小龙山，以小舟横两湾而渡，遂跻石公，回宿包山，谋以次日往游东山以归。丙寅，东北风大作。明日，雨。又明日，大雾，欲去不可。雾稍霁，舆而行湖滨，去湖咫尺不能辨湖水，循大明湾，始见日，遂至消夏。时忻州守蔡公使人饷之包山。饷者道遇，遂入谒饮焉，宿其弟上舍斋中。明日，登飞仙，犯舟憩众安洲上，相与至寺，携具酌之。诘旦，始涉湖而返，距其往七日矣，而竟不及东方。"据此，奭龄兄弟于九月丁巳即九月二十四日抵达苏州，与宏道谈五日②，至壬戌即二十九日始出游，十月六日涉湖而返。

万历二十五年丁酉（1597），二十七岁

二月至五月，与兄望龄赴杭州西湖与袁宏道相会，偕游西湖名胜。已陪宏道返越，登西施山、吼山，探禹穴，吊六陵，游贺监池，经山阴道，赴诸暨，览五泄之胜，至玉京洞而返。经余杭，至于潜，登天目山。趋新安，游齐云而还。其事详见宏道《解脱集》、望龄《歇庵集》。

按，据宏道《解脱集》，二月十四日宏道携黄国信（字道元，永嘉人）、方文僎（字子公，新安人）先至西湖。"至十九日，石篑兄弟同学佛人王静虚至，湖山好友，一时凑集矣"③。在杭州，诸人游湖心亭、灵隐路、灵峰、龙井，会虞淳熙、淳贞兄弟，至天真书院观阳明讲学处。游览中，望龄向宏道言及诸暨五泄之胜，因自杭趋越。道萧山，游湘湖。至会稽，登吼山观石壁，探禹穴，游西施山，吊六陵，游贺监池、兰亭等地。奭龄兄弟时为地主，诸人或信游名胜，或宿居陶家，相游十余日，始自山阴道，赴诸暨，入青口，观五泄。陶望龄《歇庵集·游五泄六首·第五泄》云："万历丁酉三月廿日，公安袁宏道、歙方文僎、山阴王赞化、会稽陶望龄、奭龄同游。"据此知，奭龄至五泄为三月二十日前后。王赞化（字静虚）"曾习定五泄三年"④，对五泄知之极详，为诸人导游。游五泄罢，赞化因访李贽而去，奭龄则与其余诸人同赴洞岩山，游玉京洞而返。经余杭，至于潜，登天目峰顶，宿幻住寺⑤。明日下山，宿双清庄。时偕游者多天目诸寺僧，相与谈禅论道。后陶、袁诸人自天目奔齐云。经歙县，为徽州知府陈所学（字正甫）所留，纵谈三日。客潘之恒（字景升，一字庚生，歙县

---

① 钱伯城笺校：《袁宏道集笺校》卷六，上海古籍出版社2008年版，第279页。
② 按，《游洞庭山记》云"谈于榻之右者三日"，"三"或为"五"字之讹。
③ 钱伯城笺校：《袁宏道集笺校》卷十，上海古籍出版社2008年版，第422页。
④ 同上书，第448页。
⑤ 按，陶望龄《歇庵集》卷十《联峰上人创庵疏》云："万历丁酉，余与吴令袁中郎游天目，礼三祖师塔，徘徊幻住、开山之间，信宿而去。"

人）家，东西南北名士凑集者不下十余人。至休宁，逢梅守箕，登齐云山而返。下新安江，经严子陵滩，至西湖，过云栖寺，见莲池上人。时莲池以净土为宗，倡禅净不二，主心净土净。奭龄兄弟多受其说，终生奉行。奭龄在西湖，别袁宏道，随兄望龄归越。

是游，越三月余。奭龄随兄望龄及诸友人，遍游吴越名山胜水。禅侣诗朋，芳园精舍，新茗佳泉，甚为畅意。时望龄喜参禅，间一为诗。宏道喜为诗，间一参禅。奭龄随其左右，受其影响，参禅作诗，多效法之。《吹篴集》中《人青口效中郎体》《第五泄》《玉京洞》诸诗，皆作于游览途中。宏道于时以为"一灵真性，亘古亘今"①，主张作诗当"独抒性灵，不拘格套"②。望龄亦持此说。宏道之资近狂，故以承当胜；望龄之资近狷，故以严密胜。"两人递相取益，而间发为诗文，俱从灵源中溢出，别开手眼，了不与世匠相似。"③奭龄从二人游，作诗立意新颖。宏道《喜逢梅季豹》诗称："越中有二龄，解脱诗人趣。立意出新机，自冶自陶铸。"④ 望龄亦称奭龄"能诗颇胜其兄"（陶望龄：《歇庵集·与袁石浦》）。

七月赴杭，应乡试不中。归，与僧湛然相交，得力为多。

按，袁宗道是年曾修书寄陶望龄，其中有"令弟今秋倘得俊，偕计入都，可得晤谈矣"⑤云云。据此可知，奭龄曾参加是年乡试。又，奭龄《吹篴集》有诗题曰："旧闻西湖七月半，虎丘八月半，游者多于春。今年缘试事，得先期至武林，而毒发左股，至不可移动，卧于湖滨，如隔山海，兼月复昏黑，兴益索然。俄云渐开驳，有人相勉以行。卧小舟，至陆祠前，船若鱼集矣。流星烟火，目不周视，流歌吹声，水为之波，至三鼓始归，忘其身之病也。"又《憩阴集·行父浩生乳周路叔长吉淑先群从醵饮玻璃园邀看湖灯在坐为竟心兄及余弟钱祖时癸亥中元夕也》小注云："万历丁酉中元夕⑥，陪竟心兄、浩生侄看灯西湖。予时疡生于左股，扶掖就小艇，偃卧竟夕始返。诎指遂二十七年，今二老丰神俨然如昨。"可知，奭龄至杭后，毒发左股，病不能行。又，乡试开考在八月上旬，奭龄"先期至武林"，于七月十五日晚游西湖。

奭龄乡试不中，作《弃置》诗二首，发其失落之意。其二曰："一座至公堂，千重太行山。三度行不彻，十年劳跻攀。咫尺云雾迷，竟不窥山颜。弱骭苦欲折，马悲仆夫叹。坑谷愁性命，忍泪不敢潸。却下到平地，回望方汍澜。行路信不易，行山难又难。"据其中"三度行不彻"一句可知，此次落榜盖为奭龄第三次乡试落榜，此前甲午、辛卯两科奭龄亦应试落榜。又据"十年劳跻攀"一句可知，奭龄进学为生员或在万历十六年前后。

---

① 钱伯城笺校：《袁宏道集笺校》卷十一，上海古籍出版社2008年版，第489页。
② 钱伯城笺校：《袁宏道集笺校》卷四，上海古籍出版社2008年版，第187页。
③ 袁中道：《吏部验封司郎中中郎先生行状》，《珂雪斋集》卷十八，上海古籍出版社1989年版，第757—758页。
④ 钱伯城笺校：《袁宏道集笺校》卷九，上海古籍出版社2008年版，第387页。
⑤ 袁宗道：《白苏斋类集》卷十五，上海古籍出版社1989年版，第214页。
⑥ "丁酉"原文误作"乙酉"。按下文有"诎指遂二十七年"云云，癸亥前二十七年为丁酉，今据改。

先是奭龄兄弟与袁宏道游览云门诸寺，湛然时住云门广孝寺，以地主身份与之同游。至是，秋闱落第归家，往来于陶堰、云门之间，从湛然处多有所得。奭龄《会稽云门湛然澄禅师塔铭》尝云湛然"中年以来，耳根几断，而应机迅捷，受命如响。所交缙绅皆当代名士，而与余兄弟特善"，又称自己"所以获管窥兹事，得师力为多"。

万历二十六年戊戌（1598），二十八岁

春，与兄望龄在家参禅。

按，袁宏道《答陶石篑编修》有"得来札，知两兄在家参禅"①云云。

初夏，随兄望龄游于杭州，僧无念自南京来，与之同游。

按，先是己丑会试主考官、时任南京礼部尚书王弘诲（号忠铭）来杭，望龄携弟奭龄及二三门人赴杭拜谒座师。适逢焦竑因遭劾谪官而与李贽自北京同舟归南京。僧无念深有师事李贽，亦在南京。望龄素仰慕李贽，欲请无念来杭相会，因写信给焦竑曰："闻无念禅师久在斋头，弟甚思一会，今寓书期之。其行止之计全决于尊兄，千万怂恿一促其行。"（陶望龄：《歇庵集·与焦弱侯年兄二十七首》）无念来杭后，奭龄亦得与之相交游。《今是堂集》有《与诸君陪无念禅师游九井，中道遇雨，九井近多虎啖人》诗，便记述了他与无念等人一起出游的情景。《歇庵集》有《端午日，无念师、二詹生、吴生同集斋中，偶看坡公汁字韵诗，戏效韵五章，末章呈，似念公》诗，《今是堂集》有《端午日与周望戏和东坡汁字》诗，皆为他们是年端午相聚所作。后因李贽染病，派人命无念回南京。奭龄作《送无念师之白门》诗，与兄望龄送行。

六月初三，父陶承学卒。奭龄与兄望龄、弟祖龄治丧如礼，共寝垩室中，读礼之余，静然相对而已。

按，《歇庵集·与焦弱侯年兄二十七首》有"弟自杭奔回，势已甚亟，遂不可疗，延八日而逝，时六月三日也"云云，可知奭龄兄弟于五月下旬自杭抵家，后八日而承学卒。

《先兄周望先生行略》曰："戊戌，先大人弃养。先生率奭龄、祖龄治丧如礼，共寝垩室中，读礼之余，静然相对而已。"

先是，三兄望龄归家，陶氏宗人子弟为阳辛会社，研习时文，以望龄等善为文者主讲，奭龄与会。至是，承学卒，奭龄兄弟因缺席讲会。

按，望龄《歇庵集》有《阳辛会稿序》一文，记阳辛会社事。又，清陶际尧修《会稽陶氏族谱》卷二十四《艺文志下》所录《阳辛社草》下，以小注标其作者："吾宗十六人：允嘉、允亮、万龄、安龄、修龄、奭龄、乔龄、昌龄、桂龄、荣龄、崇敬、崇义、镕、鉴、崇道、崇谦。亲友同社者十三人：谢启迪、董人凤、谢启廷、何光道、商雏源、商周初、范继业、范继益、罗元宾、朱榜、范继庄、詹从涑、詹从泣。"此处

---

① 钱伯城笺校：《袁宏道集笺校》卷二十一，第733页。

所记陶氏子弟、亲友二十九人，当皆为阳辛会社成员。

是年，袁宗道与陶望龄书信往来多通，谈论看话禅，品评诗文。奭龄或得以阅读，参与讨论。是秋，三袁兄弟在北京城西崇国寺结蒲桃社。

万历二十七年己亥（1599），二十九岁

是年三月十七，朝廷赐父承学祭葬，葬于洞浦。闰四月十一，赐承学妻王氏并祭袝葬。五月初四，赠承学太子少保。俱依《明神宗实录》。

《康熙会稽县志》卷十五《祠祀志中·墓》云："陶恭惠承学墓，在洞浦。谕葬。"

秋，随兄望龄陪莆田黄起龙（号雨石）、宣城梅守箕（字季豹）游云门、禹穴，同赴杭游西湖。

按，奭龄《今是堂集·吹篾集》中有《孟秋与何、谢诸子陪莆田黄雨石、宣城梅季豹重游云门》《同黄、梅诸公寻任公子钓台》《游云门赠宣城梅季豹父子》《同大行黄君渡钱塘江，是日潮平风静，客犹有惧色，聊作诗以解之》《梅季豹每称，杨子江真天堑，浙江衣带耳，不足畏也，戏为说潮头之恶以惧之》诸诗，望龄《歇庵集》有《梅季豹见访同为云门禹穴之游诗赠其行》《与季豹游云门》《秋日陪黄雨石大行游西湖赋赠》诸诗，梅守箕《居诸二集》有《黄雨石使君同游会稽志赠一首》《禹穴同黄雨石使君、陶太史、谢宛委、王广文》诸诗，皆记此游。

是年，幼子阿照、阿师卒。

按，《今是堂集·吹篾集》中有《哭阿照阿师》《哭阿照》两诗。据两诗编排次序，两诗或作于是年。

万历二十八年庚子（1600），三十岁

夏，与兄望龄游西湖。

《今是堂集·吹篾集》有《前月与葛公旦期于白塔寺，至则行矣，夏至前一日，适与杭僧支幻憩焉，公旦竭来，遂相携归舍，公旦志喜有作，属而和之》《葛公旦题壁》《上望海楼招来道之同宿戏赠》《西湖夜帆》《重宿胜公房有赠胜公精茗事》《灵隐寺六月闻莺》《湖楼夜恶雨》《湖上送王广微归宣城》《飞来峰上看月赠汤霍林》诸诗，记其行。

九月，周汝登来访，共举证修会。

《海门先生文录·越中会语》曰："己亥季秋，（海门）先生同石匮陶公及郡友数十人共祭告阳明之祠，定为月会之期，务相与发明其遗教。"

按，此前，奭龄兄弟与汝登已相交多年。汝登以存饩羊、传道统为己任，奭龄兄弟甚推尊之。《先兄周望先生行略》有云，万历十二三年，望龄"复请告返越，道吴，从吴令袁中郎语三日。上剡溪，谒海门周子。嗣是咨请扣击，往来靡间。然每自指膺曰：'吾此中终未稳在。'一日，读方山《新论》，手足抃舞，趋语奭龄曰：'吾从前真自生退屈矣。'戊戌，先大人弃养。"此说将陶望龄首谒周汝登之日定在道吴见袁宏道之后、戊戌年之前，然并未说明在何年何月。后世陶望龄各传记多摘录此文。今人或有据此以为望龄首谒汝登在万历二十三年者，则误矣。考望龄请告归越在万历二十三年十月，时汝登在任南京吏部主事。据《海门先生文录·祭亡女文》，汝登于万历二十四年十二月二十六日仍在南京。故万历二十三年、二十四年皆无所谓"上剡溪，谒海门周子"之事。据《明神宗实录》卷三百〇六，万历二十五年正月，"升南京吏部主事周汝登为广东佥事，专管屯田、盐法、水利"。又据《海门先生文录·书觉音卷》，汝登在万历二十五年十月入粤任职，万历二十六年孟夏之吉离粤北上。据此，《行略》所记"上剡溪，谒海门周子"之事当在万历二十五年汝登离开南京之后、赴粤上任之前，此时汝登当在嵊县家中。至万历二十六年汝登归家，望龄兄弟得以再次与汝登相见。"万历己亥春二月，望龄访海门先生于剡，相与泛舟曹娥江。"（陶望龄：《歇庵集·题周双溪先生遗训卷》）此后，汝登邀望龄、奭龄兄弟共举会讲，会址在阳明书院。其寄书奭龄兄弟曰："阳明书院之会，望二丈俨然临之。越中一脉，难令断绝。纵饩羊，亦且惜而存之，况未可尽谓饩羊也。"① 奭龄尝寄信汝登，以为"作队成群，有所不必"，似乎对参会并不主动。汝登回信劝说："来谕谓：'作队成群，有所不必。'则窃以为太自限隔。鄙意尤欲吾兄广此一步……联群之会，关吾道之流行、人心之习尚，未可便以为饩羊而去之也……愿丈出而振作此会，为后来人作前导，为吾道计无穷，方为大善知识之运用也。"② 此会由汝登、望龄共为盟主，奭龄参与。至万历辛丑，望龄赴京任职，奭龄仍时与汝登相会。汝登亦甚为赏识奭龄，尝对从学者云："近来学道者多，真切者少。即真切，而又有走叉路者。脚踏实地，力明正宗，在我辈任之耳。百凡须从节省。不俭，则后难继；难继，则称贷必多；称贷多，则必不能为好官。凡此就世法论之。若论学道人，则须不移不淫。有一毫改样，俱不可也。陶石梁兄真可作法，凡事必师之。"③

万历二十九年辛丑（1601），三十一岁

是年秋，兄望龄奉太夫人，携幼弟祖龄，入京师，复补原官。无何，转太子中允，撰述制诰。

万历三十年壬寅（1602），三十二岁

三月十五日，李贽自刎于狱中。二十六日，兄望龄由左中允升左谕德，兼翰林院侍讲。

按，《万历起居注》云："（万历三十年三月）二十六日戊子……左中允陶望龄量升左谕德，右中允庄天合量升右谕德，俱兼翰林院侍讲。"④

万历三十一年癸卯（1603），三十三岁

秋，赴杭应乡试，中举。时望龄典试应天。冬，奭龄随兄赴京应明年会试。

---

① 周汝登：《与陶太史石匮及石梁文学》，《东越证学录》卷十，明万历张元忭刻本。
② 周汝登：《与陶石梁》，《东越证学录》卷十，明万历张元忭刻本。
③ 周汝登：《与范孟兼（又）》，《海门先生文录》卷十，明万历张元忭刻本。
④ 《万历起居注》第7册，北京大学出版社1988年影印本，第446页。

据《明神宗实录》《歇庵集·癸卯乡试录序》载，是年七月，命左春坊左谕德兼翰林院侍讲陶望龄、右中允管国子监司业事周如砥往应天，充正、副主考官，主持应天府乡试。

《先兄周望先生行略》云：是秋，望龄"以左春坊左谕德兼翰林院侍讲典试留京。事适竣，而奭龄亦滥举浙闱，遂间归，携以报命，拜太夫人于邸中。太夫人为之粲然一笑"。

《今是堂集·吹籁集》有诗《贺山阴余侯考成。侯始至，构亭山间，曰云来，公余辄游息其上》，其序云："癸卯冬，从家兄北上，登金山，看月妙高台。舜仲续至，一见，神观耸然。余两人托契始此。"余懋孳字舜仲，婺源人，陶望龄所取癸卯应天乡试举人，一同赴京应试，与奭龄相契，后为山阴县令，刻《歇庵集》。

万历三十二年甲辰（1604），三十四岁

春，在京，会试不第，在兄望龄邸居。

七月，辅臣朱赓七十寿诞，代兄望龄作《寿金庭相公七十排律百韵》。

八月，望龄请告回籍，奭龄亦归，随其居于曹山。

《歇庵集·起国子监祭酒辞免疏》有"臣浙江绍兴府会稽县人，由进士历官左谕德，于万历三十二年八月请告回籍"云云。

按，望龄辛丑入都，以太子中允撰述诰敕，后兼任东宫讲读官，身心交瘁，意甚苦之。时京中掀起攻禅之风，而望龄素好禅。及李贽被捕通州，死于狱中，望龄深感危机，心意已冷，与京中友人相谋，皆有去意。至万历三十一年冬，"妖书"事起，郭正域被陷，望龄力救之，逆辅臣沈一贯之意。时友人黄辉已告病归乡，王道安以使去，又太夫人宿有火疾，在京师久烹煤饮硇，势乃增剧，意亦思归。望龄遂上疏请归。

张岱《陶庵梦忆·曹山》云："万历甲辰，大父（张汝霖）游曹山，大张乐于狮子岩下。石梁先生戏作《山君檄》讨大父，祖昭明太子语，谓'若以管弦污我岩壑'。大父作檄骂之，有曰：'谁云鬼刻神镂，竟是残山剩水！'"石篑先生嗤石梁曰："文人也，那得犯其锋！不若自认，以'残山剩水'四字摩崖勒之。先辈之引重如此。"

《小柴桑喃喃录》卷上云："甲辰都试罢还，谒房师张玄翁于孝乌，缱绻无已。屡辞行，辄加絷维，曰：'非得从心之数，勿言别也。'余奉书云：'老师恩重，欲黾勉于从心；贱子缘悭，殆庶几于知命。'师读之一笑，乃治席郊外，听其归。"

万历三十三年乙巳（1605），三十五岁

是年，读书山中。

《歇庵集·寿詹母江恭人序》："乙巳，二詹生又与余弟君奭同学山中。"

十一月底，诏起兄望龄为国子监祭酒。明年诏至，望龄疏辞不赴，延李楮山于曹山，餐卧一室，共研此道，奭龄与有闻焉。

《明神宗实录》卷四一五云：万历三十三年十一月己亥（二十九日），"起升原任左谕德陶望龄为国子监祭酒"。

《先兄周望先生行略》云:"期年,诏起国子监祭酒。先生上疏……疏闻,诏以新衔在籍……初豫章李楮山以师道自命,先生闻其风而悦之,为作《招隐篇》。逮至越,则筑屋曹山之间,馆之鼎肉。时继人或问其长,先生曰:'其严足检予放,其毅足起予懦。吾不知其他。'寝膳之暇,则与晨夕焉。"

按,据道光《丰城县志》卷十五,李楮山,名廷止,江西丰城人,曾师事罗近溪、李见罗、王龙溪,被龙溪称为"铁脊汉"。

万历三十四年丙午(1606),三十六岁

是年秋,赴京应明年会试。

《今是堂集》卷四《敝裘集》有诗题曰:"万历丙午,偕计北上。初冬过任城,舟胶不得发,与王德符上南池亭子,读杜陵诗,啸咏至晡,浃日然后去。"

是年,弟祖龄入贡太学。

《乾隆绍兴府志》卷六十二《人物志·隐逸》有《陶祖龄传》云:"丙午乡试,闱中欲作元。主者以朱书过楷,心疑之,将置副榜。房考执不可,曰:'吾不忍为此生贬价也。'遂贡入太学。"

万历三十五年丁未(1607),三十七岁

是年春闱,不第。会试前后,在京会见汤宾尹、袁宏道等人。

按,是年袁中道亦参加会试不第,袁宏道在京任职,奭龄与之相会。袁宏道《与陶祭酒》曰:"廿一官相聚无多时,遂别。此番与胖同被落,深可惜。""廿一官"即奭龄(奭龄在陶氏兄弟中行二十一),"胖"即中道。

《小柴桑喃喃录》卷上云:"宣城汤嘉宾,先文简门人也……丁未年余上春官,嘉宾分考,已得旨回避。次日且入帘矣,嘉宾忽过余寓,剧谈久之。余饮之酒,至晡时始去。闱中命题多嘉宾所拟,其意欲以一二相授,而余绝口不及此,故难于发言而罢。"

万历三十六年戊申(1608),三十八岁

万历三十七年己酉(1609),三十九岁

二月,母董氏卒。与兄望龄、弟祖龄守庐,间亦读书。望龄为讲老庄滞意。

《先兄周望先生行略》云:"己酉二月,(太夫人)竟不起。……时奭龄辈与先生(望龄)伏块倚庐如戊戌,痛稍定,间亦阅书。祖龄从,问老庄滞义。先生辄为疏释,率尔之言,遂参玄诣。"

按,望龄讲老庄之语多依焦竑《老子翼》《庄子翼》,后被陶履中编辑成册,于万历四十三年刻印,题曰《老庄解》。

六月,兄望龄卒。

《先兄周望先生行略》云:"先生疾且革,召奭龄曰:'吾生死惟亲幸,葬我父母

之侧。'既奉遗命治椁，而事势偶格，竟陨成言。今将卜壤先垄左右，令神明呼吸可通耳。先生生嘉靖壬戌七月二十二日，卒万历己酉六月十七日，享年四十有八。通籍者二十一年，三以告归里居，共十五年，立朝者才六年耳。"

《康熙会稽县志》卷十五《祠祀志中·墓》云："陶文简望龄墓，在下灶。"

按，望龄于奭龄，即兄即师，对其甚为关心，谆谆教导。奭龄自幼追随望龄左右，一起游览名胜，参加会社，结交僧俗名流，深受其影响。己酉前之奭龄乃望龄之影，己酉后之奭龄乃望龄之续。今望龄逝，奭龄痛失所依，悲切万分。此后多年，奭龄时常回忆兄弟相处之日，屡作诗文怀念。

十二月，二十一日入云门山，与寺僧游。二十九日偕拙师归。

《今是堂集》卷四《问影集》有《腊月二十七日入云门初见梅花》《过妙祯师静室时正病指》《过慈云饭六禺庵主小坐入夜》《登明觉山观千岁宝掌和尚洗骨池有怀墨池参政》《一日遍游诸刹卧念一岁愁苦恍然如梦》《二十九日偕拙师乘竹桴泛若耶以归》诸诗，记云门之行。

除夕，雪中扫墓，作《除夕雪中展墓》诗，缅怀母、兄。

万历三十八年庚戌（1610），四十岁

元日，携拙者登蕺蕽山。

是日作《庚戌元日再示拙公》《晏起》《元日携拙者登蕺蕽山龙池庵》诸诗。

二月会试，因去年母、兄之丧，不赴。

按放榜之日，奭龄作《夜坐偶述是日都试且放榜矣》诗。

是春，校雠《歇庵集》，作《雠歇庵集》诗。

《歇庵集》乃兄望龄之文集。望龄逝后，奭龄保存其遗稿，并对其编辑整理。《问影集》有《雠歇庵集》诗。在奭龄支持下，万历三十八年冬，余懋孳、王应遴刻印《歇庵集》。万历四十年后，望龄门人、时任仁和县令乔时敏再次修订刻印《歇庵集》，奭龄亲自与弟祖龄、谢开美、商濬审阅该稿。

四月八日，游南岩寺。

《问影集》有诗题曰："四月八日，游南岩寺。寺左右四五峰，岩壁皆百仞森矗，沙石琐碎，而垒叠坚好，如岚风吹立剡滩，铸以劫火，使成倾崖，造物者亦复为此狡狯变化。寺隐岩腹，终古不见风雨，屋瓦皆白。于时为浴佛日，乞斋饭乃去。"

是夏，与族兄允嘉（字幼美）、弟祖龄（字籛祖）及张汝霖（字肃之）辈处。

初秋，游吴兴。

《问影集》有《七月七日，玄中先生命饮岘山，冗不及至，薄暮独游，谒三先生祠，次颜鲁公窊尊联句韵寄呈》《游吴兴不复登陆，旅宿小舟而已，忽忆张志和谒颜鲁公有浮家帆宅语，窅然如见其人，遂和渔父歌数阕而去》《吴兴道中作》诸诗，记其行。

十二月初一，《先兄周望先生行略》作成。

万历三十九年辛亥（1611），四十一岁

万历四十年壬子（1612），四十二岁

八月，偕门人俞允谐、陆鸣勋游吴兴。

按，《问影集》有诗题曰："壬子八月，三度至吴兴，重登岘山亭，读窊樽联句，向有次韵之作，及门字而止，乃未得半，盖碑藓竹间，目力所及仅此耳。遂与门人俞允谐、陆鸣勋更次全篇，上玄中夫子。"又有诗题曰："中秋日，偕门人俞汝钦、陆梦鹤游弁山白雀寺，值雨，宿松公房。"

万历四十一年癸丑（1613），四十三岁

春，在京，会试不第，病于邸中。

按，《小柴桑喃喃录》卷下有："余宗有从事京师，非道而多获者。万历癸丑，余都试罢，病卧邸中，其人来视疾"云云。

万历四十二年甲寅（1614），四十四岁

万历四十三年乙卯（1615），四十五岁

春，与好友徐如翰泛海游普陀。

按，《今是堂集》卷二《泛海集》有诗二十首，皆记普陀之游，是集并未写明奭龄普陀之游在何年。然其中有诗《海潮寺》，其序文曰："周望礼大士归，为余言所至梵刹弘丽，当推海潮第一，盖大智师所营。距今十年许，余始一至，则寺已烬于火矣。"考《歇庵集》记望龄普陀之游者有二，一为《题周双溪先生遗训卷》曰："岁甲辰，予复以告还。明年正月，再从先生游，遂涉海谒补陀大士，游益奇矣。"一为《与焦弱侯年兄二十七首》曰："端月之杪，与海门泛海，礼补陀山，相从再旬，甚受其益。"所记皆为万历三十三春正月之事。奭龄《海潮寺》有望龄游普陀海潮寺"距今十年许"云云，由此推断，则奭龄普陀之行当在万历四十三年左右。

又《泛海集·登招宝》有"不睹春涛壮""防春舰作宫"之句，故知此时当为春季。

又《泛海集》有《望海次徐伯鹰韵》《伯鹰丈见携泛海皈礼大士获展诚愿小诗言谢》两诗，故知与奭龄同游者为徐如翰。如翰，字伯鹰，号檀燕，上虞人，万历丁酉举人，辛丑进士，其子徐廷玠娶奭龄之女。

秋，赴北京应明年会试。

《今是堂集·吴宁集·至吴宁》序云："乙卯，余将上春官，遇丹仲钱塘，信宿于吴山之仁皇寺。临背面，与期：'吾此行不第者，将乞一毡子里矣。'时仲秋之十一日也。"

万历四十四年丙辰（1616），四十六岁

春，会试不第，谒选，授东阳县教谕而归。十一月十一日，入东阳。

自万历三十一年癸卯中举，至今已十有三年，奭龄屡上春官不第。奭龄去年赴试途中即已决定"吾此行不第者，将乞一毡子里矣"。如今果不中，遂"谒选，乞吴宁司教，将因缘了局，便返家山"（陶奭龄：《赐曲园今是堂集·吴宁集》）。按，东阳古称吴宁。奭龄任职东阳教谕之事，见《今是堂集》卷六《吴宁集》。《康熙会稽县志》本传云："授吴宁学博，俗甚浇，作《正俗训》，上台使行之，风为之易。"

万历四十五年丁巳（1617），四十七岁

万历四十六年戊午（1618），四十八岁

春，随县令行春。

《吴宁集·桃源行》序文有"岁戊午，吴宁令云间张侯行春入村落，载余后车，巉岨山行"云云。

冬，北上赴京应明年会试。

按，《敝裘集》有诗题曰"立春日，至新嘉驿，已薄暮，索烛读壁上题有会稽女子三绝句，辞意酸楚，因次韵和之。时戊午嘉平月廿有一日也"。该诗虽未明言此次北上为应试之行，但鉴于明春会试开科，又《敝裘集》所录诸诗多记应试之事，故可推断，此次北行当为应试之行。

又，《吴宁集》有《将北行，留别会中诸同志，次陈仲声韵》诗二首，为临行前留别之诗。时奭龄已教授弟子多年，与诸友人及门人子弟结会社，故离别前对会中同志留诗以勉。

万历四十七年己未（1619），四十九岁

是年春闱不第，归越。

万历四十八年庚申（1620），五十岁

春，再返东阳，任教谕。

按，《吴宁集·闲课》序言有"岁庚申，予重来吴宁，杜门省事，院静如寺，虚闲如僧"云云。

天启元年辛酉（1621），五十一岁

闰二月，陪新任东阳县令贡修龄行春。

《吴宁集·后桃源行》序有云："岁辛酉，利城贡侯视吴宁之二年，闰二月十有六日，邀予寻旧游。肩舁行十五里，至其地。桃花为风景宛如昨日，俯仰遂三年矣。""贡侯"即贡修龄。修龄号二山，江阴人，万历三十一年陶望龄主考应天府所取举人，万历四十七年进士，四十八年选东阳县令，奭龄好友。

冬，隳官归休。

按，《吴宁集》有云："鄙人一旦有投荒之命，遂欲归休。"又有诗《去吴宁留别诸友二律》，其一云："一梦槐柯五见春，门前唯过问奇人……而今归去空相忆，回首烟云易怆神。"其中"五见春"即五年。自万历四十四年任东阳教谕起，过五年，当在天启元年。

天启二年壬戌（1622），五十二岁

天启三年癸亥（1623），五十三岁

是年赋闲在家。二月十四日，赴法华寺会湛然禅师。

七月十五，与兄弟子侄辈数人醵饮玻璃园，看湖灯。

《憩阴集》有诗题曰："行父、浩生、乳周、路叔、长吉、淑先群从醵饮玻璃园，邀看湖灯，在坐为竟心兄及余弟篯祖，时癸亥中元夕也。"

是年，贡修龄以东阳令考最，至会稽拜望龄祠。奭龄迎之曹山，信宿而别。

《憩阴集·怀德抒诚缄寄贡二山明府》题注云"二山，先周望门人，以东阳令考最，至会稽拜先兄于祠。余迎至曹山，信宿而别"。

天启四年甲子（1624），五十四岁

秋，随徐如翰舟北上，应明年会试。

按，《敞裘集》有诗题曰："万历丙午，偕计北上。初冬过任城，舟胶不得发……今来寄载徐伯鹰舟，重过其地，追数昔游，宛如昨日，时天启四年九月十四日也。"又有诗题曰："路叔谏议列班行十日，即上封事忤旨，又三日以遣行，夷然就道，计出入春明门才二十有二日耳。余壮其意，而悲其往来之挈挈也，诗以为饯，且征牵复之期。时天启甲子长至后十日。"以上两诗表明，奭龄天启四年再次赴京应试。

天启五年乙丑（1625），五十五岁

是年会试不第，归会稽。

是年，起补余杭教谕。

按，《今是堂集》卷七《苕川集》所录三十二首诗，记奭龄在余杭之事。又，《吴宁集·再赠门人于司直》小注有云："万历丙辰乞一毡，今天启乙丑尚补原职，欲类子云矣。"可知，奭龄起补余杭教谕，当在天启乙丑。该诗又曰："一官三世仍执戟，客来献嘲玄尚白。十年环堵学明经，师亦何尝蓝谢青。""一官三世"，或指其两次任东阳教谕后，再任余杭教谕。《康熙余杭县志》本传称奭龄"由举人天启四年任邑教谕""天启四年"当误。

按，除任东阳、余杭县学教谕外，《会稽陶氏族谱·济宁州知州石梁公传》称，奭龄在任职东阳教谕前曾任建德教谕。《乾隆建德县志》亦载其曾于万历年间任职建德教谕，该书所列陶奭龄传称："陶奭龄，会稽人，夙有文名，万历间来司教铎，启迪多方。故事，诸生有贽仪，力却不受。凡贫而无资者，常召致门下饮食之。迄今遗老犹有道其事者，以为长厚最著云。"《乾隆建德县志》虽然列有陶奭龄传，但其记载较为模糊，并未说明奭龄任职该县教谕的具体时间。其所列任职该县的官宦表，在"教谕"栏中，将奭龄列在万历朝教谕最末一位，置于万历四十四年任教谕的史启英之后。然而，《康熙会稽县志》却并没有关于奭龄任职建德教谕的记载。现存《赐曲园今是堂集》也只有陶奭龄任职东阳教谕、余杭教谕的记载,而无任职建德教谕的记载。且陶奭龄在其诗《张令君索履历以诗系尺牍后答之》之引言中曾总结自己仕途经历云:"鄙人浮沉一官,处百僚之底,署教两邑,司理端州,移守任城,即拂衣归卧。"其中,"署教两邑"当指曾任东阳、余杭两县教谕。该引言并未提及他曾任建德教谕。据此推断,《会稽陶氏族谱》和《乾隆建德县志》关于奭龄任职建德教谕的记载有误,奭龄未曾任职建德教谕。

天启六年丙寅（1626）,五十六岁

是年在余杭,六月作《族谱序》,该文见清陶际尧编修《会稽陶氏族谱》卷首。

天启七年丁卯（1627）,五十七岁

是年三月,升任肇庆府推官。

《今是堂集》卷八《寓端集》有诗题云:"丁卯三月,余新任端李,趋高凉,谒按君,憩太平驿,大雨不得行,一住三日。"《寓端集》诸诗,记载奭龄任肇庆推官时事。

崇祯元年戊辰（1628）,五十八岁

崇祯二年己巳（1629）,五十九岁

崇祯三年庚午（1630）,六十岁

三月,以肇庆府推官考满,晋知济宁州,投劾乞休,未赴任,归越。

《康熙会稽县志》本传云:"迁肇庆推官,辨诬盗,释冤狱,人颂为神明。左辖陆问礼以大计索无状吏,奭龄曰:'南阳实无必欲则无如职者。且说人短长以媚人,奭龄不为也。'又预识陈拱之败,措置战舸,谨守要害,海寇得平。"《今是堂集·闲居集》诗《张令君索履历以诗系尺牍后答之》亦有"中间无非平反冤狱,全活数十百人,宽商寝盗,一二可称"云云。

《寓端集》有诗题曰"庚午三月,以考满趋高凉,再宿太平驿"云云。又有诗《解官》曰:"陶潜乞弦歌,本为三径资。三年寄岭海,伏谒亦已疲。""三年寄岭海",即在端州任职三年。又有诗《庚午除夕》自注"六十岁自岭表罢归,以先一日抵家"。即到家已是除夕前一日。自端至越,历数月,沿途经历记为《归来集》。

《康熙会稽县志》本传云:"晋济宁守,奭龄曰:'陶子面孔,尚堪执手板,引邮官津,奔走车马舳舻之前乎?'驰归不起。"

崇祯四年辛未（1631）,六十一岁

三月三日,与刘宗周在石篑先生书院共举证人社。此后,每月三日一会。奭龄参会情况,见载于《证人社语录》《刘子全书·证人会录》。

按,证人社由奭龄与宗周共同主盟,证人宗旨乃其二人共同主旨。然陶、刘二人思想同中有异,其讲会也渐分为二,奭龄及其弟子随从移于白马山房,宗周转蕺山书院。虽然如此,二人始终互为挚友,不断交流学术。其学术群体之间也并非截然分明,而是互有交叉，相互交融。

是年夏，筑今是堂。

《闲居集》有诗题："今是堂成，梧桐、芙蕖始花，家弟钱祖、君培偕行父、乳周，携觞相集，并投以诗，次韵酬之。"

刘宗周《今是堂集序》曰："今是堂者，先生取渊明《归去来辞》以名读书之所也。"

崇祯五年壬申（1632），六十二岁

是年，辑《证人社语录》。八月，书成，为之题词。

崇祯六年癸酉（1633），六十三岁

九月十九日，作"曹山七老"之会。

《今是堂集·闲居集·曹山七老诗》序文曰："曹山七老者，皆倦游闲退之士、卯弱研席之友、姻娅内外之连。所居或村或郭，相距皆数十里而近。崇祯癸酉九月之十有九日，宿雨新霁，风日清美，各命舟携具，集乎曹山之阳，迭为宾主，四日始去。其人为陈迩道、张懋之、张孔时、董建叔、徐伯鹰、陶君奭、谢简之。人各有作，裒而刻之，续香山洛社之胜焉。"

十二月八日，撰《会稽云门湛然澄禅师塔铭》。

崇祯七年甲戌（1634），六十四岁

崇祯八年乙亥（1635），六十五岁

是年夏，《小柴桑喃喃录》书成。

该书分上下两卷，为奭龄训诫子弟之书。奭龄《自序》曰："《小柴桑喃喃录》者，柴桑老人所以训子姓之言也。既以老而休居，日与子姓聚语。凡身之所经尝，与夫耳目所闻见，及阅古而有获者，即拈以相示。既相示已，随而录之，故语无伦次，重复郑重，喃喃焉似老人之言，故曰《喃喃录》也。"

十二月初四日，有白马山房之会，讲因果之说。

祁彪佳《归南快录》载："（十二月）初四日，季太仓持乃翁书来晤。别即以小舟入城，至九曲，闻讲会仍在白马山，移舟去，诸友毕集。迟午，陶石梁方至。时沈弅如以人须各知痛痒为言，王金如因申习知、真知之辨，石梁称说因果。有陈生者辟其说，弅如为言：'过去、现在、未来刻刻皆有，何疑于因果？'诸友共饭。石梁别予去。"

按，白马山房会期在每月四日。

崇祯九年丙子（1636），六十六岁

六月，刘宗周、王业浩、金兰联名上《荐陶奭龄公揭》，称奭龄为当世第一流人物。

清陶式玉《济宁州知州石梁公传》曰："崇祯丙子，诏京官各举所知。或荐公，刘公宗周谓：'公非守令才。重则正席成均，轻则加衔六馆，庶可展其所学。'与王公业浩、金公兰合辞移吏部，竟寝不行。"按，该公揭载《刘子全书》卷十八。

先是朝廷起召刘宗周，奭龄作《奉送念台先生起趋召对之命》送之。宗周离越后，奭龄在越，为学者盟主。

十一月，入嵊理周汝登丧事，作《海门先生挽章》。

据彭国翔《近世儒学史的辨正与钩沉·周海门先生年谱稿》考证，崇祯九年十一月，"海门葬于嵊，祁彪佳、陶奭龄前往理丧事"[1]。奭龄《闲居集·海门先生挽章》有序曰："海门先生得髓于龙溪子，以缵文成公之绪，主盟斯道，寿考作人。东越僻隅，而海内望为邹鲁。山颓梁坏，岁籥屡更。赐茔既成，诹日发引，四方从学之士会葬如林。奭龄昔从先文简负墙请事，服膺绪论，于兹有年。灵旐俄迁，瞻望靡及，敬抒短韵，以助虞讴。"

是年，董懋中建别墅，治具相召，续曹山七老之会。

按，董懋中，字建叔，号黄庭，会稽人。《闲居集》有诗题曰："董建叔别墅成，地连禹穴，治具召相知数子，续曹山七老之会。"

崇祯十年丁丑（1637），六十七岁

三月初四，有白马山房之会，刘宗周、祁彪佳等与会。

祁彪佳《山居拙录》载："（三月）初四日，与季超兄访张介子，坐谈于新构之精舍。随至白马山房，刘念台、陶石梁两先生皆至。张芝亭举'廓然太虚，物来顺应'之义。王金如问心学入门用功之要。两先生辨难良久，刘以渐、陶以顿，各有得力处。"

是时，宗周辞官归，奭龄主白马山房之会，二人一起切磋学问。

八月二十八日，为徐如翰祝寿。

《闲居集》有诗题曰："寿徐伯鹰大参，时崇祯丁丑之八月二十有八日也。"

是年，为刘宗周六十寿辰作《奉寿刘少司空念台先生六十降辰排律五十韵》。

崇祯十一年戊寅（1638），六十八岁

崇祯十二年己卯（1639），六十九岁

十二月，逝于家，享年六十九岁。明年葬于稽山。

按，奭龄逝日，诸传记皆不载。考祁彪佳《弃录》有云："（十二月）二十五日早，入陶宅吊石梁先生。何书台、张自庵出陪。"可知，奭龄逝在崇祯十二年十二月。

陶式玉《济宁州知州石梁公传》曰："将瞑之夕，犹讲《卫风》一章，端坐而逝，卒年六十有九。刘公率门人哭之。私谥曰文觉先生，与文简公称为二陶。"

《康熙会稽县志》卷十五《祠祀志中·墓》云："陶石梁奭龄墓，在稽山。"

【作者简介】李会富，天津社会科学院助理研究员、博士。

---

[1] 彭国翔：《近世儒学史的辨正与钩沉》，中华书局2015年版，第378页。

张岱诗集四种题记

夏咸淳

【摘要】 张岱诗集的版本比较复杂，在其生前并未刊刻，因此存留于世的张岱诗集都是稿本和抄本。作者在校理张岱诗文集的过程中，曾寻访公私所藏张氏著作，获睹《琅嬛文集》《张子诗秕》等版本五种，这些版本对考察张氏诗文集的流传情况有较为重要的价值。

【关键词】 张岱　诗集　手稿本　抄稿本　转抄本

张岱夙禀颖异，及长，自许慧业文人，一生笔耕不息。年登八十有八，犹结撰骈体宏篇《修大善塔碑》，摛彩铺词，金声玉振。句云："巍峨宝顶，直与日月争光；摇曳金玲，遂使风云借力。"又云："直须进步，莫更回头。"陶庵老人勇猛精进，永不枯竭之才情与创造力沛然如见。老人著作等身，当不下五十余种，涉及经学、史学、天文、历法、地理、医药、文字、音韵、文学、艺术、饮食、博物诸多领域。其中明史巨著《石匮书》（含《后集》）凝聚作者"四十余载"精力，时人推为"当今史学，无逾陶庵"。类书《夜航船》含百科知识，饶有趣味。随笔小品《陶庵梦忆》《西湖寻梦》，脍炙人口，古今独绝，今已盛传读书界，而张子诗文合编《琅嬛文集》亦为读者所爱，一印再印矣。

是集初编于七十岁前后，以后十余年间续补新作。作者于自作极其严苛，备选之稿丛集，积案盈筐，经自己反复筛汰，复请友人王雨谦"痛芟雠校，在十去七"。其时家贫如洗，饘粥不继，付之梓人已成梦想。手稿与誊抄副本，子孙不能保，而为藏家所有，被人辗转相抄。集外大量散帙零篇流落人间者不知凡几，得之者视如珠玑，间有掺入集中者。是故存世《琅嬛文集》有数种不同版本，异文歧出，编排有别，而以诗集为甚。余校理张岱诗文集多历年所寻访公私所藏张氏著述，获睹《琅嬛文集》版本五种，兹就集中诗之部四种略加评介，详考版本异同，尚俟来日。

一 今人黄裳藏《琅嬛文集》手稿本

此本五卷，一册，半页八行，行十八字。首页第一行上题书名《琅嬛文集》，第二行下题作者祖籍与别号、姓名"剑南陶庵张岱著"。虽名"文集"，实有诗无文。诗凡三百零五首，较后出之抄稿本《张子诗秕》多出六十余首，分"古乐府""四言古""五言古""七言长""五言律"，缺七言律、五绝、七绝诸体。无序，并目录亦无，黄裳先生为之补目，且附题记（后收入《黄裳书话》）。有评，未署评者姓名，当是张岱同邑好友白岳山人王雨谦；此本评语与别本《张子诗秕》评语全同，《诗秕》明署"白岳王雨谦评"，故手稿本亦王雨谦评无疑。手稿中圈点、勾乙、涂改处甚多，改后诗稿或有书于另纸，称"改本"，夹于书内，并于手稿后特地注明"改本夹内"。稿中三百余首诗皆用行楷誊写，字字清晰，行行整齐，富于变化，互相掩映，笔致崭截遒媚，引带纤如毫发，与其他手稿如出一辙，而此全本小字行楷尤工致罕见。对之令人爱不释手，不禁感叹张子凡关于著述文艺诸事必倾注全部精神，认真为之，虽书艺小道亦不苟，故其建树多而每臻独绝。细观原诗与改后诗，修改者似为二人，书风迥异也。与作者一致者，定是宗子本人。不类作者手泽，而与王雨谦评语字迹吻合者，则修改者必白岳其人也。遇有显然触冒时忌文网者，即涂改之。如五古《和挽歌词》原诗句云："身虽死泉下，心犹念本朝。目睹两京失，中兴事若何。匈奴尚未灭，魂亦不归家。"改作："身既死泉下，千岁如一朝。目睹岁月除，中心竟若何。平生不得志，魂亦不归家。"雨谦深忧张子因诗得祸，而陷冤狱，尽删激愤露骨之词，更以温和委婉之调，然则作者之初心家国仇民族恨俱泯然不见矣。以后各种版本皆从改后稿抄录，愈见手稿本之可珍，故黄裳先生初得之书肆"不禁狂喜"也。王雨谦改友人诗，不避嫌忌，见不如意者，大肆铅丹，致使原诗面目俱非。如五律《咏方物·浦江火肉》原稿："金华多火肉，尤是浦江精。骨并珊瑚醉，皮同琥珀明。略存烟火气，深得笋蔬情。香味谁堪比，应如兰雪清。"王改本："至味惟猪肉，金华早得名。珊瑚同肉软，琥珀并脂明。味在淡中取，香以烟里生。腥膻气味尽，堪配雪茅清。"张王二人交谊深厚，推心置腹。岱赠雨谦，"鲍叔知我堪自慰"，"文章意气时过丛"。雨谦评岱，"文中之乌获"，"后来之斗杓"。张子虚怀若谷，笃信王子，王子不负友人托付，大有功于张子。人间相与如张王，诚挚友也，斯古人交道之可敬也。《金华火肉》张岱原诗与雨谦改本，互有优长，难分轩轾，后来抄本仅录雨谦改诗，而张岱原稿反成遗佚，但二诗并存于手稿本，故弥足珍贵。尝见张岱手写书稿三种，《瑯嬛乞巧录》《和陶诗》，并此而三，吾与张岱有缘，眼福不浅。

二 国家图书馆藏《张子诗秕》抄稿本

此为诗文合集清初抄本。诗集首行上题"张子诗秕"，版心上题"琅嬛文集"，下题"凤嬉堂"（张岱书室名）。文集首行题"张子文秕"，版心上亦题"琅嬛文集"，下

· 132 ·

题"凤嬉堂"。分之则称"张子文秕""张子诗秕",合之则称《琅嬛文集》。有王雨谦序,作于顺治十七年(1660),张弘(字毅孺,张岱族弟)序,作于顺治六年(1649),及张岱自序,作于顺治十一年(1654)。雨谦与张弘二序相隔十年之久。序既成,选事未止,殆至康熙二十五年(1686),作者八十八岁,始告一段落,距雨谦序又二十余载。《琅嬛文集》成书既艰且长,然犹是未定稿。《诗秕》收诗二百四十余首,不及手稿本四分之一。诗体含四言古、五言古、七言古、五言律、五言排律,无五绝、七绝、七律。分类与手稿本略同,唯增五言排律五首,其中《寒夜闻霜钟》二首,缺第一首,手稿本全收,编入五律,而书眉标明"排律"二字,以示区别。其他脱漏诗什、断章残句还不少,大都可依手稿本补全。《诗秕》与《文秕》中正文、序、评所有文字俱以端楷誊清成册,几无一处涂改,或可付梓行世。此为抄稿本、待刻本,最早诗文合璧本,甚可宝也。张岱赍志以殁及今几四百年,《琅嬛》诗文合集清初抄稿本如有神物护持而完好无损,诚书林幸事。

三 上海图书馆藏《张子诗秕》转抄本

此本五卷,二册,半页十行,行十八字,版心上题"琅嬛文集",下题"茗缘室"(待考)。有王雨谦、张弘二序,张岱自序。诗歌原文及篇数,还有序文、评语俱照清初待刻本抄录。唯王雨谦序与待刻本字句略有不同,或别有所本。间作校勘,异文以朱笔标于书眉,其文与手稿本同。此抄本或出于清中后期,亦稀见善本。

四 宁波天一阁博物馆藏《琅嬛文集》沈复灿手抄本

近年路伟先生访书天一阁,获见此书,叹为"希世之鸿宝",遂与马涛先生合作整理校点,2016年由浙江古籍出版社排印行世。经路君考查,沈复灿字霞西,山阴人,清乾隆间"隐于书贾,缥缃盈室,尤重乡贤著述,虽残文剩字,亦护惜如至宝"。手抄张岱《琅嬛文集》是其一证。是集亦诗文合编,收诗独多,据路君统计,"不见于他本者近五百首,文二十余篇"。余粗览一过,见未载于他本之新材料洵多,新旧材料互相补充印证,张岱研究或将获得新知新解新成果。尝怪琅嬛诗集诸本但存古乐府、四言古、五言古、七言古、五言律等诗体,未收之什甚多。沈抄本略备他本已收诸体诗,而增补其未收诸体诗,其五言绝与七言律尤夥,计三百余篇,可补文献之不足。七言律诗如关于张毅孺、余若水、查伊璜、王白岳、陈木叔、祁世培、张燕客、柳敬亭诸名人知契题咏,屡见于作者其他诗文,可备交游考之助。由《东岳庙》《峰山》《孔林》《曲阜孔庙》诸诗,可寻作者山东游踪,由《文信公祠》《谢叠山词》《夏桂洲故宅》《信州与杨观友弹琴》诸诗,可觅张岱江西行迹。《越绝诗》凡二十四首,分咏明清易代之际以身殉节者各一人，皆绍兴府人氏，名士如刘宗周、祁彪佳、倪元璐、王思任等，也有出身低微之锯匠、皂隶，其四人死于甲申之变，其余二十人均义不屈清而献身，烈烈浩浩，气贯长虹。末一首歌咏越女金氏，惨遭清朝将卒灭绝人性之残酷凌虐，至死不屈，大义凛然，动天地而泣鬼神。诗前人附小传一首，肖行传神，栩栩如生，而金氏一传笔笔扶髓带血，令人不能卒读。此《越绝诗》并小传，与载于抄稿本《张子文秕》、清刻本《琅嬛文集》中之《越绝诗小序》对读，更觉意蕴丰满，而韵味隽永。沈抄本五绝诗多达一百九十余首，又皆系列组诗，最多者为《寓山诗》，凡四十九首，诗咏挚友祁彪佳寓山园各处景致。彪佳曾向四方名士征集寓山园诗词文赋铭记及图画，编成《寓山志》一书。余尝从中辑得五绝二十首，其中多首诗与沈抄本题目虽同，而文字全异。其五律《听止桥》一首，沈本未收。其他五言绝句，或记胜景，或抒怀抱，或感今昔，皆取组诗形式，小诗短韵，无不畅情达意，淋漓尽致，是为张岱五绝诗之特色。集中七言绝句若以诗题计，仅有七首，相较其他诗体数量之大，不成比例，因以组诗居多，分而计之，达三十四首，其多者《泰山冤》十二首，少者《贺友人新婚》仅四首，仍远少于其他诗体，流失之轶诗尚多。《泰山冤》指摘名山游中种种丑怪习俗，令东岳蒙羞受屈，笔墨犀利辛辣，俏皮冷峭，可为今日戒。《和映然子》等三首，贺诗中人新婚而作，咏美人不着艳服而披戎妆，车载妆奁，盈箱压路，尽是书籍，其意气学问自非凡女可及。新妇为谁？山阴大名士王思任爱女端淑也，其字玉映，号映然子，明清之际奇女子，才女子，嫁钱塘名士丁圣肇。其父曾夸耀，"家有十男，不如一女"。是父是女，并为当世灵隽。山阴张王两家世谊深厚，张岱与端淑亦有赓和。张岱之文，造诣极高，饮誉古今，黄裳先生置为明清之际第一人，"天下无与抗手"。至于诗，或有訾议，盖由所见作品不多。余辑校《张岱诗文集》，从手稿本《琅嬛文集》搜出三百余首，又从《和陶集》《寓山志》《西湖寻梦》诸书辑得近百首，今复见沈抄本约五百首，总计九百首，其数足矣，其体备矣，岱之诗全貌见矣，可做全面评价矣。张子自幼习诗，学文长，学中郎，学钟、谭，后并弃之，自出手眼，独造机枢，兀然一张子诗矣。其性情、品节、学识、才艺、身世、时事并见于诗，王雨谦云，"此其诗又一史也"，此评不妄。

张岱文章大家妙手，清初抄稿本《文秕》、清末木刻本《琅嬛文集》所收作品量大体全，篇目大同小异。清中叶沈抄本收文偏少，尚不及上举两种三分之一，又体裁未备，序、记、碑、辨、制、跋、铭、赞、颂、书牍、杂著等俱缺。他本未收者二十余篇，却有绝佳文字，可资考证，可供欣赏。以祭文而论，若《祭少宗伯陈木叔文》，陈述友人天台陈函辉平日文章意气、风流豪举，一旦临大难即以身殉国，忠肝义胆，视死如归。指斥鲁王小朝廷之腐败，用事者"涸乱朝政，变白为黑，指鹿为马，自夸为正人君子"，反诬函辉等忠义之士为邪人小人。词锋锐利，痛快淋漓，为死者昭雪，为忠良吐气，揭发南明朝政之溃坏。《祭毅孺八弟文》，追忆张弘与自己三十年之亲密关系，"同宗同社，同校同窗，日则同灶，夜则同榻，书则同读，诗则同吟"，并以二人高尚之交与世俗之交对照，世俗之"富交贵交""势交利交""貌交面交""安交乐交""偶交萍交"，二人之"交在贫贱""交在诗文""交在意气""交在患难""交在总角"。人世间真交、深交难得，而虚交、浮交常见，交情关乎世道人心，非小事一桩也。张岱列举毅孺诸长，精于举业、诗学、吏才、口才、佛理，自谓皆不如，与毅孺交，得益良多。毅孺卒于康熙四年（1665），享年六十有四，张岱时年六十有九，长毅孺五岁，称"老弟"。二人虽为同族兄弟，而亲密无间，始终不渝，是石交之范，乃管鲍之俦。张岱诗文屡及毅孺，而其履历模糊，及读此文，面貌宛然如见。毅孺弟既卒之明年，爱女四媛又卒，晴天霹雳，家遇大灾难。老人时年七十，女龄才十八，作《告亡女丁四媛文》以祭之。张岱后半生国破家亡，贫困彻骨，晚年诗每叹家境艰难，多儿多女，而于女儿四媛述之独详，描之甚细，爱之笃哀之极故也。是女生于清兵攻占越城，老人避难剡中艰危险恶之际，其状貌视诸儿女，最似老人，"聪明似老人，廉介贞靖似老人，故钟爱之特甚"。十岁，礼仪举止，女红针线，习对偶，诵唐诗，作楷字，件件讨人喜欢。老人常言："使是女为男子，必成巨儒，科第又其余事矣。"女事亲至孝，"躬调馇粥，手制饼饵，为老人疗饥，而自忍饥馁，必向老人嬉笑谐谑，其窘逼拮据之状，不欲使老人觉也"。十六出嫁，夫姓丁，住丁村（疑为嵊县山村），遂从夫姓。未满二年，值难产，又遇庸医，"致血崩气陷而死"。老父闻讣音至，"五内迸裂，言语荒迷"，急呼舟连夜行驶，至丁村，天尚未曙，"匍匐上崖"，进门厅，见四媛"遗蜕在床""老人惊倒，昏闷不省人事"。四媛夭亡，闻之者无不伤心哀怜，父母"泣血呕心"，公婆"号天蹿地"，夫婿"毁脊裂肠"，叔父婶娘，其兄其弟，"疏亲远族，无不哭之尽哀，而外至邻里婢仆以及负贩乞丐之辈，无不言之出涕"。时隔三百五十年，读者也未尝不感动而悲从中来。余读明文，感佩归震川先生擅写家常，长于述悲，其哀悼文字，简淡含蓄，不露声色，而感人至深。及读张岱《祭义伶文》诸篇，悲愤激越，直吐情愫，似屈子，似马迁，别具一种风格，当与震川并驾齐驱，或又过之，以其有一肚皮磊块郁结不平之气。今观《告亡女丁四媛文》，益信。

　　文以人传。张岱诗文集多种版本以及其他著述得以传世，流布今日，论其功绩，首推作者乡邦人士。绍兴人于其乡邦文献视若瑰宝，搜集珍藏，薪火相传，此种精神代代相传，越文化传统得以历千百世而不坠，火种长存，光焰灿然。《琅嬛文集》（文部）稿本始为顺治间名宦余缙所得，康熙间再传至其子毓澄，为大观楼物，三传至乾嘉间王惠，四传至光绪间王惠子介臣，并付诸梓椠。此数子皆越人。乾隆时手抄琅嬛诗文合集者沈复灿亦越人。其他诸本自张氏流出后，最初藏家想亦越人。"当绝不绝，越亦尚有人哉！"张岱如是说。

二〇一七年六月初草

【作者简介】 夏咸淳，上海社会科学院文学研究所研究员。

张岱《陶庵梦忆》与明末戏曲生态谱系及其审美本质

吴 民

【摘要】 张岱《陶庵梦忆》是戏曲生态活态技艺的鲜活范本,其中涉及明末戏曲生态谱系,即民间母体文化(尤其是民俗与民间旨趣),本体生态以及外部生态诸要素。此生态谱系又与传统戏曲的审美本质紧密联系,其中涉及母体文化的闹热、风情、奇趣;本体艺术精研与文人雅趣传统以及色艺、才慧、别致的追求;外部生态适应与自洽的戏曲多元生态衍体结构与江湖经营以及由此带来的生态衍生与审美新质。此外,文人、乡土二元结构的互动与转易,文人雅的民间化;民间俗的雅化,也是构成明末戏曲生态与审美体系的重要线索。明末戏曲生态与审美的互动格局开启了后世戏曲生态发展与艺术格局的新局面,为清代以降表演至上以及民国都市戏曲、乡土小戏的都市化等生态演进埋下了伏笔。

【关键词】 张岱 《陶庵梦忆》 谱系 审美

引 言

明代戏曲生态格局沿着文人—乡土的雅俗二元格局展开。至明代末年,文人的诉求渐次消解于乡土母体的文化怀抱。都市的兴起以及介于文人和市民之间的新的阶层的出现,将原本割裂的母体文化与雅化戏曲之间的联系重新弥合起来。戏曲生态谱系由原来的显性的文人案头之曲向隐形的民间俗曲倾斜。这二者在新的生态场域中逐渐互通互融,形成了新的审美特质和生态格局。由是,原来隐于民间的母体文化渐显,稳固了作为戏曲母体文化的地位,高蹈了民族精神深层的闹热、风情、奇趣之旨,回归了民族乐天、多情、浪漫的艺术之真。而文人雅化传统转而成为戏曲本体生态精研的新规。这将戏曲艺术本体从低层面的"歌"向"腔"渐次转变；也将原本脱离舞台的文人案头之曲，披上了人间的衣裳，更加光彩照人。此时的戏曲生态，既包含了文人浓厚的雅趣，同时兼具了母体的根与本体的精致，更是可以丰富场上的可观的色艺、曲唱和舞台新姿。外部生态格局的变化也在此引发了新的生态适应形式。从客店、酒馆、茶肆到女班、女戏，滋生了新的生态衍体与审美诉求。而尤为值得一提的是在戏曲生态谱系与审美格局互动的关系中，情成为贯串始终的线索。文人姿态的下降，造就了一批新的艺术教师，这些教师或仍具有文人风骨，与优伶心气相求；或堕落为世俗的芸芸众生，只有在艺术的世界仍然纯粹。而艺人品位的提升，也造就了一批颇具文人气质与风骨的艺人，而他们的身份地位与精神世界的伟岸，形成鲜明的反差，最终造成他们悲剧性的命运。而陪伴他们的无论文人、清客、隐于世的市民，都与他们共同书写着明末戏曲生态蔚为大观的绚烂之景。这个丰富的戏曲生态人物圈层，这种生态谱系与审美格局下人与人的惺惺相惜，或者彷徨、无奈，也是必须被看到的，也是足够令人唏嘘的，足以成为这个民族艺术与美的殿堂内一颗最闪耀的明珠。而这一切，都有赖于张岱《陶庵梦忆》如梦似幻的篇什。

《陶庵梦忆》是张岱在明亡后所谱写的一曲对过往繁华烟云的挽歌，也是对亡明的招魂，而招魂的重要手段之一便是对明末艺术生态和审美活动的追怀，尤其以戏曲为观照中心的思念为多。这一方面反映了如张岱般的文人士大夫在入清后情怀的冷落与失意，一方面也更证明以文人士大夫审美风尚为旨归的明代戏曲审美理想的延伸，此外，透过字里行间可观，又不是简单的士子心态的审美诉求，更囊括了明末戏曲生态的独特构成，即家班与民间的和谐共存与彼此融合，以及在如此戏曲生态背景下戏曲审美取向的相应变化，即雅化与人情观照、趋俗而颇多风情。本文将对《陶庵梦忆》世界里的戏曲生态的生动图景和人文关怀、人性大美以及与此相适应的审美取向的某些转折为论述重点。通观《陶庵梦忆》全篇，弥漫着对精微戏曲技艺的欣赏，充盈着对戏曲人物的刻画和品评，加之雅俗共赏的民俗活动与民间曲唱，以上种种都提供给我们一面了解明末戏曲生态与审美取向的宝镜，具有重要的研究价值和丰富的辩证意义。张岱的《陶庵梦忆》是极具审美价值的晚明小品之经典，这部散文集是明末清初时代变故的风霜雨雪的产物，是中国梦文化的艺术结晶，在中国文学史及中国美学史上都具有重要的价值。其中尤为引人注目的是这部作品中对戏曲活动及人物的细致描画，透过其中可以窥见明末特定时代的生动戏曲生态及戏曲审美取向。《陶庵梦忆》凡八卷，文123则，其中涉及戏曲的篇什涵盖了民俗风情的记录、山川形胜的描绘；戏曲技艺与戏曲人物的品评等等，可谓丰富而驳杂，但仔细梳理，不难发现其中独特的戏曲生态观与审美观。根据相关篇什的文字记录，不难发现明末戏曲审美在人性关怀上已然有着更为自觉的倾向，在技艺的精微上亦有着更为严苛的要求，对民间曲唱和民俗的融合有着更强烈的青睐，这使得明末戏曲的天空更加云蒸霞蔚、蔚为大观。

尤其值得认真探讨并加以研究的是张岱关于戏曲生态的描绘，可以说透过这些饱蘸情感的文字已经可以窥见生动的戏曲生态图景，可以摸爬梳理出最原始的戏曲生态观。这种戏曲生态观念在古代戏曲理论研究上具有开创性的价值，为古代戏曲研究提供了新的观照尺度，对于打破长期以来或以文学、或以微观场上搬演来研究戏曲的简单二分观念具有重要意义。此外，应该注意到《陶庵梦忆》提供的不仅是简单的描绘，而且直指人心，将戏曲生态与戏曲审美回复到人性关怀、人文观照的本位，结合民间曲唱和民俗的由雅入俗的回归，鲜明地表达了戏曲最本真的审美本色和意义。戏曲不再是小道末技，但也不再是厅堂雅乐，它回归到民心，回归到人们最渴望慰藉的那一片为生、为死的人性焦虑，具有人性的释放意义，也具备大关怀，它与千百年来形成的与民生最为关切的民俗活动本质上是同质而依存的。作为戏作使者，无论是朱楚生这样的戏子，还是张岱这样的文人士大夫，抑或是虎丘山曲会的民众，金山的沙弥老和尚，他们都在戏曲生态中找寻到自己的位置，通过非文学的、非单纯技艺的维度找到戏曲审美途径，因而各有其态度，共同构成井然有序的戏曲生态图景，最好地阐释了明末戏曲审美的转折和深入。

一　母体文化与闹热、风情、奇趣

（一）民俗的闹热与风情

先看越俗的清明节。

> 越俗扫墓，男女袨服靓妆，画船箫鼓，如杭州人游湖，厚人薄鬼，率以为常。二十年前，中人之家尚用平水屋帻船，男女分两截坐，不坐船，不鼓吹。先辈谑之曰："以结上文两节之意。"后渐华靡，虽监门小户，男女必用两坐船，必巾，必鼓吹，必欢呼畅饮。下午必就其路之所近，游庵堂寺院及士夫家花园。鼓吹近城，必吹《海东青》《独行千里》，锣鼓错杂。酒徒沾醉，必岸帻嚣嚣，唱无字曲，或舟中攘臂，与侪列噘打。自二月朔至夏至，填城溢国，日日如之。乙酉方兵，划江而守，虽鱼艖菱舠，收拾略尽。坟垅数十里而遥，子孙数人挑鱼肉楮钱，徒步往返之，妇女不得出城者三岁矣。萧索凄凉，亦物极必反之一①。

> 扬州清明也大抵如此，扬州清明日，城中男女毕出，家家展墓。虽家有数墓，日必展之。故轻车骏马，箫鼓画船，转折再三，不辞往复②。

这种闹热性在戏曲上的体现，主要体现在民间戏班的演出。明末戏曲生态构成除家班外，民间戏班也是一个重要的组成部分。据周贻白的《中国戏曲发展史纲要》所述，"明代的戏班组织，一种是私人的家乐……一种是由少数人合资制备衣装、砌末而

---

① 《陶庵梦忆》卷一《越俗扫墓》，清乾隆五十九年王文诰刻本，下同。
② 《陶庵梦忆》卷五《扬州清明》。

组成的戏班,目的在于演戏得钱,借以牟利。或招收贫寒子弟做一种有计划的训练,即所谓起科班;或即就原有以演戏为职业的一些演员而组成一班"①。周贻白还指出,明末家班"有时也被无家乐设备的豪门贵族所借用而在外演出"。这一种风气,在明代末叶特别流行。② 而反映闹热场面的,还有灯会。

> 兖州鲁藩烟火妙天下。烟火必张灯,鲁藩之灯,灯其殿、灯其壁、灯其楹柱、灯其屏、灯其座、灯其宫扇伞盖。诸王公子、宫娥僚属、队舞乐工,尽收为灯中景物。及放烟火,灯中景物又收为烟火中景物。天下之看灯者,看灯灯外;看烟火者,看烟火烟火外。未有身入灯中、光中、影中、烟中、火中,闪烁变幻,不知其为王宫内之烟火,亦不知其为烟火内之王宫也。殿前搭木架数层,上放"黄蜂出窠""撒花盖顶""天花喷薄"。四旁珍珠帘八架,架高二丈许,每一帘嵌孝、悌、忠、信、礼、义、廉、耻一大字。每字高丈许,晶映高明。下以五色火漆塑狮、象、橐驼之属百余头,上骑百蛮,手中持象牙、犀角、珊瑚、玉斗诸器,器中实"千丈菊""千丈梨"诸火器,兽足蹑以车轮,腹内藏人。旋转其下,百蛮手中瓶花徐发,雁雁行行,且阵且走。移时,百兽口出火,尻亦出火,纵横践踏。端门内外,烟焰蔽天,月不得明,露不得下。看者耳目攫夺,屡欲狂易,恒内手持之。昔者有一苏州人,自夸其州中灯事之盛,曰:"苏州此时有烟火,亦无处放,放亦不得上。"众曰:"何也?"曰:"此时天上被烟火挤住,无空隙处耳!"人笑其诞。于鲁府观之,殆不诬也③。

这种热闹场景在绍兴、杭州、扬州都是一样的!

> 儿时跨苍头颈,犹及见王新建灯。灯皆贵重华美,珠灯料丝无论,即羊角灯亦描金细画,缨络罩之。悬灯百盏尚须秉烛而行,大是闷人。余见《水浒传》"灯景诗"有云:"楼台上下火照火,车马往来人看人。"已尽灯理。余谓灯不在多,总求一亮。余每放灯,必用如椽大烛,专令数人剪卸烬煤,故光迸重垣,无微不见。十年前,里人有李某者,为闽中二尹,抚台委其造灯,选雕佛匠,穷工极巧,造灯十架,凡两年。灯成而抚台已物故,携归藏椟中。又十年许,知余好灯,举以相赠,余酬之五十金,十不当一,是为主灯。遂以烧珠、料丝、羊角、剔纱诸灯辅之。而友人有夏耳金者,剪采为花,巧夺天工,罩以冰纱,有烟笼芍药之致。更用粗铁线界划规矩,匠意出样,剔纱为蜀锦,堰其界地,鲜艳出人。耳金岁供镇神,必造灯一些,灯后,余每以善价购之。余一小傒善收藏,虽纸灯亦十年不得坏,故灯日富。又从南京得赵士元夹纱屏及灯带数副,皆属鬼工,决非人力。灯宵,出其所有,便称胜事。鼓吹弦索,厮养臧获,皆能为之。有苍头善制盆花,

---

① 周贻白:《中国戏曲发展史纲要》,上海古籍出版社1979年版,第329页。
② 同上。
③ 《陶庵梦忆》卷二《鲁藩烟火》。

夏间以羊毛炼泥墩，高二尺许，筑"地涌金莲"，声同雷炮，花盖亩余。不用拍鼓铙，清吹唢呐应之，望花缓急为唢呐缓急，望花高下为唢呐高下。灯不演剧，则灯意不酣；然无队舞鼓吹，则灯焰不发。余敕小傒串元剧四五十本。演元剧四出，则队舞一回，鼓吹一回，弦索一回。其间浓淡繁简松实之妙，全在主人位置。使易人易地为之，自不能尔尔。故越中夸灯事之盛，必曰"世美堂灯"。①

明代的戏班，一般由男性演员组成，女性演员则多兼操妓业。而《陶庵梦忆》则多处提到女戏，这反映了当时特定的戏曲生态状况。"明代末叶，特别是浙江一带，不但是唱昆山腔，便是弋阳腔、调腔，或者其他地方剧种，都有女性参加，或且以女性演员为中心。"②

《陶庵梦忆》反映明末戏曲生态中的民间戏班尤其是女戏，其值得研究的方面就在于张岱所倾注的对于戏曲艺人的同情与赞赏，同时又从心灵深处刻画了那些身处底层的戏子的无奈以及对于人情、艺术的追求与渴望。这种特殊的戏曲生态因为这些真、善、美却没有自由的伶人、妓女而显得无限凄美，具有重要的研究意义。《朱云崃女戏》就很生动地反映出这一生态实际：

> 朱云崃教女戏，非教戏也。未教戏先教琴，先教琵琶，先教提琴、弦子、箫、管，鼓吹歌舞，借戏为之，其实不专为戏也。郭汾阳、杨越公、王司徒女乐，当日未必有此。丝竹错杂，檀板清讴，入妙腠理，唱完以曲白终之，反觉多事矣。西施歌舞，对舞者五人，长袖缓带，绕身若环，曾挠摩地，扶旋猗那，弱如秋药。女官内侍，执扇葆璇盖、金莲宝炬、纨扇宫灯二十余人，光焰荧煌，锦绣纷叠，见者错愕。云老好胜，遇得意处，辄盱目视客；得一赞语，辄走戏房，与诸姬道之，俄出俄入，颇极劳顿。且闻云老多疑忌，诸姬曲房密户，重重封锁，夜犹躬自巡历，诸姬心憎之。有当御者，辄遁去，互相藏闪，只在曲房，无可觅处，必叱咤而罢。殷殷防护，日夜为劳，是无知老贼自讨苦吃者也，堪为老年好色之戒。③

朱云崃既是班主、教师，他在艺术方面很有水平，而且善于教学，因此演出水平很高，"郭汾阳、杨越公、王司徒女乐，当日未必有此"，而且舞台美术、舞蹈身段都细加研磨，博得诸多看客的赞语；与此同时，朱云崃又是热爱戏曲的，或者说他亦是因为生活不得不专一于戏曲，他"好胜，遇得意处，辄盱目视客；得一赞语，辄走戏房，与诸姬道之，俄出俄入，颇极劳顿"。但是他同时又是一个剥削者和压榨者，诸姬深恶痛绝之，但只能采取消极的躲避的方法，颇多无奈。而讲到风情，明末正是一个风情炽热的年代。

---

① 《陶庵梦忆》卷四《世美堂灯》。
② 周贻白：《中国戏曲发展史纲要》，上海古籍出版社1979年版，第332页。
③ 《陶庵梦忆》卷二《朱云崃女戏》。

张岱《陶庵梦忆》与明末戏曲生态谱系及其审美本质

　　秦淮河河房，便寓、便交际、便淫冶，房值甚贵，而寓之者无虚日。画船箫鼓，去去来来，周折其间。河房之外，家有露台，朱栏绮疏，竹帘纱幔。夏月浴罢，露台杂坐。两岸水楼中，茉莉风起动儿女香甚。女各团扇轻绔，缓鬓倾髻，软媚着人。年年端午，京城士女填溢，竞看灯船。好事者集小篷船百什艇，篷上挂羊角灯如联珠，船首尾相衔，有连至十余艇者。船如烛龙火蜃，屈曲连蜷，蟠委旋折，水火激射。舟中鏾钹星铙，宴歌弦管，腾腾如沸。士女凭栏轰笑，声光凌乱，耳目不能自主。午夜，曲倦灯残，星星自散。钟伯敬有《秦淮河灯船赋》，备极形致①。

　　此外，二十四桥风月，扬州瘦马，都彰显一时风情之盛。但是，明末又是一个敢于打破传统旨趣的年代，在《陶庵梦忆》的记载中，就有女戏不以色相而只以技艺取胜的刘晖吉，让人备感鼓舞。"女戏以妖冶恕，以哗缓恕，以态度恕，故女戏者全乎其为恕也。若刘晖吉则异是。刘晖吉奇情幻想，欲补从来梨园之缺陷。"②其实明代末年，人们的审美风尚已经从单纯的色相过渡到内在的气度，这一点在戏曲生态系统中起到了唤起"重艺、重内在"的审美旨趣。其实戏曲生态中的这一变化并不是凭空而来，李渔就曾经在其《闲情偶寄·声容部》中提到女子的"态度"，而在中国传统剧论中也以"才、慧、致"三者来评价演员。在《陶庵梦忆》中，张岱不止一次表达出非重外表的审美观念，如《彭天锡串戏》中关于彭姓演员的肯定，不仅是戏曲领域，一切艺术领域都有远高于色相的更绝妙处，如《柳敬亭说书》：

　　每至丙夜，拭桌剪灯，素瓷静递，款款言之，其疾徐轻重，吞吐抑扬，入情入理，入筋入骨，摘世上说书之耳而使之谛听，不怕其不龇舌死也。柳麻子貌奇丑，然其口角波俏，眼目流利，衣服恬静，直与王月生同其婉娈，故其行情正等。③

　　民间戏班作为明末戏曲生态的重要构成，显示了丰富的艺术内涵和俗趣，亦彰显了下层戏子的人情和向往，但是只有当戏曲与民俗结合起来，民间戏曲生态的俗而风情万千才能充分地体现出来。明末的民俗活动是十分热闹的，在《陶庵梦忆》中，民俗活动包括节日祭祀、庆赏游乐、烟火花灯等。明末的民俗活动到底有多热闹呢，民众的参与热情有多高呢？《绍兴灯景》中说"家家为之，以不能灯为耻"④。民俗活动不仅百姓参与热情高涨，而且活动中多有戏曲演出，且精益求精。《及时雨》中，为了祈雨，大家不惜花大力气"分头四出，寻黑矮汉，寻梢长大汉，寻头陀，寻胖大和尚，寻苗壮妇人，寻姣长妇人，寻青面，寻歪头，寻赤须，寻美髯，寻黑大汉，寻赤脸长

---

① 《陶庵梦忆》卷四《秦淮河房》。
② 《陶庵梦忆》卷五《刘晖吉女戏》。
③ 《陶庵梦忆》卷五《柳敬亭说书》。
④ 《陶庵梦忆》卷六《绍兴灯景》。

须,大索城中"。实在找不到合适的演员就去外面高价聘请,还花重金"多购法锦宫缎,从以台阁者八:雷部六,大士一,龙宫一,华重美都,见者目夺气亦夺"①。这种如火如荼的戏曲生态场面在社会生产力已经极度发达的今天,十分难以想见。

(二) 民间母体文化与奇趣的戏曲场面

在《陶庵梦忆》中最具民俗特色又最让人心振奋的莫过于《目连戏》:

> 余蕴叔演武场搭一大台,选徽州旌阳戏子剽轻精悍、能相扑跌打者三四十人,搬演目莲,凡三日三夜。四围女台百什座,戏子献技台上,如度索舞絙、翻桌翻梯、觔斗蜻蜓、蹬坛蹬臼、跳索跳圈,窜火窜剑之类,大非情理。凡天神地祇、牛头马面、鬼母丧门、夜叉罗刹、锯磨鼎镬、刀山寒冰、剑树森罗、铁城血澥,一似吴道子《地狱变相》,为之费纸札者万钱,人心惴惴,灯下面皆鬼色。戏中套数,如《招五方恶鬼》《刘氏逃棚》等剧,万余人齐声呐喊。

演目连戏已经震动了地方官员,使之以为倭寇入侵,这种盛大的演出气势将明代末叶繁兴的戏曲生态烘托到了极致。而连演三天三夜,综合运用武术(相扑跌打者)、杂技(度索舞絙、翻桌翻梯、觔斗蜻蜓、蹬坛蹬臼、跳索跳圈,窜火窜剑)、面具(天神地祇、牛头马面、鬼母丧门)、特技(锯磨鼎镬、刀山寒冰、剑树森罗、铁城血澥)等表现手段,将戏曲带入张岱所言的"大非情理"的境地,但恰恰是这"非情理"正如同希腊的酒神狂欢,蕴含了戏曲艺术最峰值的审美体验,激发了民众最深层的艺术享受,使万余人"齐声呐喊",陶醉其中。这种状态也即是民末戏曲生态最具张力和感染力的方面。

官绅的"家班"在民间戏曲生态的咄咄逼人气势下也终于耐不住寂寞,往往在佳节时分为"俗"民百姓演出:

> 崇祯七年闰中秋,仿虎丘故事,会各友于蕺山亭。每友携斗酒、五簋、十蔬果、红毡一床,席地鳞次坐。缘山七十余床,衰童塌妓,无席无之。在席者七百余人,能歌者百余人,同声唱"澄湖万顷",声如潮涌,山为雷动。诸酒徒轰饮,酒行如泉。夜深客饥,借戒珠寺斋僧大锅煮饭饭客,长年以大桶担饭不继。命小傒岕竹、楚烟于山亭演剧十余出,妙入情理,拥观者千人,无蚊虻声,四鼓方散。②

这只是仿"虎丘故事",真正的"虎丘山曲会"则可以说是明末戏曲生态的最盛大聚会,也是真正让戏曲回归民间,回归平头百姓,人人皆能歌唱的大舞台。张岱

---

① 《陶庵梦忆》卷七《及时雨》。
② 《陶庵梦忆》卷七《闰中秋》。

《虎丘中秋夜》：

> 虎丘八月半，土著流寓、士夫眷属、女乐生伎、曲中名妓戏婆、民间少妇好女、崽子娈童及游冶恶少、清客帮闲、奚僮走空之辈，无不鳞集。自生公台、千人石、鹤涧、剑池、申文定祠下，至试剑石、一二山门，皆铺毡席地坐，登高望之，如雁落平沙，霞铺江上。天暝月上，鼓吹百十处，大吹大擂，十番铙钹，渔阳掺挝，动地翻天，雷轰鼎沸，呼叫不闻。更定，鼓铙渐歇，丝管繁兴，杂以歌唱，皆"锦帆开""澄湖万顷"同场大曲，蹲踏和锣丝竹肉声，不辨拍煞。更深，人渐散去，士夫眷属皆下船水嬉，席席征歌，人人献技，南北杂之，管弦迭奏，听者方辨句字，藻鉴随之。二鼓人静，悉屏管弦，洞箫一缕，哀涩清绵，与肉相引，尚存三四，迭更为之。三鼓，月孤气肃，人皆寂阒，不杂蚊虹。一夫登场，高坐石上，不箫不拍，声出如丝，裂石穿云，串度抑扬，一字一刻。听着寻入针芥，心血为枯，不敢击节，唯有点头。然此时雁比而坐着，犹存百十人焉。使非苏州，焉讨识者！①

对于虎丘山曲会，明代袁宏道也有记载，名曰《虎丘记》②。而陆萼庭据杨摺的《潺溪引序》记载，认为"中秋夜虎丘曲会一直到清代乾隆年间还未消歇，只是规模和活动内容已有所变化"③。"布席之初，唱者千百，声若聚蚊，不可辨识。""天暝月上，鼓吹百十处，大吹大擂，十番铙钹，渔阳掺挝，动地翻天，雷轰鼎沸，呼叫不闻。"如此规模的唱曲活动具有很强的民俗性，民俗的重要特征之一就是民间趣味，属于一般意义而言的"俗"文化，但昆曲在晚明至乾隆这二百年间正是其最兴盛的时期，也是昆曲不断趋向雅化，最终走向衰亡的前期。这一时期，由于文人家班的兴起，昆曲已经越来越依循文人的审美旨趣，似乎只能在文人的厅堂之上才能上演。但虎丘山曲会以强有力的证据证明当时的"俗"人百姓们于中秋之夜齐聚虎丘，共同唱响我们民族的雅乐，是为一重要文化现象。曲会从开始的千人同唱到"一夫登场"，演唱者的技艺不断精进，"听着寻入针芥，心血为枯，不敢击节，惟有点头"。从这一记载来看，曲会本身也是从千人同唱的较"俗"的审美境界逐渐进展到较高的雅境，听着唯有点头，而"雁比而坐着，犹存百十人焉"，所谓曲高和寡，言如是也。这种由"俗"趋"雅"，和谐共通的大众审美活动体现了浓重的民间俗趣，同时在此基础上亦追求唯有百十人能赏的雅致与婉约。这就是我们民族独特的浪漫而富有活力的审美心理。雅俗之趣在中国古代文化中完全能够以一种渐进包容的形态共存，从而构筑起中国审美欣赏独特的雅俗之境，这是更为包容的境界，体现了当时的普通百姓的审美追求和审美化、意境化的生活方式，而由民族生活方式凝结而成的民俗本身也是有审美性的，是

---

① 《陶庵梦忆》卷五《虎丘中秋夜》。
② 见熊礼汇选注《袁中郎小品》，文化艺术出版社1996年版，第137、138页。
③ 陆萼庭：《昆剧演出史稿》，上海文艺出版社1980年版，第54页。

艺术的"俗",是雅致的"俗",是"雅俗之趣"。此外,中国的"雅俗之趣"的表达并不是对立,而是一种和谐包容与圆通,体现的是更深层次的审美诉求和民族审美心理,代表的是一种和谐的戏曲生态。

二 戏曲本体生态的雅俗转变

明代以来,随着文人的积极加入,传统的创作呈现出兴盛的态势,与此同时掌握了相当一部分财富、拥有大量闲暇时光的文人士大夫们不满足于案头创作,他们甚至粉墨登场,直接参与戏曲演出。但是能够登台且有勇气登台的文人士大夫毕竟不是大多数,更多的人选择蓄养家班,并且直接指导家班演出,其身份类似于今天的戏曲导演。历史上著名的家班包括康海家班、阮大铖家班、李渔家班等,这些家班的主人都精通戏曲三昧,他们让戏曲在雅化和精致的道路上不断前进,终于创造了中国戏曲史上的传奇的雅化时代。在《陶庵梦忆》的记载中,家班依然是戏曲生态的主要构成,但是却出现了新的特点,其中家班的人员选择和构成、艺人与主人的人情关联、艺人的境遇与命运、舞台美术、女戏等较之其他时代的情况有所不同,体现了明末戏曲生态的独特个性。

传统的雅化和精致化在明末发展到近乎畸形的程度,这反映在《陶庵梦忆》的文字中就是家班主人对演出的苛刻要求。如"阮圆海家优,讲关目,讲情理,讲筋节,与他班孟浪不同。然其所打院本,又皆主人自制,笔笔勾勒,苦心尽出,与他班卤莽者又不同。故所搬演,本本出色,角角出色,出出出色,句句出色,字字出色"[①]。而张岱家班不仅演出精致,而且有从上到下"可餐班""武陵班""梯仙班""吴郡班""苏小小班""茂苑班",演员新老交替,名演员还可能再易其主,但不论哪一班,在艺术上都必须做到"主人解事日精一日,而傒童技艺亦愈出愈奇"[②]。明末,家班的演员往往与社会演员是相互流通的,他们的身份除了戏子外,有的是歌姬、妓女,都处于社会的最底层。为了生存,她们不得不在艺术的精进上全力以赴,"南曲中,妓以串戏为韵事,性命为之"[③]。而从家班流落青楼的戏子对于旧主人依然十分敬畏。

> 傒僮为兴化大班,余旧伶马小卿、陆子云在焉,加意唱七出,戏至更定,曲中大咤异。杨元走鬼房问小卿曰:"今日戏,气色大异,何也?"小卿曰:"坐上坐者余主人。主人精赏鉴,延师课戏,童手指千,傒僮到其家谓'过剑门',焉敢草草!"[④]

[①]《陶庵梦忆》卷八《阮圆海戏》。
[②]《陶庵梦忆》卷四《张氏声伎》。
[③]《陶庵梦忆》卷七《过剑门》。
[④] 同上。

"过剑门"是明代戏曲追求雅化与精致的形象的比喻,是不是在家班中,戏子与主人的关系真的如"过剑门"一样严寒和阴森呢?其实在《陶庵梦忆》的记载里,家班主人对于家班成员和戏曲艺人从选择到理解上都是充满着人情的,这是一个值得注意的现象。

张岱本人就与很多戏曲艺人、伶人甚至歌伎、妓女是相知相敬的朋友。在《陶庵梦忆》中,最为人所熟知的就是朱楚生和王月生,张岱用饱含情感的笔触对这两个知己进行了深入的描画。

> 楚生色不甚美,虽绝世佳人,无其风韵。楚楚谡谡,其孤意在眉,其深情在睫,其解意在烟视媚行。性命于戏,下全力为之。曲白有误,稍为订正之,虽后数月,其误处必改削如所语。楚生多坐驰,一往深情,摇飏无主。一日,同余在定香桥,日晡烟生,林木窅冥,楚生低头不语,泣如雨下,余问之,作饰语以对。劳心忡忡,终以情死。①

> 南京朱市妓,曲中羞与为伍;王月生出朱市,曲中上下三十年决无其比也。面色如建兰初开,楚楚文弱,纤趾一牙,如出水红菱,矜贵寡言笑,女兄弟闲客多方狡狯嘲弄哈侮,不能勾其一粲……有公子狎之,同寝食者半月,不得其一言。一日口嗫嚅动,闲客惊喜,走报公子曰:"月生开言矣!"哄然以为祥瑞,急走伺之,面赪,寻又止,公子力请再三,蹇涩出二字曰:"家去。"②

一个是"终以情死",一个是"家去",都体现了人心人性中最本真的追求,兼具文人气度。然在那样一个年代,作为歌姬、妓女的"二生"终于没有找寻到心中的情与家,但她们努力做到出淤泥而不染,亦努力寻找知己。朱楚生在定香桥对张岱的诉说,王月生"好茶,善闵老子③,虽大风雨、大宴会,必至老子家啜茶数壶始去。所交有当意者,亦期与老子家会"④。

这种人情关联和戏曲舞台上的历史沧桑感有时呈现出惊人的一致,张岱在《燕子矶》中说道:"是年,余归浙,闵老子、王月生送至矶,饮石壁下。"这些都体现出明

---

① 《陶庵梦忆》卷五《朱楚生》。
② 《陶庵梦忆》卷八《王月生》。
③ 周墨农向余道闵汶水茶不置口。戊寅九月至留都,抵岸,即访闵汶水于桃叶渡。日晡,汶水他出,迟其归,乃婆娑一老。方叙话,遽起曰:"杖忘某所。"又去。余曰:"今日岂可空去?"迟之又久,汶水返,更定矣。睨余曰:"客尚在耶!客在奚为者?"余曰:"慕汶老久,今日不畅饮汶老茶,决不去。"汶水喜,自起当炉。茶旋煮,速如风雨。导至一室,明窗净几,荆溪壶、成宣窑磁瓯十余种,皆精绝。灯下视茶色,与磁瓯无别,而香气逼人,余叫绝。余问汶水曰:"此茶何产?"汶水曰:"阆苑茶也。"余再啜之,曰:"莫绐余!是阆苑制法,而味不似。"汶水匿笑曰:"客知是何产?"余再啜之,曰:"何其似罗岕甚也?"汶水吐舌曰:"奇,奇!"余问:"水何水?"曰:"惠泉。"余又曰:"莫绐余!惠泉走千里,水劳而圭角不动,何也?"汶水曰:"不复敢隐。其取惠水,必淘井,静夜候新泉至,旋汲之。山石磊磊藉瓮底,舟非风则勿行,放水之生磊。即寻常惠水犹逊一头地,况他水耶!"又吐舌曰:"奇,奇!"言未毕,汶水去。少顷,持一壶满斟余曰:"客啜此。"余曰:"香扑烈,味甚浑厚,此春茶耶?向瀹者是秋采。"汶水大笑曰:"予年七十,精赏鉴者,无客比。"遂定交。参见《陶庵梦忆》卷三《闵老子茶》。
④ 同上。

末戏曲生态中一种喷薄而出的对于人性和真情的追求,而这也必然给那一时期的戏曲生态带来更加灵性、本真的气息,使其具有摄人心魄的魅力。通过《陶庵梦忆》发现这一点,对于理解明末戏曲生态中的伶人,具有重要的价值和意义。

明末戏曲生态在家班层面的雅化及人情关怀的基础上亦十分注重戏曲多样化的表现形式,其中尤其融入了复杂的舞台美术和更多样而广博的演出环境。首先,明末官绅士大夫家庭已经有足够的技术能力和经济能力将舞台装点得更为美丽。张岱《陶庵梦忆》中最为著名的篇什就包括《鲁藩烟火》和《世美堂灯》。值得注意的是在当时的烟火灯会中已经具备了装扮的能力,因此搬上舞台后便于与戏曲情境结合,如张岱说"诸王公子、宫娥僚属、队舞乐工,尽收为灯中景物。及放烟火,灯中景物又收为烟火中景物"①。按照字面的理解,这场官宦家中的烟火表演其实相当于是一场灯戏,也是民众的狂欢,这与戏曲的美学追求实在近似。而在灯会中,有时候直接就有戏曲演出,戏以灯为背景,为舞台,具有很大的艺术感染力,正所谓"灯不演剧,则灯意不酣;然无队舞鼓吹,则灯焰不发。余敕小傒串元剧四五十本。演元剧四出,则队舞一回,鼓吹一回,弦索一回。其间浓淡繁简松实之妙,全在主人位置"②。主人在灯影、戏景、乐声中陶醉、忘怀,这样的戏曲生态可谓美哉!对于灯火在戏曲舞台的应用,戏曲史上最著名的记载莫过于《刘晖吉女戏》:

> 如《唐明皇游月宫》,叶法善作,场上一时黑魆地暗,手起剑落,霹雳一声,黑幔忽收,露出一月,其圆如规,四下以羊角染五色云气,中坐常仪,桂树吴刚,白兔捣药。轻纱幔之,内燃"赛月明"数株,光焰青黎,色如初曙,撒布成梁,遂蹑月窟,境界神奇,忘其为戏也。其他如舞灯,十数人手携一灯,忽隐忽现,怪幻百出,匪夷所思,令唐明皇见之,亦必目睁口开,谓氍毹场中那得如许光怪耶!③

除戏曲舞台的变革外,明末家班演出往往能够超脱樊篱,具有向民间俗文化过渡的痕迹。首先,家班往往跳出垣墙,随处做场。万历三十二年(1604),张汝霖"游曹山,盛携声妓",④ "大张乐于狮子岩下"。天启六年(1626)冬,张岱带领家伶李岕生、高眉生、王畹生、马小卿、潘小妃等人登龙山赏雪、唱曲。⑤ 天启、崇祯年间,张岱携家班来往于杭州、绍兴之间,二度赴山东兖州为父亲做寿,《陶庵梦忆》中卷一《金山夜戏》《冰山记》《庞公池》等文都记载了相关情况。由于四处献艺,伶人获得了大量与俗文化交流的机会,而从本质上来说,他们本身也是识字不多的"俗"人百姓,与其说是交流,不如说是回归,回归本色,也就回归了当行,艺术水平也就达到

---

① 《陶庵梦忆》卷二《鲁藩烟火》。
② 同上。
③ 《陶庵梦忆》卷五《刘晖吉女戏》。
④ 《陶庵梦忆》卷六《曹山》。
⑤ 《陶庵梦忆》卷七《龙山雪》。

了更高的水平。

此外，家班的演出舞台更是在广阔天地中任意选择，如《陶庵梦忆》卷八《楼船》载：

> 家大人造楼，船之；造船，楼之。故里中人谓船楼，谓楼船，颠倒之不置。是日落成，为七月十五，自大父以下，男女老稚靡不集焉。以木排数重搭台演戏，城中村落来观者，大小千余艘。午后飓风起，巨浪磅礴，大雨如注，楼船孤危，风逼之几覆，以木排为戬索缆数千条，网网如织，风不能撼。少顷风定，完剧而散。①

崇祯二年（1629），张岱率家班到山东兖州为父祝寿，途经镇江时已是半夜。他兴致大发，命家伶在金山寺大殿中唱了两出戏。一时间"锣鼓喧天，一寺人皆起看"②。

此外，家班还时常与民间艺人交流，使戏曲生态在家班层面和民间层面实现了循环，从而有利于戏曲生态的繁荣。天启三年（1623），张岱带家伶参加社火演出，年方十二的马小卿扮咬脐郎，和南教坊的王岑，著名串客杨四、徐孟雅等人串演了《白兔记》中数折。③ 著名串客彭天锡曾五至绍兴，在张家串戏五六十场。④

余论　戏曲外部生态与新曲的生态与审美新格局

受外部生态环境影响，明末戏曲生态的另一个显著的特点是离"俗"民百姓越来越近了，前面提到的一些民俗活动已经有普通百姓参与演出，而且演出场所也包括青楼瓦舍、乡村城镇，甚至酒楼饭庄。《泰安州客店》记载"贺亦三等：上者专席，糖饼、五果、十肴、果核、演戏；次者二人一席，亦糖饼、亦肴核、亦演戏；下者三四人一席，亦糖饼、骨核，不演戏，用弹唱。计其店中，演戏者二十余处……"⑤ 此外，还有专门蓄养的艺人。

> 谢太傅不畜声伎，曰："畏解，故不畜。"王右军曰："老年赖丝竹陶写，恒恐儿辈觉。"曰"解"，曰"觉"，古人用字深确。盖声音之道入人最微，一解则自不能已，一觉则自不能禁也。我家声伎，前世无之，自大父于万历年间与范长白、邹愚公、黄贞父、包涵所诸先生讲究此道，遂破天荒为之。有"可餐班"，以张彩、王可餐、何闰、张福寿名；次则"武陵班"，以何韵士、傅吉甫、夏清之名；

---

① 《陶庵梦忆》卷八《楼船》。
② 《陶庵梦忆》卷一《金山夜戏》。
③ 《陶庵梦忆》卷四《严助庙》。
④ 《陶庵梦忆》卷六《彭天锡串戏》。
⑤ 《陶庵梦忆》卷四《泰安州客店》。

再次则"梯仙班",以高眉生、李岕生、马蓝生名;再次则"吴郡班",以王畹生、夏汝开、杨啸生名;再次则"苏小小班",以马小卿、潘小妃名;再次则平子"茂苑班",以李含香、顾岕竹、应楚烟、杨骡骍名。主人解事日精一日,而傒童技艺亦愈出愈奇。余历年半百,小傒自小而老、老而复小、小而复老者,凡五易之。无论"可餐""武陵"诸人,如三代法物,不可复见;"梯仙""吴郡"间有存者,皆为佝偻老人;而"苏小小班"亦强半化为异物矣;"茂苑班"则吾弟先去,而诸人再易其主。余则婆娑一老,以碧眼波斯,尚能别其妍丑。山中人至海上归,种种海错皆在其眼,请共舐之。①

此外,女戏,女班的兴起,老教师的调教与调戏,女艺人的自我保护,所有这些都预示着将来中国戏曲生态的新格局。

【作者简介】吴民,四川大学文学与新闻学院讲师。

---

① 《陶庵梦忆》卷四《张氏声伎》。

论黄宗羲的科学思想

朱义禄

【摘要】 黄宗羲的一生，与科学结下了不解之缘。在破除世俗迷信方面，他对以命定论为核心的命理学做了批驳。他对"绝学"（自然科学）的提倡，是对当时的道德蒙昧主义的否定。他在数学、天文、历法、音乐、地理等各领域都有深入的钻研，得出了超越前人的新见解。求实与穷理的精神，是他科学思想的宗旨所在。依据求实精神，对魏伯阳与邵雍二人的象数学说予以彻底的清算。他以实地观察的方法，对一些现象做出了合乎"自然之法象"的解释。受徐光启影响的黄宗羲，对会通中西文化而成的崇祯《历法》大加赞誉，同时强调要知晓"其所以然处"而不能停留在表层。"借数以明理"为探索客观事物奥秘钥匙的主张，是黄宗羲泰西之学影响的结果。把"绝学"作为教育活动的内容，为同时代有着科学精神的启蒙学者所无，黄宗羲是开了新式教育先声的。

【关键词】 命理学　绝学　道德蒙昧主义　求实　象数学　观察　历法　借数以明理

一　破除世俗迷信：对命理学的批判

他的科学著作大多只有存目，流传下来的是少量的，其中比较系统的是天文历法与地学、易学著作。黄宗羲的天文历算类著作，存目有十七种，今存三种，为《历学假如》《授时历故》与《新推交食法》。地学类著作今存四种，为《四明山志》《匡庐游录》《台雁笔记》。易学类有《易学象数论》一书。多数著作的佚失，对完整地了解他的科学思想带来了一定的困难，但他的不少观点往往在诗文中流露出来，对研究他的科学思想有较大的帮助。黄宗羲是颇为自信的，认为在历算、乐律、地理、数学等领域，自己均有超越前人的创见："予注律吕、象数、周髀、历算、勾股、开方、地理之书，颇得前人所未发。"① 他的科学著作大多数未能流传下来的原因有两个：一是科举之学的兴盛，使士子们不把注意力集注于自然科学上，这是黄宗羲在《明夷待访录》中，倡导"绝学"的动因所在；二是他不肯将已完成的著作轻易示人。他的同窗好友姜希辙，在《历学假如序》透露了这一消息："余友黄梨洲先生，所谓通天地人之儒也，精于性命之学，与余裁量诸儒宗旨，彻其堂奥。所著《学案》《文案》，海内抄传。尝入万山之中，芨舍独处。古松流水，布算籁籁，网络天地。其发明历学十余种，间以示余。余取其《假如》刻之，梨洲亦颇吝惜。余曰：'圣人之学，如日行天，人人可见。凡藏头露尾私相受授者，皆曲学耳。夫以儒者所不知，及知而不以示人者，使人人可以知之，岂非千古一快哉！'梨洲曰：'诺。'"② 已完成了"十余种"历算著作的黄宗羲，在姜希辙做了一番说服工作后，才答应姜希辙刊刻《西历假如》的要求。

在破除世俗迷信方面，黄宗羲有着卓越的识见。大体上说，对佛灯、海市蜃楼、神仙、神怪、舍利、鬼荫、地狱、投胎等现象与神鬼之说，以及人们由此而形成的迷信观念，他从求实的角度去分析和批驳。如说海市蜃楼是一种奇幻景象，奇禽异兽为自然界的罕见现象等。因无物而自燃的磷火现象一直被人们视为鬼火，他坚持用气一元论来解释。佛教中所谓舍利之说，民间流行的葬地吉凶的不同可以对后人降福降祸的俗见，他据无神论的观点予以驳斥。他的《葬书问对》，完全可以视为一篇向封建迷信宣战的檄文。一些论著在这方面已有较多分析，不再多言了。③

下面着重论述黄宗羲对命定论的批判，这一批判是针对明初学者宋景濂的：

> 金华宋景濂作《禄命辩》，言三命干支相配，至于五十一万八千四百止，而兆民之众，不可胜计，故同时而生者不少，生虽同，吉凶未必相同也。余以为生同时，而同其凶吉者，常也，不同其吉凶者，变也。凡民之生，富贵贫贱异其家，五土异其地，治乱异其时，参差万态，吉凶因干支而有，干支不择吉凶而生，则常者不能不趋于变。④

宋濂，字景濂，明初著名学者。黄宗羲这段话的中心是批驳命理论。命理学是算命术的理论基石。命原指天命。"死生有命，富贵在天"（《论语·颜渊》）这话虽是孔子学生子夏说的，但却为古代儒生们普遍认同。孔子说自己有三畏，其中之一就是"畏天命"。有一种自然而然的力量，不容人力对抗的叫作天；天所赋予人的，无法违背的叫作命。天命一经确定，人的努力是难以抗衡的。简言之，天命即必然性，意即

---

① （明）黄宗羲：《黄宗羲全集》第十册《亡儿阿寿圹志》。浙江古籍出版社 2005 年版（下同），第 523 页。
② （明）姜希辙：《黄宗羲全集》第九册《历学假如序》，浙江古籍出版社 2005 年版，第 284 页。
③ 最早做分析的是侯外庐，参见《中国思想通史》第五卷，人民出版社 1956 年版，第 165—168 页。另可参见周瀚光《黄宗羲科学思想略论》，《黄宗羲论——国际黄宗羲学术讨论会论文集》，浙江古籍出版社 1987 年版，第 432—435 页。亦可参见李明友《一本万殊》，人民出版社 1994 年版，第 155—167 页。
④ （明）黄宗羲：《黄宗羲全集》第十一册《寿伯美陈公六十文》，第 17 页。

一定如此人力所无可奈何者。在《论衡·命义》中，王充论述了自己的命理思想："凡人受命，在父母施气之，已得吉凶矣。"在王充看来，注定人们一生吉凶的命运，在父母交合时已定下来了。这一说法，为后世推算出生年、月、日、时来论命的算命术，做出了一定的启迪。王充《论衡·禄命》中，以命定论去解释人的死生寿夭、富贵贫贱、智愚善恶："命当贫贱，虽富贵，犹涉祸患矣；命当富贵，虽贫贱之，犹逢福善矣。"尽管后世的著述，把鬼谷子当作算命术的祖师爷，但并无确实的依据。王充的见解，表明他是命理学的理论先驱，这同两汉时期为命理学的形成时期相吻合。以出生年、月、日的天干地支，来断定一个人吉凶祸福的命理学，经唐人李虚中、五代宋初人徐子平的进一步发展完善，才渐渐为世人所认可，并在社会上流传开来。算命不仅是命理学家的事情，在儒生中也不乏精通命理的人。朱熹的好友徐端叔，既是一个通儒学者，又是精通命理的人。明初宋景濂作《禄命辨》，首次系统地总结了命理学的历史。黄宗羲以其为切入口，对命理学进行批评，是击中要害的。

在《禄命辩》中，宋景濂认为"三命"与"干支"相配合，最多可得出关于人的命运说法为518400种。"三命"有两种说法：一是正命、随命与遇命，这是津津乐道命定论的王充说的；另一种说法出自算命术士，他们以人出生的年、月、日所属的"干支"为"三命"。命理学是将人作为自然界中的一个存在，以时间、季候的确定与变化为根据，来推测一个人一生的吉凶祸福。黄宗羲指出，同时出生的人是很多的，但吉凶不尽相同，出生同时而吉凶相同为"常"，出生同时而吉凶不同为"变"。黄宗羲认为，由于每一个人出生的家庭（贫富程度）与地域（水土不同），是有着很大差异的。加上社会治乱的因时而异，每个人降生时的情况是"参差万态"的。这一客观现实，决定了"吉凶"与"干支"不可能是同步耦合的。"常者不能不趋于变"，这表明了黄宗羲对命定论的否定。所谓"常"，就是事先设定一个固定不变的模式，去范围一个人一生的命运。一个人的命运，在他出生的刹那之时就被预先决定好了，命定论就是命理学的核心。它不考虑后天的社会条件与人的主观努力，在人的一生所起的作用；也不顾及一个人在他的人际关系中，可能碰到的机遇，其缺乏根据是显而易见的。黄宗羲的"不得不趋于变"，是强调人的命运与他的生辰时日没有必然的联系。命定论在科学技术不甚发达的古代是很流行的，无论在中国还是在西方那里都是如此。在古代社会里，人们对世界上发生的许多事情，难以找出真实的原因。对一时发生的、具有偶然与突发因素的事情，人们常常会赋予命中注定的含义，亦即盲目的必然性。人作为有限的生存物，在其自身历史展开的过程中，往往摆脱不了盲目的必然性的困扰。当人们处于被支配的状态时，或找不出问题的症结所在，或尽了主观上的极大努力后还是无济于事时，就免不了把盲目的必然性神化为命运。这种使人的力量与意志无可奈何的命运，就是命理学以及由此而发展起来的算命术在民间广泛流行并有不少信徒的原因。在古代世界中，破除命定论应该说是很大胆的。这是黄宗羲破除世俗迷信的一个重要方面，但未为研究者所关注。

二 大力提倡"绝学"

"绝学"就是中断失传之学,黄宗羲把自然科学称为"绝学"。他提出重视科学知识,起用精通科技人才的主张:

> 绝学者,如历算、乐律、测望、占候、火器、水利之类是也。郡县上之于朝,政府考其果有发明,使之待诏,否则罢归。①

"绝学"一词较早出现于道家著作中。《老子》十九章有"绝学无忧",为抛弃学问方可无忧患之意。《庄子·山木》有"绝学捐书",意与老子同。这里的"绝"是一个动词。但广为流传的用法,是把"绝学"当作名词来使用,这与宋代理学家张载的"横渠四句教"有关:"为天地立志,为生民立道,为去圣继绝学,为万世开太平。"②北宋以后"横渠四句教"的广为流传,"绝学"普遍地被认同为圣人之学。黄宗羲的"绝学",不是孔孟这样的圣学,而是指濒临失传的自然科学。这是与以往不同的新见。对"绝学"的倡导,黄宗羲认为可以改变千军万马挤向科举一途的状况,让在自然科学上有特长的人才脱颖而出。他主张,各类学校除设五经师外,还应该做到"兵、法、历、算、医、射各有师"③。深知科举痼疾的黄宗羲,认为自然科学的人才不是凭空而来的,必须在教育制度上有保障后才能造就。在各类师资队伍中,一定要有自然科学方面的老师,而不能局限于传统的经学、子学、史学上。这一颇有新意的见解,为黄宗羲教育活动的结晶。早在顺治四年(1647),他隐藏在化安山舍时,在从事历算研究的同时,就向王仲㧑传授历算、乐律等方面的知识。王仲㧑是黄宗羲至友,一起参加过抗清斗争,二人相交二十余年。王仲㧑喜天文历算,多次向黄宗羲求教。"丁亥(1647),访某山中,某时注《授时历》,仲㧑受之而去。壬辰(1652)来访,授以《律吕》。辛丑(1661)来访,授以壬遁,仲㧑皆能有所发明。"④王仲㧑随黄宗羲学习天文、音律等自然科学,时间达14年之久。康熙七年(1668)到十四年(1675),黄宗羲主讲甬上证人书院。讲学内容据万斯大儿子万经说,除经学、史学、文学外,还讲"授天文、地理、六书、九章,至远西测量推步之学"⑤。康熙十五年(1676)至十九年(1680),他应邀主持海宁讲席,讲学内容中有自然科学的内容。他向海宁县令许三礼传授天文历法:"先生又从余受黄石斋先生《三易洞矶》及《授时》《西》《回》

---

① (明)黄宗羲:《黄宗羲全集》第一册《明夷待访录·取士下》,第17页。
② (宋)张载:《张载集》,中华书局1978年版,第320页。
③ (明)黄宗羲:《黄宗羲全集》第一册《明夷待访录·学校》,第11页。
④ (明)黄宗羲:《黄宗羲全集》第十册《王仲㧑墓表》,第267页。
⑤ 转引自方祖猷:《黄宗羲长传》,浙江大学出版社2011年版,第181页。

三历。"① 在海宁，黄宗羲培养出像陈讦那样杰出的数学人才。陈讦，字言扬，著有《勾股述》《勾股引蒙》等数学著作。《勾股引蒙》一书是受黄宗羲讲学的启发而写成的。"海昌陈言扬因余一言发药，退而著述勾股书，空中之数，空中之理，一一显出，析秋毫而数虚尘者也，不意制举中人有此奇特。"对原先热衷于科举的陈讦有这么大的变化，黄宗羲是深以为喜的。这也激起了黄宗羲对著述的热情："今因言扬，遂当复完前书，尽以相授，亦使西人归我汶阳之田也。"②"前书"当为数学著作。"使西人归我汶阳之田"，意谓中学流失到西方后，又重回神州大地。从中可知，黄宗羲传授自然科学，不止于一时一地，而是贯串他的教育活动全过程。黄宗羲提倡"绝学"等，是身体力行的。

黄宗羲能够持之以恒向学生传授自然科学，是由于他毕生精研天文、数学、地理、音律等方面的学问。黄宗羲对历学的研究，已受到当时泰西之学的影响。他对徐光启主持编订的《崇祯历书》，十分推崇，并明言内中有"西洋之法"。对这一问题的详述，容后展开。他在诗中谈及了其与西方传教士汤若望的关系："西人汤若望，历算称开辟，为吾发其凡，由此识阡陌。"③ 黄宗羲称汤若望为历算开创了新的道路，对他的评价是相当高的。但汤若望如何为黄宗羲"发凡"，因无史料难以详说。但不管怎样，受泰西之学的影响，是他提倡"绝学"的重要因素之一。

从文化思潮角度看，黄宗羲提倡"绝学"，是对宋明理学中的道德蒙昧主义的反动。蒙昧主义是这样一种理论，它轻视、贬低甚至反对去探索可以认识的自然现象及其客观知识、人的生存和发展中应有的地位和价值，即杀人的理性思维能力在认识外界事物中的积极意义。中世纪有欧洲，处于统治地位的基督教神学，使各门科学成为它的婢女。在西方，蒙昧主义是和基督教神学相联系的；而在中国，它是和中国重德轻智的观念捆绑在一起的。如果说前者是神学蒙昧主义的话，那么宋明理学侧重于德性的高扬，而忽视知性的开发，可称之为道德蒙昧主义。

朱熹有道德蒙昧主义的主张。朱熹的学问是很广博的，他自小就对探索宇宙奥秘有着浓厚的兴趣。他的宇宙演化说，与近代的"星云假说"有相似处；他考察海陆变迁现象后提出的结论，在古生物学史与地质学史上有着一席之地；他对风云、雷雨、霜雪、彩虹等自然现象的阐述，洋溢着求实的精神。但是朱熹对自己学说的价值判断，决定了他对科学活动的鄙视态度。学问的根本在朱熹看来是："穷天理、明人伦、讲圣言、通世故，乃兀然存心于一草一木、器用之间，此是何学问！"④ 期望从"草木器用"中求得知识，如同烧沙子要得到米饭一样，朱熹认为是不可能的。王阳明一生经

---

① （明）黄宗羲：《黄宗羲全集》第十册《兵部督捕左侍郎酉山许先生墓志铭》，第480页。
② （明）黄宗羲：《黄宗羲全集》第十册《叙陈言扬勾股述》，第37—38页。"汶阳之田"的典故出于《左传》。《左传·僖公元年》："公赐季友汶阳之田。"《左传·成公二年》："齐人归我汶阳之田。"黄宗羲是"西学中源"说的始作俑者。
③ （明）黄宗羲：《黄宗羲全集》第十册《赠百岁翁》，第285页。
④ （宋）朱熹：《朱文公文集》卷三十九《答陈齐仲》。关于朱熹的科学思想，详见朱义禄《〈朱子语类〉选评》中"格知万象"一章，上海古籍出版社2017年版，第140—161页。

历坎坷,遭廷杖、下诏狱、贬龙场,此后在平定宁王之乱中,功高招忌、频遭暗算、被诬谋反。常人遇此劫难,早就心灰意冷了。但王阳明从中领悟了"良知"是判定所有事物价值的主心骨这一心得,极大地高扬了人的主观能动性,这是王阳明为后人津津乐道的缘由所在。王阳明的"良知"有着学术观、认识论与权威性的三重含义,是凌驾于一切之上的价值判断。[①] 他声称,"作圣之功"就在于"复心体之本然,而知识与技能非所与论也"[②]。造就理想人格(圣人)的唯一途径,是唤起人们心中固有的"天理"("复心体之本然"),亦即道德意识;而知识与才能乃是"人欲"滋生的温床。据此王阳明说:"后世不知作圣之本,是纯乎天理,却专去知识才能上求圣人……知识愈广而人欲愈滋,才力愈多而天理愈蔽。"[③] 知识与技能,是对人的道德修养毫无用处的东西。人的本质特征在于人具有其他生物所没有的伦理道德,认识、复归、开发人的德性使之走向于理想状态,为人的最高价值所在。人们从事技艺方面的所有努力,或被看作玩物丧志,或被视为雕虫小技,都无益于社会人生。这样的观点,被王门后学发挥到了极致,且看王阳明学生钱德洪的话:"只是吾人自有知识,便功利嗜好,技能闻见,一切意必固我,自作知见自作憧扰,失去至善本体。"[④] 王门后学中的邹东廓、王畿、欧阳南德皆有类似的言语,被黄宗羲记之于《明儒学案》。对道德蒙昧主义,黄宗羲是非常清楚的。黄宗羲倡导"绝学",就不能只从他的科学思想认识了。一方面,是对当时流行的重德轻智、重道轻技的道德蒙昧主义的有力抗议;另一方面,也是对统治者技艺无用论的否定。元灭后,司天监进献的水晶刻漏,做工极为精致,里面有两个木偶能按时敲击。朱元璋认为没有用处下令打碎,并对侍臣说:"废万物之机,而用以于此,所谓作无益而有害也。使移此心以治天下,岂止亡灭。"[⑤] 外求知识与内求德性,是始终激动着人类心灵的两个重要方面,日本启蒙思想家福泽谕吉有个很精到的论述:"智慧与道德,恰像人的两部分,各有各的作用,不能说哪个重要,哪个不重要。如果是两者兼备,就能算作完人。"[⑥] 知识同事实判断结合在一起,它所要求的是真与假的区别;道德同价值判断相联系,它所强调的是善与恶的区别。道德本是体现人与人之间、人与社会之间的一种规范要求,但在道德蒙昧主义者那里,它跃出了善恶,成为评价一切事物的价值尺度,于是对"完人"来说的另一个重要方面被忽略不计了。与这种风行的思潮站在对立面的黄宗羲,他对"绝学"的提倡,包含有人应该全面发展的思想。

致力于技艺,合乎人们的利益,能为人们谋幸福,同时又是开拓人的知性力量的有效手段,能培养人的理性思维能力和科学精神。黄宗羲倡导"绝学",显示出他对技艺的高度重视。"绝学"内容为天文历法、气象预测、军事技能与水利工程,这在古代

---

① 见朱义禄《论王阳明自得精神及其对后世的影响》一文,《宁波大学学报》(人文科学报) 2018 年第 5 期。
② (明)王阳明:《王阳明全集》卷二《传习录》中,上海古籍出版社 1992 年版(下同),第 55 页。
③ (明)王阳明:《王阳明全集》卷一《传习录》上,第 28 页。
④ (明)黄宗羲:《黄宗羲全集》第七册《明儒学案》卷十一《浙中王门学案一》,第 256—257 页。
⑤ (明)余继登:《典故纪闻》,中华书局 1981 年版,第 27 页。
⑥ [日]福泽谕吉:《文明论概略》,商务印书馆 1982 年版,第 77 页。

是与技艺息息相关的方面。技艺是囊括了古代的各种技术，是众多工匠通过生产实践创造出来的。这是古代科学的摇篮，许多科学理论都是从技艺中总结出来的。古代的工匠传统与近代社会的学者有很大的区别，但两者有着内在的关联，"有很多原理蕴于工匠的日常操作，所以这些操作方法是科学知识的可贵原理"①。

三 求实："推物理之自然"

以他现存著作中的科学思想，可以归结为求实与明理这两条。他认为，对待千变万化的大千世界，要抱着"推物理之自然"的态度，做到"穷理者必原其始，在物者必有其因"②。"推物理之自然"，就是求实；"穷理者必原其始，在物者必有其因"，就是明理。

先关注一下人们研究不太多的《易学象数论》吧！这是梨洲的一部哲学兼自然科学方面的重要著作，黄宗羲基本上是站在义理派的立场上，对王弼、程颐的见解颇多赞语；他批评象数学，但不否认《周易》之有象数。他重义理，但也讲象数；他讲象数，但反对术数迷信。诸如纳甲、占课、天根月窟、卦气、卦变、世应飞伏、六壬等术数，他均一一加以剖析其主观臆断、穿凿附会之处。下面将月体纳甲说，做一个案研究。黄宗羲指出，月体纳甲是一种牵强附会之说：

> 月者，八卦中之一也。八卦纳甲而专属之月，可乎？同此八卦，或取象于昏，或取象于旦，亦非自然之法象也。③

月体纳甲说，是东汉末年魏伯阳在《周易参同契》中提出的。该书是早期道教的重要经典，为道教系统地论述炼丹的最早的著作，其在易学史上影响最大的是月体纳甲说。此说的要旨，是说明炼丹运火时，其火候随着月亮的盈虚而转移。炼丹时，炉中要放炭火烧鼎器，这就有个火候的问题。按炼丹家的说法，火候有两种，一是文火，一是武火。减炭为文火，加炭为武火。就一个月而言，十五以前用文火，十五以后用武火。火候随月亮的盈亏而变化，以说明一个月炼丹运火的程序，故称月体纳甲说。它有三种说法，为六十卦纳甲说、八卦纳甲说与十二消息卦说，其中八卦纳甲说是《周易参同契》的主要观点。八卦纳甲说以坎离两卦代表日月，其他六卦代表月亮的盈亏过程，八卦各配以干支。初三，月光开始萌生，从西方升起，震卦用事，纳庚。初八，月光生出一半，即月上弦之时，兑卦用事，纳丁。到十五，月光盛满，即望月之时，乾卦用时，纳甲。到十六，月光开始亏缺，居西方，巽卦用事，纳辛。到二十，

---

① [英] 斯蒂芬·F. 梅森：《自然科学史》，上海人民出版社1977年版，第133页。
② （明）黄宗羲：《黄宗羲全集》第十册《获麟赋》，第638—639页。
③ （明）黄宗羲：《黄宗羲全集》第九册《易学象数论》卷一《纳甲一》，第25页。

月光只有一半，即月下弦之时，艮卦用事，纳丙。到三十，月光消失，居东方，坤卦用事，纳乙。从下月初三开始，月光又复出现，再现上述的循环。乾纳甲壬，坤纳乙癸，乾当望月，坤当晦时，乾坤两卦意味着阴阳之消长。黄宗羲认为，月体纳甲说来源于京房易学，"魏伯阳因其说而以月象附会之"①。炼丹是指从金属和矿石中提炼出合乎人们要求的化合物。魏伯阳以为，这样的提炼与温度的变化有着密切的联系，这不乏科学的因素。然而他认定月亮的盈亏与火候的大小之间，有着必然的、内在的联系，把"八卦纳甲专属之月"。黄宗羲指出，是以"月象附会"于炼丹，绝非"自然之法象"。一种学说的正确与否，要看它同客观的自然现象是否相符合，不能凭主观的臆测去事先排定一个先验的、刻板的模式。这就是求实的科学精神。

这一求实精神，还体现在清除附加于《周易》上非科学因素的方面。他对宋代理学家邵雍的《皇极经世》下了一个论断：

> 康节之为此书，其意总括古今之历学尽归于《易》，奈《易》之于历本不相通，硬相牵合，所以其说愈烦，其法愈巧，终成一部鹘突历书而不可用也。②

邵雍的《皇极经世》，是北宋易学中象数派的代表作。邵雍把宇宙万物都纳入"数"的范畴，认为宇宙中一切都有"数"的规定性，即"数生象，象生器"（邵雍《皇极经世·观物外篇》）。象数是宇宙的最高法则，一切事物都是按照他所推衍的象数所构成并发生变化的。为了论证天地之四象衍生天地万物，邵雍用"四分法"这一模式来说明。如天之四象为日月星辰，表现在人体上为目耳鼻口，时间上为元会世运，体现在社会历史上为皇帝王霸……黄宗羲指出，按"《皇极》之数，一元十二会为三百六十运，一运三十会为三百六十世，一运十二世为三百六十年"来推算，存在着不少问题。黄宗羲经过仔细的核算后指出，依"元会运世"推算，无法解释历法中闰年、闰月的现象，会造成"岁岁有闰月""有闰之名而无闰之实"的情况。黄宗羲的结论是："然推求其说，多有可疑。"③客观实在的天象变化，是研究天文与编制历法的重要依据。一部历法的好坏，就看它同实际的天象是否符合。凭着主观臆想去构造出一个刻板的模式，是不足以说明自然界真实情况的。"康节作《皇极书》，死板排定，亦是纬书末流。"④

黄宗羲认为，《周易》与天文历法本是不相干的，《皇极经世》把"古今之历学尽归于《易》"，纯为"硬相牵合"。《周易》由《经》与《传》两部分组成。《经》是中国古代占巫术之书，神秘的形式中蕴含着智慧，透出了古代中国人理性思维的最初萌芽与用素的辩证观念。《传》为对《经》最早的诠释，通过对八卦起源、六十四卦卦爻辞等内容的解释，构造了一个象数与义理相结合的、颇为独特而又有创意

---

① （明）黄宗羲：《黄宗羲全集》第九册《易学象数论》卷一《纳甲一》，第24页。
② （明）黄宗羲：《黄宗羲全集》第九册《易学象数论》卷五《皇极一》，第173页。
③ 同上书，第172—173页。
④ （明）黄宗羲：《黄宗羲全集》第十册《答万贞一论明史历志书》，第213页。

的思想体系。《易传》所提出的阴阳学说,对后世中国文化的发展产生了极为深远的影响。《周易》是神学的迷雾与深邃的哲理所组成的共生矿,后世对其不同解释的累积,形成了一个庞大的易学系统。自两汉以降,一直到明清,不同的易学派别,或主义理,或主象数。黄宗羲对汉到明,各种象数学的理论与方法,他都做了批评,但注意力集中于邵雍的象数学体系,因为邵雍的学说被朱熹部分地接受而受到后世的青睐。邵雍用自己的象数学体系来概括宇宙间的一切,力图寻求天地、日月、万物背后的根本("穷务造化")。邵雍的《皇极经世》一书,虽有一些科学的素材,但从总体上看,他的理论不是从科学素材中抽引出来的,而是用科学的素材作为"象数"的佐证。邵雍不能合理地解释天文现象,因为他的"象数"框架是一个先天的模式。自然现象是复杂多变的,以事先设想好的整齐划一的模式去看待,就不会对客观自然现象做出正确的解释来。

黄宗羲指出邵雍的错误,是为了恢复《周易》的真实面目,清除附加在它上面的人为的因素与主观的臆想。值得一提的是,黄宗羲在系统清理了汉以后象数学各学派时,对象数学的烦琐计算和神秘的图表,"一一疏通之,知其与易了无干涉"[①]。他所花的精力是巨大的:"自某好象数之学,其始之学也,无从叩问,心火上炎,头目为肿,及学成无所用,屠龙之技不待问,而与之言亦无有能听之者矣。跫然之音,仅一仲挒。"[②]《易学象数论》中的许多算式和图表,内容相当广泛,本文只是选择与科学思想有关的掇取二则,以说明黄宗羲把易学从神秘主义中解放出来所做的努力。

"推物理之自然"的求实态度,体现在他的实地观察中。黄宗羲是一个喜爱旅游的人,游玩一地后,都会留下记载。崇祯十四年(1641),他到南京朝天宫看《道藏》时,"自易学以外,干涉山川者皆手抄之,矻矻穷日"。[③] 这个时候,他就立下了遍游名山的誓愿:"余手抄《道藏》之时,方欲游遍天下名山,四明不过从此发迹。"从誓愿中知道,游四明山不过是一个序幕。对旅游可能发生的意外事故,黄宗羲已有充分思想准备:"即不然而绝于世,亦泥封洞口,猿鸟以为百姓,药草以当粮糗,山原石道,别有往来。"[④] 经过实地观察的《丹山图咏》写于1674年,离年轻时游四明山隔了三十余年。这三十年,时当易代,变故叠更。黄宗羲自己,则九死一生,遍游天下的志向,自然是无法实现。如果不是这样的社会氛围的话,黄宗羲的志向得以实现,那么他在地学方面的成就是不会逊色于同时代人的。崇祯十五年(1642),黄宗羲偕弟宗炎、宗会游四明山。"因以足之所历,与记集相勘,每抵牾失实。"[⑤] 黄宗羲在寻觅古迹,游山玩水的过程中,是抱着纠正以往记载"失实"的态度,去考稽事实,订伪存真的。归家后,黄宗炎、黄宗会写了赋与游记,他完成了《四明山志》的初稿。修改定稿是在康熙十二年(1673)的事。黄宗羲发扬了中国古代科学家勤于观察的优良传

[①] (明)黄宗羲:《黄宗羲全集》第九册《易学象数论序》,第2页。
[②] (明)黄宗羲:《黄宗羲全集》第十册《王仲挒墓表》,第267页。
[③] (明)黄宗羲:《黄宗羲全集》第十册《丹山图咏序》,第17页。
[④] (明)黄宗羲:《黄宗羲全集》第二册《四明山志》卷五《丹山图咏》,第394页。
[⑤] (明)黄宗羲:《黄宗羲全集》第二册《四明山志自序》,第281页。

统，这以弄清了史籍上记载的"木冰"最为典型：

> 忽尔冥霁地表，云敛天末，万物改观，浩然目夺，小草珠圆，长条玉洁，珑松插于幽篁，缨络缠于萝阁，琤琮俯仰，金奏石搏，虽一叶一茎之微，亦莫不冰缠而雾结。余眙愕而叹曰："此非所谓木冰乎！《春秋》书之，《五行》志之，奈何当吾地而有此异也。"①

"木冰"就是今天所说的雾凇。雾凇是一种自然现象，是雾或毛毛雨、水蒸气充满空气中时，因气温较低而形成的凝结物。雾凇是种晶体状的东西，质地似松软洁白，与坚硬的冰柱子不同。雾凇因依附于他物顺势而成，所以姿态各异的树干枝干上，一旦附上雾凇后，便成为晶莹剔透的玉树琼枝。黄宗羲用"缠""玉洁""珑松"等字眼，形象地描绘了雾凇出现时的动人景象。② 由于随物成形的缘故，一下子万物的面目改观了，被"冰缠雾结"的植物不再是绿色，而是"玉洁"的世界。黄宗羲对雾凇成因的探讨，基本上是以气一元论来解释的，一是其地处于群山之中，"去平原一万八千丈"，"故恒寒而无懊"；二是山中溪回瀑落，水汽"蒸满山谷"；三是气的运动受到了阻碍，"其气皆敛而不荡"，"勃郁烦冤之所不散"。③ 一般地说，气候降到零度以下而空气中又充满水汽时最易形成雾凇。黄宗羲这些说法，与现代科学的解释相去不是太远。

在对庐山的观察中，黄宗羲已觉察到流水的侵蚀在地貌形成中的作用，他说：

> 五峰原出一山，断而南际，始各自为峰。其相距或半里、一里。游者皆自其断处南出，以临其顶。一峰既尽，则北行返于断处，西行其相距之路，又复南出，以临一峰。峰峰异状况，江矶海礁之变略备。④

这是对五老峰的成因正确而独到的认识。五老峰位于庐山东南侧，是庐山著名的高峰，受垭口分割成五个雄奇的峰岭，形似五个老人并坐。李白为庐山写了一首诗："庐山东南五老峰，青天削出金芙蓉。九江秀色可揽结，吾将此地巢云松。"以"青天削出"为五老峰的成因，是充满浪漫气质李白的想象。黄宗羲指出，原本一体的五老峰现今裂为五峰，"峰峰异状"，原因有二，即"断"与"变"。从地形成因上说，庐山是经断裂隆起的断块山，作为断块上升的山地，断层颇多，而东南部更多。"断而南际，始各自为峰"，是对这种成因的简明的概述。从地貌上说，峰峰不同，为"江矶海

---

① （明）黄宗羲：《黄宗羲全集》第二册《四明山志》卷八《过云木冰记》，第458页。
② 雾凇又称树挂，这一现象的出现以北方居多。但只要条件具备，如黄宗羲所述，江西也会有雾凇。笔者于1991年1月，随同济大学风景文化研究所去嵩山，参加嵩山风景区的规划工作。时值隆冬，非旅游旺季。那天去嵩山顶峰，恰遇小雨，至山顶见雾凇景象，确实壮美。石壁隙间，雾凇挂在松柏等树上，随树叶而变幻出绰约多姿的造型。冬天的树叶呈深绿色，雾凇挂枝也难以全覆之，黛白相间，煞是好看。见朱义禄《雪中登嵩山》，《新民晚报》1991年4月1日。
③ （明）黄宗羲：《黄宗羲全集》第二册《四明山志》卷八《过云木冰记》，第458页。
④ （明）黄宗羲：《黄宗羲全集》第二册《匡庐游录》，第481页。

礁之备"的结果,至此黄宗羲已揭示出,五老峰是流水、雨水长期侵蚀作用的产物。古代有高山为谷,深谷为陵的说法,但在沈括之前,均不能阐明真实的原因。沈括发现,"雁荡诸峰,皆峭拔险怪,上耸千尺",但从外面望去什么都看不见,只是到了山谷,"则森然干霄"。沈括指出,"其原理,当是谷中大水冲激,沙土尽去,惟巨石岿然挺立耳"①。沈括明确主张,地面被流水侵蚀后,挖切成山岭。读过沈括著作的黄宗羲,对流水侵蚀地貌成形中作用的认识,虽未超过沈括,但却是黄宗羲求实精神的体现。他还记下了特殊的自然环境对植物生长所带来的影响:"奇峰上多野棠,枝干覆地而生,结实殊大,食之如蔗糖。杜鹃根老不著土,松亦不多,而特怪丑,其他草木则苦寒不能生矣。"② 五老峰气候寒冷,常刮大风,所以生长多年的杜鹃,根部没有多少土,与稀少的松树一样,长得又怪又丑。野生的海棠,长得很好,尽管枝干都贴近了地面,但果子硕大而特甜。其他植物,则不适合五老峰生长。这都是黄宗羲于实地观察后得出来的结论。

观察是人类进行科学研究的一种最基本、最常用的方法,也是中国古代科学重要特点之一。观察一般是在自然发生的条件之下进行的,它能够反映客观对象的本来面目。观察是科学发现中的重要实践活动,既是发现问题的前提,又是证实问题的手段。在近代实验方法兴起之前,观察常常是获取客观对象经验材料、数据以至事物本质认识的主要手段。在中国,观察方法具有悠久的历史与优良的传统。《周易》中的八卦和六十四卦数理体系的建立,"一阴一阳之谓道"的一般原理的概括,都是建筑在"观物取象"的基础上的。③ 这种方法,对后世的科学家与哲学家有深远的影响。汉代张衡"效象成形",王充的"考心效事",沈括的"验迹原理",都强调对自然的迹象进行实际的观察。被称为"千古奇人"的徐霞客,为探索科学从事地理考察。"不惜捐躯命,多方竭虑以赴之,其于必造其域,必穷其奥而后止。"④ "医中之圣",是郭沫若对李时珍所下的赞语。"访采四方"(明李时珍:《本草纲目·序例第一卷》),是李时珍成为药学界巨匠的先决条件。被李约瑟誉为"中国狄德罗"的宋应星,他所观察的对象与徐霞客与李时珍有些不同,不再是本然的自然界,而是经过人工改造的自然界。对中国古代的农业与手工业技术的考察,宋应星的态度是,"皆须试见而详之"⑤。"贵质测,征其确然者耳"(明方以智:《物理小识编录缘起》)。这是黄宗羲好友方以智的主张。无论"造域穷奥""访采四方",还是"试见而详之""质测徵其确然",都是把对客观事实的观察看作科学研究的重要基础。黄宗羲主张"推物理之自然",反对魏伯阳曲解"自然之法象",批判邵雍的"硬相牵合",是要求人们尊重客观对象的本然,为观察与认识客观事物打下良好的基础。放眼向外的实地观察,是这些不同凡响的学者

---

① (宋)沈括:《梦溪笔谈》卷二十四《杂志一》,上海古籍出版社1987年版,第762页。
② (明)黄宗羲:《黄宗羲全集》第二册《匡庐游录》,第481页。
③ 《易传·系辞下》:"古者包牺氏之王天下也,仰则观象于天,俯则观法于地,观鸟兽之文与地之宜,近取诸身,远取诸物,于是始作八卦,以通神明之德,以类万物之情。"这是中国古代对观察最早的、自觉的认识。
④ (清)杨名时:《杨序一》,《徐霞客游记》,上海古籍出版社1982年版,第1261页。
⑤ (明)宋应星:《天工开物》第十五卷《佳兵》,江西科学技术出版社1987年版,第322页。

的共同主张。就黄宗羲本人而言，他对大自然的观察是很细致周到的。四明山的"木冰"，五老峰的形成与峰顶上植物生长异状，他不但在游记中翔实地记载了下来，而且对成因也有相当科学的推断。观察这一中国古代科学的优良传统，在黄宗羲身上有充分的体现，也与时代的风气相吻合。

四 "穷理者必原其始"

所谓明理，就是要弄清事物发生和发展的原因，把握自然现象的客观规律性。自然界的运动变化是有秩序的、有规律的："大化流行，有一定之运。如黄河之水，自昆仑而积石，而底柱，而九河，而入海，盈科而进，脉络井然。"自然的规律不是玄虚的杜撰，而是客观地存在于天地万物之中的："理则本之天地万物，非复玄虚之理。"① 黄宗羲把这一观点应用于天文历法的评价中。元代郭守敬的授时历，他认为其缺陷是没有写明编制历法的根本，而徐光启主持的《崇祯历书》，他是倍加赞赏的：

> 《崇祯历书》，大概本之《回回历》。当时徐文定亦言西洋之法，青出于蓝，冰寒于水，未尝竟抹回回法也。顾纬法虽存，绝无论说，一时词臣历师，无能用彼之法，参入大统，会通归一。及《崇祯历书》既出，则又尽翻其说，收为己用，将原书置之不道，作者译者之苦心，能无沈屈？②

万言（1637—1705），字贞一，号管村，黄宗羲好友万泰的长孙。万言以古文著称于世，是黄宗羲学生中文学方面最有才华的。康熙十九年（1680），与叔父万斯同一起，应召入史馆编纂《明史》。叔侄两人在编纂过程中，有了问题就向黄宗羲求教。黄宗羲答万言的信，讲述了明代历法的历史，同时涉及历法修订的原则与方法。历法的修订在中国古代，是与王朝的政治命运休戚相关的。万历三十八年（1610），司天监推算的日食时刻再度不准，朝廷决定参用西洋历法来修正原来沿用的《大统历》。明代的《大统历》，是承袭元代的《授时历》的，无新的发展。重订历法，在天启、崇祯两朝十几年间，是一件大事。经过屡次争辩的结果是以徐光启、李之藻主持其事，同时请利玛窦、庞迪我、熊三拔等西人共同参与。徐光启在指明中法的不足与西法的精密后，提出了修订历法的方针："臣等愚心，以为欲求超胜，必须会通；会通之前，先须翻译。盖《大统》书籍绝少，而西法至为详备，且又今近数十年间所定，其青于兰，寒于水者，十倍前人……翻译既有端绪，然后令甄明《大统》、深知法意者，参详考定。"③ 这一方针就是翻译——会通——超胜。黄宗羲对徐光启"会通"中西历法的思

---

① （明）黄宗羲：《黄宗羲全集》第十册《画川先生易俟序》，第102页。
② （明）黄宗羲：《黄宗羲全集》第十册《答万贞一论明史历志书》，第213页。
③ （明）徐光启：《徐光启集》卷八《历书总目表》，上海古籍出版社1984年版，第374页。

想，十分钦佩。翻译，就是全面、系统地了解西法的根本，这在天朝上国观念与文化自大主义占上风的时代里，是非常新颖的见解。会通不是把中西历法简单地凑合，而是在与研究西法的基础上，将两者的长处有机地融合在一起，以达到超胜的目的。"用彼之法参入大统，会通归一"，这是黄宗羲对徐光启修订历法方针的概括。当时的"词臣历师"，没有一个人能达到徐光启的水平。到了《崇祯历书》出来以后，大家众口一词，把徐光启的思想窃为己有。这不是对译者兼作者的徐光启莫大的冤屈吗？黄宗羲认为，《明史》中的《历志》，应该将徐光启作《崇祯历法》的方法记载进去：

> 《崇祯历书》所列《恒年表》《周岁平行表》之类，犹之未来历也。其推交食，有《太阴距度表》《黄道九十度表》《太阳距赤度表》《南北高弧表》《视半径表》《视差表》《时气简法表》《太阴实行表》《食分表》，盖作者之精神，尽在于表，使推者易于为力。今既不可尽载而徒列推法，是则终于墙面而已。某意欲将作表之法，载于志中，使推者不必见表，而自能成表，则尤为尽善也。①

《崇祯历书》，采用了具有计算精确优点的丹麦天文学家第谷的宇宙体系，又保留了集中国古代历法优点的《大统历》。第谷体系虽不如哥白尼体系（传教士未曾引进中国）来得科学，但较利玛窦的托勒密体系有一定的进步。《崇祯历书》的精确度比《大统历》要高，尤其是对日月食的计算。② 受徐光启影响的黄宗羲，对会通中西文化而成的《崇祯历书》，评价是很高的，认为它是未来历法发展的方向。《崇祯历法》既言推算方法，又明作法道理，是中国历法史上一大飞跃。黄宗羲认为，《明史》的编纂者对徐光启这一新创见，缺乏足够的领会。单单把表列出，只是见到表层，没有解决根本问题。应该把"作表之法"记载在史书中，"使推者不必见表，而自能成表，则尤为尽善也。"黄宗羲力主"穷理者必原其始"，是说只懂得道理还不够，更重要的是掌握方法。科学的发展往往是随着方法上的更新而日新月异。方法论上每前进一步，就会为人们展开更广阔的眼界，知晓以往不清楚的道理。梅森说："比起任何特殊的科学理论来，对人类价值观影响最大的恐怕还是科学的方法论。"③ 在懂得道理与掌握方法上，后者比前者显然更重要。因为只有见于特殊的事物，而后者可以探见一般的事物。

黄宗羲要求把握"作表之法"，是同徐光启的主张一致的。徐光启曾对中国传统天文、数学进行了一个批评，那就是只能说出表象而不能说明道理。徐光启强调，一定要弄清"其所以然处"。这种明理求故、追求规律的思想，实为当时学者在西方科学的刺激下所产生的新见解，体现在徐光启那里，就是"度数指理"："昔年曾遇到西洋利

---

① （明）黄宗羲：《黄宗羲全集》第十册《答万贞一论明史历志书》，第214页。
② 《崇祯历书》引进的西方科学思想还有：1. 大地为球形的思想和大地经纬度的测算；2. 球面三角法；3. 区别太阳近（远）地点和冬（夏）至点的不同；4. 蒙气差修正数值的采用。参见陈鼓应等主编《明清实学思潮史》，齐鲁书社1989年版，第729页。阮元对崇祯《历书》的评价是："熔西人精算，入大统型模，正朔闰月，从中不从西；完气整度，从西不从中。"（《畴人传》卷四十二）
③ ［英］斯蒂芬·F. 梅森：《自然科学史》，第565页。

玛窦与之讲论天地原始，七政运行，并及其形体之大小远近，与夫度数之顺逆迟疾，一一从其所以然处，指示确然不易之理，较我中国往籍，多所未闻。"① 黄宗羲"借数以明理"的思想，与徐光启的"度数指理"，精神上是相通的：

> 宗兄又云：邵兄之节节相生，皆自然之法。弟以为此邵兄之自然，非《易》道之自然也。夫乾、坤，老阳老阴也；震、坎、艮，少阳也；巽、离、兑，少也，非《易》道之自然乎？邵子兑居老阳之位，震居少阴之位，巽居少阳之位，艮居老阴之位，勉强殊甚，犹得谓之自然乎？先师谓之死法，以其不合理也。古人借数以明理，违理之数，将焉用之？②

这里不具体论述老阳、老阴、少阳、少阴等内容。③ 黄宗羲这段话的意思，是说邵雍的象数学，在不认明符合自然界的客观的、本然情况后，强调的是"借数以明理"。这一思想，虽在论及象数学时有所谈及，但不能局限于象数学。对与数字系统相关的科学，黄宗羲有着异乎常人的浓厚兴趣。"余昔屏穷壑，双瀑当窗，夜半猿啼枭啸，而布算簌簌，自叹为真痴绝。及至学成，屠龙之技，不但无所用，且无可与语者，漫不加理。"④ 这些话表明黄宗羲对数学曾花了巨大的精力去研究，甚至达到了发痴般的地步。在数学研究中，无论是在《易学象数论》中，还是在《答钱牧斋先生流变三叠问》《答刘伯宗问朱子〈壶说书〉》中，都用到了很多的计算。已知黄宗羲有《勾股图说》《开方命算》《测圆要义》《气运算法》和《割圆八线解》等著作，可惜无一留存下来。

鉴于黄宗羲的数学著作未能流传下来，只能用徐光启的材料做一个旁证来说明。徐光启多次申明，数学乃是贯串一切科学领域的一条主线，是具有普遍的适用性的工具价值的：算术者，工人之斧斤寻尺，历律两家、旁及万事者，其所造宫室器用也，此事不能了彻，诸事未可易论。⑤ 徐光启深感数学是一把打开科学宫殿大门的钥匙，是通向其他科学的"斧斤寻尺"。掌握了数学，就可以旁通万事万物。在更多的地方，他把数学称为"度数"。在晚年的徐光启说得更明白："盖凡物有形有质，莫不资于度数"，提出"度数旁通"这一具有普遍意义的结论："且度数既明，又可旁通众务，济时适用。"⑥ 他认为，无论是预知天象、测量水地、考订音律、制造兵器、建筑城市，还是理财、制作机械、营建房屋桥梁、测绘地图、医病用药等有关民生与国家的实事，都必须依靠数学。徐光启强调，西方科学是以数学为基石的，是由把握事物的数量关系来发现自然界的客观规律的。这是一个有着近代科学因素的见解。西方科学比中国

---

① （明）徐光启：《徐光启集》卷七《修改历法请访用汤若望罗雅谷疏》，第344页。
② （明）黄宗羲：《黄宗羲全集》第十册《答忍庵宗兄书》，第226页。
③ 参见朱伯崑《易学哲学史》上册，北京大学出版社1986年版，第3—4页。
④ （明）黄宗羲：《黄宗羲全集》第十册《叙陈言扬勾股述》，第38页。
⑤ （明）徐光启：《徐光启集》卷二《刻同文算指序》，第81页。
⑥ （明）徐光启：《徐光启集》卷七《条议历法修正岁差疏》，第338、333页。

先进，其中有一个原因，就是西方有一个以形式逻辑公理系统的数学作为科学基础。就中国古代的数学发展而言，其主流是代数学，即擅长计算而不讲究逻辑证明，注重实用则理论性不强。中国古代数学在运算方面并不比西方数学逊色，它的主要弊端是狭隘的经验论，使人知其然而不知其所以然，这一特征在《九章算术》中表现得相当充分。如勾股定理，"旧《九章》亦有之，第能言其法，不能言其义也"。①黄宗羲要求把徐光启"作表之法"写入《明史》上，强调"借数以明理"，这些主张是步向了近代科学殿堂的，也是黄宗羲受泰西之学影响的结果。

　　黄宗羲与泰西之学的关系，可举下面一首诗为证。运用西方历法来推算日历，见于《海盐鹰窠顶观日月并升记》一文，是这首诗最好的说明。②《割圆八线解》这部著作，是关于西洋割圆三角学的解释。在《叙陈言扬勾股述》一文中，黄宗羲指明，这是从"西洋"传来，被人们视为"独绝"的学问。这是第二个证据。另一个重要证据是，黄百家在《宋元学案》卷十七《横渠学案上》中的按语，有西方天文学的内容："地转之说，西人歌白泥立法最奇。太阳居于天地之正中，永古不动，地球循环转旋，太阴又附地球而行。依法以推，薄食陵犯，不爽纤毫。盖彼国历有三家，一多禄茂，一歌白泥，一第谷。三家立法，迥然不同，而所推之验不异。"③黄百家的这些知识，无疑是来源于黄宗羲那里。因为黄百家跟从其父时间最久，也以继承其父的事业为己任。

　　无论是徐光启的"度数指理"，还是黄宗羲的"借数以明理"，都是行进时代前列的。对数学在探索客观真理中的重要作用的新认识，是他们对近代科学的自觉的憧憬。在重德轻智思想占主导地位、道德蒙昧主义思潮流行的社会里，他们是孤独者。"习者盖寡"④，是徐光启因知音寥寥而发出的感叹。黄宗羲的情况不比徐光启好，"学成无所用"与"无有能听之者"的哀叹，表明他在数学上所取得的成就，不仅找不到应用的领域，而且连能够对话的人也无从寻觅。汪洋大海般的小农经济，封建专制主义的强大势力，容纳不了他们的科学成就。然而，在中国近代化行进的历史中，他们不愧为创榛辟莽的前路先驱。

五　余　论

　　从晚明到清初，中国古代的科学技术发展，出现了一个新高潮，黄宗羲的科学思想正是这一高潮的反映。明代中叶，随着商品经济的发展与手工业和农业生产中的资本主义萌芽的产生，一股实学思潮弥漫于意识形态的各个领域。许多有着启蒙意识的学者，对于传统的哲学、文学和史学仍在钻研，对道德修养和人生趋向，也留下了不

---

　　① （明）徐光启：《徐光启集》卷二《勾股义绪言》，第85页。
　　② 关于黄宗羲在历法上的成就，参见杨小明《黄宗羲的科学成就及其影响》一文。见《黄梨洲三百年祭》，当代中国出版社1997年版，第174、185页。
　　③ （明）黄宗羲：《黄宗羲全集》第二册，第811页。
　　④ （明）徐光启：《徐光启集》卷二《几何原本杂议》，第77页。

少论述，但他们之中的绝大多数人，倾心于科学技术的研究，或以外在的大自然作为自己终身探求的目标，登山涉水，披奇抉奥，这方面以徐霞客为代表。他的著作《徐霞客游记》，是我国古代地理学的集大成者。或以总结中国古代的农业与手工业方面成就为己任，足迹所在，遍及神州，这以宋应星为典型，其《天工开物》，是一部杰出的古典的技术哲学专著。他们不再局限于方寸心灵之间的小天地，而是无所畏惧地走向大自然，以向外观察的眼光，去从事被传统视为雕虫小技的科学活动。李时珍当为这方面楷模，他的《本草纲目》，完成了中国古代本草学的总结。另一方面，受西洋传教士来华后传入的新科学、新方法的冲击与启发，明初已呈没落的科学技术，再度放射出耀人的光芒，成为继宋、元之后的另一高峰。一位明皇室的后裔——朱载堉，他发明的十二平均律，在世界音乐史上奠定了他不朽的地位，近代键盘乐器的制作原理就是十二平均律。徐光启的《农政全书》，实为古代中国传统农学的大综合。在泰西之学的吹拂下，徐光启、朱载堉等人提出了数学是研究客观规律的工具和一切科学的基础的见解，使中国古代科学开始了迈向近代科学殿堂的步伐。不应该忘却方以智，作为黄宗羲的好友，其《物理小识》是一部以笔记形式来综合前人科学成果的著作。从总体上说，中国在科学技术领域中的世界领先地位已经丧失，但上述著作所取得的成就，是足以与同时代的欧洲比肩的。

徐霞客、李时珍、宋应星、方以智、徐光启、朱载堉等人，他们身上无不跃动着强烈的科学精神，他们在科学上的成就绝不比黄宗羲逊色。但他们只是局限于自身的努力之中，不像黄宗羲那样，花了很大的精力去从事以科学知识为内容的教育活动，起到薪火相传的作用。他向王仲撝、许三礼等人传授以天文历法为内容的"绝学"，培养出了陈讦这样的在数学方面有较高造诣的高端人才。陈讦回忆自己受教于黄宗羲之事说："岁丙辰（康熙十五年），余获侍梨洲黄先生门下，与同事学诸子筹算开方法，因著《开方发明》，先生见之，喜谓其习数以明理也。"[①] 从中国古代教育史来看，教育的内容多为传统的经学、史学、文学之类，以自然科学为教育内容，只是到了近代以后才受到重视的。就此而言，黄宗羲开启了中国新式教育的先河。

【作者简介】朱义禄，同济大学马克思主义学院教授。

---

① 陈讦：《勾股述·自叙》，转引自方祖猷《黄宗羲长传》，第265页。

试论蔡元培先生的"家国情怀"

马芹芬

【摘要】"家国情怀"是中国优秀传统文化的基本内涵之一,作为一位在中国传统文化思想浸染下成长起来的知识分子,蔡元培先生心中的家国情怀是深厚的。他重视亲情,关爱他人,心怀仁爱之心;他热爱家乡,关心家乡和社会的发展进步;他救国爱民,矢志不移,恪尽兴国之责,这均为蔡先生家国情怀的具体体现。而蔡先生的家国情怀有着其厚实的思想基础和深厚的文化渊源,良好学养,优良家风以及越地文化精神的影响,是考察其家国情怀之渊源时不可忽视的方面。

【关键词】 蔡元培 家国情怀 体现渊源

蔡元培先生是伟大的,他是人世之楷模,中国一完人。对于蔡元培先生,我们满怀崇敬,其大德无私、天下为公、爱小家更爱大家的家国情怀值得我们永远追写。家是最小国,国是千万家,每个人的生命体悟都与家国紧密相连。"家国情怀"是中国优秀传统文化的基本内涵之一。蔡元培先生作为一位在中国传统文化思想浸染下成长起来的知识分子,他心中的家国情怀有其坚实的思想根基与深厚的文化渊源。

一 蔡元培先生"家国情怀"的体现

在蔡元培看来,一个人总是处于家族、社会和国家三方面的人际关系中。所以,一个人的幸福不是我们个人能创造出来的,而是要和由集体组成的家族、社会、国家相呼应,才能获得幸福。如果一个人处于家庭不和睦、社会秩序混乱、国家权力羸弱的环境中,作为个人的我们,就不可能获得幸福。所以,要成就个人的幸福,就先要达成家族、社会、国家的幸福。而要达成家族、国家、社会的幸福,就要求我们心怀祖国和天下,对自己所处的家族、社会和国家尽好自己的责任和义务。这就是蔡元培先生对家国关系的认识，因此，"家国情怀"在常怀仁爱之心的蔡先生身上体现得尤为突出。

（一）重视亲情，关爱他人，心怀仁爱之心

蔡元培先生认为，家族对于国家来说，就如同细胞对于有机体，家族内部不和睦，一个国家的人心，就必定不能够一致。如果人心分离背叛，那么也就谈不上富国强兵。所以，在蔡元培看来，"家族之幸福即社会国家之幸福"。"吾人则不然，必先有一纯全之家族，父慈子孝，兄友弟悌，夫义妇和，一家之幸福，无或不足。由是而施之于社会，则为仁义，由是而施之于国家，则为忠爱。故家族之顺戾，即社会之祸福，国家之盛衰，所由生焉"。[①] 所以，家族是国家的缩影，一个人如果不爱他的家族，不能对家族尽应尽的义务，那么，就不能期望他对社会尽自己应尽的义务，不能期望他爱自己的祖国。相反，如果能做到让自己的家族关系日益密切，在家族内部养成互助互爱的观念，那么，这就是间接地为社会、国家的幸福做贡献。

而家族要幸福，就要求处理好三种最重要的关系，那就是父子、夫妇和兄弟姐妹之间的关系。在父子关系中，最重要的是对父母孝顺，对儿女慈爱。在夫妇关系中，夫妇要和谐。丈夫爱惜自己的妻子，妻子支持自己的丈夫，夫妻之间能情投意合，这是人生最大的幸福。而兄弟姐妹之间，不只有骨肉同胞的关系，更有一种亲近和睦的感情在其中。大家都在父母身边一起成长，互相扶持，就如同左右手一样。所以，兄弟姐妹之间的感情，是人生中最宝贵的感情，彼此需要珍爱。弟妹要尊敬哥哥姐姐，视他们为仅次于父母亲的人；而哥哥姐姐对于弟妹，应当尽照顾和爱护之责任。这种手足同胞之情，即使是千万里的山川大河也不能阻隔。

蔡元培先生不仅是这样倡导的，而且也是这样去践行的。他怀着一颗仁爱之心，对家人慈孝，对他人关爱，真正做到了"幼吾幼以及人之幼，老吾老以及人之老"。

对于母亲，蔡先生敬爱有加。母亲病重时，他偷偷割肉给其做药引，希望母亲能延年益寿。对于妻子，相互理解支持，恩爱和睦。对于孩子，蔡元培关爱备至。对于兄弟，相亲相爱。对于家里的仆人，蔡先生也关爱有加。先生去世之时，夫人数说先生心慈如佛，及如何相待之厚，语哽咽不成声。儿子称自幼小至长成，只蒙慈爱，从未打骂过一次。随从冯桂与后堂老妪也说，先生全无架子，极平民化，只要称先生，不许呼老爷。皆相向零涕不已。连九龙的旧房东们，闻先生殁，也齐声说死了好人，出殡日，附近居民都焚纸钱冥锭叩拜，齐说是送先生归天成神。

当然，蔡元培爱的不只有家人和他身边的人。他爱的是天下万民。为了创办爱国学社，他可以忍情不顾长子的去世，含泪奔赴南京筹款。他对青年学生的爱远远超过了对家人的关爱，以至于周夫人发出"学生都是人才"的埋怨。

蔡先生以恢宏的气度、平和的态度对待身边的每一个人，以至于有了"好好先生"

[①] 蔡元培：《蔡元培讲国学》，华文出版社2009年版，第135页。

的称号。其实有"好好先生"之称的蔡先生待人接物并不是没有原则,相反,他有自己的思维方式和待人原则。蔡先生在待人接物时,总是先假定一个人是善人,除非事实证明其不然;凡有一人以一说进,先假定其意诚,其动机善,除非事实证明其相反。所以,只要这个人有一技之长,他没有不取其所长,但决不问其短处如何,总是待人极好。他任何客人都见,凡有请求都尽力协助,只要他做的事有益于国家,蔡先生没有不赞同的。这就是蔡先生待人的原则,极富有道义精神,但很少有人敢以不义之事求他干的。这就是蔡先生的恕德。

(二) 热爱家乡,关心家乡和社会的发展进步

蔡元培先生的家国情怀也体现在对家乡的热爱上。他热爱家乡,关心家乡和社会的发展。在家乡,蔡元培开始实施其教育兴绍,乃至教育救国的理想。通过发展绍兴,乃至浙江的教育事业,培养家乡所需人才,促进家乡发展,带动社会进步,这是蔡先生的一大愿望。

这一愿望体现在行动上,就是蔡元培先生在家乡展开的一系列教育活动。在绍郡中西学堂,时任学堂总理的蔡先生开始实施其新式教育理念,对家乡教育进行全面整顿和大胆改革,致力于新式学校的建设和新式人才的培养。对于教育兴绍,蔡元培有一个全盘整体的考虑。1899年12月,在其撰写的《绍兴推广学堂议》一文中,强调了推广教育的重要性,指出当时教育中存在的六大积弊。针对这六大积弊,蔡先生明确表示,自己将竭尽全力加以矫正,虽然不可能遍及全国二十三个行省,也不可能遍行浙江十一个府,去一一加以矫正,但是他要以浙江绍兴为起点,在绍兴八县率先吹起新式教育之风。

为了家乡的发展,蔡先生于1903年3月8日在上海向旅沪绍籍人士发表题为《绍兴教育会之关系》的演说。他呼吁:吾辈既为绍兴之人,则绍兴一切之事,都是吾辈之责任。而吾辈之责任,"莫大于高绍兴人之人格,而使无为世界上了无关系之人"[①]。他认为兴办教育的重任如果全委之于家居之绍兴人,那么,即使"有深识热心者大声而提倡之",也不足以成事;他需要一切家居和远游的绍兴人合力以图之。所以,"诸君果欲吾绍兴人之与世界进化而为世界极有关系之人,以无至于衰歇而卑贱也,则请于今日赞成此绍兴教育会之举,以为合力行事之基地焉"[②]。蔡先生的这一演说,不仅对近代绍兴教育的蓬勃发展起到了重要作用,而且对近代绍兴名士群的形成也产生了重要影响。因为他要求绍兴人把提升自己的人格精神作为自己的追求,要求绍兴人把发展绍兴、振兴祖国作为自身的责任。

蔡先生对家乡的热爱,还表现在对家乡名胜古迹保护和发展的重视。他对柯岩、东湖等山水胜景的开发和保护倾心倾力。譬如,柯岩的石佛寺,始建于元朝,是一座

---

① 蔡元培:《蔡元培全集》卷一,浙江教育出版社1997年版(下同),第412页。
② 同上书,第413—414页。

著名的江南古刹，鉴于受毁损严重，蔡先生曾作为主要发起人，多次致函募集维修费用。同时，他也重视地方环境的改造和建设，要求绍兴人注意公共卫生，加强公共环境建设。1923年6月6日，蔡元培先生在绍兴五师、五中、女师发表演说，要求绍兴人设法改变无论什么污物或食物，都在河里洗濯的陋习，对河道，厕所、粪缸杂辏其旁的情况要设法改革。他建议将棺木、粪缸设法移去，另设粪公司，除去污秽。要使人人都知道卫生的重要，人人须有这种常识，他建议将小江桥一带的河沿旧屋一概打倒，用以填河，筑成马路，可通汽车、电车……①该日下午，又向绍兴各界人士发表演说，呼吁绍兴百姓和政府，要尽力改善绍兴的交通建设，要注意个人卫生，还要在绍兴举办各种事业，以不断优化家乡环境，发展家乡建设。基于对家乡强烈的责任感和使命感，蔡元培先生热切希望家乡的各项建设得以不断发展。

1927年3月12日，在杭州之江大学发表的《读书与救国》演说中，蔡先生要求学生"爱国不忘读书，读书不忘爱国"，认为"如此方谓得其要旨"。"希望同学们在学校里不要虚掷光阴，要多用一点工夫，他日学成出校，为国效力，胸有成竹，临事自能措置裕如。"②

1935年1月，蔡先生在《我们希望的浙江青年》一文中提出，我们希望浙江青年："一要有健强的体格；二要有研究的精神；三要有美术的陶冶。这样，一方面在知识及技能上有科学的基础；一方面在感情上有美术的熏习，以这种健全的精神，宿在健全的身体，真是健全的青年了！"③

蔡元培先生对家乡建设的重视，归根到底是为了促进社会的发展。如回绍兴办学，目的就是在教育兴绍的带动下，最终实现教育救国的目的。在国门初开、急流涌动的近代中国，大力发展教育，培养新式人才的重要性是不言而喻的。因此，蔡元培先生教育兴绍、教育救国的努力，值得后人敬佩，他不仅促进了近代越地人才群的形成，而且为国家培养出诸多革命人才，为国家独立和民族复兴立下了汗马功劳。

（三）救国爱民，矢志不移，恪尽兴国之责

蔡元培先生的家国情怀同样体现在恪尽兴国之责上。为了推翻腐朽的封建专制制度，挽民族国家于危亡之中，他将个人命运与国家命运紧密联系在一起，为国家和民族奋斗一生，这构成了蔡元培先生人生轨迹中最鲜明的一条主线。

1894年，蔡元培被授予翰林院编修一职，实现了绝大多数读书人努力一辈子都可望而不可即的目标。但蔡元培读书应试并不是一味地追逐中国知识分子"光宗耀祖"的传统梦想。当时，中日双方在朝鲜的军事对峙，大有一触即发之势。在北京的蔡元培心情焦灼，密切关注着事态的变迁，时不时流露出内心之忧虑。他主张针对日寇的凶狠，全力做好参战的准备，并且抗战到底。对于当时清政府不图自强，热衷于斡旋

---

① 蔡元培：《蔡元培全集》卷五，第64页。
② 蔡元培：《蔡元培全集》卷六，第18—20页。
③ 蔡元培：《蔡元培全集》卷八，第14—15页。

列强，企望以夷制夷的昏庸软弱主张，蔡元培是非常不满的。但放眼望去，京中大小官员以平庸苟且之辈居多，他们热衷于钻营名利，默然于担当国难。面对这一情况，蔡先生的思绪是愁闷痛苦的。透过这种苦闷和愤怒，我们体察到的是蔡元培先生那颗拳拳的爱国之心。

1898年，康梁变法遭清廷顽固派残酷镇压。此时，蔡元培彻底看清腐败的满清王朝已走向穷途末路。他毅然弃职回到故乡，投身于教育事业。也是从这时起，蔡元培认定了自己的报国之路，坚定了自己"志以教育挽彼沦胥"的信念。回到家乡，积极创办新式教育，培养救国人才。不仅为家乡的教育事业做出了重大贡献，而且还聚合了一批志同道合的教育改革者。这对他后来践行自己教育救国的理想有重要的推动作用。

在上海南洋公学及爱国学社，蔡元培为了教学及办学经费诸问题尽心尽力，无暇顾及家中老小，甚至没有时间留在家中陪伴患病的长子阿根。阿根离世后，蔡元培托教育会同人料理后事，自己全力投入爱国学社的开办事宜中。学社开班后，蔡元培向学生灌输革命精神，后来，不少学生成为革命中坚分子。后来蔡元培又加入了孙中山创建的同盟会。怀着满腔的爱国热情，蔡元培从一个清朝的翰林变成了一个反清的志士。

蔡元培关爱家人，热爱家乡，但更忠于祖国和人民。为了推翻腐朽的封建王朝，他不惜离开翰林院，回家乡办学，培养新式的革命人才。为了创办爱国学社，他顾不上失子之痛，到处筹款办学。蔡元培先生将改变中国命运的希望寄托在教育上，所以在培养优秀爱国青年方面花费了很多心血。

1911年，辛亥革命爆发，中华民国成立以后，当选为民国第一任教育总长的蔡元培大刀阔斧地改革旧式教育制度，废除学校忠君尊孔的礼俗，推行新式义务教育和社会教育，从而奠定了中国近代教育的基础。后来，袁世凯担任大总统后，蔡元培不愿与他同流合污，毅然辞去了教育总长的职位，参加了孙中山领导的反袁斗争。在蔡元培担任北京大学校长前，虽然知道北大腐败，有不少友人也真心劝阻，但蔡元培仍受命赴任，目的只有一个，就是尽自己的力量把中国的教育办好，为国家培养人才，实现其"教育救国"的理想。对于中国近代史上第一次反帝爱国运动，即发生于1919年5月4日的"五四运动"。北大校长蔡元培作为"五四运动"的精神领袖人物之一，对于"五四运动"的兴起发挥了举足轻重的作用。

蔡元培曾经多次去海外，那么其去海外最主要之目的何在？对此，毛泽东曾经指出，蔡元培是中国近代"向西方国家找寻真理"的一位"先进的中国人"。胡国枢先生也指出，蔡元培先后六次出洋留学与考察，在国外累计生活时间长达十一年之久，为中西方的文化交流，为我国的独立富强，特别是为我国教育科学文化事业的发展而鞠躬尽瘁。

1937年，"七七事变"爆发，日军全面侵华，年逾七十的蔡元培从上海移居香港。离开大陆之后，对于发生在祖国的抗日战争，蔡元培先生无一日不关心。寓居香港期间，他通过筹款、写诗著文、演讲等多种方式继续为抗日救亡操劳。通过多种渠道支持爱国运动，鼓励民众抗战。认为中华民族要战胜日寇的侵略，各方面的力量都要以国家利益为重，紧密团结起来。当国民党和共产党组成抗日民族统一战线时，蔡元培深感欣慰，认为这是"国家民族之大幸"。面对日本侵华的严峻形势，蔡元培积极支持国共第二次合作，共赴国难。在寓港期间，积极支持宋庆龄领导的保卫中国大同盟，欣然受任国际反侵略大会中国分会名誉主席一职。在逝世前不久，蔡元培用《满江红》词调，亲自为国际反侵略大会中国分会创作会歌，表达他反侵略、爱祖国的心志，以及对抗战必胜的信心。旅港时期，尽管身体状况与生活境况均不如人意，然而蔡元培仍然心系抗日大计，始终为反侵略事业尽心尽力，直至1940年3月因病逝世。真可谓爱国之心，老而弥坚。所以，蔡元培的一生是为民族、为国家救亡图存的一生。

二 蔡元培"家国情怀"的渊源

（一）自身良好的学养

蔡元培自幼接受传统教育。在他虚龄6岁的时候，蔡先生的父亲为他聘请了一位周姓塾师到家教授，为其破蒙授教。在周老夫子的严格指教下，尽管对于这种严格死板的授课方式，蔡元培心中其实是颇有微词的。但是对于蔡先生而言，通过这种严格规范的经典教学，为他打下了扎实的国学基础。

后来蔡元培到王懋修先生所设的私塾就读。王先生除了博学通经，工于八股制艺，还深谙宋明理学，经常在课余与学生讲朱熹、陆象山学说及其异同。此外，王先生还非常仰慕山阴名儒刘宗周。刘宗周为人刚毅正直，曾在绍兴蕺山脚下创建蕺山书院讲学，影响甚大。清兵攻陷浙江，请刘宗周去清朝做官，刘宗周坚决不事清朝，绝食而死。对这位刚正不阿的名儒，王先生十分敬仰，不但经常向学生讲述刘宗周的故事，还将其书房命名为"仰蕺山房"。另外，王先生还经常与学生谈起清朝的吕留良和曾静案。讲述之余，王先生对吕、曾诸人深表同情。这些名儒的忠义事迹和民族精神，以及王老先生这种家事、国事、天下事，事事关心的风格，对蔡元培产生了深刻影响。

而且蔡元培生性最爱读书。早在从1872年开始的私塾教育期间，蔡元培就表现出广泛的阅读兴趣，年少时读书就非常专注入神，乃至家中不慎失火，众人忙着灭火，在自家楼上看书的蔡元培，对此竟全然不知。小时候的蔡元培还喜欢边看书边嚼豆子，一旦案旁的豆子嚼完，他也不再向家人索要豆子，而是全神贯注地看书。可见，比起越嚼越香的炒豆来，蔡先生的兴趣似乎更在书中。

1883年考上秀才之后，蔡元培更是随兴之所至，自由地读书了。在风卷残云地看完了他六叔所收藏的为数不多的书籍之后，1886年，在田春农举人的推荐下，蔡元培来到了绍兴藏书最多的徐友兰家。在徐家，蔡元培忘情地畅游在书的海洋中。正是在这种无所不包、随心所欲的自由读书中，蔡元培站上了前人的肩膀，拓展了自己的阅读视野，提升了自己的思想认识。

十年私塾学习生涯，以及蔡元培的刻苦攻读，不仅为他打下了厚实的国学基础，而且使他对中国传统文化有了深刻的理解。正是在将家国情怀与人生追求熔融合一的优秀传统文化精神的浸染下，蔡元培自身的修养得以提升，这对他责重山岳、公而忘私以及责任和担当精神的养成都有重要的影响。

（二）优良家风的涵养

家庭是一个人成长的最初土壤。家国情怀，与其说是心灵感触，毋宁说是生命自觉和家教传承。所以，家国情怀的逻辑起点在于家风的涵养、家教的养成。

1868年1月11日，蔡元培出生在绍兴府山阴县城一户商贾人家。他的父亲名宝煜，又名光普，字耀山，为一钱庄的经理，但是这位钱庄经理身上却没有一般商人身上经常可以闻见的铜臭味，恰恰相反，光普先生待人宽厚，乐善好施，慷慨大度，经常借款予人，却不忍索还。以至于去世后，家中竟毫无积蓄。父亲去世之后，生前向他父亲借了钱的朋友熟人，纷纷找上门来还债，说不能让好心人受委屈，否则良心上过不去。更有不少亲朋看到光普先生去世后，元培家中困难，纷纷伸出援助之手，希望募捐接济他们一家。亲朋友邻的这种善举，无疑让幼小的元培看到了人性中光辉的一面，也很可能让元培感受到了与人为善的好处。这给元培日后的成长道路注入了更多的正能量。

而母亲周氏所受教育虽然不多，但是非常贤惠能干。丈夫去世后，生活艰苦，她不但将家里安排得井井有条，而且很有志气。当亲朋好友表示愿意募捐接济时，她婉言谢绝了他们的善意。一方面靠光普先生去世后归还进来的钱财生活，另一方面典当衣物，省吃俭用，将三个孩子拉扯长大，度过了最艰辛的岁月。在光普先生去世后，其夫人周氏不仅自己表现出令人敬佩的骨气和能干，而且在给孩子的教育中经常以"自立""不依赖"等品质要求和勉励孩子，这在幼小的元培心中留下了深刻的印象。

在蔡元培的印象里，母亲尽管文化不多，然而在为人处世方面却非常值得晚辈们学习。元培在家读书温习功课时，周太夫人总是在一旁陪读，悉心照顾孩子。在元培十七岁前后数次参加科考时，母亲周氏都是半夜起身，为元培做好饭，整理好行囊，让元培感动不已。所以，对于母亲，蔡元培充满敬爱。他始终认为，在他的成长道路上，母亲是最重要的人，也是他最爱的人，还是对他影响最大的人。在蔡元培的眼里，他的母亲是一位精明慈爱、仁慈恳切的女性。而他的个性里面综合了父母双亲的性格，其中，宽厚之品性主要得自父亲，而"不苟取""不妄言"的性格则主要得自母亲的教诲。相比较而言，受母亲的影响更多些。对此，蔡元培在《自写年谱》中说："我母亲是精明而又慈爱的，我所受的母教比父教为多，因父亲去世时，我年纪还小……所以受母教的时期，大哥、三弟与我三个人最长久……我母亲最慎于言语，且时时择我们所能了解的，讲给我们听，为我们养成慎言的习惯。我母亲的仁慈而恳切，影响于我们的品性甚大。"①

正是在这样的家庭环境下，蔡元培有了一颗仁爱之心，有了一种对家庭、家乡和国家的责任意识和使命感，有了宽厚仁慈、孝顺忠厚的品行，有了公而忘私、甘于奉献的家国情怀。

（三）越地文化精神的影响

环境影响人的思想精神的形成。蔡元培幼年生活的绍兴地区，是著名的名士之乡。历史上曾涌现王羲之、陆游、王阳明、刘宗周、黄宗羲、李慈铭等诸多文化名人。他们在此讲学，创立学派或成就学业。这里不仅多名人，而且这些名人个个正气浩然，忠心耿骨，不献媚不阿谀，以国家为重，以民生为念，表现出伟大的民族精神。所以，这里的山水名胜就是一部部厚重的人生教科书。幼年的蔡元培生活成长在这样的环境之中，其居所的山水文化或多或少会对他产生影响。"孟母三迁"的故事，"近朱者赤，近墨者黑"的说法，都说明环境对人的巨大影响。所以，蔡元培伟大人格的形成，离不开自幼生活的故乡山水和人文环境的滋养。

当然，一个地方的地域文化精神往往是复杂多样的，而且地域文化精神对个体产生的影响往往也是不同的，关键在于每一个个体汲取的是地域文化的哪一方面。对于蔡元培来说，不管对家乡的地域文化，还是对中国传统文化，乃至对于西方文化，他始终坚持一个原则，那就是择取文化中的优秀因子加以吸收和弘扬，真正做到"取其精华，去其糟粕"。所以，对于越地先贤所创造的优秀的地域文化思想，蔡元培总能尽情吸收，从而对他人格精神、思想观念和价值取向的形成产生了深刻影响。当然，对蔡元培思想和事业产生重要影响的越地名贤，不只局限在古代，近代不少越地名士的进步言行和思想，对蔡元培家国情怀的形成也起到了至关重要的作用。其中，越地著名的爱国主义诗人陆游对蔡元培爱国思想的形成影响尤大。甚至可以这样认为，在很多方面蔡元培都是以陆游为范的，因为蔡元培对陆游是满怀敬仰的。

陆游生逢北宋灭亡之际，金兵入侵，国土沦陷，朝廷不图自强，只顾自己苟安。而陆游在少年时深受家庭爱国思想的熏陶，积极主张抗金，但因受秦桧排斥而仕途不畅。虽然陆游屡遭主和派排斥，但陆游壮志不改，一生怀着抗金复国之志，希望有朝一日南宋王朝能收复中原失地，重新统一中国。陆游这颗拳拳爱国之心让蔡元培深为敬佩。因为蔡元培所处的时代和怀抱的宏愿与陆游有诸多相似之处。蔡元培所处的晚清时期，清政府腐败无能，列强入侵，中华民族面临亡国灭种的危险。此时，陆游爱国主战的思想作用在蔡元培身上，就表现为一种深深的爱国情怀。对列强的入侵，蔡元培主张积极抗战，哪怕受挫，只要坚持抗争，最终一定能取得胜利。因此，蔡元培把民族救亡图存作为自己毕生之追求。在京城，他亲眼目睹和亲身感受着清政府的腐朽无能。因此，在他看来，中国要想有出路，就要推翻清政府的统治。于是他毅然以

---

① 蔡元培：《蔡元培全集》，第427页。

翰林的身份投身反清革命，成立光复会，参加同盟会，参与组织中国民权保障同盟，可以说，蔡元培为革命而奔波了一生。另一方面，蔡元培也希望通过教育来培养救国人才，从而实现救国的宏愿。所以，蔡元培拳拳的爱国之心与陆游是一脉相承的。

总之，蔡元培先生爱家人，是为了更好地爱国爱民；他一心希望学生好好读书，为的就是实现救国大业；他大力创办新式教育，为的是培养革命人才；他积极倡导美育，为的是提升国民精神；他勇毅参加孙中山领导的民主革命，为的是为中国寻找新的出路。蔡先生一生都致力于革命和救国事业，其乐于为国献身的家国情怀，是对国家富强、人民幸福所展现出来的理想追求，是对自己国家的一种高度认同感和归属感、责任感和使命感。古往今来，这种高尚的家国情怀对鼓舞人心、建设美好家园和增强民族凝聚力等方面具有重要的时代价值。因此，时至新时代，蔡元培先生的家国情怀仍值得我们学习。

【作者简介】马芹芬，绍兴文理学院元培学院副教授。

蔡元培与我国图书馆事业

蔡 彦

【摘要】 蔡元培认为一种事业发达到一定的程度，便会产生一种有系统的理论。有了系统的理论，才有迅速的进步。这是各种事业的通例，图书馆也不例外。19世纪末20世纪初是我国古代藏书事业向现代图书馆转轨时期。本文主要论述了蔡元培早年在绍兴兴办教育，拟定"养新书藏略例""绍郡中西学堂章程""绍兴府学堂重订详细章程"，建立新型藏书楼和近代图书馆的过程。探讨蔡元培与中国近代图书馆事业的深厚渊源及中国现代图书馆的发展规律。

【关键词】 蔡元培 图书馆 文化

清末，深刻的社会危机促使士大夫阶层萌发出强烈的忧患意识。在这样一种大变革的时代背景下，知识阶层自身也在经历一场深刻的变化，他们从排斥到逐步接受、形成了新的知识体系，在行为理想上也不再是传统的"学而优则仕"，逐渐突破了固有学术的局限，表现出很大的改革探索精神。

蔡元培（1868—1940），浙江绍兴人，是我国近代著名的民主革命家、杰出的思想家、教育家，他在中国近代史上起过重要作用，产生过重大影响，他为中国教育开创了新的历史阶段。同样，作为一项新兴的文化事业，他的一生始终在关注、推动、探索中国近代图书馆事业的发展，表现出了伟大的改革精神。1898年"百日维新"失败后，蔡元培深感"清廷之不足为，革命之不可以"，乃弃官归里，主持教育，以启迪民智。回到故乡绍兴以翰林院编修身份受聘担任绍郡中西学堂、绍兴府学堂总理，在校内设立名曰"养新书藏"的图书馆。1900年2月至1901年8月又兼任嵊县剡山、二戴书院院长，他积极革新管理制度，这是他从事教育事业的缘起，也是他探索近代图书馆事业的发端。

一 早期对图书馆的认识

（一）藏书续学，嘉惠桑梓

中国的藏书事业起源很早，夏商周时代就已经有"藏室""册府"等藏书机构了，而且出现了私人藏书家。浙江是中国古代藏书最盛的地方。据范凤书《中国私家藏书概述》一文统计，古代、现代藏书家共有4715人，按籍贯统计，浙江1062人，占22%，排名第一。浙江公共藏书事业由来已久，南宋建都临安，兴建太学书库，版刻率先诸路。清代编修四库全书，初定四阁，因为浙江人文深厚，遂决定增建文渊阁，使得浙江学者可以饱览珍秘，发奋于学。

整个明清时期，随着地区经济的繁荣，积累了巨大的财富，这使得浙江出版家能以前所未有的速度出版图书，出版业的发展改善了这一地区图书流通的条件。图书收藏及交流频繁，主要表现为私家藏书数量庞大，传播渠道多种多样，他们在保存文化传统，普及文化教育、推广学术研究方面呈现出强大的社会作用。形成了以宁绍、杭嘉湖为中心的文化带，像范氏天一阁、祁氏澹生堂、丁氏八千卷楼均创建于这一时期。在新的历史阶段，这些藏书家将藏书向同行乃至社会读者开放阅览的情况日益增多。他们积极破除藏书业的陈规陋习，表现出很大的开拓精神。19世纪末这些传统藏书楼率先向新型藏书楼和现代图书馆转变，它们代表了中国古代藏书事业的终结，又是近代图书馆事业的先声。

1898年由学部颁布京师大学堂章程，其中专列藏书楼一节，点明兴办藏书楼的目的是广集中西要籍，以供士林浏览以广天下风气。在此前后，1897年求实书院在杭州蒲场巷普慈寺建立，它设有藏书楼，是今天浙江大学图书馆的前身。同年，绍兴乡绅徐树兰主持创办绍郡中西学堂，次年由蔡元培出任总理，在校内设立养新书藏，是今天绍兴第一中学图书馆的前身。关于"养新书藏之义，本阮文达《灵隐书藏记》，曰养新者，以学堂之名名之也"。查蔡元培日记："光绪二十五年三月十有八日。晴。午后到精舍以切音简表教蒙学斋诸生。注：拟名学堂曰'养新精舍'，此后皆书精舍。"1903年浙江藏书楼建立，1909年更名为浙江图书馆。20世纪初，浙江建立现代意义上的图书馆条件已经具备。据《中华图书馆协会会报》第五卷第五期《全国图书馆调查表》载，当时绍兴范围的图书馆有：绍兴藏书楼、绍兴县立图书馆、浙江省立第五中学图书馆、上虞县立中山图书馆、上虞县私立春晖中学图书馆、诸暨县立中学图书馆、新昌县立通俗图书馆、新昌县立初级中学图书馆、嵊县私立剡溪通俗图书馆、嵊县教育图书馆。随着图书馆事业逐步走向正规，与之相关的社会教育团体、民间组织也纷纷举办图书馆。各地图书馆服务体系初步形成。

（二）早期办馆思想

近代中国社会、经济、文化面临前所未有的大变革。第一个系统提出建立近代图书馆思想的是资产阶级改良主义者郑观应，他的著作刊行于1892年的《盛世危言》，把兴办图书馆提高到救国救民的高度来加以论述。1895年，近代思想家和维新派主将梁启超组织在强学会内设立书藏，即图书馆。它采取了广为开放的姿态，甚至是求人来书藏看书。为了增加藏书还采取向驻京外国公使募集的办法。梁启超认为"泰西教育人才之道，计有三事，曰学校，曰新闻馆，曰书籍馆"（《时务报》创刊号）。在他看来兴办藏书楼是维新大业的重要组成部分。他进一步说"今日振新之册，设立学堂，定学会，建藏书楼，斯三者，皆兴国之盛举也"。"救国必先治学，治学必先建藏书楼"（《时务报》第13期）。《知新报》《国闻报》连篇累牍地宣扬新式藏书楼，使建立新型藏书楼的观念深入人心。为近代图书馆发展嬗变奠定了理论基础。蔡元培对这些维新思想家著述感触颇深。据《蔡元培日记》记载，从1894年开始，他广泛涉猎新学报刊，逐步形成了自己的教育救国思想和办馆原则。1896年，徐树兰在上海组织务农会，并且在《知新报》上刊登征求会员公启，载务农会宗旨之一是"翻译农书，创造农学报刊，专译各国农务诸报，以及本会开办后一切情形"。1897年，蔡元培和徐树兰首创"养新书藏"不能不说是受此影响。

（三）对图书馆的关注和定性

蔡元培对中国近代图书馆的关注源于其对中国近代教育的高度关注，在学习西方先进文化过程中，洋务派、维新派等不同阵营人士形成了一个共识，即把兴办教育、建立学堂、启发民智作为社会改良的重要内容，而兴办教育、启迪民智的主要内容之一是建立新式的公共图书馆。甲午战争后他深感清朝的大厦将倾，"无可希望"。他在总结"百日维新"失败的原因时指出"由于不失培养革新之人才，而欲以少数人弋取政权，排斥顽旧，不能不情见势拙"[①]。他认为：好学之士，半属寒酸，购书既苦于无资，入学又格于定例，趋向虽殷，讲求无策；江南三阁备度秘藏，对后来文化很有作用；中国如此，外国亦复如此，泰西各国讲求教育，骤以藏书楼与学堂相辅而行。

蔡元培进一步认为：教育并不专在学校，学校之外还有许多学习的地方，第一是图书馆。凡是有志读书而无力买书的人都可以到图书馆研究。蔡元培认为，图书馆作为社会教育机构，是一个对国民进行终身教育和普及教育的最佳基地。"况图书馆之用不仅限于一隅，譬如北京大学图书馆，不惟北大学子可用，北京人及外省人亦可用。且图书馆之书籍，永远存在，万古不磨。若有图书馆，莘莘学子尽可自己研究。似此，

[①] 黄世晖：《蔡元培口述传略》（上），蔡建国《蔡元培先生纪念集》，中华书局1984年版（下同），第249—264页。

则无机会进入大学者,亦可养成大学之才,其利益之大,罕有其匹。"① 蔡元培不仅理解而且深刻地把握了现代图书馆本质。1922 年,他为杨昭悊的《图书馆学》写序:"一种事业发达到一定的程度,便会产生一种有系统的理论。有了系统的理论,那种事业的发达,才有迅速的进步。这是各种事业的通例,图书馆也就不在例外。"② 他为建立图书馆学摇旗呐喊。

(四)西学东渐对近代图书馆事业的影响

近代中国社会内忧外患,与之相生的救亡图存作为一种主要社会思潮和实践,在不同历史时期表现为不同形式。旧去新来,欧风东渐。19 世纪末 20 世纪初,朝野竞言"新学",官办、民办学堂如雨后春笋般涌现。据统计,1896—1898 年全国共新建学堂 137 所,翻译西洋书籍,传抄历史文献盛行。这一时期产生的新式学堂均很注意图书购置。近代藏书家的观念也有了很大转变,藏书家之间相互借阅,传抄已经十分普遍。文献的进出、聚散恢复了流通的本来面目。一些热心教育人士希望书籍供众阅览,使学堂与藏书楼相辅而行,达到"兴贤育才"目的。1898 年 7 月,光绪皇帝发布"书院改制上谕":"各省、厅、州、县现有之大小书院,一律改为兼习中学西学之学校,藏书楼一律改为书藏"。中国教育从此走上了近代化道路。1901 年,清政府宣布新政,停止科举取士,延续了 1300 多年的科举制度正式退出历史舞台。各地兴办新式学堂,由书院传授"四书五经"转变为由学堂讲授西方科学技术。社会主流文化发生了根本性变化。随着传统藏书楼的终结,我国近代图书馆产生了。

二 创设图书馆制度

为了实现教育救国理想,1898 年 12 月蔡元培回到故乡绍兴,受徐树兰聘请主持绍郡中西学堂校务,出任学校监督(总理),这是绍兴当时唯一的一所新式学堂。蔡元培按照现代教育的办学标准对学堂进行一系列改革,他以兼收并蓄的思想在校内设立名曰"养新书藏"的图书馆。1900 年 2 月至 1901 年 8 月他应嵊县知事陈常烨邀请,兼任嵊县剡山、二戴书院院长,革新藏书制度,开设公众讲座,为书院改学堂打下了良好基础。

蔡元培对图书馆的建设可谓殚精竭虑、不遗余力。蔡元培认为管理是一所图书馆办馆水平的重要标志,是提高办馆水平和效益的关键。他采取多种措施,为图书馆事业发展建章立制。在组织制度、采访方针、服务方式等方面一改旧式藏书楼做法,逐步形成了自己的办馆制度。

---

① 蔡元培:《在旧金山华侨欢迎会上的演说》,中国蔡元培研究会编《蔡元培全集》第四卷,浙江教育出版社 1997 年版,第 356—364 页。
② 蔡元培:《图书馆学序》,杨昭悊《图书馆学》,上海商务印书馆 1923 年版,第 1 页。

（一）开放的办馆思想

为学校筹设图书馆是蔡元培教育思想的重要组成部分，接办中西学堂伊始，他采用捐资赠书的办法，着手筹建图书馆，亲自订立借书条例十五条。条例规定：除本校师生外，校外凡助银10元者，允许1人借书。50元以上者，允许4人借书，其余以此为差。凡赠书者也比照办理。这样一方面利用社会力量增加学校藏书，同时学校丰富的藏书有条件地向社会开放，取之于社会又用之于社会，使学校、社会都受益。可以想见，采用这种捐资赠书开门办馆的办法增加藏书、筹建图书馆是私家藏书楼根本无法办到的。书藏建立后，他高兴地撰写楹联"吾越多才由实学，斯楼不朽在藏书"。这是一件功在当代、惠及千秋的大事。他担任剡山、二戴书院院长时又计划"约计购书之价，不过数百金，拟劝捐"。① 他亲自制定了具体的筹募和管理制度。针对当时官府藏书和私人藏书秘而不宣，即便维新派创办的新式藏书楼也只对学会会员或与学会会员有关系的人开放的封闭半封闭特点，规定除本院师生借阅外，全县士人都可检抄。藏书楼因此要向全社会开放。他说：近代图书馆的职责，不仅在守馆内藏书，而在使其馆中之书皆为人所阅读，而尤贵乎使人人皆能读其所当读之物。蔡元培在图书馆的建设上事无巨细地奔波操劳。

蔡元培主张社会教育。他提出"必有极广泛之社会教育，而后无人无时不可以受教育，乃可谓教育之普及"②。他始终把图书馆作为一个重要的社会教育机构来看待。为了积极实践这一主张，1901年，蔡元培在兼任嵊县剡山书院院长的时候，除了允许全县士人检抄外，还把每个月的房、虚、昂、星四日作为特别讲期，邀请社会人士听讲，讲座地点就设在藏书楼。他把传统的讲读形式转变为一种涉及范围更广、影响更大、方式更灵活的社会教育举措来加以利用，蔡元培所确立的这一公开讲座形式已具有现代图书馆讲座雏形。他的办馆方针具有很大的开放性，与传统藏书楼相比发生了质的改变。在蔡元培主持时期，嵊县许多知识分子接受新学影响，他们参加同盟会，成为辛亥革命一支重要力量。其中一部分人以后又陆续从事教育，兴办学校、图书馆，为推动教育发展做出了贡献。

（二）推动图书馆建设

19世纪末20世纪初是中国教育发生根本性变化的一个时期，传统书院藏书也在不断调整以适应变革的需要，从藏书结构看，传统的经、史、子、集文献逐渐转变为新学、时务书籍。蔡元培把建立"养新书藏"的目的明确定为"广兴有用之学"，所谓有用之学显然是指"戊戌变法"后倡导的新学。如《天演论》《生理学》《进化新学》《东西学书录》，这类书籍书藏都有收藏。藏书原则充分体现了蔡元培一贯的革新精神。

---

① 蔡元培：《告嵊县剡山书院诸生书》，中国蔡元培研究会《蔡元培全集》第一卷，第283—287页。
② 蔡元培：《何谓文化》，中国蔡元培研究会《蔡元培全集》第四卷，第1923页。

他努力把西方新文化、新思想与中国传统文化结合起来。馆藏图书一方面要继承古代优秀的文化遗产，达到古为今用的目的；另一方面要适应新学在中国的传播和利用。蔡元培《东西学书录序》中最清楚不过地说："海禁既开，西儒接至，官私译书，书籍数百，西文著作'蓝胜而冰寒矣'。"这种古今中外并重、兼收并蓄的藏书思想与旧式藏书楼相比，藏书思想更加鲜明，在当时是绝无仅有的。1900年，蔡元培主持下的《绍兴府学堂重订详细章程·图籍器具约言》规定："凡中外图籍器具，均由学堂陆续择要购储。"图书形式除了传统线装书外，还有铅板、石印，用金属订书针钉的各类洋装书，所有这些图书从内容到形式的变化都标志它已具备近代图书馆雏形。

蔡元培认为中国古代学校课程过分重视人文科学，而不重视科学方面的培养，他为了最大限度增加藏书，四处求购新书。1899年7月他写信给张元济，请其代购科学书六十册。蔡元培还开放书禁，养新书藏收藏有当时一些主要报纸。凡经史子集、国朝掌故、舆图礼乐、兵刑巨册、经济之书以及西学翻译各种格致书籍、中外舆图均由学堂陆续购储，以供各教习暨各生取阅。并购《时务报》《广时务报》《万国公报》各一份，以广见闻。除了传统的经史子集外，报纸是当时知识分子救亡图存、寻求振兴中华道理的重要途径之一。

蔡元培提倡学习外文，他说："世界日在进化，事物日在发明，学说日新月异，今后学人应具有世界知识。"[①] 养新书藏收集了一定范围的法文、英文、日文书籍，在这里不同国别、不同学派并存，各种学术观点自由讨论，学生有机会接触不同学派的观点，资以比较、鉴别、吸收，分出正误优劣，从而不囿于一己之见，事实上兼容并包也是蔡元培先生举办书藏的指导思想。在蔡元培先生的重视下，馆藏图书呈多学科、多类别特点。为此，中西学堂成为当时绍兴地区最好的一所学堂。

（三）拟定管理制度

蔡元培对图书馆管理的认识集中反映在他先后拟定的"养新书藏略例""绍郡中西学堂章程""绍兴府学堂重订详细章程""告嵊县剡山书院诸生书"上。他说："吾乡士流，咸兴于有用之学，然而其途至啧，其书之繁，非寒士所能具也。今年承乏学堂，怜藏书之寡，购之则绌于费，欲借之于有力者，又念藏既多，当广之。"[②] 因此，以藏书规约的形式明确藏书楼的各项管理制度。他要求学生在听课外，另须准备二本笔记，每日记下读书心得，每月随课卷呈缴。他说："如有英俊后生，破除俗见，志为实用，以备致用，则鄙人不量识途之微明，愿助及群之孟晋。"[③] 做好图书宣传辅导工作，不少当时就读的学生，后来多有建树，曾任北京大学校长的蒋梦麟后来在《西潮》一书中动情回忆在中西学堂就读时丰富的藏书对他的影响。

《养新书藏略例》第十五条言明，"购书之余，如尚有巨款，则推广三事：一刻

---

① 黄炎培：《吾师蔡孑民先生哀悼辞》，蔡建国《蔡元培先生纪念集》，第53—57页。
② 蔡元培：《绍郡中西学堂借书略例序》，《蔡元培全集》第一卷，第243页。
③ 蔡元培：《告嵊县剡山书院诸生书》，《蔡元培全集》第一卷，第283—287页。

书。凡切要之书未刻者，刻而已毁者，在丛书中无单行本者，刻之。一译书。凡东西文书，精者译之。一编书，凡书之博而寡要者，散而无纪者，难读而无门径者，各为条例编之。"看来，在蔡元培心目中图书馆除了具有辅翼学堂的作用，更多是把它办成一个学术机构。进入民国时期，图书馆学术职能日益完善，公共图书馆服务向社会各阶层延伸。

做好藏书保护。书籍保护是藏书大事，中西学堂对藏书专门制定了保护措施，用来防火防潮防蛀，如六月、十二月宜曝书。各种书籍皆由监董编目、掌管。取阅者向监董挂号检阅，毕仍交监董收存。监董须备册登记，某日某人取某书，某日缴还，不得遗漏。如有失落及墨污火焦等事，须令取阅者赔补。监董收存不谨，致有前端事项，则由监董赔补。图书由监董亲自负责，借鉴古代藏书楼的管理，强调"楼长制"和"专管"。每年清点藏书，由诸董事乡邑按目检点，如有缺少，同样由监董赔补。借阅图书规定了期限，初定十五天，过期不还，即派人去催。这是为了加快图书流通，从而保证藏书最大范围被读者检阅。

蔡元培认为当时教育制度的一个弊端是教育机构弥漫着一种官气，冗员甚多，经费难以保证，以致开支绌细，学校不能运转。他的选人用人标准，以是否有真才实学为标准，"不但是求有学问的，还要求学问上很有研究兴趣"，"不但世界的科学取最新的学说，就是我们本国固有材料，也要用新方法整理它"[①]。他对管理人员实行聘用制，由一位住院董事专任料检藏书之责，负责管理图书，答疑解惑，要求此人既需积学深厚，又需热心读者工作。对于那些学术能力、教育水平差的人，无论其资历有多老，后台有多硬，一律不予聘用。这一举措使图书管理队伍面貌迅速得以改观，使藏书管理得以加强。对比同时期江浙地区的新式学堂，如上海育才书墅、南京江南储才学堂、杭州求是书院都无如此详细的规定。

（四）经费保障

蔡元培一贯以为教育办得好不好，须有固定而充足经费做保证。他提出了保证书藏经费独立的主张和办法，后来他也一直坚持这一主张。中西学堂原以私人捐办为主，绍兴府署仅以棉花捐等酌拨公款，在添置设备、购买图书时就显得捉襟见肘。他多方奔走，终允在每年漕税所提省会学堂费用内划拨1000串给绍兴学堂。这从很大程度上改变了以往学校建设因经费不保证而造成的困乏，使图书馆藏书、管理人的酬金得到可靠支持。这可以视为他对图书馆建设的一大贡献。他把劝募和借阅一起纳入藏书规约，在扩大获取经费范围的同时确保了图书馆的统一管理。

蔡元培在嵊县任职期间，以院长薪水和诸生膏火的十分之一，充作管理人的薪金。"既工食相称，则可责备以屏他事而专一责"[②]。"所提之款如尚不足，宜请其收蒙学子

---

① 蔡元培：《北大第二十二年开学式演说词》，《蔡元培全集》第三卷，第700—702页。
② 蔡元培：《告嵊县剡山书院诸生书》，《蔡元培全集》第一卷，第283—289页。

辈，以所收款项弥补不足。此亦开风气之捷法，一举而两得者也。"①

三 结 语

  蔡元培先生1901年2月辞去在绍郡中西学堂的职务，前往杭州。同年8月写成《浙江筹办学堂节略》，总结三年来的办学经历，就如何推动浙江全省教育改革提出意见，他呼吁改革传统书院，建立新式学堂，创办新式藏书楼。1901年9月赴上海南洋公学执教。作为一项新兴的文化事业，在近代图书馆初创时期，蔡元培始终给予了高度关注和积极支持。1902年4月27日《申报》一则消息说："绍郡中西学堂创始有年，颇著成效。今春改为官办，增加学额，添聘教习。其各县小学堂亦已次第开设，惟需华洋书籍，郡城无人购买。刻已由府尊熊太守筹集款项派员赴沪采购矣。"图书馆丰富的藏书滋养了一批批的越中才俊。而绍郡中西学堂和养新书藏的实践最终促成了我国第一家公共图书馆——古越藏书楼在绍兴的建立。1909年绍兴山会初级师范学堂图书室成立，为绍兴文理学院图书馆的前身。

  蔡元培在担任中华民国教育总长、北京大学校长、大学院院长、国立中央研究院院长期间一直采取多种措施来保障和推动中国近代图书馆事业发展。1911年在他的主持下，民国教育部专门设立社会教育司负责图书馆事业。1912年，蔡元培经参事兼译学馆教授许寿裳介绍，聘请鲁迅任部员，兼任社会教育司第一科科长，主管图书馆工作。在此期间，鲁迅积极筹划京师图书馆（今国家图书馆）的改组、迁馆、建立分馆以及开展业务。鲁迅为了充实京师图书馆的馆藏，多次以教育部的名义咨调各省官书局所刻书籍入藏该馆。1913年9月11日，以教育部名义拨《古今图书集成》一部给该馆收藏。

  蔡元培十分关心浙江图书馆建设。1914年7月6日，教育部咨请浙江巡按使转告鄞县范氏天一阁主人，教育部准备将该阁书籍检查一次，阁存之书与书目所载如有不符，就在书目内分别加签注明详细缘由。延至1930年，浙江省教育厅又指令绍兴县政府"察核"古越藏书楼是否有将书籍出售情形，"绍兴故家世族多藏旧籍，其后裔或有为生活所迫不能保存，以致出售，事非得已。如仍为国内收藏家所得，则流通爱护当无问题。然往往一入书贾之手则唯利是图。时有售于外人，流入异域情事。故在公家应一面广为宣传，俾知旧籍之可贵，一面由地方设法收买。庶旧家藏书可保，地方文献可存"。② 1927年在《浙江政纲审查报告》谈到教育这一问题时，他提出"扩充省立图书馆"，"增设县、市公立图书馆"来加强教育。1929年中华图书馆协会第一次年会，选举蔡元培为主席。1930年他又为浙江图书馆题写馆名。

---

  ① 蔡元培：《告嵊县剡山书院诸生书》，《蔡元培全集》第一卷，第283—289页。
  ② 浙江省教育厅：《绍兴县政府呈复古越藏书楼并无将书籍出售情形请察核由》，见民国十九年《浙江省政府公报》第801期，第32页。

1898—1901 年，纵观蔡元培在浙江改革学堂制度、为建立现代图书馆所做的开拓性工作，无不鲜明地体现了他一贯的兼容并包、脚踏实地的作风。这为蔡元培以后出掌教育积累了丰富经验，也为中国近代图书馆事业的发展提供了宝贵参考，加快了中国图书馆事业的现代化步伐。蔡元培为近代图书馆事业做出的贡献，永远值得我们纪念。

【作者简介】蔡彦，绍兴图书馆副研究员。

历史伟人是一座精神丰碑

——读《鲁迅小说集》

付八军

【摘要】 社会各界对于鲁迅的评价，有如拔河比赛的两个小组，各自往相反的方向拉。这种褒贬不一而且走向两极的评价现状，让我很难凭《鲁迅小说集》一部著作来评价鲁迅。但是，从这部小说集以及其他史料中，我能够读出鲁迅是一位勤奋努力的人，一位多才多艺的人，一位富有社会理想的人，一位极具思想深度的人，一位批判精神强烈的人，一位文笔精简朴素的人。今天，鲁迅的社会价值，不是其作品的文学性，也不是作品的思想性，而是作品的革命性。从这个意义上来说，"鲁迅"已经成为一种符号，代表了多元文化品性的一极，突出了文学的批判意识与革命精神。

【关键词】《鲁迅小说集》 鲁迅 历史伟人 革命性 文学评论

2008 年，我第一次来绍兴，主要任务是随同学校领导来绍兴文理学院调研，顺便参观了鲁迅故居。没有想到，几年之后，我竟然成了绍兴文理学院的一名教师，鲁迅故居就在自己单位以及住所附近。刹那间，伟人的形象变得更加清晰起来。然而，在我读完《鲁迅小说集》[①]，且浏览各界人士对鲁迅（1881—1936）极度褒贬不一的评论后，伟人的形象又显得模糊起来。这种模糊，不是因为我看不清历史伟人的任何亮点，而是我一时弄不清哪个亮点最值得当前社会点燃。于是，在撰写关于《鲁迅小说集》的读后感时，我有一种无从下笔的茫然与困惑。但是，在来到伟人故土生活与工作之后，对于如此响彻大地的文化名人，我愈感到难以下笔，愈需要理顺思路，梳理一下自己的思想。那么，我就想从难以下笔的原因说起，再从小处切入，针对我读过的鲁迅小说以及获悉的相关史实，谈谈伟人的伟大之处，最后回归现实，看看今天我们到底应该从鲁迅先生那里学习些什么。

---

① 鲁迅：《鲁迅小说集》，万卷出版公司 2013 年版，下同。

一 研究鲁迅文学之"困难"

在中小学时期，通过语文课本，鲁迅小说中的孔乙己、阿 Q、祥林嫂、闰土等人物形象，就在我的脑海中留下了极深的印象。那个时候，教材就像圣经，其中的篇章乃至观点，神圣不可侵犯。也许"人以文传，文以人传"[①]，鲁迅在我幼小的心灵中，就成为一尊神，高高在上，不容置疑。事实上，那个时候，对这些人物形象的精神内涵以及时代意蕴，我是不太理解的。只不过，有些人物让我觉得有趣，例如孔乙己、阿 Q；有些人物让我觉得可爱，例如闰土；有些人物让我觉得可怜，例如祥林嫂；等等。遗憾的是，在我能够懂事一点，对人生与社会有更多参悟之后，我一直没有读过鲁迅完整的某篇作品。直到今天，当我看完《鲁迅小说集》之后，才慢慢感受到，鲁迅通过这些人物所要表达的思想感情，远远不是那么一回事。

我读名著，虽然宣称自己从不跪着读，但是，鲁迅先生像神一样的光辉形象，早就烙印在我幼小的心灵之中。因此，无论我多么努力摆脱精神羁绊，我都难将这部小说当成一部普通作品来读。我有一个习惯，在读完一部名著之后，若想写读后感，必定再去看看他的人生经历及其主要贡献，甚至去了解一下其他人士的评价。在我看来，评价一个人的一部作品，若不去尽量全面而又整体地了解他的思想与主张，往往如同盲人摸象，得出以偏概全的观点。我不是研究鲁迅的专家，也不会以某个具体的人物作为自己终生的学术使命，只是倾向于学习各位作家的文学风格与思想见解。从而，在不可能深入研读鲁迅所有作品的前提下，我特意查阅了社会各界人士对于鲁迅先生的评价。我发现，世界对于鲁迅先生的争议，就像拔河比赛的两个小组，各自往相反的方向拉。在这种情况下，要让没有读完鲁迅全部作品的我来写一篇读后感，尤其要进行人物评价，则无异于给我一根短短的木棍，让我把这个地球撬起来。为此，我们不如先来看看，对于鲁迅先生的颂扬与贬抑，各从什么方面出发。

社会各界对于鲁迅先生的评说，不仅在数量上浩如烟海，而且在观点上五花八门，甚至同一个人，对鲁迅先生的评价，前后完全不一致。可以说，若将每位作者概括性的评语归纳起来，绝对可以整理成一本厚厚的著作。在这本著作中，"贬鲁派"与"挺鲁派"孰轻孰重，哪一方占了上风，我觉得很难下结论。原因在于，自被树立成为思想斗士与民族脊梁以来，研究并宣传鲁迅的著述实在太多，要寻找出概括鲁迅的正面评语，可以说是随处可见，从而"挺鲁派"在文化主阵地上仍然坚如磐石；另一方面，自 21 世纪初以来人教版中学语文教材减少鲁迅的作品之后，过去乃至近来各种对于鲁迅先生的否定性评价，就像雨后春笋一般不断涌现出来，而且直陈要害。

名人对名人的评价，往往是较有力度的。新中国第一位获得"人民艺术家"称号

---
① 《鲁迅小说集》，第 55 页。

的作家老舍先生（1899—1966），从学识本身的角度如此说道："看看鲁迅全集的目录，大概就没人敢说这不是个渊博的人。可是'渊博'二字，还不是对鲁迅先生的恰好赞同。"有着"优秀的语言艺术家"之称的叶圣陶先生（1894—1988），从精神文化的角度如此说道："与其说鲁迅先生的精神不死，不如说鲁迅先生的精神正在发芽滋长，播散到大众的心里。"为抗日救国而殉难的爱国主义作家郁达夫（1896—1945），从国民性的角度如此说道："一个不知道尊崇伟人的民族是可悲的民族……没有伟大人物出现的民族，是世界上最可怜的生物之群；有了伟大的人物，而不知拥护、爱戴、崇仰的国家，是没有希望的奴隶之邦。"著名杂文家何满子先生（1919—2009），从文明进程的角度如此说道："那些以事功享名的人物不是一个人的能耐，都必须众人的参与，而且他们在建成事功后必十百倍地取得报偿；只有'以心而伟大的英雄'才是独立的创造，他们只有奉献，没有夺取，终生如鲁迅所说的吃草挤奶。因此，历时越久，未来的人更能认知其伟大。历史终将证明，鲁迅即使不是中国历史中的第一伟人，也必是中国近现代历史中的第一伟人。"

应该说，对鲁迅先生评价产生最大反响的，当属毛泽东。毛泽东从未见过鲁迅，鲁迅也从未见过毛泽东。但是，正如毛泽东所言："我与鲁迅的心是相通的。"那么，他们的相通点在哪里呢？应该说，正是那种反正统、反压迫、反束缚的"革命性"。例如，毛泽东指出，"鲁迅的骨头是最硬的，他没有丝毫的奴颜和媚骨。这是殖民地半殖民地人民最宝贵的性格。鲁迅是在文化战线上的民族英雄……是中国文化革命的主将"。对此，我若不看《鲁迅小说集》，肯定难以把两者联系起来。当毛泽东成为中国革命的领袖，并同时挺进武装革命与文化革命两大战场之际，他自然会把鲁迅作为文化旗手而高高举起。在那样的年代，尤其是新中国成立以后，这种振臂一呼的号召力就可想而知了。但是，我们不能把这种评价以及后来所呈现的"鲁迅热"统统归为政治因素。事实上，一个民族，一个社会，不管处在什么样的年代，都需要毛泽东所概括出来的那种鲁迅精神。

由于鲁迅已经在国人心中成了一个精神偶像，从而在价值观念多元化的今天，各种各样的"贬鲁派"浮出水面，显得格外醒目。这就像学术创新一样，对于某种事物，当某种观点长期占上风之后，若要重新看待这种事物，自然是区别于以前的观点大量涌现，这种异见也最受人关注并产生影响。从各种讨伐声音来看，既有基于政治立场的，也有基于文学本身的，还有基于和谐人格的。

从政治立场来看，这些攻击是很犀利的，不过不少也失之偏颇。例如，一位笔名为"红僧"的人士如此说道："鲁迅先生做了共产党文艺的政治宣传队的俘虏之后，一变而为勇敢的降将军，居然口口道道革命。由阿Q而Don Quixote，而洪承畴，以统一中华文坛自任了。但鲁迅懂些什么是革命呢？除了在共产党革命八股中拾了几个口语，什么前进与共鸣，中伤、软化与曲解，有些什么什么呢？"① 又如，被喻为文坛常青树

---

① 红僧：《武断乡曲的鲁迅》，原载1933年8月15日《新垒》第2卷2期。

的苏雪林女士（1897—1999）指出："鲁迅思想，虚无悲观，且鄙观中国民族，以为根本不可救药……鲁迅之左倾，非真有爱于共产主义也，非确信赤化政策之足为中国民族出路也，为利焉而，为名焉而……鲁迅在世时，霸占上海文化界，密布爪牙，巧设圈套，或以威逼，或以利诱，务使全国文人皆归降于其麾下。有敢撄其锋者，则嗾其党羽，群起而功，遭之者无不身败名裂，一蹶而不复振……李大钊革命革上绞台，陈独秀革命革进牢狱，而鲁迅革命革入内山书店，此乃鲁迅独自发明之革命方式也。"① 再如，中国文学评论家夏志清先生（1921—2013）认为："鲁迅离开北京后，特别是鲁迅'投共'后，他的创作能力丧失了，不能再唤起写出他最优秀的作品所必须的真诚……鲁迅的'思想基础比较薄弱'，是'琐碎的，好争吵的'……他参与了一连串的个人或非个人的论争，以此来掩饰他创作力的消失……他更多的是他那个时代的牺牲品而较少的是他自己所认为的导师和讽刺家。"② 从作品本身来看，不少攻击是深刻的，若是仅仅局限于文学评论，则是非常可取的。例如，新文化运动的重要代表成仿吾先生（1897—1984，曾用笔名石厚生）认为："前期作品中，《狂人日记》很平凡；《阿Q正传》的描写虽佳，而结构极坏；《孔乙己》《药》《明天》皆未免庸俗；《一件小事》是一篇拙劣的随笔；《头发的故事》亦是随笔体；惟《风波》与《故乡》实不可多得作品……"③ 后来，成先生进一步指出："这位胡子先生倒是我们中国的Don Quixote（堂吉诃德）——堂鲁迅！……我们中国的堂吉诃德，不仅害了神经错乱与夸大妄想诸症，而且同时还在'醉眼陶然'；不仅见了风车要疑为神鬼，而且同时自己跌坐在虚构的神殿之上，在装作鬼神而沉入了恍惚的境地。"④ 又如，一生给文坛留下两千多万字的现代著名散文家梁实秋先生（1903—1987），在肯定鲁迅某些文学成就的同时，不无客观地评价指出："鲁迅的作品，我已说过，比较精彩的是他的杂感。但是，其中有多少篇能够成为具有永久价值的讽刺文学，也还是有问题的……在小说方面……据我看，他的短篇小说最好的是'阿Q正传'，其余的在结构上都不像是短篇小说，好像是一些断片的零星速写，有几篇在文字上和情操上是优美的……要作为一个文学家，单有一腹牢骚，一腔怨气是不够的，他必须要有一套积极的思想，对人对事都要有一套积极的看法，纵然不必构成什么体系，至少也要有一个正面的主张。鲁迅不足以语此。他有的只是一个消极的态度，勉强归纳起来，即是一个'不满于现状'的态度。"⑤ 又如，新生代作家葛红兵教授认为："鲁迅实际上是一个半成品大师，他的短篇小说我们可以举出许多绝对优秀的作品，但找不到一部让人一看就彻底奠定了鲁迅的地位的，他没有真正意义上的中篇，更没有长篇小说。"⑥ 又如，被清华师生

---

① 苏雪林：《与蔡孑民先生论鲁迅书》，原载1937年3月16日《奔涛》第1卷2期。
② 夏志清：《中国现代小说史》，耶鲁大学出版社1961年版，第27页。
③ 成仿吾：《〈呐喊〉的评论》，原载1924年1月《创造季刊》第2卷2期。
④ 成仿吾：《毕竟是"醉眼陶然"罢了》，原载1928年5月1日《创造月刊》第1卷11期。
⑤ 详见《梁实秋谈鲁迅：他没有文学家应有的胸襟》，http://book.ifeng.com/fukan/detail_2014_11/04/095733_0.shtml，2011-11-04。
⑥ 葛红兵：《被误谈的大师》，原载《芙蓉》1999年第6期。

誉为"活字典"的毕树棠（1900—1983）认为："鲁迅缺乏一个哲学家的完整的中心思想，因此在气度上有了限制，不能产出长篇的巨作……杂感是他的独造，殊难与他人相提并论，其实只可算他的散文的糟粕。"[①] 再如，中国内地作家、编剧王朔先生指出："鲁迅那种二三十年代正处于发轫期尚未完全脱离文言文影响的白话文字也有些疙疙瘩瘩，读起来总有些含混……我认为鲁迅光靠一堆杂文几个短篇是立不住的，没听说有世界文豪只写过这点东西的……我坚持认为，一个正经作家，光写短篇总是可疑的，说起来不心虚还要有戳得住的长篇小说……在鲁迅身上，我又看到了一个经常出现的文学现象，我们有了一个伟大的作家，却看不到他更多优秀的作品。"[②] 应该说，王朔先生的最后一句话，振聋发聩，极有现实针对性。就像当前学术界的许多国家级人才工程入选者一样，"我们有了一个伟大的学者，却看不到属于他自己更多的优秀作品"。在我看来，在人文社科领域，后人评价学者的唯一依据，只需看其著述，而且必须是其个人实际的创作。这是因为，各种课题以及获奖，大都基于论著；同时，文科不同于工科，所谓的合作大多徒有虚名。当然，鲁迅先生不愧为一位伟大的作家，在周折困顿的短暂岁月中，能有一千万字左右的著作，而且不乏精品力作，实在难能可贵。

从人格品性来看，不少攻击是谩骂性的，这种批判最难以分析。例如，国学大师刘文典教授（1889—1958）曾经指出："鲁迅是具有'迫害狂'心理的人，正如《狂人日记》中人物的心理。"（选自1949年7月11日作者的《关于鲁迅》讲演稿）又如，台湾大学夏济安教授（1916—1965）认为："鲁迅是一个病态的天才，被他本人和中国左翼运动所浪费掉……仅仅把鲁迅看作一个吹响黎明号角的天使，就会失去中国现代历史上一个极其深刻而带病态的人物。他确实吹响了号角，但他的音乐辛酸而嘲讽，表现着失望和希望，混合着天堂与地狱的音响。"（原载《黑暗的闸门》，华盛顿大学出版社1971年版）又如，民国著名记者、作家曹聚仁先生（1900—1972）指出："笔者特别要提请读者注意，并不是鲁迅所骂的都是坏人，如陈西滢、徐志摩、梁实秋，都是待人接物很有分寸，学问也很渊博，文笔也很不错，而且很谦虚的。"（原载《鲁迅年谱》，香港三育图书文具公司1970年版）再如，北京师范大学李长之教授（1910—1978）指出："鲁迅不是思想家。因为他没有深邃的哲学头脑，他所盘桓于心目中的，并没有幽远的问题。他似乎没有那样的趣味，以及那样的能力……他的思想是一偏的，他往往只迸发他当前所要攻击的一面，所以没有建设。"（原载《鲁迅批判》，北新书局1936年版）尤其苏雪林女士更是进一步指出："鲁迅的心理完全病态，人格的卑污，尤出人意料，简直连起码的'人'的资格还够不着。但他的党羽和左派文人竟将他夸张成为空前绝后的圣人，好像孔子、释迦、基督都比他不上……鲁迅平生主张打落水狗，这是他极端偏狭心理的表现，谁都反对，现在鲁迅死了，我来骂他，

---

① 《鲁迅的散文》，《宇宙风》1937年2月1日第34期。
② 《我看鲁迅》，《收获》2000年第2期。

不但是打落水狗,竟是打死狗了。但鲁迅虽死,鲁迅的偶像没有死,鲁迅给予青年的不良影响,正在增高继长。我以为应当有个人出来,给鲁迅一个正确的判断,剥去这偶像外面的金装,使青年看看里面是怎样一苞粪土。"①

对于鲁迅的贬抑,除了从以上三个方面展开外,还有两种声音值得关注。一是鲁迅(周树人)的二弟周作人(1885—1967,翻译家、思想家),曾如此评价兄长:"只可惜老人不大能遵守,往往名位既尊,患得患失,与有新兴占势力的意见,不问新旧左右,辄靡然从之,此正病在私欲深,世味浓,贪恋前途之故也。"② 后来,周作人亦说:"现在人人捧鲁迅,在上海墓上新立造像,一是在高高的台上,一人坐椅上,虽是尊崇他,其实也是在挖苦他的一个讽刺画,即是他生前所谓思想的权威的纸糊高冠是也,恐九泉有知不免要苦笑的吧。要恭维人不过火,即不至于献丑。"(原载《周曹通信集》,香港南天书业公司1973年版)二是某些知名学者对于鲁迅前后不一致的评价。例如,先后两度获得诺贝尔文学奖提名的林语堂先生(1895—1976),首先把鲁迅誉为"白象",视为国宝,后来批判鲁迅胡乱骂人,缺乏操持。又如,现代文学家、历史学家、新诗奠基人之一的郭沫若(1892—1978),最初批判鲁迅是"封建余孽、二重的反革命的人物、不得志的 fascist(法西斯谛)、才子加流氓",后来又赞誉他是"革命的思想家,是划时代的文艺作家,是实事求是的历史学家,是以身作则的教育家,是渴望人类解放的国际主义者"。

二 从作品看人是最可靠的

对于一位文人,学界会有如此天壤之别的评论,如此热闹喧嚣的争议,世界上恐怕难以找到第二位。我没有全面而又深入地研究过鲁迅,也不能像读"莎翁"一样凭感觉得出较为自信的观点,从而难以将这篇读后感一下子提升到某种高度。但是,在阅读《鲁迅小说集》以及查阅相关资料之后,我至少可以得出以下结论。

一位长期勤勉努力的鲁迅。在鲁迅12岁之际,祖父因科场案入狱,父亲又抱病卧床,从此家道中落,鲁迅作为家中长子,承担了较多的家庭责任,并且遭到了家族势力的排挤。在后来辗转的求学生涯以及困顿的工作履历中,鲁迅先生不屈不挠,顽强进取,克服了重重困难,终于在文坛上崭露头角。要知道,那个时候,包括鲁迅在内的不少民众,都在为温饱问题而发愁。例如,在相当长的一段时期,鲁迅先生要通过校对书稿、到处兼课等补贴生活。这样的岁月,还能坚守操守、关注理想、笔耕不辍,在从生到死的短短55个春秋里,撰写著作和译作近1000万字。我们不得不承认,这是一位勤勉努力的人。

---

① 苏雪林:《关于当前文化动态的讨论》,《奔涛》1937年3月1日第1期。
② 周作人:《老人的胡闹》,《瓜豆集》,宇宙风出版社1937年版。

一位多才多艺的鲁迅。鲁迅先生不仅著述颇丰,而且涉猎极广。鲁迅先生不仅在杂文开创上做出了巨大贡献,而且在小说、散文、诗作、理论研究等方面都有重要成果。如果说这些领域的相通性较大,可以较大程度上实现知识与能力的迁移,那么,在翻译、书法、美术等方面同样做出重要成就,在医学、自然科学等领域同样有过深入的钻研,就不得不让我们相信,鲁迅先生是一位多才多艺的大师。

一位富有社会理想的鲁迅。《鲁迅小说集》集结了鲁迅的三部小说集:《呐喊》《彷徨》《故事新编》。鲁迅在该书的前言中如是说,"我的取材,多采自病态社会的不幸人们中,意思是在揭出病苦,引起疗救的注意"。由此观之,鲁迅先生的不少小说,并不是为了小说而写小说,而是基于社会改革的美好夙愿。在"呐喊"自序中,鲁迅先生讲述他弃医从文的人生转折,与在日本观看的一个影片有关。这个影片,报道了一个替俄国做侦探的中国人,被日军砍下头颅,而旁边的中国人尽管体格强壮,却麻木不仁。"从那一回以后,我便觉得医学并非一件紧要事,凡是愚弱的国民,即使体格如何健全,如何茁壮,也只能做毫无意义的示众的材料和看客,病死多少是不必以为不幸的。所以我们的第一要著,是改变他的精神,而善于改变精神的是,我那时以为当然要推文艺,于是提倡文艺运动了。"① 我们评价一个人的品行,不是看他说了什么,主要看他做了什么。鲁迅不仅是这样想的,也是这样做的。1918年5月,鲁迅先生的《狂人日记》发表在当年《新青年》杂志上,开启了以鲁迅为笔名的文学"呐喊"旅程。在《狂人日记》一文中,记述了阔别30年的鲁迅回到家乡,发现身边的人都在打着吃人的算盘,但是,他们却做得非常隐蔽。回想起来,作者感到妹妹都被哥哥包括自己吃了,哥哥与别人也准备合伙吃他。通篇读来感到不可思议,却以一种极为夸张的手法,揭露了黑暗的现实,痛斥了吃人的社会。曾任国民政府第一任教育部长的蒋梦麟先生(1886—1964)认为:"我所知道他的早年作品,如《狂人日记》《阿Q正传》都只为了好玩,舞文弄墨,对旧礼教和社会现状挖苦讽刺一番,以逞一己之快。"(原载《新潮》,台湾传记文学出版社1967年版)应该说,那时已过36岁的鲁迅先生,哪怕只是玩弄文字游戏,若无社会关怀之情操,也难以产生这样的文学主题。

一位极具思想深度的人。从鲁迅先生许多著述乃至哲言中,我都能感受到,这是一位思想深邃的人。在《鲁迅小说集》一书中,就不乏这样的故事与文字。例如,在"呐喊"自序中,鲁迅如是说:"假如一间铁屋子,是绝无窗户而万难破毁的,里面有许多熟睡的人们,不久都要闷死了,然而是从昏睡入死灭,并不感到就死的悲哀。现在你大嚷起来,惊起了较为清醒的几个人,使这不幸的少数者来受无可挽救的临终的苦楚,你倒以为对得起他们么?"② 当他认识到,假若有人清醒了,说不定能够捣毁这个屋子,避免集体闷死的悲剧,从而以文学"呐喊"作为武器,履行自己改造社会的

---

① 《鲁迅小说集》,第4—5页。
② 《鲁迅小说集》,第6页。

使命。这种比喻，极其形象生动，体现其思维品质。又如，《故乡》一文，记述了作者在20余年后重返故乡搬家的所见、所闻、所感。在该篇文章中，作者着墨最多的是闰土。回忆起来，少年的闰土，顶着一轮明月，踏在碧绿的西瓜地里，项带银圈，手捏钢叉，刺向一猹，猹则从他胯下逃走，这张记忆图是多么天真无邪，多么清澈自然，多么令人神往。但是，再次相见的闰土，灰黄的脸庞，深深的皱纹，红肿的眼睛，干裂的双手，瑟索的身体，还有带来的面黄肌瘦的第五个孩子，一看便知20余年的光阴，就是20余年的摧残与折磨。最值得我们关注的描写在于，尽管鲁迅母亲决定将不必搬走的东西，都留给闰土，但是，"母亲说，那豆腐西施的杨二嫂，自从我家收拾行李以来，本是每日必到的，前天伊在灰堆里，掏出十多个碗碟来，议论之后，便定说是闰土埋着的，他可以在运灰的时候，一齐搬回家里去；杨二嫂发现了这件事，自己很以为功，便拿了那狗气杀（这是我们这里养鸡的器具，木盘上面有栅栏，内盛食料，鸡可以伸进颈子去啄，狗却不能，只能看着气死），飞也似的跑了，亏伊装着这高底的小脚，竟跑得这么快。"① "故乡的山水也都渐渐远离了我，但我却并不感到怎样的留恋。我只觉得我四面有看不见的高墙，将我隔成孤身，使我非常气恼；那西瓜地上的银项圈的小英雄的影像，我本来十分清楚，现在却忽地模糊了，又使我非常的悲哀。"② 在这篇文章中，我能够读出鲁迅的细腻与深刻。现在回想起来，在学生时代的课本中，我对鲁迅的思想根本没有悟透。实际上，这篇文章的主旨，体现了纯真友谊的变化，通过这种变化来揭示人性，并痛斥让人变成鬼的黑暗社会。不过，鲁迅先生批判社会，也是很有智慧的。正如严家其先生所言："他一不骂国民党要人，二不公开接近共产党人；所以共产党认为他是揭露国民党的，而国民党也不能公然对他怎样。"③

　　一位批判精神强烈的人。美籍华人余英时先生，曾如此评价鲁迅："鲁迅的特点第一个是高度的非理性，他不但反中国的传统，也反对西方的东西。他没有正面的东西，没有一个积极的信仰，他要代表什么，他要中国怎样，他从来没说过。第二个特点是很悲观、很世故、很复杂。第三个特点是在文体风格上，表现出一种流氓的风格，就是乱骂人，骂人骂得刻薄，越刻薄越好。第四个特点是不深刻，光看到坏处，那是尖刻。纯负面的东西不可能是深刻的。"（原载1994年9月8日香港《联合报》）余先生的批驳，虽然有点过头，但有些也趋近本真。鲁迅先生的革命性和批判性，在《鲁迅小说集》都能体现出来，更不用说那匕首一样的杂文了。该书第一篇文章《狂人日记》，锋芒毕露地批判"吃人"的社会。在《阿Q正传》一文中，鲁迅提到："中国的男人，本来大半都可以做圣贤，可惜全被女人毁掉了。"④ 尤其是该书《故事新编》部分收录的8篇小说，更是以戏谑的口吻、调侃的笔调、编造的故事，极为大胆地批判

---

① 《鲁迅小说集》，第53页。
② 《鲁迅小说集》，第53页。
③ 《严家其谈政治与人》，1988年3月16日香港《大公报》。
④ 《鲁迅小说集》，第64页。

传统文化，否定封建伦理，把中国数千年塑造的精神偶像甚至国民信仰，赶下了神坛。例如，在《出关》一文中，记述了老聃馆长（老子）与孔子道不同，正如老子说，"譬如同是一双鞋子罢，我的是走流沙，他的是走朝廷的，"① 于是，老子走到了函谷关。不料，关官等人留住老人，请讲书，听不懂，便请老子写书，以便拿出去卖钱。"除去喝白开水和吃饽饽的时间，写了整整一天半，也不过五千个大字"②，换得了一包盐、一包胡麻，十五个饽饽。书记、账房等人觉得，这笔交易不合算，老子写的那几千个字，恐怕"连五个饽饽的本钱也捞不回"③。总之，中国文明史上的女娲、后羿、大禹、伯夷与叔齐、墨子等，被我们敬若神明，却在《故事新编》中斯文扫地。这在许多人看来，真是批判到家了，革命到底了，甚至被扣上"彻底否定一切"的帽子。不过，在分析一个人物或者一件事情时，我倾向发现其优点，在此基础上再看其不足。就其优点来说，鲁迅的这种写法，有利于解放思想，有利于突破束缚，有利于社会变革。难怪王蒙先生说："我们的作家都像鲁迅一样就太好了么？完全不见得。文坛上有一个鲁迅那是非常伟大的事。如果有五十个鲁迅呢？我的天！"（原载《世纪之交的冲撞》，光明日报出版社1996年版）

一位文笔精简朴素的鲁迅。看鲁迅的这些小说，从心底里说，这些文字真不优美，不少地方甚至存在语病，似乎有一种从文言文向白话化过渡的痕迹。而且，不少小说的结构，缺乏严谨的思考，少了许多美感。但是，鲁迅的小说，语言朴素，言简意赅，力争用最少的文字把一个问题表达清楚。正如鲁迅自己所言："我力避行文的唠叨，只要求能将意思传给别人了，就宁肯什么陪衬也没有。"同时，在鲁迅的文字中，时时闪现思想的光芒，体现了作者驾驭文字的智慧。例如，"其实地上本没有路，走的人多了，也便成了路"④，寓意深刻；"虾是水世界里的呆子"⑤"只有那眼珠间或一轮，还可以表示她是一个活物"⑥，描写形象；女娲将藤在泥坑里甩，就"像一条给沸水烫伤了的赤练蛇"⑦，魏连殳的客厅少有人来了，相当于"冬天的公园，就没有人去……"⑧，联想丰富。在文学创作上，许多人认为鲁迅写不出长篇小说。在我看来，不是鲁迅写不出长篇小说，而是那种颠沛流离的生活、动荡混乱的社会，容易将鲁迅的才情转移到那些短平快的短篇小说、批判性的杂文等方面。试想，一个要从稿费中讨生活的人，能够潜下心来，不浮不躁，写出几十万字的长篇小说吗？就拿我来说，脑海中构思了几部长篇小说，对我个人而言具有永恒价值，因为它们不仅是自己对自己的人生倾谈，而且比我的那些学术论著更有社会意义，但是，基于生活、迫于现实，近几年我都难以挺进这个领域。

---

① 《鲁迅小说集》，第273页。
② 《鲁迅小说集》，第276页。
③ 《鲁迅小说集》，第278页。
④ 《鲁迅小说集》，第54页。
⑤ 《鲁迅小说集》，第104页。
⑥ 《鲁迅小说集》，第112页。
⑦ 《鲁迅小说集》，第215页。
⑧ 《鲁迅小说集》，第170页。

三　我们从鲁迅那里学习什么

自"鲁迅"这个笔名问世以来，就一直处在贬抑与颂扬的两个旋涡中。在某个时候，"鲁迅"几乎成为文化图腾而不容置疑。现如今，"鲁迅"似乎又成为一个接受批判的文化符号，卷入贬抑的旋涡之中去了。在我看来，鲁迅本人也只是一个普通人，他比一般人多出的只是如上所说的那些品质与个性，从而在那个特殊的年代加上特有的机遇成就了特别的"鲁迅"。但是，这不是鲁迅个人的错，不能贬抑鲁迅个人的正直与伟大。正如当代作家冯骥才先生所言："这个把西方人的东方观一直糊里糊涂延续至今的过错，并不在鲁迅身上，而是在我们把鲁迅神话上。"① 那么，今天，我们如何看待鲁迅呢？从鲁迅这里学习什么呢？

首先，我们一定要清楚，鲁迅只是一个普通的人。不只是鲁迅，所有伟大的历史人物，只要近距离接触，长时间跟随，我们就会发现，他们大都是普通人。与其他人相比，他们或许更加勤奋，更加敏锐，更加执着，更加谦和或者更加张扬，从而在某些方面更加出色。我曾提出过"智量"的概念，即正常人的智力总量大体相当，只不过智力发展方向有所区别。"智量"与"智商"，均在揭示人的智能，但两者研究视角不同，理论价值有别（详见拙著《大学理性——一位大学中层干部的教育随笔》，湘潭大学出版社2013年版）。古代的那些皇帝，在外力的作用下退下龙座脱下龙袍，有些或许还有那份自信与镇定，但也有不少或许连说话都没有逻辑性了。我尊敬任何人，却不盲目崇拜某个人。但是，近来我却非常欣赏马云。被马云吸引住的，是他在悟透人性基础上的那种豁达大度。他在演讲中提到，比他聪明的人，比他能干的人，多得不得了。在如此短的时间内，从无到有，凭借自己的智慧与坚持，马云创造了一个传奇，被人们视为一个神话。但是，他能在大庭广众之中，非常坦诚地发出内心的呐喊：我只是一个普通人，谁都有可能超越我。这既是一种识人智慧，也是一种豁达情怀。或许还有人会自作聪明地说，这是马云的宣传策略。但是，凭我的感觉，这正是马云真心的告白。事实上，他也不需要做作。现实生活中的任何伟大人物，当能够视作普通人而不是神来研究的话，他的功与过，他的优与劣，他的对与错，就会客观地呈现在我们面前。

其次，我们一定要看到，鲁迅的文学是有贡献的。环顾四周，当前社会不乏著作等身的学者与作家。随便查阅某位文化名人的成果，我发现他的成果数量远远超过鲁迅，文笔优美程度远远超过鲁迅，甚至思想的深度与广度也要远远超出鲁迅。但是，鲁迅的作品亦有他的特色与亮点。且不去分析这些作品的历史贡献，仅从《鲁迅小说集》来看作品的现实意义，我觉得都是当代不少作品难以替代的。别人看到鲁迅作品中"疙疙瘩瘩"的文字，我却发觉这正是鲁迅弃医从文、以文传意的印记。凭感觉，我觉得鲁迅是

---

① 冯骥才：《鲁迅的功与"过"》，《收获》2000年2期。

一位实干家，如果可以自由选择，他不会舞文弄墨，而会投身社会改造，或者在和平民主社会中从事自然科学研究。在遗嘱中，鲁迅对他的儿子周海婴亦表示，"希望后代万不可做空头文学家"。鲁迅作品的最大贡献，正在于他那反传统、反压迫、反黑暗的批判意识与革命精神。看了《狂人日记》，看了《故事新编》，我不得不佩服鲁迅先生的巧于想象、胆大"勇"为、婉而多讽。这样的作品，在今天能够公开发表吗？这些作品作为经典保存下来，其意义不是其文学性，不是其思想性，而是其革命性。

最后，我们一定要明白，历史伟人更多的是一种精神象征。人文大师柏杨先生（1920—2008）曾说："我认为鲁迅是可以批评的。如果变的不能批评，鲁迅也就丧失了生命。鲁迅的价值如果用不许批评来维护，那就会变的没有价值。我们应该在批评中发掘出一个真正的鲁迅，有价值的鲁迅！"（见1991年第5期《鲁迅研究月刊》）应该说，鲁迅的文学作品，可以批评；鲁迅的学术见解，可以批评；甚至在没有与朱安离婚的前提下，鲁迅同许广平"结婚"生子，都可以评价。但是，从鲁迅作品中提升出来的某种文学精神，即痛斥黑暗、反对强暴、否定神圣的批判意识与革命精神，我们不应该讨伐，更不应该抹杀。这种意识与精神，成为"鲁迅"的文学灵魂，代表了多元文化作品中的一极，是一种标杆，一盏明灯，一种精神象征。"鲁迅"作为一个符号，正是代表了这种意识与精神。今天的学术研究以及文学创作，就少了这种精神。只不过，我们不能无限夸大鲁迅个人，尤其不能过多地将其作品作为文学典范而广为传诵。

前段时间，我要求某个班级的学习委员，把班上每位学生最喜欢听的一至两首歌收集上来。原以为，这里必定有我比较喜欢听的一些歌。收上来之后，让我大为惊讶，80多位学生提交了160多首歌曲，居然没有相同的歌曲，而且只有2首是我精心收藏的心爱之歌。回想20世纪80年代，身边的人都在唱那么几首同样的歌曲，这些歌曲也几乎人人会唱；现如今，每个人都在唱自己的歌曲，也没有几首歌是人人都能哼几句的。30多年的时间，为什么会发生如此大的变化呢？这种变化，好还是不好呢？在我看来，群星灿烂，价值多元，才会如此。而且，这是生命自由的阶梯，是社会进步的表现，代表人类前进的方向。从这一点来看，在市场经济的前提下，中心、权威、神圣正在不断消减，也应该不断消减。如果正在加强，且非市场导向，而是行政指令，则不符合历史规律。但是，作为一种批判意识与革命精神的文学符号，"鲁迅"这个字眼不应该消减，反而应该强化。尤其在文学品性多元化的今天，这种符号无疑是重要的一极，在过去需要，今天需要，以后也同样需要。只不过，我们不能强化这个文学符号而无限地夸大鲁迅个人，更不能将鲁迅所有作品视为圣经。如果这样，反而违背了"鲁迅"精神，在这座精神丰碑上又制造了一个现代版的"自相矛盾"。

总之，"鲁迅"，仅仅成为某种符号，代表了某种类型的文学。这种文学，体现了强烈的批判意识与革命精神。

【作者简介】付八军，绍兴文理学院教育学院教授

宋高宗在绍兴

任桂全

【摘要】宋高宗在南渡过程中，曾借钱塘江为屏障，在绍兴建立临时首都，即历史上所谓的"行在"。在绍兴的一年零八个月的时间里，宋高宗颁布了多项措施，对提高绍兴的政治地位以及城市建设都起了重要影响。后来虽然行在迁往杭州，但绍兴由于其特殊的政治地位和地缘条件成为南宋陪都的必然选择。

【关键词】宋高宗　绍兴　行在　政治　陪都

在宋室南渡过程中建立起来的高宗政权，迫于北方金兵的追击，借钱塘江屏障，绍兴先后两次成为南宋临时首都，即史上所谓的"行在"，其中第二次时间长达一年零八个月。后来虽然行在移往杭州，但绍兴作为距杭州近百里的畿辅之地，自然成了南宋陪都的必然选择。

一　南宋初年的临时首都

在金兵追击下的南宋高宗政权，一路南逃，从金陵（今南京）逃楚州（今淮安），逃扬州，再逃镇江，接着又仓皇夜逃丹阳。疲于逃命的宋高宗，这时才意识到"长江天险"，未必能挡得住金兵铁骑，于是便接受侍臣王渊"请幸杭州"（《宋史》卷二十五《高宗本纪二》）的建议。可是，面对南下的金兵，杭州也无险可据，只好过钱塘江以越州为暂栖之地。

其实宋高宗在金陵时已有此打算。建炎三年（1129）七月下诏南下队伍分两路撤离，一路"奉隆祐太后、六宫，外泊六曹百司，皆之南昌"，并命朝臣滕康、刘珏等从行。另一路由他自己带领，于十月十三日到达越州，以此为行在，史载宋高宗"十三日，行在越州，入居府廨，百司分寓"[①]，越州第一次成为南宋临时首都。到十二月初

[①]（宋）王明清：《挥麈第三录》卷一，《全宋笔记》第六册，大象出版社2013年版，第240页。

五，宋高宗銮舆一行离越北上，傍晚到达钱清堰。得建康守将杜充关于守兵战败、金兵渡江的奏报，便按右丞相吕颐浩建议，返回越州城下，调集船只，从海路逃往明州，以避开金人骑兵（宋李心传《建炎以来系年要录》卷二十九"建炎三年十二月"条）。宋高宗临走时，命朝廷百官"分半扈从"（宋嘉泰《会稽志》卷第六《祠庙·旌忠庙》）。另一半留守越州，自己遂带三千亲兵出海。"于是郎官以下或留越，或径归者多矣。"（宋李心传《建炎以来系年要录》卷二十九"建炎三年十二月"条）

宋高宗离开越州十天后，临安失陷，金兵随即过江，越州危在旦夕。时为安抚使、越州知州的李邺，闻风丧胆，金兵到来时举城投降，越州沦陷。而越州的爱国志士，拒绝投降，积极抗金，涌现了许多可歌可泣的英雄故事。宋高宗的卫士唐琦，因病留在越州，当李邺投降，金兵头目芭八入城时，他以石击敌，不中被执。芭八诘问：李邺为帅，尚且举城投降，你小小卫士，竟敢如此！唐琦严厉斥责："邺为臣不忠，吾恨不得手刃之，尚何言斯人为！"又转身对李邺说："我月给才石五斗米，不肯背其主，尔享国厚恩乃若此，岂复齿人类哉！"（《宋史》卷四百四十八《唐琦传》）。说完被杀。高宗得知此事，即诏为之立庙，这就是今绍兴城内塔子桥畔的旌忠庙，俗称唐将军庙。

州城沦陷后，芭八下令在城官僚集中，否则斩杀之。时为越州城北三江寨主的曾惇却独不听命，拒绝前往。曾惇为宋神宗熙宁初越州通判曾巩之孙，家小住越州城内。曾惇被捕后，在芭八面前"辞气不屈"，理直气壮地说："我宋世臣也，恨无尺寸兵以杀汝，安能贪生事尔狗奴也！"当天，曾惇及其家属40余口被杀于州城南门外，场面十分惨烈！（明万历《绍兴府志》卷四十四《曾惇传》）

金兵由于追击高宗不成，加上江南水网密集，孤军深入，遂决定退兵。北撤过程中又遭到沿途军民，特别是韩世忠军队的沉重打击，宋高宗获此消息，便于建炎四年（1130）三月沿原路，从海上自温州经台州、定海、明州返回。四月十二日到达越州，仍以州治为行宫，越州第二次成为南宋临时首都，时间长达一年零八个月。

这次宋高宗"留会稽，无复进居上流之意"（宋李心传《建炎以来系年要录》卷三十二"建炎四年四月"条）。在一年零八个月时间里，他从未离开过越州一步。他不想走，原因不外有三：一是此地远离抗金前线，城市具备一定容量，又是经济比较繁荣的地方；二是北有钱江屏障，一旦金兵追击，从海上逃走方便；三是会稽有卧薪尝胆、发愤图强传统，对中兴宋室不失为重要精神力量，他将年号改为"绍兴"，就寓含了这层意思。

宋高宗以绍兴为行在，安顿好各方面随从人员，是首先要解决的问题。数以万计的扈从，分两批先后到达越州。建炎三年（1129）十一月，由高宗亲自率领的包括皇族、百司、官吏、后卫、家小等（宋李心传《建炎以来系年要录》卷二十九"建炎三年十一月"条），先期到达越州。翌年八月，隆祐皇太后及其卫护一万多人[①]，也从江

[①] 《宋史·后妃·孟皇后传》载，建炎三年七月，高宗命江、浙制置使刘宁止护送隆祐孟太后往洪州避难，又命龙神四厢都指挥使、建武军节度使杨惟忠，率兵万人卫护，可见孟太后一行在万人以上。

西辗转来到越州。《宋会要辑稿》载：绍兴元年（1131）越州有总数六万三千余人，"依在京例赏给衣物钱帛"，这些人包括"行在殿前、马步军诸班直宿卫亲兵、御前忠佐锐将兵及神武右军、中军等，并系卫扈车驾行礼人"等①。换句话说，这"六万三千余人"，都是公家的、不包括家小、随从和其他人员，说明当时到达越州的实际人数，至少在七万人。

如此大规模的人员安置，除宋人王明清《挥麈第三录》"行在越州，入居府廨，百司分寓"的记载外，其他记载零星分散，但会集起仍有比较清晰的眉目。

宋高宗"入居府廨"，以州宅为行宫，越州州署随即搬入位于市中心的大善寺，这是一所始建于南朝梁代而且规模较大的寺院。行宫则在城内府山东南麓，这里曾是越王勾践的宫室所在地，后来又为会稽郡和越州的治所，从元稹《州宅》诗可知，当时州宅依山而建，十分雄伟。这里又是越州子城，范围较大，高宗入居后，将后宫安置在行宫西侧，东侧辟有"传布君命，教化百姓"的宣化坊（今仍旧名）。子城东墙跟还有钱氏女科，后妃染疾，每延钱氏女科诊治。②为确保行宫治安，建炎四年（1130）五月特设行营禁卫所，时有御前禁卫亲兵348人（宋李心传《建炎以来系年要录》卷三十三"建炎四年五月"条）。绍兴元年（1131）正月，改称行在皇城司（宋李心传《建炎以来系年要录》卷四十一"绍兴元年正月"条），设提举官、提点官、干当官等。凡人员出入，皆以牌号稽验，以防闲杂人员混入。

然而，安置百司及其他南下人员的任务更为艰巨。所谓"百司"，就是百官，在这里主要是指由宋高宗亲自带领的朝廷百官。其相应机构在绍兴开展政治、军事、经济及其他各类活动的就有：三省（中书省、门下省、尚书省）、六部（吏部、户部、礼部、兵部、刑部、工部）、枢密院、三衙（殿前司、侍卫亲军马军司、侍卫亲军步军司）、观文殿、资政殿、集英殿、龙图阁、宝文阁、直秘阁、皇城司、宗正寺、大理寺、国子监等，当时的中央机构，在逃难中几乎都搬到了绍兴，并且设立了作为首都才有的财务机构——榷货务都茶场，以通商贸、佐国用（以上见李心传《建炎以来系年要录》卷三十二至卷五十三）。

以上机构和官员都在城内得到安置，其安置场所，首选的当然是大户人家空着的府第，如地处新河坊的会稽唐少卿，连守楚、泗、台三州，其长子闳时在郑州通判任上。此宅与行在近便，特意安排给时为礼部尚书的谢任伯居住。南宋宝庆《会稽续志》记其事云："建炎四年，高宗驻跸于越，凡空第皆给百官寓止。谢任伯为礼部尚书，居此宅，拜参知政事。中使宣诏，开门赴都堂治事。"空第之外，则以寺院、宫观、祠庙及其他公用建筑为主。南宋绍兴城内有大善寺等寺院27处，有天长观等宫观4处，又有城隍庙等祠庙15处（宋嘉泰《会稽志》卷六、七）。这些建筑规模都较大，如始建于吴越国时的武肃王庙，周达千丈，市中心的大善寺，就容纳了绍兴府官署。百司人

---

① 刘琳等占校：《宋会要辑稿·礼二十五·郊祀赏赐》，上海古籍出版社2014年版，第3册，第1215页。
② 任桂全：《绍兴市志》卷39《医疗卫生》，浙江人民出版社1996年版，第2763页。

住寺院，实际上也是高宗的主意。他见大批士人初到绍兴，困于食宿，便"许占寺院"。如准许殿中侍御史赵鼎（后任丞相，卒谥忠简）居越州能仁寺；又将两浙西路提刑曾几（后以通奉大夫致仕，卒谥文清）安置于城内大中禹迹寺（宋周密《癸辛杂识·后集》，文渊阁四库全书本）。

南渡到达越州的，除百司以外，主要还是帝王身边的禁卫、仪仗和御前神武军，人数极为可观。据记载，当时担任御前禁卫的皇城司随驾人员为402人（《宋史》卷一百四十四《仪卫二》）。担任帝王出驾仪仗的称"卤簿"，《宋史·仪卫志》"绍兴卤簿"为11222人[①]。御前神武军即禁军，有神武右军（张俊率领）、神武中军（杨沂中率领）之分，中军担任宿卫，其余屯兵江淮等地。据李心传说：绍兴初年，有宋军十九万四千余，其中"宿卫、神武右军、中军七万二千八百"（宋李心传《建炎以来朝野杂记甲集》卷十八《绍兴内外大军数》）。所以宋高宗在越时，为解决漕运不便，一次即可"发一万七千余卒，"浚治浙东运河自府城都泗门至曹娥塔桥段（《宋史》卷九十七《河渠志七·越州水》）。按神武军编员，当时在越人数，很可能在四五万人之谱。这些士兵的居住地虽少有文字记载，但从后来绍兴城内出现的一批军事地名，如西营、铁甲营、箭场营、水沟营、大营等，不能不使人联想到当年兵甲之盛。

此外，扈从而来的士大夫、商人及其家属，数量自然也很可观。由于这些人多为陆续而来，而且居住地不受城乡限制，其安置难度相对较小。城内出现"京兆坊""河南坊"等街坊名称，或许是将来自首都、陪都的人员集中安置在一起也说不定。

如此大规模的人员安置，对任何城市来说，都是一次严峻考验。因为这不仅要有足够的住房应对，也要有足够的粮食准备，还要有财政、交通、文化和医疗卫生方面的相应条件。不难想见，一般的州、县城市显然是难以承受的，那怕三五天的短期安置。而越州能在一年零八个月时间内，切实承担起六七万人口的吃、住、行，满足各方面的需求，实属不易。这样的容量和需求满足，只有在当时条件下的大城市才有可能，只有"天下巨镇"才能从容应对。

二　宋高宗在绍兴诸政

宋高宗到达绍兴后，为了安定军心，安抚民心，于建炎三年（1129）十一月十三日下罪己诏曰：

国家近遭金人侵逼，无岁无兵。朕纂承以来，深轸念虑，谓父兄在难，而吾民未抚，不欲使之陷于锋镝，故包羞忍耻，为退避之谋，冀其逞志而归，稍得休

[①] 《宋史》卷一百四十七《仪卫五》"绍兴卤簿"条载："宋初，大驾用11222人。宣和，增用20061人。建炎初，裁定1335人。绍兴初，用宋初之数。"关于"卤簿"，宋叶梦得《石林燕语》卷四："大驾仪仗，通号'卤簿'……唐人谓卤，橹也，甲楯之别名。凡兵卫以甲楯居外为前导，捍蔽其先后，皆著之簿籍，故曰'卤簿'。"

息。自南京移淮甸，自淮甸移建康，而会稽，播迁之远，极于海隅。卑词厚礼，使介相望，以至愿去尊称，甘心贬屈，请用正朔，比于藩臣，遣使哀祈，无不曲尽。假使金石无情，亦当少动，累年卑屈，卒未见从，生民嗷嗷，何时宁息？今诸路之兵聚于江、浙之间，朕不惮亲行，据其要害。如金人尚容朕为汝兵民之主，则朕于事大之体，敢有不恭？或必用兵，窥我行在，倾我宗室，涂炭生灵，竭取东南金帛、子女，则朕亦何爱一身，不临阵以践前言，以保群生。

(明陈邦瞻《宋史纪事本末》卷六十三《南迁定都》，明张溥改编本)

这里真实反映了宋高宗当时与金人战与和的矛盾心理，在这种情况下，自然也不可能对抗金做出重大战略部署。如抗金名相李纲所说，当时"朝廷所推行，不过簿书期会不切之细务，至于攻讨防守之策，国之大计，皆未尝措意"(明陈邦瞻《宋史纪事本末》卷七十五《建炎绍兴诸政》)。这其实就是宋高宗在绍兴一年零八个月内的行政特点。

宋高宗及其六七万随行人员的到来，使原来一直生活在平静之中的州城居民，一下子沸腾起来，遇到的各种新情况、新问题，一时无所适从，给日常生产和生活也带来诸多不便。宋高宗南逃过程中了解这类情况，所以到达绍兴的当天晚上，就对身边宰执说："朕自建康至此，不无扰民，欲赦所经州县。朕诚知数赦非良民之幸，但金人榜文要动摇民心，归怨国家，强使从彼。"(宋李心传《建炎以来系年要录》卷二十八"建炎三年十二月"条)。表面看是对"扰民"的自责，实际还是为了争取民心，安定社会，与金人展开舆论争夺战。处在战争状态下，将中央政府机构全迁绍兴一地，不可能不对当地居民的生活产生影响，实际上还加重了老百姓的经济负担。

就在到达绍兴后第七天，宋高宗下令东南八路提刑司征收当年诸色经制钱赴绍兴行在。所谓"经制钱"，是征调的财富和杂税的总称，实际就是通过财税手段解决行在经费问题。当时征收的经制钱包括："一曰权添酒钱，二曰量添卖糟钱，三曰增添田宅牙税钱，四曰官员等请给头子钱，五曰楼店务添三分房钱"(宋李心传《建炎以来系年要录》卷二十八"建炎三年十月"条)。这是额外征收，明显增加了老百姓的负担，年征收总额达六百六十余万缗。然而对于中央机构和军队来说，只是杯水车薪，无法满足各项经费开支。

当时每个月的开支，庄绰的《鸡肋编》有如下记载：

> 绍兴元年，车驾在越，月支官吏钱二十六万九千一百三十贯，米七千八百六十五石，料一百六十六石，草一千四百五十六束。军兵钱二十五万八百二十三贯，米四万一千五百三十八石，大麦四千一百七十六石，谷六百七十一石，草二万七千二百三十九束。此其大概，而军兵去来不常，故不得而定也。①

---

① (宋)庄绰：《鸡肋编》卷中，中华书局1983年版，第79页。

如此巨额的财政支出，仅靠设在绍兴的国库，是根本无法承担的，何况六七万人的每月薪俸、口粮又必须按时给付，所以宋高宗的首要任务是筹集钱粮。其采取的措施当然是多方面的：一是如前所说增加赋税，以扩大财税来源；二是督促各地，及时向行在输送钱粮（如江东提刑司以钱四十五万余缗，粮五十九万余石输行在。见《建炎以来系年要录》卷二十九"建炎三年十一月"条）；三是公开出卖承直郎（从八品选人）、修武郎（正八品武臣）以下官衔，其中承直郎二万五千缗，修武郎四万五千缗，"其余以是为差"（宋李心传《建炎以来系年要录》卷四十五"绍兴元年六月"条）以济财用。对于粮食采取平籴之法，由国家收购储藏，以调节、稳定粮食市场。当中书门下奏"行在仰食者众，仓廪不丰，请委诸路漕臣及秋成和籴"时，宋高宗当即下诏："广东籴十五万斛；福建十万斛，并储之漳、泉、福州；浙西以银十万两、钱十万缗籴之，储于华亭县；浙东以银十万两籴之，储于越、温、台州。"（宋李心传《建炎以来系年要录》卷三十四"建炎四年六月"条）。事后宋高宗也不得不承认东南沿海老百姓负担之重，希望从上到下厉行节约。他说：

今财用止出东南数十州，不免痛加节省，若更广用，竭民膏血，何以继之？①
（宋李心传《建炎以来系年要录》卷四十四"绍兴元年五月"条）

事实上绍兴居民不仅承受着赋税重负，而且还面临着物价飞涨的压力。由于城市人口的突然增加，在消费需求的强烈刺激下，物价踊贵成为当时绍兴城内的新常态。连宋高宗也直言不讳地对身边辅臣说："城中百物贵踊，将士经此，寒苦可念。"又以自己亲历为例说：一天祖母馈朕一盘鹌兔，问内侍，说一兔价至五六千（缗），鹌鹑亦三四百，朕因此不食鹌兔久矣（宋李心传《建炎以来系年要录》卷三十八"建炎四年十月"条）。因此下令州、县官市物价，不得高于民间价格，违者以自盗论处，对平抑物价起到一定作用。同时，对由物价上涨而诱发的高利贷，即"行钱"也予以严厉打击（宋李心传《建炎以来系年要录》卷四十三"绍兴元年三月"条）。

在东南诸路粮食紧缺的情况下，已经占领山东的金兵，也同样城中粮尽而无以坚守，米麦价格飞涨（宋李心传《建炎以来系年要录》卷三十五"建炎四年七月"条）。于是通过海道将东南沿海的粮食贩运至山东，成了两地商贩乃至游手乘机发财的机会。宋高宗为此采取各种措施，先是令沿海诸州禁止闽越商贾载重货往山东贩卖（宋李心传《建炎以来系年要录》卷三十五"建炎四年七月"条）。继令明州、越州禁山东游手之徒来贩籴粮食（宋李心传《建炎以来系年要录》卷三十五"建炎四年七月"条）。同时对沿海船民实行严格管理，下令"福建，温、台、明、越、通、泰、苏、秀等州，有海船民户及尚作水手之人权行籍，五家为保，毋得发船往京东（指山东），犯者并行军法"，由此造成山东米麦更贵（宋李心传《建炎以来系年要录》卷三十六"建炎四年八月"条），此举可谓是对金兵的沉重打击。

---

① （宋）李心传：《建炎以来系年要录》卷四十四"绍兴元年五月"条，清文渊阁四库全书本。

钱粮安全，对南宋政权在绍兴的正常运营确实至关重要，宋高宗也为此做出了不懈努力。然而对偏居一隅的南宋政权来说，经济安全虽然重要，军事安全同样不可掉以轻心。因为一旦绍兴失守、宋皇朝的退路将愈加逼仄，剩下的只能从海上逃亡。虽然宋高宗没有对前线抗金采取过重大措施，但在保护行在绍兴安全方面则采取了相应的必要措施。

宋高宗第二次入居府治，首先设置行营禁卫所，配备御前亲兵348名。不久改名皇城司，其任务是"掌宫城出入之禁令，凡周庐宿卫之事、宫门启闭之节皆隶焉"（《宋史》卷一百六十六《职官志六》）。表面是加强行宫警卫，实质是武臣储才之地。所以皇城司干当官，都从武功大夫以上及内侍都知、押班中选用，凡贵戚子弟无战功者不得任用。

接着于建炎四年（1130）六月，撤销在南渡过程中建立起来的御营司，改御前五军（高宗即位前为河北兵马元帅，有兵万人，分为前、后、左、中、右五军）为神武军，又以御营诸军为神武副军，并隶枢密院（《宋史》卷一百八十七《兵志一》）。神武军是除四川以外东南沿海的正规军即禁军，担负着行在绍兴安全的重任。这支数万人的神武军最高长官称"都统制"，最初由张俊充任。但宋高宗对韩世忠非常信任，认为"此人忠勇，不畏金人，敢与之战"（宋李心传《建炎以来系年要录》卷三十八"建炎四年十月"条）。因此留世忠浙东，担任神武军都统制，副都统制由隆祐太后兄子孟忠厚充任（宋李心传《建炎以来系年要录》卷三十六"建炎四年八月"条）。任内，韩世忠不但修缮绍兴城，而且"辟而广之，周垣凡四十五里"（元杨维桢《东维子集》卷十二《绍兴新城记》），以适应当时城市安全之需。

为确保城市安全，宋高宗还下令加强城门管理。绍兴元年（1131）六月丁丑，有数百溃兵，擅自涌入城门，下榻禹迹寺，引起全城惊恐。高宗下令增加城门守兵，官员加强巡视，规定出入军马，凡从外地来越，不得进城，一律驻扎城外，以保行在安全。

此外，拜祭天地祖宗，也是宋高宗在绍兴逢期必祭的重要活动。宋代礼法规定，每年要举行四次祭天仪式，"宋之祀天者凡四：孟春祈谷，孟夏大雩，皆于圜丘或别立坛；季秋大飨明堂，唯冬至之郊，则三岁一举，合祭天地焉"（《宋史》卷一百《礼志三》）。而绍兴元年（1131）只祭三次，"以春秋二仲及腊前祭太社、太稷于天庆观"（《宋史》卷一百二《礼志五》）。这一年天地、社稷一起祭祀（《宋史》卷二十六《高宗本纪三》）。其中社神掌管土地，稷神掌管谷物。太社、太稷是皇帝为百姓祈福、报功而设立的祭祀土神、谷神的场所。由于绍兴为临时首都，本来就没有太社、太稷，所以当年的春、冬两祭只好在天庆观内举行。

绍兴城内天庆观，说来与赵宋有缘。该观为唐代越州紫极宫，后梁开平二年（908）改真圣观，北宋大中祥符元年（1008）正月改曰承天观。后宋真宗以改元日为"天庆节"，下令各"州府、军监、关、县，择地建道观一所，并以天庆为额"（宋嘉泰《会稽志》卷七《天庆观》），越州则以承天观改。建炎三年（1129）十一月，宋高宗南渡到达越州，又将北宋诸位皇帝画像奉安于天庆观。所以天庆观祭天地，其实别有一番寓意。

· 200 ·

还有一次秋祭在明堂举行，九月"辛亥，合祭天地于明堂，太祖、太宗并配，大赦"(《宋史》卷二十六《高宗本纪三》)。说明祭祀十分隆重，履行了首都应尽之职。

另外，宋高宗在绍兴时，徽、钦二帝尚在金国五国城，为表达怀念之情，绍兴元年(1131)正月初一，高宗率领百官于行宫北门外遥拜二帝，并规定从这天起，每月初一和十五日例行遥拜礼（宋李心传《建炎以来系年要录》卷四十一"绍兴元年正月"条）。

三　绍兴府与两浙东路

在南宋政权以绍兴为行在的一年零八个月里，虽然未见宋高宗有重大治国抗金举措，但"升越州为绍兴府"（《宋史》卷二十六《高宗本纪三》）和重置两浙东路（《宋史》卷八十七《地理志四》）的措施，对提高绍兴城市地位、加速南宋陪都的形成和促进绍兴城市发展及其对后世的影响，都是无法估量的。

（一）升越州为绍兴府

作为地名的绍兴，得从宋高宗"绍兴"年号说起。自从南京（今商丘）仓猝即位后，宋高宗以建炎为年号，在兵荒马乱中一路南奔，于建炎四年（1130）四月第二次到达越州后，才迎来了相对安定的局面。他以越州为临时首都，虽无恢复中原之志，但也很想在此振兴南宋小朝廷的所谓"中兴"之业。因此下诏建炎五年改元为绍兴元年（1131），《宋史·高宗本纪》载："绍兴元年春正月己亥朔，帝在越州，帅百官遥拜二帝，不受朝贺。下诏改元……"宋高宗为什么要改元？又为什么以"绍兴"为年号？在宋人徐梦莘的著作中有这样一段当年改元的诏书：

> 朕遭时艰难，涉道寡昧，熟视斯民之荼毒，莫当强敌之侵陵。负此百忧，于今五载，曷尝不夙明求治，当馈思贤。念两宫之远而菲陋是安，恐九庙之颠而艰危是蹈，苟祸可弭，虽劳弗辞。然生灵久困于干戈，城郭悉残于煨烬，丁壮縶身于异域，旄倪暴骨于中原。桑田失时，男女旷业，仅存常产者，苦斗升之歉；乍失故乡者，无寸土之依。或迫饥寒，散为盗贼，始焉莫之加恤，终而无以自还，致汝于斯，皆予之过。幸高穹之未厌，哀否运之已穷，戎马虽来，边防粗备，嘉与照临之内，共图休息之期。绍万世之宏休，兴百王之丕绪。爰因正岁，肇易嘉名，发涣号于治朝，霈鸿恩于寰宇，其建炎五年，可改为绍兴元年。①

由此可知，"绍兴"年号，出自"绍万世之宏休，兴百王之丕绪"句，含承继前业，中兴昌盛之意。这是宋高宗驻跸越州时做出的决定。越州是一方神奇的土地，这

---

① （宋）徐梦莘：《三朝北盟会编》卷一百四十四，文渊阁四库全书本。又：《宋会要辑稿·礼五四·改元诏》作："绍万世之宏休，兴百年之丕绪。"见上海古籍出版社2014年版，第四册，第1957页。

里有大禹治水、勾践复国的故事，有卧薪尝胆、发愤图强的精神，有生聚教训、反败为胜的传统。宋高宗在这里"履勾践之故栖，厉尝胆枕戈之志；想神禹之遗迹，服卑宫菲食之劳"（宋嘉泰《会稽志》卷一《绍兴府》）。他是反复斟酌后才下定这个决心的。以"绍兴"为年号，既是宋高宗定下中兴之业的起点，也是国家意志的象征。

不久，因越州官吏、军民、僧道上表之请，于当年十月己丑，"升越州为绍兴府"（《宋史》卷二十六《高宗本纪三》）。宋高宗把这个体现国家意志的年号，留在他驻跸一年零八个月的越州，借以代替启用于隋朝大业元年（605）并且已有500多年历史的"越州"地名。南宋陆游在嘉泰《会稽志序》中记录了"绍兴"从年号到地名的整个过程：

> 我高宗皇帝御龙舟，横涛江，应天顺动，复禹之迹。驻跸弥年，定中兴之业。群盗削平，强虏退遁。于是用唐幸梁州故事，升州为府，冠以纪元。①

这里所谓"用唐幸梁州故事"，是指唐建中四年（783）发生朱泚之变，唐德宗出奔梁州（今陕西汉中），改元兴元元年（784），并诏改梁州为兴元府。② 以纪元为府号，始于唐德宗，宋高宗仿效唐德宗此举，实在不是巧合，而是危难中的振奋和觉醒。

"绍兴"从年号到地名，虽然都本自"绍万世之宏体，兴百王之丕绪"，但长期以来流行着由"绍祚中兴"而来的说法，据称，这还是宋高宗赐给的府额。然而《宋史》《通鉴》和各种绍兴地方志中，均无此记载，而嘉泰《会稽志》记载的题额，也是另外一种情况。该志说：州额初题"越州大都督府"，既赐府额，当题云"绍兴大都督府"。而右朝奉大夫吴说乃题云"大都督绍兴府"，议者或非之（宋嘉泰《会稽志》卷一《绍兴府》）。最终究竟题了什么，还是不得而知。但"绍兴"作为一个地名，从公元1131年以来，一直沿用至今。勤劳智慧的绍兴居民在这片广袤的土地上，用自己的行动诠释了"绍兴"的含义，使绍兴在海内外已经有了很高的知名度。

（二）升州为府提高城市地位

绍兴元年（1131）十月，宋高宗"升越州为绍兴府"的决定包含着两个内容：一是地名由越州改为绍兴，二是升州为府提高城市地位。

隋唐五代时期的地方行政体制，是从隋及唐前期的州、县二级制，演变为唐中后期的道、州、县三级制。而州一级行政区划中的府建置，则创制于唐代。换句话说，升州为府作为一种制度始于唐代。最初是唐玄宗开元元年（713）升首都雍州为京兆府，升陪都洛州为河南府，以突出京都城市地位。以后又陆续升新建的陪都和皇帝驻跸过的州为府，升州为府的条件略有放宽，即将驻跸之地纳入升府范围，如升并州为太原府（732），升岐州为凤翔府（757年），升梁州为兴元府（784）等③。但总体上

---

① （宋）陆游：《会稽志序》，《渭南文集》卷十四，中华书局1976年版，第2104—2105页。
② （宋）司马光：《资治通鉴》，卷二百三十一《唐纪四十七·德宗兴元元年（784）》，中华书局1956年版，第7438页。
③ 参见邹逸麟《中国历史地理概述》，上海教育出版社2007年版，第182页。

唐代的府设置较严，总数不过 10 个[①]，而且多在北方。五代十国时期，各国的首都、陪都也都升为府，如江宁府、长沙府、成都府等[②]，而吴越国却是个例外。吴越钱镠实行两都制，虽以越州为东府，杭州为西府，但仍以州相称。

宋代升州为府的条件进一步放宽，除了首都、陪都建府以外，凡皇帝诞生地、居住地、巡游地以及其他重要的州也建府。所以府的数目大为增加，北宋宣和末年全境设府 37 个，南宋时全境有府 34 个（《宋史》卷八十八《地理志四》）。建置府与建置州，虽然在地方行政体制中属于同一级别，但不具备上述设府条件的，仍无法建府，这就是府的地位高于州的原因。

虽然后来（特别是明清时期）大部分领县政区都建为府了，但与宋代的建府有着明显区别。因为宋及宋以前建府的城市，都有其特殊的原因，史籍中一般称"升州为府"，突出"升"字，而明清建府的，通常由元代的路改称，用的是"改"字。今浙江境内在南宋"升州为府"的城市只有 5 个，分别是：杭州以宋高宗驻跸升为临安府（1129），越州以宋高宗行在升为绍兴府（1131），明州以宋宁宗潜邸（即位前的住所）升为庆元府（1194），秀州以宋孝宗出生地升为嘉兴府（1194），温州以度宗潜邸升为瑞安府（1265）。

（三）重置两浙东路

在唐朝中后期开始实行的道、州、县三级行政体制下，原来只设州、县两级政权的越州，于唐肃宗乾元元年（758）增设浙江东道，置浙江东道节度使，领越、睦、衢、婺、台、明、处、温八州（《新唐书》卷六十八《方镇表五》）。节度使驻越州，按制度规定兼任驻在地本州刺史，越州因此称"都府"，他州则称"支郡"。而越州州城在三级行政体制下，同为道治、州治和县治所在地，如果将首都、陪都视为当时的一级城市，那么，道、州、县同城而治的越州城当属二级城市，处在紧靠都城之后的位置。

而当宋高宗决定以杭州为"行在所"（实际是定都）时，绍兴便成了事实上的陪都。这也许就是陆游所谓"今天下巨镇，惟金陵与会稽耳"的客观依据。

入宋以后，虽然地方行政体制基本沿袭了唐及五代旧制，但在路、州、县三级行政机构中，对路的设置控制较严。北宋至道三年（997）将全国分为 15 个路（《宋史》卷八十五《地理志一》）。其中所设的两浙路，就是由唐代的浙江东道和浙江西道合并而成，道治杭州。越州由此重回州、县二级治所的城市地位，尽管后来在宋神宗熙宁七年至十年间（1074—1077），两次分两浙路设两浙东路和两浙西路，即"熙宁七年分为两路，寻合为一；九年复分，十年复合"（《宋史》卷八十八《地理志四》）。四年内的两分两合说明，越州的城市地位及浙东在全国的影响力，仍在朝廷关注的视野内。果

[①] 白钢主编、朱瑞熙：《中国政治制度通史·宋代卷》，人民出版社 1996 年版，第 283 页。
[②] 参见邹逸麟《中国历史地理概述》，第 182 页。

不其然，到宋徽宗大观元年（1107）十一月，越州便"升为帅府"（《宋史》卷八十八《地理志四》）。所谓"帅府"，从《宋史·兵志》"大观元年……十一月，两浙东、西路增置禁军"（《宋史》卷一百八十七《兵志一》）的记载看，实际就是增派驻扎越州的禁军。宋代兵制有禁军、厢军和乡兵之分，"天子之卫兵，以守京师，备征戍，曰禁军；诸州之镇兵，以分给役使，曰厢军……"（《宋史》卷一百八十七《兵志一》）。其实大观之前，已有禁军雄节系将第一指挥营（宋时禁军建制为厢、军、指挥营、都。百人为一都，五都为一指挥，五指挥为一军，十军为一厢）。驻防越州，大观及大观后有大幅增加，包括威捷系将、威果系将、全捷系将和威果不系将、全捷不系将等，共八营4000兵员（宋嘉泰《会稽志》卷第四《军营军额》）。越州为什么要增加禁军，原因是这里向来是浙东行政中心和军事重镇。《宋史·地理志》以下一段话颇耐人寻味：

  绍兴府，本越州，大都督府，会稽郡，镇东军节度使。大观元年，升为帅府。旧领两浙东路兵马钤辖。

（宋嘉泰《会稽志》卷四《军营军额》）

  继大观元年加强越州军事部署之后，宋高宗南渡进一步加强了越州的行政中心地位。建炎三年（1129），分两浙路为两浙东路和两浙西路。所辖以钱塘江为界，江北以临安、平江、镇江、嘉兴四府，安吉、常、严三州，江阴一军为两浙西路；江南以绍兴、庆元、瑞安（《宋史》卷八十八《地理志四》）三府，婺、台、衢、处四州为两浙东路。按唐和五代之制，两浙东路仍驻越州。这样，越州又回到北宋以前的三级地方行政机构驻地，即两浙东路、越州和山阴、会稽两县的治所。

  南宋的两浙东路与中晚唐的浙江东道，虽然都是地方三级行政体系中的最高机构，但权力运营的情况各不相同。唐代节度使授职时皇帝赐给"双旌双节"[①]，总揽一道或数州的军、民、财政，所辖各州刺史均为其下属，权力很大，以致后来出现藩镇割据的局面。宋代吸取唐朝教训，中央政府除收回兵权外，还通过设置其他机构，使节度使（安抚使）成为虚衔。北宋末年的方腊起义后，越州始设安抚使一职，有"守臣并带"（嘉泰《会稽志》卷三《安抚使》），是一种兼职。同时，在两浙东路之下，陆续增设浙东提刑司、浙东提举常平茶盐司，还有兵马钤辖司等。这些机构职责各有分工。提刑司亦称提点刑狱司，掌浙东路所属各州的司法刑狱和监察，兼管农桑等。司署在绍兴府治东237步。曾几曾于绍兴二十五年（1155）任此职。提举常平茶盐司，掌浙东路常平（财赋）、义仓、免役、市易、坊场、河渡、水利之法，按额征纳赋税，收籴储积等，以经济管理为主，司署在绍兴府治镇东门外。朱熹曾于淳熙八年（1181）任此职。路之下分设各司，将权力分散，既可避免中晚唐的藩镇现象，又便于中央的集中指挥，使这种体制一直保持到宋末。

[①]《新唐书》卷四十九《百官志四》云："节度使掌总军旅，颛诛杀。初授，具帑持兵仗诣兵部辞见，观察使亦如之。辞日，赐双旌双节。""双旌双节"虽说是节度使出行的仪仗，实际是授予权力的象征。

朱熹门人廖俣家世生平考

——以新见诸暨出土廖氏家族圹志为中心

钱汝平

【摘要】 朱熹门人廖俣是南宋著名大臣，由于传世文献记载的复杂，导致后人误以为南宋有两个廖俣，一个是开封人，一个是衡山人，而衡山廖俣则是从师朱熹者。文章通过近年来浙江省诸暨市出土的一批廖氏家族墓志，并结合传世文献，澄清了南宋只有一个廖俣的事实，开封廖俣和衡山廖俣实为一人。同时，对廖氏家族的联姻对象也做了考察，揭示了南宋越中南渡家族联姻的某些特点。

【关键词】 廖俣　朱熹　门人　圹志　联姻

引　言

廖俣是南宋中后期的著名大臣，更为重要的是他还是朱熹的门人。淳熙八年至九年间，朱熹曾提举两浙东路常平茶盐公事，驻地就在绍兴，那时就在廖俣的大力协助下开展工作，（朱熹）对他的学养人品和办事能力颇致欣赏。朱熹《晦庵先生朱文公文集》中至少收有三封答复廖俣的书信，可见朱熹对这位门人的重视程度。近年来，浙江省诸暨市出土了一批南宋廖氏家族的圹志。这些圹志对于了解南宋诸暨廖氏家族的世系脉络以及联姻情况，甚至对考察南渡家族的籍贯都具有较高的史料价值。今不揣简陋，试对这批廖氏家族圹志略作考释，尚祈博雅君子不吝赐教。

一 释 文

宋故武氏圹志

宋故武氏,其先开封人,故武胜军承宣使讳球之曾孙,故武义大夫讳震之孙,故右武□夫、福建路兵马钤辖讳师说之女。□□十归于廖俣,今为宣教郎、通判抚州。淳熙八年六月四日己酉以疾终于绍兴府诸暨县所居之寝,享年四十四。是年七月二十八壬寅葬于县之陶朱山之原,实先翁姑墓兆之西南隅。子男六人:昌道、昌诗、昌绍、昌甫、昌耆,幼未名;女二人,皆在室。谨志。(图一)

宋故廖氏圹志

宋故廖氏,其先开封人,故赠昭庆军节度使讳天均之曾孙,故成州团练使、枢密副都承旨讳虞弼之孙,见任武德大夫、前权发遣南雄州军州事讳倜之幼女。乾道六年九月初十日生,年二十一适赵氏名善(上隆下石),今为秉义郎、新添差平江府排岸。庆元元年九月甲午,以疾终于绍兴府诸暨县寓居之寝。二年三月壬寅,葬于是邑陶朱乡长山之原,实先翁姑墓兆之西南隅。子男二人:汝黉、汝赞;女一人,幼亡。谨志。(图二)

宋故廖百十三小娘子圹志

宋故廖氏百十三小娘子,本贯绍兴府诸暨县,曾祖讳虞弼,故任右武大夫、成州团练使、枢密副都承旨,赠少保;祖讳俣,故任朝请郎、会稽县开国男、食邑三百户;父讳昌道,故任从政郎、常州武进县丞,母高氏。嘉泰元年辛酉三月初四日生,二十五岁而为赵希贤之继室。越二岁,以疾终,实宝庆三年丁亥七月二十六日也,享年二十有七。其年十一月二十二日丁酉,葬于本县陶朱山邢氏墓之右。廖氏生于世宦,禀性聪慧,通书数,善言容,且约己以礼,克全妇道,事上抚下,举无间言。视邢氏之女,不啻若己出。予痛其夭逝,因刻石于圹,以志其实。邢氏既予前室,今以廖氏同葬,宜矣。予念丧耦之至再,悲可胜邪!国子监进士赵希贤谨志。刊者黄桂。(图三)

宋故廖氏夫人圹志

亡妣太安人姓廖氏,知郡刺史次女也。及笄,归皇考宣州都监赵府君。考弃诸孤迨三十六年,而我妣孀节邃靓,手鞠子女,自孩提教以有成。识高闲澹,独登稀寿。不幸元兄殒疾,不肖孤躬进调娱,祈安体力,仅及周晬,俄然而逝,天乎痛哉!不孝摧割忍死以襄窆事。亡妣享年七十有二,封安人,生于乾道元年三月初三日,端平三年八月初十日以寿终。是年十月二十二日丙午,合葬祖茔之右。

子三人：长汝冀，登第调官，先一年卒；汝缜、汝燠偕成忠郎，历任绍兴支盐、平江排岸任；女适廖旼，次适田宗玉。孙男崇楲，一未训名。孙女一人，在幼。汝缜等泣血以志于圹。①（图四）

二　廖氏的家世

从上述圹志可以看出，廖俣的祖父是廖天均，父亲是廖虞弼，至少还有一兄弟廖佴（是兄是弟尚难遽定），这是传世文献所没有记载的。廖天均，传世文献无考。廖虞弼，在传世文献中颇有记载，淳熙《三山志》卷二十三《秩官类》四"州司武官"条下："福州兵马钤辖一员，建炎四年尝差廖虞弼充，任满更不差人，绍兴十年复置。"雍正《广西通志》卷五十一知全州有廖虞弼，云"绍兴十四年以武功大夫任"。清冯登府《闽中金石志》卷八条记载了福州桃花坞建炎四年"□仲湜等题名"："建炎庚戌正月二日因礼神光宝塔，遍游乌石精蓝，乘兴造西禅寺，历览胜概而归。男士衔、士术、士衍、士程、士（赒），婿廖虞弼侍行。皇叔祖、少傅、开府、嗣王仲湜巨源书。"可见廖虞弼是嗣濮王赵仲湜的女婿，此时廖虞弼正任福州兵马钤辖。同书同卷又有"沈调等鼓山题名"："绍兴二十八年知郡事沈调、知西外宗正事赵士衎、帅司参议陈皋、副总管廖虞弼、通判福州方旸、黄韶、帅司主管机宜文字张云、李迎、干办公事张元成，绍兴戊寅清明前一日早饭鼓山，晚过圣泉，为亘日之游。"可见廖虞弼绍兴二十八年任副总管，此副总管当指福建路马步军副总管一类的官职，同时也可看出廖虞弼长期在福建一带为官。宋李心传《建炎以来系年要录》卷一百八十："（绍兴二十八年八月）辛丑，延福宫使、清远军承宣使、入内内侍省押班张见道落阶官，提举万寿观，免奉朝请。右武大夫、成州团练使廖虞弼为枢密副都承旨。"可知绍兴二十八年八月廖虞弼已入为枢密副都承旨。但不到两月就被人弹劾去官，理由是"不安分守，饶求无厌"，同书同卷："（绍兴二十八年十月）戊戌，枢密副都承旨廖虞弼入见，诏虞弼不安分守，饶求无厌，可提举台州崇道观，日下出门。"落职奉祠，被赶出了朝廷。同书卷一百九十："（绍兴三十一年六月甲寅）右武大夫、两浙西路马步军副总管元居实为枢密副都承旨、提举江淮措置盗贼，中书舍人虞允文等言：'承旨清资与侍从品秩相亚，自神宗作新官制，更用士人，而副承旨之选，与之俱重。近岁廖虞弼以非才而用，未几罢黜，其后多虚其选。'"虞允文的上言道出了廖虞弼被罢枢密副都承旨的部分原因。枢密副都承旨一职十分重要，一般要由"士人"出任，而廖氏是武臣，属"非

---

① 这四方圹志也分别见阮建根、郦勇主编的《诸暨摩崖碑刻集成》第310、312、318、319页，西泠印社出版社2017年版。其出土情况该书都有说明，此不赘。笔者据该书所附拓片录文重新标点。唯主编者统将此四方圹志题为墓志，似不确。墓志一般为名人所作且比较详细，圹志一般为死者亲人所作且相对简略，因此笔者将其定为圹志。

才而用",因此一遭弹劾就被罢去职①。至于廖倜,传世文献也偶见记载,《永乐大典》卷六百六十五"雄"字下"南雄府"二"宦绩"云:"武节大夫,绍熙五年八月到任,庆元元年十二月宫观。"清徐松《宋会要辑稿》职官七三:"(庆元元年)十月三日,知南雄州廖倜与宫观,理作自陈,以广东运判徐楠按倜癃老昏暗,郡事率皆废弛,取解不奉诏条,沮抑进士,遂致场屋喧噪。"可知是因闹出了群体事件而被罢官奉祠。其履历与宋故廖氏圹志提到的"权发遣南雄州军州事"相合。总之,廖氏家族在廖俣之前应是武臣世家。

三 有两个廖俣吗?

关于廖俣的传世文献记载颇多,而这些记载又颇为复杂,一时很难理清楚,致使后人误以为南宋有两个廖俣。其实将有关传世文献记载细心梳理,并与上述圹志相印证,是可以理出头绪来的。尚恒元、孙安邦主编的《中国人名异称大辞典》就在"廖俣"下列两条:

1. 字季硕,宋开封(今属河南)人,乾道五年举进士,开禧间以军器少监兼国史院编修官及实录院检讨官。见《南宋制抚年表》《南宋馆阁续录》9。
2. 字季硕,宋衡山(今属湖南)人。淳熙间以杨万里荐从师朱熹。见《楚纪》60、《宋元学案补遗》69。②

可见在编者看来,南宋有两个同名同字的廖俣,不同的只是他们的籍贯和履历而已。而王贵蓉、沈治宏编纂的《中国地方志宋代人物数据索引续编》也列"廖俣""廖俣(季硕)"两条,"廖俣"条下所列资料出自浙江、福建的方志,"廖俣(季硕)"条下所列资料则出自湖南的方志③。可见他们也认为南宋有两个廖俣。实情真是这样吗?答案是否定的。

先说廖俣的籍贯。上述圹志明确称廖氏"其先开封人",宋佚名《南宋馆阁续录》卷九载国史院编修官"开禧以后二十二人":"廖俣,字季硕,开封人,乾道五年郑侨榜同进士出身,治《诗》赋。二年正月以军器少监兼。"同书同卷实录院检讨官"开禧以后二十二人":"廖俣,二年正月以军器少监兼。"可见《南宋馆阁续录》也认为其是开封人,乾道五年郑侨榜同进士出身。但弘治《八闽通志》卷五十二《选举》记载乾道五年郑侨榜进士有杨晦之、黄縑、廖俣,云:"俱顺昌人。"可以肯定是同一个

---

① 廖虞弼还留下了一首描述诸暨五泄山的《五泄山寺》诗:"招提深锁绿苔幽,故遣高人向此留。万迭云山从地涌,双源瀑布自天流。风翻象宇松声碎。雨过禅房竹翠浮。试问苾刍曾厌客,乘间还许再来否?"诗写得不错。诗见诸暨地方志编纂委员会编《诸暨县志》,浙江人民出版社1993年版,第1048页。
② 尚恒元、孙安邦主编:《中国人名异称大辞典》,山西人民出版社2002年版,第1610页。
③ 王贵蓉、沈治宏编:《中国地方志宋代人物数据索引续编》第1册,四川辞书出版社2002年版,第15页。

人，但籍贯有矛盾，一为开封，一为福建顺昌。其实并不矛盾，因为据上所述，廖俣之父廖虞弼长期在福建任职，所以廖俣寄籍福建参加科考十分正常①。后来廖氏迁到了绍兴诸暨，嘉泰《会稽志》卷六："廖都丞（承）虞弼墓在（诸暨）陶朱乡。"上述圹志都出土于诸暨，并多处提到了"陶朱乡""陶朱山"，"本贯绍兴府诸暨县"就是一个明证。陶朱山一带应是廖氏、赵氏家族墓园的所在地无疑②。

次说廖俣履历。廖俣乾道五年（1169）登进士第后的履历不详，但从杨万里的推荐状里可略得其概，《诚斋集》卷七十《荐举吴师尹廖俣徐之若毛崈鲍信叔政绩奏状》：

> 臣闻人臣之报国，忠莫大于荐士，而捐躯为下。臣尝伏读淳熙十六年十一月四日陛下制诏，以臣寮建请，令监司见有贤才可用者熟试精察，告之于上……朝请郎、通判建康府事廖俣学优行劭，文赡气刚，吏事通明，民情练达。臣初到任，暂摄府事，听其赞画，细大合宜，直而不表襮以近名，通而不苛察以穷物。顷寄居会稽之日，常平使者朱熹奉寿皇之诏，以救荒延士夫之贤而博议，首选俣而分委之，措置有方，民无流殍。及通判抚州，前后常平使者皆以廉吏政绩荐之于朝，未蒙擢用，允谓今日之遗材。

可见在出任建康府通判之前，廖俣先在会稽协助朱熹办理救荒事宜。淳熙八年（1181）九月，浙东大饥。因朱熹在知南康军任上救荒有方，九月，右相王淮举荐朱熹提举浙东常平茶盐公事，十二月到任③，次年八月改除江西提刑，弃官归家④。可知淳熙八年（1181）至九年（1182）间廖俣居住在绍兴，协助朱熹办理救荒事宜。后来通判抚州，这与《宋故武氏圹志》所记"今为宣教郎、通判抚州"相合。

此后绍熙年间又通判建康府。景定《建康志》卷二十四《官守志》一《通判西厅壁记》："廖俣，朝请郎，绍熙元年十一月十五日到任。"《诚斋集》卷七十四《建康府新建贡院记》："绍熙二年春，三衢余公自刑部尚书除焕章阁学士，寔来居守……顾谓治中廖君俣曰：'斯邦斯士，而延以斯庐，不湫隘否？不简陋否？其宜称否？'乃彻厥旧，乃图斯新，意匠是断，画堵是度……"可为证明。

后来又入朝为官。开禧二年正月，以军器少监兼国史院编修官、实录院检讨官。宋佚名《南宋馆阁续录》卷九载国史院编修官"开禧以后二十二人"："二年正月以军器少监兼。"同书同卷实录院检讨官"开禧以后二十二人"："廖俣，二年正月以军器少监兼。"

---

① 当然，还有另外一个可能，就是廖氏本来就是福建顺昌人，后来因做官而迁居到了开封，南渡后又迁回福建顺昌。
② 宋美英认为陶朱山是宋代诸暨地区的墓葬集中区。武氏圹志、廖氏圹志、廖氏百十三小娘子圹志都是在陶朱山桃花岭出土的，因此宋美英推测陶朱山桃花岭应是廖氏的家族墓地。见《诸暨桃花岭南宋纪年墓研究》，《东方博物》（第三十三辑），浙江大学出版社2009年版，第22页。
③ 束景南：《朱熹年谱长编》，华东师范大学出版社2001年版，第709页。
④ 同上书，第742页。

同年四月，以中奉大夫直宝谟阁、两浙西路转运判官、司农少卿兼知临安府。咸淳《临安志》卷四十七《守臣题名》："（开禧二年四月初九日）以中奉大夫直宝谟阁、两浙路转运判官、司农少卿兼知（临安府）。"

同年六月，除司农卿兼枢密院副都承旨。咸淳《临安志》卷四十七《守臣题名》："六月十八日，除司农卿兼枢密院副都承旨。"

同年十一月被罢官。清徐松《宋会要辑稿》职官七三："（开禧二年）十一月十一日，司农卿兼枢密副都承旨廖俣放罢，以监察御史叶时言俣敢为欺诞，略无善状。先有是命，既而监察御史王益祥复论俣徒事口才，略无实周，降两官。"

开禧三年二月降两官，送衢州居住。《宋会要辑稿》职官七四："（开禧三年二月）十四日……程松责授果州团练副使，送宾州安置；朝散大夫廖俣降两官，送衢州居住，以殿中侍御史黄畴若言松当吴曦叛逆，轻弃全蜀；俣徒事诞谩，纵臾兵事。"这里说廖俣"纵臾（怂恿）兵事"可能是指其附和韩侂胄开禧北伐。

嘉定年间又出任过广南东路安抚使。宋佚名《两朝纲目备要》卷十二"（嘉定三年二月）壬午命王居安督捕洞寇条"："（曹彦约）至江西，贼方四出，广帅廖俣遏其入岭之路，贼遂出没洪、潭间，顷之又移梅岭，摧锋军击贼者，歼焉。"可见其在嘉定年间又曾出任过广南东路安抚使。此时的廖俣年寿已高，或不久即去世。

由于书缺有间，上述记载并不是廖俣履历的全部，但供我们参考足矣。今人之所以会产生南宋有两个廖俣的假象，实为误解了杨万里荐状的缘故。朱熹《晦庵先生朱文公文集》卷四十九《答廖季硕俣》：

久不闻动静，正此驰情，漕台使至，忽辱惠问。获审比日热暑，关决有相，台候万福为慰。诚斋荐语精当，真无愧词，第顾衰踪不足为重，而恐或反为累耳。《西铭》首论天地万物与我同体之意，固极宏大，然其所论事天功夫，则自"于时保之"以下方极亲切。承喻日诵此书，计必有以深得乎此矣……

又同书同卷《答廖季硕》：

熹衰晚遭此大祸，痛苦不可为怀，请祠得归，已及里门矣。去家益近，触目伤感，尤不易堪也。见刚之词，三复悚叹，足见厉志之笃。至于见属之意，则有所不敢承也。诚斋直道孤立，不容于朝，然敛其惠于一路，犹足以及人也。知有讲评之乐，尤以歆羡。越上亲朋久不闻问，泰州计亦不久当受代，乃有悼亡之悲，人生信鲜欢也。

（《晦庵集》中收有朱熹答廖俣的书信三封，为节省篇幅，此处只引与本文考证直接有关的两封，至其论学之语亦径行删去）

朱熹第一封信中出现了"诚斋荐语精当，真无愧词"之语，后人想当然地认为是杨万里推荐廖俣从师朱熹，其实这是天大的误解。所谓"诚斋荐语精当"是指上述杨万里向朝廷举荐人才朝请郎、通判建康府事廖俣之事,杨万里根本就没向朱熹推荐过廖俣。因此朱熹下文有"第顾衰踪不足为重,而恐或反为累耳"之语,意思是说杨万里向朝廷举荐你,不但不能为你加分,反而可能还会使你受累。之所以说是"衰踪",是因为当时杨万里已经年老①。如果是杨万里推荐廖俣从师朱熹,朱熹会这样说吗?此事之不可能者。还有上引朱熹第二封信中有"越上亲朋久不闻问"之语,说明廖俣确实住在绍兴。朱熹淳熙八年(1181)至九年(1182)间曾提举浙东常平茶盐,在绍兴有一帮亲友,因此朱熹给廖俣的信中出现了"越上亲朋"的字样。后人之所以认为师从朱熹的廖俣是衡山人②,实在是误解明代廖道南的《楚纪》所致,该书卷六十《景则外纪后篇·原胄》:

  淳熙间,廖俣同衡山廖谦从朱文公讲道于南岳。

又同书同卷《景则外纪后篇·廖俣》:

  廖俣,字季硕,宋淳熙间,朱文公谪监南岳,与衡山族人廖谦字益仲者从游。文公与之书云:"久不闻动静,正此驰情,漕台使至,忽辱惠问。获审比日诚斋荐语精当,真无愧辞……"

其实廖道南也并没有说廖俣是衡山人,只是说他与住在衡山的族人廖谦一起从师于朱熹。其实廖谦的祖籍也是福建南平,这在其父廖行之文集《省斋集》(清文渊阁四库全书本)卷末所附的廖行之相关行状和墓志铭里有明确记载,《宋故宁乡主簿廖公(行之)行状》称廖行之祖上"世为剑津人,九世祖当五季扰攘,乃迁来南,家于衡阳";《宋故宁乡主簿廖公墓记》也称廖行之祖上"世为延平人,自九世祖徙居衡阳,子孙蕃衍,遂为著姓"。剑津、延平即今福建南平,顺昌也属南平。笔者上文曾推测过廖俣祖籍很可能也是顺昌,因此从这个意义上来说,廖道南称廖谦是廖俣的衡山族人似亦无可厚非。③ 盖廖氏族系繁衍,有定居衡山者,这并不足为奇。但是后人却想当然地认为他是衡山人,并越说越奇,说廖俣之所以能师从朱熹是由于杨万里的推荐,因为朱熹给廖俣的信中说"诚斋荐语精当",就以为是杨万里向朱熹推荐了廖俣。比如清王梓材、冯云濠编纂的《宋元学案补遗》就说:"廖俣,字季硕,衡山人。以杨诚斋荐

---

① 当然,这里的"衰踪"也有可能是朱熹自己的谦称,因为上述杨万里举荐状最早写于淳熙十六年(1189)十一月(状中已指出),此时朱熹已六十岁,自称"衰踪"也符合情理。从朱熹信中似乎可以看出,在获得杨万里的举荐后,为了增加保险系数,廖俣希望朱熹也能出面举荐自己,但朱熹以"第顾衰踪不足为重,而恐或反为累耳"的托词委婉地拒绝了。

② 高令印、高秀华所著的《朱子学通论》也是这样处理的,见该书第118页,厦门大学出版社2007年版。

③ 弘治《福建通志》卷五十二《选举》记载绍兴八年(1138)黄公度榜进士有廖伯宪、连潜、廖谦,注云:"俱顺昌人。"此廖谦当非彼廖谦,因为年代不合,廖行之《省斋集》卷末所附《宋故宁乡主簿廖公(行之)行状》:"公讳行之字天民……家于衡阳……登淳熙甲辰(1184)进士第……公之子(廖)谦首以文魁多士……四年之间,父子相继登科,乡里荣之。"又《宋故宁乡主簿廖公(行之)修职墓志铭》:"公讳行之,字天民……天民复践世科,又三年,天民之子(廖)谦继踵联荣。"可见衡阳廖谦是淳熙十四(1187)进士。是南宋有两个进士廖谦,还是地方志的张冠李戴?疑莫能明,待考。

受业朱子之门，朱子答其书云……"① 此后的文献就承袭此说。谬种流传，导致今人踵袭其误，把一人变成了两人。实际上，廖道南所说的"宋淳熙间，朱文公谪监南岳"一事也是毫无根据的。据束景南《朱熹年谱长编》，朱熹一生共有三次差监潭州南岳庙②，第一次为绍兴二十八年（1158）十二月，第二次为绍兴三十二年（1162）五月，第三次为乾道元年（1165）四月，未见有淳熙年间谪监南岳者。即使有谪监南岳之事，然这种祠禄官是不必到任的。因此廖俣"宋淳熙间，朱文公谪监南岳，与衡山族人廖谦字益仲者从游"之事就无从谈起了。倒是乾道三年（1167）八月朱熹访问张栻于潭州，在岳麓书院讲学两月之久，后又游南岳③。还有，绍熙五年（1194）四月朱熹出任潭州知州、荆湖南路安抚使④。这两次是真正在潭州居留过的。但据上面所述，廖俣在淳熙八年（1181）至九年（1182）间就在绍兴协助朱熹赈灾，两人早就相识，如果他想从师朱熹，又何必需要杨万里推荐呢？因此廖道南之说颇值得怀疑。据此，南宋只有一个廖俣这一结论基本可以定谳了。廖俣，字季硕，其先祖福建顺昌，因仕宦寄籍而定居开封，南渡后返回原籍，乾道五年（1169）郑侨榜进士⑤，后迁居浙江诸暨，嘉定中历官至广南东路安抚使。这就是廖俣的简历。廖氏家族之所以迁居诸暨，可能与廖俣的外祖父仪王赵仲湜有关，赵仲湜南渡后迁居于绍兴，已为近日出土墓志所证实⑥。

四 廖俣是朱熹师友还是门人？

从上述记载可以看出，传世明清文献都是把廖俣当作朱熹门人的，但陈荣捷认为，从朱熹答复廖俣的书信中，可以看出朱熹的语气谦抑，因此廖俣不是朱熹门人，而应是朋友。按古文写信，词气谦抑是很正常的，甚至师辈给弟子写信也是如此，因此这一点不足以否定廖俣是朱熹门人之说。陈氏又说"其谓以杨诚斋（万里）荐，受业朱子之门，不知何据"⑦，这一点可说疑当所疑，击中了问题的要害。

要解决廖俣到底是朱熹师友还是门人这个问题，先得从两者的年龄来考察。廖俣的年龄并没有传世文献记载，但可从上述《宋武氏圹志》来推测，武氏卒于淳熙八年（1181），享年四十四岁，则其生年当为绍兴八年（1138）。作为丈夫的廖俣，年龄应与之相仿。朱熹生于建炎四年（1130），两者年龄相差不大，成为师友的可能性是有的。

---

① 王梓材、冯云濠：《宋元学案补遗》卷六十九《沧州诸儒学案补遗上·廖先生俣》，《丛书集成续编》第三十四册，上海书店出版社1994年版，第643页。
② 束景南：《朱熹年谱长编》，华东师范大学出版社2001年版，第239、279、341页。
③ 同上书，第3705—382页。
④ 同上书，第1111页。
⑤ 龚延明、祖慧：《宋代登科总录》称廖俣为开封府人，徙南剑州顺昌县，似欠精确。见该书第7册第3506页，广西师范大学出版社2014年版。
⑥ 详见拙作《新见南宋宗室赵汝𫍯、赵善珫圹志考释》，待刊。
⑦ 陈荣捷：《朱子门人》，台湾学生书局1982年版，第286页。

但是即使朱熹不把廖俣当门人而是当师友看待,也并不意味着廖俣会托大自尊,以朱熹朋友自居。而且朱熹考中科名很早,是绍兴十八年(1148)进士,廖俣则是淳熙五年(1169)进士,朱熹比廖俣早中进士21年,至少从科第来说,廖俣也是朱熹的晚辈;再加上乾道八年(1181)朱熹出任提举浙东常平茶盐公事时,廖俣就在绍兴协助朱熹开展救荒赈济之事,有上下级关系。虽然廖俣给朱熹的函札已不可得见,但从朱熹的回信中,完全可以看出廖俣是向朱熹问学并讨教为官之道的,廖俣对朱熹应是执弟子礼的。因此,笔者以为仍宜认廖俣为朱熹门人为妥。

五　廖氏家族的婚姻

上述《宋武氏圹志》志主武氏是廖俣之妻。武氏曾祖武球,传世文献偶有记载,《续资治通鉴长编》卷三百六十一:"(元丰八年十一月壬寅)诏:石得一已充永裕陵使,罢入内副都知及兼领差遣,其提举监教马军所、提举训练皇城司亲从亲事官射弓,并差入内押班梁从吉管勾。同文馆所差内侍押班刘有方、入内省申奉圣旨入内东头供奉官武球等并落阁子下。武球、陈处约、赵礼、刘瑗、苏珪特与转官及减年磨勘转出……"又同书卷五百十五:"(元符二年九月庚子朔)宣庆使、忻州防御使、入内押班冯世宁为明州观察使。宣庆使、邵州防御使、入内押班蓝从熙为密州观察使。先是,上批世宁、从熙各与迁遥郡观察使,曾布曰:'都知皆遥防,押班遥察恐不顺。'上曰:'此两人在朕潜阁祗应,与他人不同。刘瑗已寄皇城使,与遥刺。郝随已迁遥刺,更与减三年磨勘。韩济与通事舍人。余各转一官,诸色人转一资。亡殁者冯宗道,与有服亲转一官。刘惟简与白身人一资恩泽,余各赐绢。石璘、武球、老①弼等六人更不推恩。'又令检会刘惟简已赠官取旨,于是世宁、从熙并除遥察。"清徐松《宋会要辑稿》职官六七:"(元符三年五月)十八日,入内内侍省西京左藏库使武球送吏部,以捶人苛虐,且尝与瑶华诏狱故也。"从上述材料看来,武球是一个宦官,而且似是哲宗潜邸时的旧人,因为上引"元符二年九月庚子朔"条的材料中,有蓝从熙、冯世宁"此两人在朕潜阁祗应,与他人不同"之语,可以推知这则材料中提到的所有人物都应是服侍哲宗于潜邸的旧人,武球自不例外。至于其因参与"瑶华诏狱"被罚一事,尚有待考证②。武氏的祖父武震,笔者尚未在传世文献中找到材料。武氏的父亲武师说,在传世文献中也偶见记载。宋陆游《老学庵笔记》卷三:

---

① 老,《永乐大典》卷一万九千七百三十五作"考"。
② 瑶华诏狱是指宋哲宗孟皇后因被刘婕妤陷害而遭废居瑶华宫之事。元符三年(1100),徽宗即位,向太后垂帘听政,迎回孟后。武球大概参与了刘婕妤诬陷孟皇后之事,因此招致惩罚。孟皇后废居瑶华宫一事见《宋史》卷二百四十三《列传》二《后妃下·哲宗昭慈孟皇后》。

> 辛参政企李（次膺）守福州，有主管应天启运宫内臣武师说平日郡中待之与监司等。企李初视事，谒入，谓客将曰："此特竖珰耳，待以通判已是过礼。"乃令与通判同见。明日，郡官朝拜神御，企李病足，必扶掖乃能拜。既入，至庭下，师说忽叱候卒退曰："此神御殿也。"企李不为动，顾卒曰："但扶，自当具奏。"雍容终礼。既退，遂奏待罪。朝廷为降师说为泉州兵官云。

这个武师说也是一个宦官。据淳熙《三山志》卷八《公廨类》二，应天启运宫就是奉迎神御所，里面供奉的是赵宋历代帝王的肖像（神御），其地位与一般的宫观不同，而武师说又是皇帝的亲信内臣，因此福州地方上对武师说毕恭毕敬，待以监司（转运司、提点刑狱司、提举常平司）之礼，但是辛次膺鉴于内臣的跋扈，重重地挫辱了武师说一把。朝廷为此还降武师说为"泉州兵官"，这个"泉州兵官"应是武氏圹志中提到的"福建路兵马钤辖"。看来这个武氏家族是个宦官世家。据游彪、刘春悦两先生研究，宋代宦官有养子的传统，养子也有荫补入官的权利①。由于材料不足，武球、武震、武师说之间，到底是亲祖、父、子关系，还是养祖、父、子关系，已难得其详，因为宋代宦官也有成年娶妻生子之后入宫为宦的。武氏作为武师说之女，是否亲生女，由于书缺有间，只能存而不论。廖氏家族与作为宦官世家的武氏家族联姻，或许有攀附内臣的动机在内。宦官家族与武将家族通婚似乎并不鲜见，何冠环先生在考证南宋初大宦官郑景纯生平事迹时，曾提及郑景纯的女婿是出身将家的武将刘纲②。甚至北宋末的大宦官董仲永的长女还嫁给了天潢贵胄的宗室武翼郎、权发遣两浙西路兵马钤辖赵伯驹③，其中含义值得参详。

笔者最近在专门收藏墓志和古甓的绍兴金石博物馆又找到了一方名为《宋故朝议大夫直显谟阁吕公之墓》的圹志，志主是吕正己，这方圹志也提到了廖俣，为说明方便，特引录如下：

> 公讳正己，字仲发，建宁府建阳县人。曾祖察，朝奉大夫；祖黄，左中奉大夫；父祉，兵部尚书开府仪同三司。母荣国夫人吴氏。公历任至浙西提点刑狱。淳熙壬寅六月乙巳以疾终于家，年五十七。是岁十一月甲申，葬山阴承务乡九里之原。娶苏氏。男四人：镐、鈜、錞、锴；女七人，长适陈稚舒，次俞沾、廖俣、苏渭、孟猷，余尚幼。孙男潇、浚，女三人。

可见吕正己的第三女嫁给了廖俣。武氏死于淳熙八年（1181）六月，而吕正己死于淳熙九年（1182）六月，十一月入葬，则说明在淳熙九年（1182）十一月之前廖俣就已续娶了吕氏。

《宋故廖氏圹志》提到志主廖氏是廖俣之女，嫁与赵宋王室太宗派成员赵善为

---

① 游彪、刘春悦：《宋代宦官养子及荫补制度》，《中国史研究》2001年第2期。
② 《现存的三篇宋代内臣墓志铭》，《中国文化研究所学报》（2011年1月），第52期，第45页。
③ 同上书，第38页。

妻。生有二子汝賛、汝鬵。而《宋故廖氏夫人圹志》称廖夫人是知郡刺史之女，这个知郡刺史当指廖倜，因为廖倜出知过南雄州。廖夫人也嫁给了宣州都监赵府君，这个赵府君到底是谁？其实也可以考定。据《宋史》卷二百三十《宗室世系表》十一，赵府君就是赵善苟，是赠光禄大夫赵不邀之子，与赵善为亲兄弟。赵善苟有三子：汝龑、汝绲、汝墺[1]，与圹志所记若合符契。赵善有六子：汝赍、汝鬵、汝瞳、汝颂、汝杤、汝櫺，墓志中只出现汝赍、汝鬵，盖其他四子当是赵善续娶所生。而且廖夫人的长子赵汝赍"登第调官"，应是考中了进士，但查龚延明、祖慧先生编著的《宋代登科总录》，却未见记载，似可补入。

《宋故廖百十三小娘子圹志》志主廖百十三小娘子是廖昌道之女，廖俣之孙女。她也嫁给了赵宋王室太祖派成员赵希贤做填房。圹志还称廖百十三小娘子"生于世宦，禀性聪慧，通书数，善言容"，像这样的一个女子竟也下嫁做填房，其政治联姻的动机应该是很大的。上面已经提到，廖俣之父廖虞弼是嗣濮王赵仲湜的女婿，赵仲湜也是赵宋王室太宗派成员。看来廖氏家族世代与赵宋王室联姻。北宋灭亡后，王室南渡，绍兴由于特殊的政治地位和地缘条件成为赵宋王室成员聚居的大本营，因此近年来绍兴一带出土的南宋墓志中出现了大量赵宋王室成员的身影，这或许也是廖氏家族与赵宋王室联姻的有利条件之一。

总之，南宋诸暨廖氏家族祖孙三代都是颇有表见的人物，祖父廖天均虽无传世文献可相印证，但《宋故廖氏圹志》称其获赠昭庆军节度使，其生前应有一定的劳绩。父亲廖虞弼为官数十年，历任福州兵马钤辖、福建路副总管，最后以右武大夫、成州团练使入为枢密院副都承旨。虽然不到两月就遭弹劾而落职奉祠，但能入为枢密院副都承旨这样的清要之职，至少也说明他在朝野上下有一定的资望。宋高宗对他的评价是"气略自将，济之以敏，四临远郡，习知边琐，而安靖之政，达于朕听"，因此命其"入侍殿陛，与闻几微"[2]，应该也不会全是虚誉。孙子廖俣更是青出于蓝，他以进士登第，改变了父祖世代为武臣而遭受沮抑的局面，以文职入仕，扬历中外，出为将帅，入登卿列，又从朱熹问学，可谓文武全才，杨万里称其"学优行副，文赡气刚，吏事通明，民情练达"，"听其赞画，细大合宜，直而不表襮以近名，通而不苛察以穷物"，当非溢美之词。廖氏家族的联姻赵宋王室和宦官家族，也为我们考察宋代上层官员之间的婚宦情况提供了第一手直接材料，这是上述四方廖氏家族圹志给予我们的启示。

---

[1] 但是墓志记载赵善苟有孙名崇械，而《宗室世系表》赵善苟下只有一孙名崇役，与圹志不符。笔者从《宋史》卷二百二十五《宗室世系表》十一查到赵崇械之名，但其父是赵汝壨，与圹志所记不合。又在同书卷二百三十三《宗室世系表》十九查到一赵崇械，其父为赵汝续，也与圹志所记不合。或许同为王室，也存在同名的可能。古人也有改名的习惯，或许崇役原名崇械，后来改名也说不定，因此仍不能遽定《宋史》为误。俟考。

[2] 《永乐大典》卷一万一百十六引洪遵《洪文安公集·右武大夫成州团练使廖虞弼除枢密副都承旨制》。

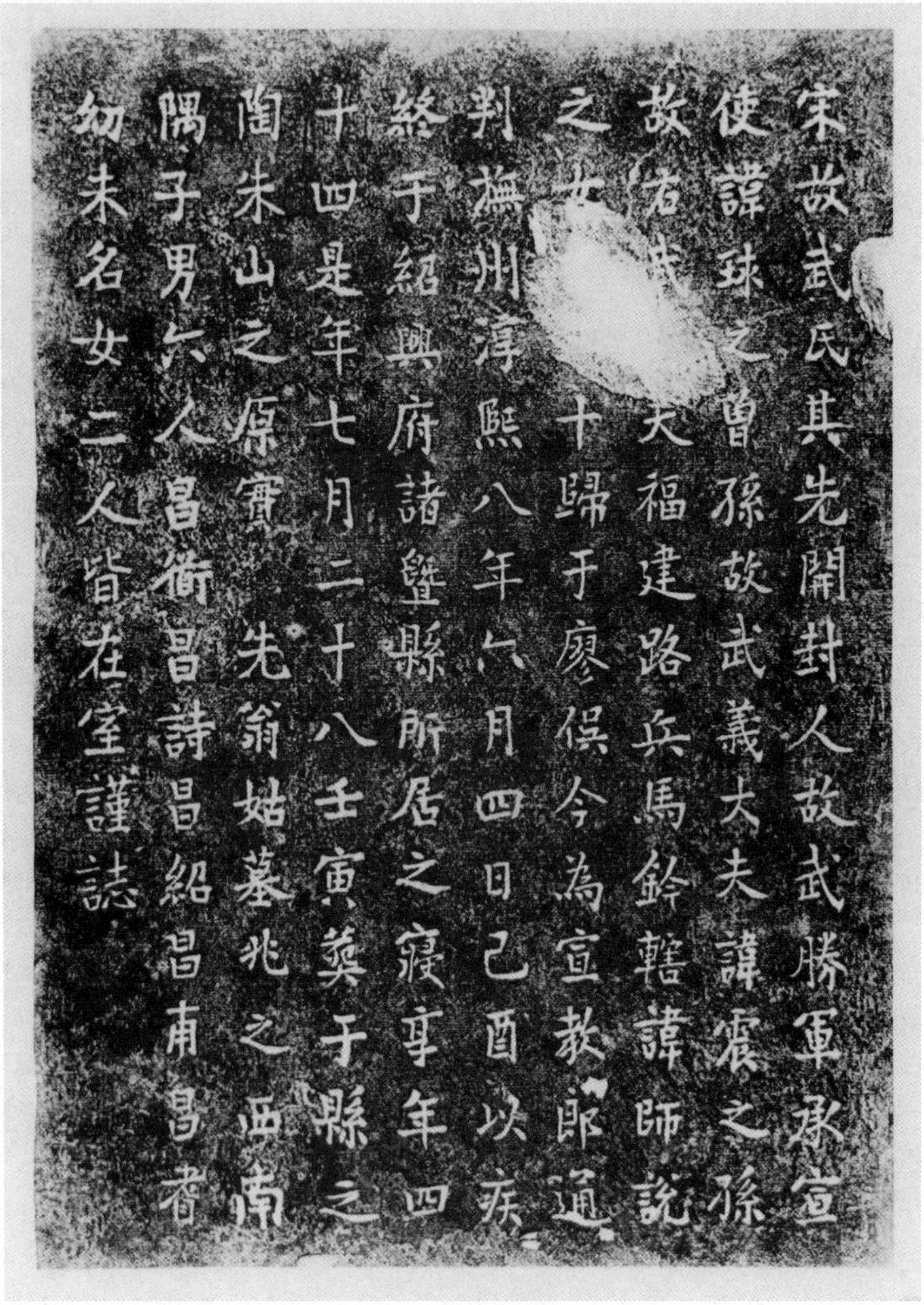
宋故武氏其先開封人故武勝軍承宣
使諱球之曾孫故武義大夫諱震之孫
故右武大夫福建路兵馬鈐轄諱師説
之女[illegible]十歸于廖俣今為宣教郎通
判撫州淳熙八年六月四日己酉以疾
終于紹興府諸暨縣所居之寢享年四
十四是年七月二十八壬寅葬于縣之
陶朱山之原實　先翁姑墓兆之西南
隅子男六人曰衡曰詩曰紹曰甫曰者
幼未名女二人皆在室謹誌

图1　《宋故廖氏圹志》

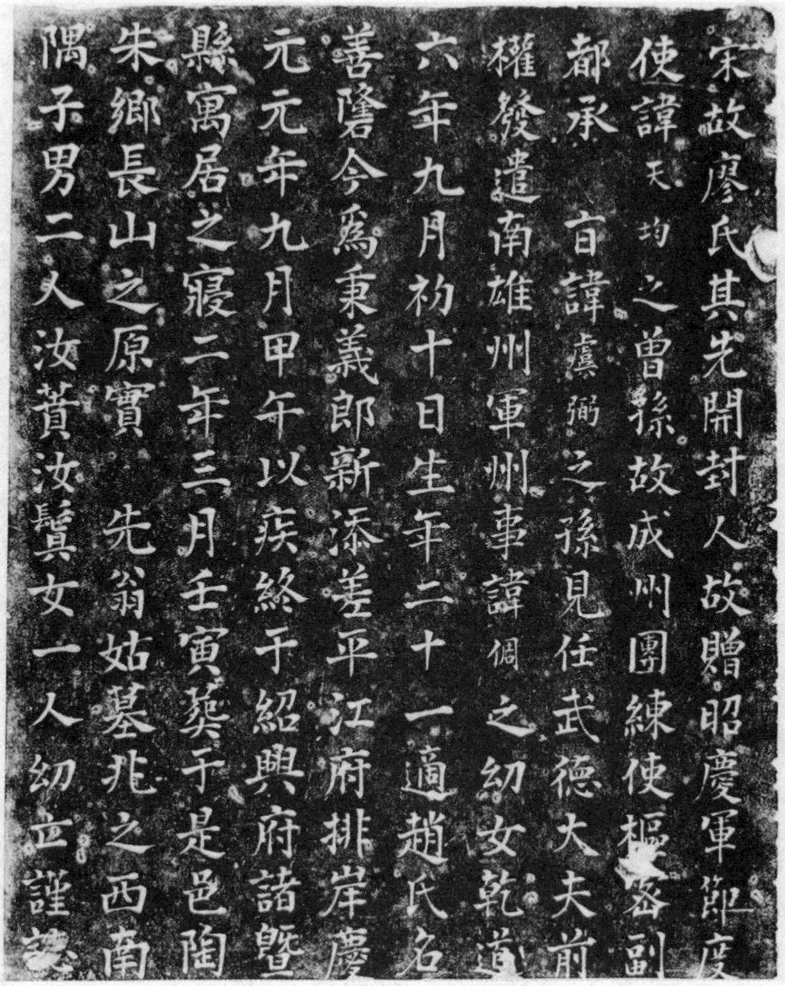

图 2 《宋故廖氏圹志》

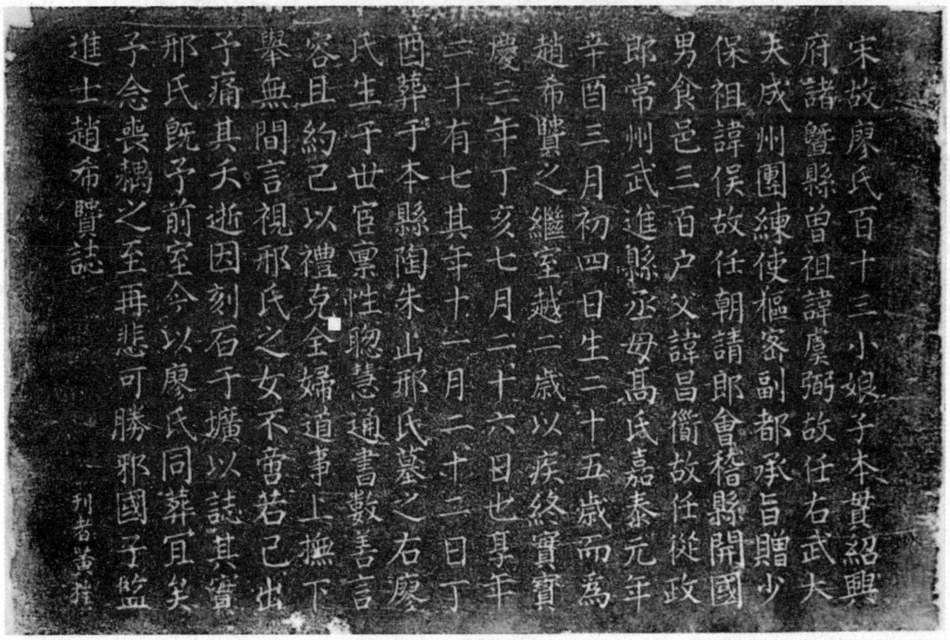

宋故廖氏其先開封人故贈昭慶軍節度使諱天均之曾孫故成州團練使樞密副都承旨諱虞弼之孫見任武德大夫前權發遣南雄州軍州事諱倜之幼女乾道六年九月初十日生年二十一適趙氏名善磬今為東義郎新添差平江府排岸兼慶元元年九月甲午以疾終于紹興府諸暨縣寓居之寢二年三月壬寅葵于是邑陶朱鄉長山之原實　先翁姑墓兆之西南隅子男二人汝黃汝冀女一人幼立謹誌

图 3 《宋故廖氏圹志》

宋故廖氏百十三小娘子本賢紹興府諸暨縣曾祖諱虞弼故任右武大夫成州團練使樞密副都承旨贈少保祖諱俣故任朝請郎會稽縣開國男食邑三百戶父諱昌衢故任從政郎常州武進縣丞母高氏嘉泰元年辛酉三月初四日生二十五歲而為趙希賢之繼室越二歲以疾終寶慶三年丁亥七月二十六日丁酉葬于本縣陶朱山邢氏墓之右廖氏生于世官稟性聰慧通書數善言容且約己以禮克全婦道事上撫下無間言視邢氏之女不啻若己出予痛其夭逝因刻石于圹以誌其實邢氏既予前室今以廖氏同葬宜矣予念喪耦之至再悲可勝邢國子監進士趙希賢誌

刊者黃禧

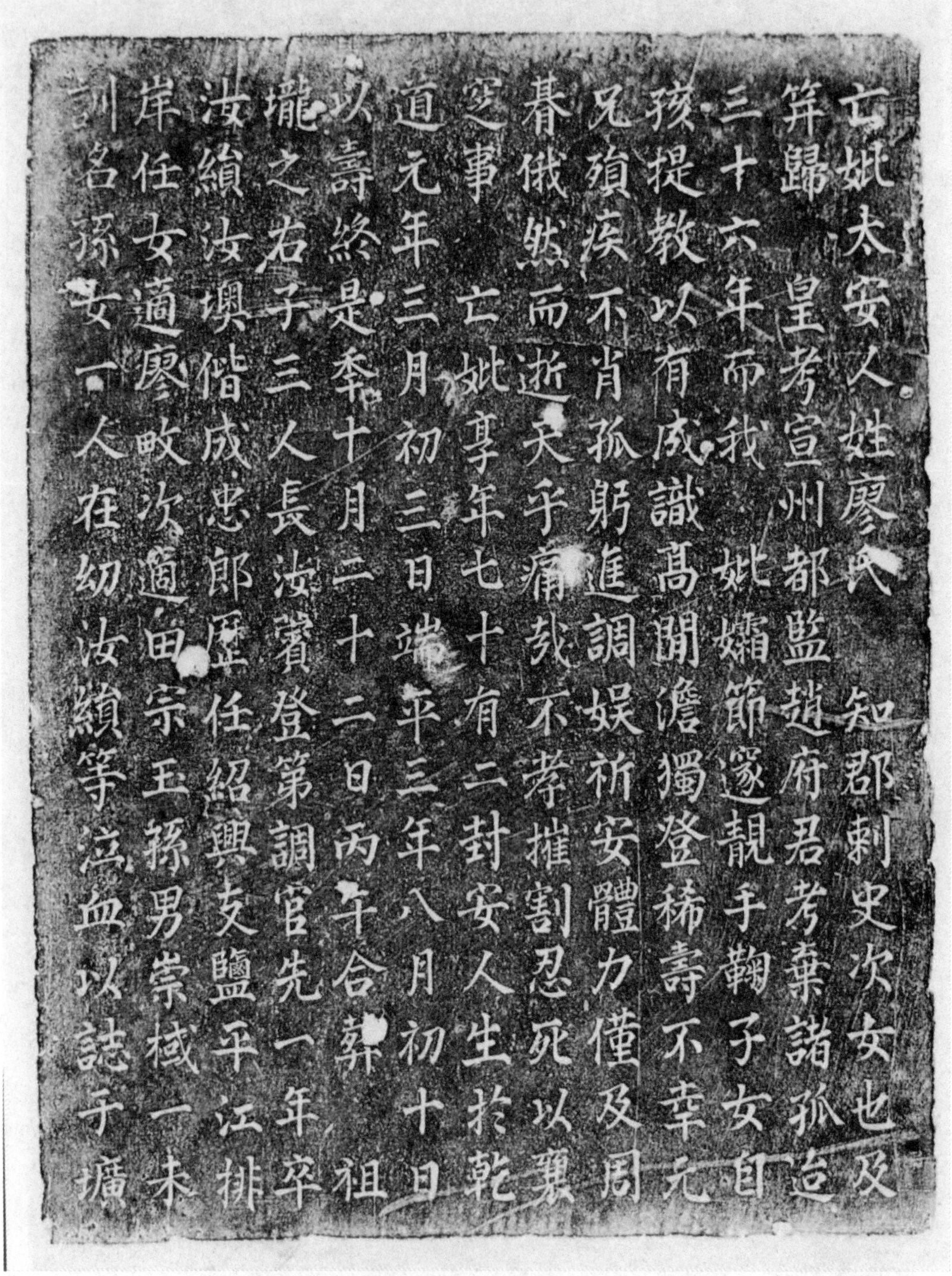

亡姚太安人姓廖氏知郡刺史次女也及
箕帰皇考宣州都監趙府君考棄諸孤迨
三十六年而我識高開澹獨登稀壽不幸无
孩提教以有成姚嬬節遂靚于鞠子女自
兄殞疾不肖孤躬進調娱祈安體力僅及周
春俄然而逝天于痛哉不孝摧割忍死以襄
窆事亡姚享年七十有二封安人生於乾
道元年三月初三日端平三年八月初十日
以壽終是秊十月二十二日丙午合葬
壠之右子三人長汝賓登第調官先一年
汝繪汝璵皆成忠郎歴任紹興支鹽平江排
岸任女適廖畂次適田宗玉孫男崇㮣一未
訓名孫安一人在幼汝繪等泣血以誌于
壙

图4 《宋故廖氏壙志》

论堕民的分布地区[①]

谢一彪

【摘要】 宋元时期,堕民呈点状分布。明代遍布江浙沪地区以及安徽部分地区。清代随着堕民除籍令的颁布,堕民聚居区开始收缩。民国时期堕民主要聚居浙江宁波、绍兴和金华,江苏和上海仅有零星分布。

【关键词】 堕民　浙江　苏州　松江

堕民乃宋以来江浙沪地区的区域性贱民。堕民究竟分布在哪些地区?有关堕民的分布地区,学者仅做了个案研究。冯尔康在《清人社会生活》中,提及堕民分布于浙江宁波和绍兴以及江苏常熟和昭文。经君健在《清代社会的贱民等级》中,认为明清时期堕民主要分布于宁绍地区以及江苏常熟。俞婉君在《绍兴堕民》中,列举了绍兴堕民聚居的村落、人口以及主要姓氏。有关学者并未全面系统地进行梳理。因缺乏翔实的文献资料,仅能勾勒出一幅极为粗糙的堕民分布简图。

一　绍兴的堕民

宋元时期,鲜有堕民史料记载。明清时期,堕民分布在江浙沪地区。"分置苏松浙省,杂处民间。"[②] 浙江是堕民主要聚居区,南宋绍兴就有堕民,明代"浙之宁、绍、温、处、台、金、衢、严八府,俱有丐户"[③]。清代及民国时期,"本省内绍兴、余姚、萧山、象山、嵊县、诸暨、上虞、定海、鄞县、奉化、新昌等地俱有之,尤以在绍兴

[①] 本文为浙江省哲学社会科学重点研究基地越文化研究中心自设项目"堕民史料整理与研究"的阶段性成果。
[②] (清)钱维乔撰:《鄞县志》卷一《风俗》,乾隆五十三年刻本。
[③] (明)叶权:《贤博篇》,中华书局1987年版,第31页。

境内者为最多，散居于县城及彭家溇、蔡堰、南钱清等处"①。中华人民共和国成立初期，鄞县、慈溪、奉化、镇海、象山、绍兴、上虞、温岭、萧山、乐清、东阳、义乌等地尚有堕民，而以宁绍两地最多。②绍兴为浙江堕民主要聚居区，万历《绍兴府志》载："八邑俱有丐户。"③宁波是浙江仅次于绍兴的堕民主要聚居区。清代金华也有堕民，"府之各邑，邑之八乡皆有之。"④中华人民共和国成立前，金华县以及义乌、东阳、兰溪、磐安、永康、浦江也有堕民的记载。清代以后，舟山也有堕民聚居记载，主要集中在定海和岱山。明代台州有堕民记载，仅见于太平，后改温岭，以及天台，清以后仅有温岭见于史载。明代温州和台州也有堕民，清以后也仅有零星堕民记载。严州和衢州明代也有堕民，但具体聚居区不详，清以后则有少量史料记载。

绍兴堕民又称为"惰民""惰贫""丐户""大贫"。绍兴最早关于堕民的记载是南宋嘉泰《会稽志》，立夏日"唯丐者乃以是日出，亦鲜衣鼓笛相娱，非此类则以为耻"⑤。嘉泰《会稽志·宝庆续志》关于绍兴的"坊巷"中，第二厢有"乐义坊""永福坊"以及"押队坊"三个坊名，乃"三埭街"的位置。"乐义坊"，顾名思义，乃"乐民"集居区；"永福坊"为"丐者"所居；"押队坊"为兵营所在地，应为看管和监押这些"丐者"的武装部队驻扎地。万历《绍兴府志》以及清王之宾和俞卿分别修的两部康熙《绍兴府志》都提到绍兴所辖地区均有堕民。明代绍兴设有"安宁坊"，又名"千秋坊"，乃是堕民聚居地。"以秘书贺知章舍宅为千秋观即其坊中也，相沿丐户之产于城者，悉居之。古为贤士街，今为丐户里，慨哉。"⑥明代方志记载，有猛虎误入郡城三埭街，"为诸丐所毙"⑦。徐渭为此作有《市中虎》的叙事诗。⑧至少从明代开始，三埭街已是堕民聚居区。

绍兴是浙江堕民人数最多的聚居区，绍兴城区有浙江也是全国最大的堕民聚居区——三埭街，位于戢山以南，大善塔以东的城市中心，方园约二华里，四面被河环绕，恰似一个集中营，几乎与世隔绝。明代以前，三埭街无桥梁可通，堕民出入必须通过渡船出入。据传自明朝开始，三埭街建起了十一座桥，东有长桥，南有保佑桥和瑞安桥、新桥，西有日晖桥、大善桥、利济桥，北有小江桥、斜桥和探花桥、貌儿桥。绍兴越城区的斜桥直街，现名新建北路，原有"E"字形三条小街，名曰前街、中街、后街。清末改称学士街、唐皇街和永福街，通称"三埭街"。绍兴人的口语中，"条"读作"埭"，"三埭街"乃"三条街"之意。前街，又名学士街，东自貌儿桥河沿，经石洞庙背后、五显阁直街、行牌头、狗肉弄、街井头前面，直至大街口（斜桥直街）。学士街有座道观"明贞观"，堕民传说唐学士贺知章教育唐玄宗李隆基的三子李亨，观

---

① 姜卿云编：《浙江新志》（上卷），杭州正中书局1936年版，第18页。
② 陈志良：《浙江的堕民》，《旅行杂志》1951年第6期。
③ （明）萧良干修，张元忭撰：《绍兴府志》卷之十二《风俗志》，万历十五年刊本。
④ （清）诸自谷修，程瑜、李锡龄纂：《义乌县志》卷七《风俗》，嘉庆七年刊本。
⑤ （宋）施宿撰：《会稽县志》卷十三《节序》，嘉庆十三年刊本。
⑥ （明）杨维新、张元汴纂修：《会稽县志》第四卷《作邑》，万历三年刊本。
⑦ （明）杨维新、张元汴纂修：《会稽县志》第八卷《灾异》，万历三年刻本。
⑧ （明）萧良干修，张元忭撰：《绍兴府志》卷之十三《灾祥志》。

内塑唐肃宗李亨像和贺知章像,因而得名"学士街";中街,又名唐皇街,因建有唐明皇李隆基的老郎殿而得名;三埭街堕民为祈求平安吉祥,永远有福有寿,遂将后街改名为"永福街",还建造了一座名为"永福庵"的庙宇,虽名为庵但实为庙,也称"后庙"。"三埭街"统称为"里街",也称"三鞑街",贬称"大瓶行"或"大贫街""堕民街"。绍兴城区堕民并不局限于三埭街,还延伸至附近的小江桥、斜桥、探花桥、保佑桥、新桥和利济桥河沿以及斜桥直街、月池坊、硝皮弄、降诏弄、至诏湾。

明清时期,绍兴分设山阴县和会稽县,以绍兴城区府河为界,以南为会稽县,以北则为山阴县。明代贬堕民为"丐户",故嘉靖《山阴县志》云:"四民之外有丐户者,例不得与良民相婚姻,处世又远,不知其所从始,或曰有宋罪俘之遗也,名曰堕民。"[1] 万历《会稽县志》将堕民即丐户称为"俗之瘤","丐之盟其党以求右民者滋益甚,故曰丐者,俗之瘤也"[2]。康熙《山阴县志》提到堕民的起源和职业,康熙《会稽县志》也做了几乎同样的表述。嘉庆《山阴县志》仍称堕民为"瘤俗",而道光《会稽县志》则转述嘉泰《会稽县志》立夏日丐户"鲜衣鼓笛相娱"。

新编《绍兴市志》开列了绍兴堕民聚居区,"绍兴城郊,堕民主要聚居昌安门外廿一堡、偏门外市后街。绍兴乡下,堕民主要聚居皋埠玉带桥、陶堰瓜山村、漓渚九坂桥、柯桥蔡堰、马山后桥头、南池雾露桥、安昌彭家溇、稽江陈后山与偏门外米行街背后等地。"[3] 俞婉君对绍兴堕民做了长期的跟踪调查,列出了详细的堕民聚居区。鉴湖的偏门外牛角湾、昌安门廿一堡、施家桥;安昌的彭家溇、外彭家溇,柯桥的蔡堰(部分)、三家自然村、柯下山村,杨汛桥镇的坍石下村,华舍的韩弄,马山的后桥头,斗门的戚墅、柳树下村,漓渚的九板桥(部分),皋埠的堰下渡村、玉带桥樊江后庄溇,陶堰的瓜山村,平水的上灶行政村弄口自然村、平江村的横山自然村,马鞍的夹渎村,稽东的陈后山村,齐贤的东江村、羊石岸头,钱清三里塘,王坛的王城行政村(部分)、肇湖(部分),夏履镇所在地,湖塘的夏泽行政村施家自然村,兰亭的谢家桥。[4] 这是迄今绍兴最为详细的堕民聚居区清单。尽管这份绍兴堕民聚居区已极为详尽,但仍不免有遗漏,平水大桥村的下道地自然村也是堕民聚居村,齐贤的堕民村还有柘林村行里、迎驾桥村韩弄。钱清堕民还聚居墅后的后蒋、堰头的八角亭。

明代诸暨就有堕民。"相传前明陋习,婚嫁沿用乐户,凡嫁女必须说利市,曰'起发',男家出之,否则婚夕不厌其欲,舆不得行"[5]。清初,方孝标撰有《丐户叹》。[6] 诸暨男堕民称为"班首",又称"轿佬",女堕民称为"老妈"("妈"读音"瞒"),也称"轿婆"。光绪《诸暨县志》叙述堕民的起源,所从事的职业,以及被平民所歧视之因。堕民被视为"瘤",必欲除之而后快。1924年,《诸暨民报》社对诸暨堕民做

---

[1] (明) 许望东、张天复等纂修:《山阴县志》卷之三《风俗志》,嘉靖三十年刊本。
[2] (明) 杨维新、张元汴纂修:《会稽县志》卷三《风俗》,万历三年刻本。
[3] 任桂全主编:《绍兴市志》第5卷,浙江人民出版社1996年版,第3369页。
[4] 俞婉君:《绍兴堕民》,人民出版社2008年版,第45页。
[5] (清) 陈遹声、蒋鸿藻修:《诸暨县志》卷八《山水四》,宣统二年刻本。
[6] (清) 方孝标撰:《钝斋诗选》卷六《丐户叹》,清抄本。

了系统的调查，并列出诸暨堕民分布的详细清单，其中诸暨城区有菱塘头、上横街；大东区有枫桥大部弄、尖小弄；小东区有毛家、西坑口子、小兼溪、王头高坞、硬头、下车坞、李家、道马岑脚、许村、山桥坞、上岩口、斯宅、王村、西山下、吴宅；南区有两头门、寺前、祝家埂、张家园、曹家、大地塔头；小西有上王、上史坂、溪北、下杨、羊大山、泉水井；大西有后塔、塔溪（一部分）、金家桥头；下北有吴家、长澜（一部分）、横路、杨神殿；上北有吴家、谢家山头。①

光绪上虞县志称堕民为"丐户"，提到堕民的称呼、起源、职业、除籍。"四民之外有户，以丐称者，例不得与良民等，其男女业非四民所业，而四民亦耻为其业，至于通良家婚姻之情，善为联合，巧于奉迎，女家用丐户伴送，婚家亦用于迎娶。相传宋南迁，将卒背叛，乘机肆毒，及渠魁以剿捕就戮，余党焦光赞等贬为堕民。"② 上虞堕民"以集中聚居为主，如郎桥、彭家堰、西方、五婆岭、应家山头、羊角沥、徐项、何家汊等地"③。上虞堕民聚居中天花、寺山、郎桥、彭家堰、港口、西方、阴山、下对、湾头、五婆岭、应家山头、羊角沥、陈巷、跃进桥、徐项、何家汊、蟒忙桥、东西夹笆、洞桥头、黎明、坊里、谢家楼、章家桥、横汀村、茅洋、横山弄、篡凤、王家堡等。④ 上虞堕民遍及各个乡镇。"堕民村落分布全县各地，便于堕民就近就地服务。"⑤ 作家徐懋庸也是堕民的"主子"，其故乡下管有二个为徐氏服务的堕民村，一个是"西夹笆"，另一个是"东夹笆"，均住有"惰民"。⑥

嵊县称堕民为"丐户"，通称"小姓"，因从事抬轿行当，男称"轿夫"，女为"轿夫婆"。清代嵊县志涉及堕民的起源、职业与除籍。"邑有丐户，不知所始，或以为宋罪俘之遗。"⑦ 民国嵊县志做了同样的叙述，涉及堕民起源、职业与除籍。"雍正元年，御史噶尔泰题准照山陕乐户削除其籍，俾其改业自新，与民同例，毋得习为污贱，乃籍虽削除，而业终未改。"⑧ 雍正颁布的堕民除籍令，对嵊州堕民并无多大影响。

新昌堕民有"乐户""丐户""小百姓""轿夫""轿夫婆"诸多称呼。明代成化《新昌县志》载："土人为乐户，有隶教坊者，凡十余家，自相婚配。富家婚姻，则用以为行礼扶掖之助，或平居宴饮，亦用之歌舞，或遇晚留宿，亦不拒焉。"⑨ 万历《新昌县志》仍记载新昌"有乐户十余姓，业鼓吹歌舞役，自相婚配。男妇多听大家使令，凡饮宴率用之行酒，游侠之徒多聚饮于其家，使其女供歌唱，或宿卧于其房，不拒也。不如意则唾骂鞭挞之，不敢逆。近亦有盟其党以犯良者。其俗唯衣食于歌唱，遇庆贺

---

① 诸暨民报社编著：《诸暨社会现象》，《诸暨民报五周年纪念册》，1924年版。
② （清）储家藻修、徐致靖纂：《上虞县志校续》卷四十一《风俗》，光绪二十五年刻本。
③ 上虞县志编纂委员会编：《上虞县志》，浙江人民出版社1990年版，第741页。
④ 陈永林：《上虞民风习俗》，西泠印社出版社2011年版，第278页。
⑤ 虞达人：《上虞堕民》，《上虞史志》2010年第1期。
⑥ 徐懋庸：《徐懋庸回忆录》，人民文学出版社1982年版，第5页。
⑦ （清）张逢欢、吴铉纂修：《嵊县志》卷三《风俗》，康熙十三年刻本。
⑧ （清）牛荫麟修、丁谦纂：《嵊县志》卷十三《风土志·风俗》，民国三十三年铅印本。
⑨ （明）李楫、莫旦纂修：《新昌县志》卷四《风俗》，成化二十一年刻本。

则需酒食，遇收成则求米谷"①。万历六年新昌有 7350 户，其中"乐户 12"户②。民国《新昌县志》也有关于堕民起源和职业的记载。据 1994 年版的《新昌县志》记载，堕民聚居区有县城的县后台门，乡间散居大村祠堂空屋，镜屏下潘村也有堕民。

二　宁波和舟山的堕民

宁波是仅次于绍兴的浙江第二大堕民聚居区，宁波堕民也称"堕皮""衔子"，又称"堕贫"，意为从富贵堕落为贫穷的下等人。"我市城乡堕民数量极大。市区西门外锅子弄、盘诘坊，江东三眼桥一带，是他们集中居住的地方。农村各乡镇都有堕民，二三十户，聚居一处，俗称堕民埭。"③ 明代宁波就有堕民居住，宁波城区堕民聚居区有西门外锅子弄、盘诘坊和江东大河桥。"盘诘坊一带住有堕民，与江东大河桥相若，自成一区，不与齐民伍。"④ 1905 年，宁波绅商卢洪昶在西门盘诘坊创建育德农工第一小学堂，于江东光福庵故址创建育德农工第二小学堂，收教堕民子弟。1929 年整顿街巷时，因堕民行动受到"盘查诘问"而命名为"盘诘巷"。1981 年宁波以谐音雅化，改称"伴吉巷"，含有"伴随吉祥"之意，该巷东起双桥街，西至效实巷。康熙《鄞县志》记载堕民乃"瘤俗"，涉及堕民的起源以及职业。民国《鄞县通志》也有堕民的起源以及职业的记载，并有专门的《堕民（丐户）脱籍始末记》。

鄞县堕民多居于祠堂庙宇，也有聚居一处的堕民村，少数散居于民间，即使杂居也是孤独小屋，不与平民同一墙门出入。堕民居住祠堂庙宇，属于临时安置性质，租种"祠堂田"和"庙会田"，既解决堕民的居住问题，又便于管理祠堂，为祠庙活动服务，一举二得。德恩回忆老家鄞南堕民散居情形："堕民因为要受社会的歧视，所以他们没有和平民杂居在一处的，他们都有他们自己的村落，生活亦与平民相同，所以他们也有家族的组织，宗庙的建设。在鄞南我所知道的有二处，都是堕民聚居的地方，这地方也有村落的名称，便是栎社（只南端一部分，离宁波城约十五里）、王伯桥。"⑤ 王伯桥堕民从事剃头行当，"剃头村"就成了王伯桥的代名词。堕民村的出现则是稍晚的事情，由散居民间的堕民聚族形成。堕民子孙繁衍，必然建造房屋，日积月累扩大为堕民村。所谓堕民村，村里居民也并非全是堕民，而是特指居住较多堕民的自然村落。"至民国，这样的堕民村鄞县有十来个，如城区的三眼桥、前徐的戴江岸、姜山的陈鉴桥、集仕港的祝家桥等，陈婆渡和古林也有堕民村。"⑥ 大嵩滨海平原上有一群堕民，散居在祠堂和庙宇，故称"庙堂人"。"他们为民间迎亲、出丧吹吹打打当吹行，

---

① （明）田琯撰：《新昌县志》卷之四《风俗志·贵贱》，万历刻本。
② （明）田琯撰：《新昌县志》卷之六《民赋志·户口》，万历刻本。
③ 刘思维主编：《中国民族民间器乐曲集成·浙江卷·宁波分卷》，1986 年油印本，第 12 页。
④ 俞福海主编：《宁波市志》（下册），中华书局 1995 年版，第 2815 页。
⑤ 德恩：《鄞南的堕民》，《北新》1928 年第 5 期。
⑥ 谢振岳：《鄞县的堕民》，《鄞县史志》1993 年第 1 期。

也叫'行里人'。"① 集士港江沿村，也是堕民聚居区，江沿人出入婚丧之家，为人吹唱，人称"吹行"，行话为"扬花"。

万历《余姚县志》记载："四民而下有郎户、丐户，详载《别贱录》。"② 嘉靖《余姚县志》也载："邑有堕民，世传为金人焦氏遗种，不齿齐民，名曰丐户。"③ 光绪《余姚县志》有关于堕民的起源、分布、职业以及备受歧视的记载，堕民被分成二类，一为丐户，一为郎户。所谓郎户，乃是较为富裕的堕民。"郎户，是堕民中生活较好者，他们有固定的服务对象——主户。"④ 据《余姚市志》记载，"余姚堕民散居马渚、低塘、梁弄、余姚镇等地"⑤。余姚堕民聚居地有：南门城下；新西门；龙泉山后老西门；石堰白扬岙；冷家山；兰墅桥两村；西黄山；泥庵湖头三村；郁家湾两村；横河谭子湾；马渚后堰头；钱家桥；峨眉桥；狮子山头；周巷高田头；周马塘；第泗门柏树地和低塘八叉头等八村；池头；上城牌轩头；朗霞殷家路；方桥；冯村；著江山；斗门；高家村；茅村；贺山；涨头；临山临东；浒山东门外；郭相桥西史家桥；江湾；后横埭两村；卢家山半村。⑥ 余姚堕民聚居区，横河镇上就有横河桥上、弹子湾、石堰白扬岙、龙南横浦、彭桥走马塘等五个自然村。⑦

慈溪堕民分聚居与散居两种，有的堕民自成村落，地处偏僻，称为堕民村；也有的堕民寄居祠堂庙宇。光绪《慈溪县志》有关于堕民的起源、职业记载，县城东门外天门下有堕民聚居区"堕民弄"。⑧ 中华人民共和国成立前夕，慈溪堕民聚居龙山、甸山、东安、淹浦、宓家埭、鸣鹤、桥头、樟树、彭桥、天东、横河、石堰、宗汉等13个乡镇17个自然村。⑨ 作家王静对慈溪最大的堕民聚居区天门下做了深入的田野调查，堕民大都自成村落聚居，少数散居平民祠堂。堕民聚居村有个共同的特点，离平民居住地相隔一定距离，天门下村离慈城一二里。天门下属于慈城东门乡，现为慈城东门村，分成东桥下、迎春桥、竹山湾、夹田桥和天门下（七坂桥）五个自然村。"堕民主要聚居在天门下，迎春桥、竹山湾、夹田桥等地也有零星几户。"⑩ 20世纪30年代，因天门下堕民人口增加，有的堕民不得不迁到附近的夹田桥、竹山湾以及县城西门上的新凉亭旁。除了天门下以外，慈溪堕民还分布在县城周围的自然村以及各乡村落。乍山乡虹星村为仅次于天门下的堕民聚居区，二六市民主岙也有较多堕民，洪塘乡堰头邵、大土堰以及纹溪乡徐家桥也有较为集中的堕民居住。另外，明德、金川、汶溪、云湖、丈亭、蜀山、陆埠、车厩、大隐、洪塘、庄桥、长骆等乡镇也有

---

① 谢振岳：《滨海庙堂人》，《嵩江风情》，宁波出版社2012年版，第218页。
② （明）史树德、杨文焕等纂修：《新修余姚县志》卷之五《舆地志五·风俗》，万历刊本。
③ （明）杨忱、岑原道、胡膏纂修：《余姚县志》卷六《风物志·岁时》，光绪会稽铸学斋钞本。
④ 吕冻才：《谈余姚的堕民》，《余姚文史资料》第8辑，1990年余姚市政协文史资料委员会编，第172页。
⑤ 余姚市地方志编纂委员会编：《余姚市志》，浙江人民出版社1993年版，第167页。
⑥ 季学原主编：《姚江文化史》，浙江古籍出版社2006年版，第252页。
⑦ 横河镇志编纂委员会编著：《横河镇志》，方志出版社2007年版，第121页。
⑧ （清）杨泰亨、冯可镛主纂：《慈溪县志》卷三《建置二·乡里》，光绪五年刊本。
⑨ 慈溪市地方志编纂委员会办公室编：《慈溪县志》，浙江人民出版社1992年版，第952页。
⑩ 王静：《中国的吉普赛人——慈城堕民田野调查》，宁波出版社2006年版，第32页。

堕民聚居或散居。

光绪《镇海县志》以及民国《镇海县志》也有简单的堕民起源以及职业的记载。"堕民谓之丐户，相传为宋罪俘之遗，故摈之。"① 新编《镇海县志》也有"堕民"条目，"元称怯怜户，明称丐户，俗称堕弁（男）、送娘子或送嫂（女），历代视为贱民，受社会歧视"②。清雍正、光绪和民国多次获准除籍，倡导与平民同等待遇，但相沿不改。中华人民共和国成立后才打破传统偏见，堕民已成为历史陈迹。据 1952 年调查，原属镇海（今属宁波北仑区）的堕民主要聚居大碶区石湫和俞王二村、柴桥区镇东乡三村四脚亭、长山乡长山岙、郭巨镇，另有散居民间以及庙宇的堕民。石湫堕民聚居村西南隅，孙家弄因居住的堕民较多，称为"堕民弄"。"寄居在庙宇之堕民，男称'庙祝'，俗称'庙堂人'，女称'庙堂娘子'。"③

象山堕民称为"小姓人"，女堕民俗称"堕民嫂"。民国《象山县志》有关于堕民的起源、职业以及除籍的记载。"惰民谓之丐户，又名怯怜户，相传为宋罪俘之遗，故摈之，分置苏淞浙省，杂处民间，元人名为怯怜户。明太祖定户籍，编其门曰丐。"④ 新修《象山县志》也有堕民条目，涉及堕民的起源、职业以及除籍。男业屠宰、抬轿、理发。遇婚丧充当乐手，不准穿长衫；妇女以梳髻、绞面为业，遇婚嫁则充"轿下嫂"，为新娘开面、梳洗、催嫁、陪送、扶拜、换装，出门执役、穿黑衣系裙束腰带，以别于平民女子。子女不得入学，嫁娶限于堕民之间，不行花烛礼。堕民"备受歧视，屈居人下"⑤。民国时期虽有堕民与平民同等待遇的倡议，但民间仍歧视如故。中华人民共和国成立后，始彻底根除偏见，享受平等权利。

明祝允明在《猥谈》中提道："奉化有所谓丐户，俗称大贫，聚处城外，自为匹偶。"⑥ 民国《奉化新志》记载："本县有所谓堕民者，系特殊住民。"⑦ 奉化堕民称为"堕裨"，民国时期人数不多，不像绍兴堕民有较固定的聚居区，大都分住庙宇和祠堂。"各祠庙需要有人管守，而他们需要有屋居住，堕民与祠庙的关系，大概是基于这种需要而成的。"男堕民职业以吹打为多，也称"小唱"，贬称为"小唱堕裨"。"奉化的堕民中，也有做轿夫和理发匠的。做轿夫的叫抬轿堕裨，理发的叫剃头堕裨。不过从事这两种职业的不限于堕民，所以不像小唱那样可以成为专业。此外如收集破布、制售饴糖、兑头发、换鹅鸭毛等，在奉化很少见。"⑧ 其从业人员大都是外来堕民。

宁海也有堕民聚居区，光绪《宁海县志》记载宁海堕民冬至"跳灶王"。宁海非物质文化遗产调查报告，详细地描述堕民"抲灶王"的经过及其来源。前童古镇有些零星的外来堕民足迹。前童堕民从事舀屙缸沙、剃头和兑糖等职业。清代宁海绅士袁

---

① （清）俞樾纂：《镇海县志》卷三《风俗》，光绪五年刊本。
② 镇海县志编纂委员会编：《镇海县志》，中国大百科全书出版社上海分社 1994 年版，第 854 页。
③ 《北仑旧时堕民》，《宁波市北仑区志》（下），浙江人民出版社 2012 年版，第 1858 页。
④ 罗士筼修，陈汉章等纂：《象山县志》卷十六《风俗考·古今俗习》，民国十六年刊本。
⑤ 象山县志编纂委员会编：《象山县志》，浙江人民出版社 1988 年版，第 602 页。
⑥ （明）祝允明：《猥谈》，《古今说部丛书》第 5 集第 2 册，中国图书公司和记 1915 年版，第 6 页。
⑦ 民国奉化县政府编印：《奉化新志》，民国二十八年成稿，第 109 页。
⑧ 越人：《奉化的堕民》（上），《京沪沪杭甬铁路日刊》1937 年第 1916 期。

憩亭病重时,"吏胥祷于署,士祷于庠,商祷于市,农祷于野,僧道祷于寺观,即丐户流人莫不醵钱祀神"①。浙俗嫁女有哭嫁风俗,宁海出现了代为哭嫁的专业户,其中不乏"堕贫"。②

  舟山也是堕民聚居地区,据说为方国珍余部,"舟山的堕民应为方国珍部属的后代,因为方的活动地界在浙江"③。另说为"元朝部分遗民是由明州遣送到舟山定居"④。定海堕民又称"堕贫""丐户",也称"小姓人",女堕民婚前称为"小嫚",婚后称为"老嫚",俗称"堕贫嫂""堕卑嫂",因"堕贫"与"太平"谐音,又称"太平嫂",常为出嫁姑娘做伴娘,又称"送娘"。定海对堕民的称呼,据其职业不同而各异,打铁的称为"铁堕贫",抬轿的称为"轿堕贫"。光绪《定海厅志》有关于堕民的起源、职业的记载。"四民之外又有堕民,谓之丐户,相传为宋罪俘之遗,或云宋将焦光瓒部落,以叛宋投金故被斥;或云明太祖恶宋将之投元者,摈斥之。"⑤ 民国《定海县志》也有与《定海厅志》相同的记载,只是增加除籍后对堕民并无多大影响,并特别提及堕民搬演"傀儡戏"许愿酬神。舟山堕民主要聚居定海,"大多居住在城关的吉庆里一带及郊区,少数居于西乡"⑥。定海城区的祖印寺旁有一条小巷,称为"吉庆里",最早称为"四十间头"。弄口有一座木牌坊,称为"吉庆坊"。"古时城内堕民就集中居住在这里。谁家需要雇轿子、请堕贫嫂做送娘、请吹鼓手庆寿治丧,都会到这里来找。"⑦男堕民以做吹鼓手和抬轿为业,女堕民则为"送娘",均为平民"吉庆"提供服务,故名"吉庆里"。"吉庆里"至今仍留存,南起城隍庙前向北转,西至总府弄,长100米,宽2米。西门顾家桥也有堕民聚居,西大街和东大街也有堕民散居。定海白泉乡有三四户以理发、小唱和送娘为业的堕民后代。岱山唯一的堕民村就是小宫门村。据《嵊泗县志》记载,嵊泗也有堕民,孩子出生满月,要剃胎发。⑧

三 杭严嘉的堕民

  明清及民国时期杭州也有堕民聚居。万历《杭州府志》关于杭州风俗就有腊月二十四日前后堕民打夜狐。"丐者于数日前装貌灶公灶母鸣锣叫跳,索取财物。"⑨ 民国《杭州府志》载《育婴堂条例》规定:"若非亲属而有愿领为子女养媳者,查系身家清白,并非倡优隶卒僧尼丐户外郡人等,亦准邀保具领,随记姓名、住地于册。如有凌

---

① (清)王瑞成修、张濬等纂:《宁海县志》卷十八《艺文志五》,光绪二十八年刊本。
② 刘尚才:《十里红妆婚嫁传说》,宁波出版社2010年版,第147页。
③ 李世庭:《舟山的"堕民嫂"》,《舟山民俗大观》,远方出版社1999年版,第132页。
④ 陆柄森:《说堕民》,《定海民俗与民间艺术》,中国文史出版社2008年版,第99页。
⑤ (清)史致驯修,陈重威、黄以周纂:《定海厅志》卷十四《风俗》,光绪九年刊本。
⑥ 方长生:《定海堕民小考》,《定海文史资料》第2辑,1985年定海政协文史资料委员会编,第198页。
⑦ 方长生:《舟山堕民》,《舟山文史资料》第11辑,方津出版社2003年版,第1357页。
⑧ 嵊泗县志编委会主编:《嵊泗县志》(1986—2000),方志出版社2007年版,第679页。
⑨ (明)戴日强纂修:《杭州府志》卷之十九《风俗》,万历七年刻本。

虐及卖为奴婢,学习贱业者,立将该婴收回,分别送究。"①农历四月初八,杭俗西湖有"放生会"。"穷民丐户先日遍捕鱼鳖龟蛇之属,闭于竹笼,或以长草绳曳之而行,临日叫卖放生,至晚卖不尽者,率槁毙无算,放生而适以戕生。"②农历十二月二十四日,"丐者涂抹变形,装成鬼判,叫跳驱傩,索乞财物"③。康熙《钱塘县志》亦载:"丐者涂煤粉于面,装神鬼状,持剑叫跳于肆,索人财物,亦古者傩于逐疫之意。"④康熙《仁和县志》也载:"祀灶数日前,丐者貌灶公灶母,装钟馗,仗剑作擒鬼状,鸣锣跳跃,求乞财物,盖亦古逐疫之意。"⑤腊月二十四,杭俗也有堕民"跳灶王"。

萧山堕民俗称"堕贫""贫子",男的又称"堕贫佬",女的则为"堕贫老娘"。万历《萧山县志》和康熙《萧山县志》均记载堕民的起源和职业,视之为"瘤",基本上是绍兴志书的复述。乾隆《萧山县志》有关堕民的记载,与康熙《萧山县志》如出一辙。民国《萧山县志》也有堕民的记载。关于堕民除籍,"按是等丐户,经清雍正中及光绪间谕令免除,唯彼辈所业,在此一时未能尽改,仍有相沿旧俗者"。也提及堕民职业,"人家婚丧以堕民司鼓乐称为吹唱,自称为小唱;堕民妇称为老瞒,人家婚丧用以搀拜伺候,在男家者曰传席,由女家送新妇者曰伴送"⑥。新编《萧山县志》详列堕民"集居在楼塔、河上、朱村桥、云石、义桥、大庄、进化、浦阳、所前、闻堰、衙前、城南、西兴、靖江、城厢等乡镇的一些村落,俗称堕民埭"⑦。洪雅英详细开列了的中华人民共和国成立前的堕民聚居区,"萧山堕民分布在城厢镇东门外严家底、西门万寿桥下街、小南门郊区及城南、西兴、衙前、坎山、靖江、闻堰、所前、浦阳、进化、大庄、义桥、云石、朱村桥、河上、楼塔等乡镇。"⑧萧山堕民大都圈居堤埂边,世代居住,严禁外迁,故俗称为"堕民埭",又称"贫子埭"。萧山城区偏僻地——东门外严家底,聚居一群"不入流"的人,即堕民,其境况在城市贫民之下,乃萧山一个"另类"群落。萧山堕民不准居住城内,也不准种植田地山林,只能在城郊生活。严家底属于萧山城郊杂地,堕民自成一村聚居,历来属于城厢地区管辖。萧山人旧时蔑称为"贫仔埭",中年男堕民称为"惰贫",青年男堕民为"惰仔",女堕民称为"贫婆""瞒婆",堕民孩子则为"小贫仔"。

建德原属严州,现属于杭州市,也有散居堕民。梅城乃建德县治和严州府治,腰门、春凳以及立夏称人,乃元时习俗遗存。据传元朝为了防止南人造反,每二十户派一蒙古人或色目人作为头目。这头目除对这二十户的女性享有初夜权外,还要求随时随地提供性服务。腰门乃便于其随时进入,推开腰门,即可在堂内的春凳上行苟且之

---

① 龚嘉儁修,李榕纂:《杭州府志》卷七十三《恤政四》,民国十一年铅印本。
② 龚嘉儁修、李榕纂:《杭州府志》卷七十六《风俗三》。
③ (明)田汝成:《西湖游览志》第二十卷《北山分脉城内胜迹》,万历唐装本;龚嘉儁修,李榕纂:《杭州府志》卷七十七《风俗四》。
④ (清)魏㟲修、裘琏等纂:《钱塘县志》卷之七《风俗》,康熙五十七年刻本。
⑤ (清)邵远平撰:《仁和县志》卷之五《风俗》,康熙二十六年刻本。
⑥ 彭延庆修,姚莹俊纂:《萧山县志稿》卷一《风俗》,民国二十四年刊本。
⑦ 费黑主编:《萧山县志》,浙江人民出版社1987年版,第985页。
⑧ 洪雅英:《萧山堕民》,《萧山历史文化研究》,方志出版社2006年版,第260页。

事。这头目由二十户人家共同供养,来时要称体重,到来年立夏再复查。如果体重轻了,这二十户人家要用相等的银两补偿。梅城还有奇特的风俗,就是为中秋夜"拖缸片",乃儿童"拖尸"游戏。"拖尸"乃拖"鞑子"(蒙古人)的尸体。"元朝推行民族压迫,人民不堪忍受,不到百年就被推翻了。明朝建立后,下令驱逐鞑子,时值中秋,'凡老弱不能行者,令坐破缸上而以草绳曳之以行'。"① 后来演变为"拖缸片"的儿童游戏。朱元璋灭元以后,一部分蒙古人逃回蒙古高原,而留在江南的蒙元士兵,除被砍杀外,活着的全部打入"另册",成为特殊群体——堕民。

严州所辖桐庐也有堕民。据1929年《浙江民政月刊》所载浙江各县查报堕民情况,桐庐有九姓渔户、畲族以及堕民。

明代嘉兴也有堕民。明代嘉善魏塘镇的袁黄在《游艺塾续文规》中,提及"将乡里贫民丐户,每岁二度放粮,以济其乏"。② 清末"海派四杰"之一的著名书画家蒲华,就是嘉兴籍的著名堕民。"他的父亲一度在嘉兴城隍庙靠卖'保福饺'为生,蒲华则在幼年时做过庙祝,在庙中作乩人扶沙盘。"③ 蒲华因为有过"庙祝"扶乩这一经历,终成一代著名的堕民绘画大师。

四 金衢温台的堕民

金华地区也有堕民,也称"小姓"。嘉庆《义乌县志》载金华小姓"居自为间,短衣肩舆以食其力,而嫁娶红轿给利市,公家差遣轮均承应,主顾向有定门,专行非类徭役,工银有数,站银有例,利市亦禁多索,承应亦皆现支,男业灶糖,妇趋婚婢,会稽有风俗考,浦江有存据之碑,定制之刻。"④ 金华小姓有三种来源:一、元朝蒙古人后裔;二、原为村中大姓奴仆,主人帮助娶妻成家,生儿育女,传宗接代;三、原是大族平民,因触犯族规,大逆不道,被逐出族谱。金华堕民不能与平民共居一村,只能居于村边,大都居于凉亭侧屋或庙宇外屋,也有堕民聚居的村落。"小姓和平民必须划地而居,不准混居。"⑤ 平民与堕民界线泾渭分明,平民不屑与之共居。

嘉庆《义乌县志》载有《丐俗》,涉及堕民的起源以及职业。"国朝康熙二十年八月丐以兜差推八里为词,庠士辈公称谓里役乃照粮派值,丐舆乃专利应差,倘丐欲以差推民,民岂能不舆兼丐,第加意节省,按程给发,不致偏滥可也。"⑥ 义乌堕民被称为"丐民""小姓",其身份世代延续,义乌各地均有,约占人口总数的1%。"民国以前,义乌各乡都居有丐民,也就是惰民,此一风俗起自宋焦赞。明清相沿,不准参与

---

① 朱睦卿:《严州古城——梅城》,中华书局2004年版,第264页。
② (明)袁黄:《与陈颖亭论命书》,《游艺塾续文规》卷三,万历三十年刻本。
③ 沈珉:《蒲华》,浙江人民出版社2012年版,第10页。
④ (清)诸自谷修,程瑜、李锡龄纂:《义乌县志》卷七《风俗》,嘉庆七年刻本。
⑤ 祝根山主编:《金华市风俗志》,1984年编印,第114页。
⑥ (清)诸自谷修,程瑜、李锡龄纂:《义乌县志》卷七《风俗》。

科举考试，厕身衣冠之士。"① 堕民大都自成村落，既无宗祠或家庙，更无谱牒，少数寄居大姓祠庙。"廿三里街道华溪，就有一个村落被称为'轿夫村'。"② 佛堂堕民不能与平民同住一村，只能在土质贫瘠的荒远地方建立村舍，单独居住，如同奴隶社会的奴隶，根本没有社会地位可言。

东阳堕民也称"小姓"，东阳以为小姓本是大族的平民，因祖上触犯族规，被勾出族谱。民国尚有大族将触犯族规者逐出祠堂，贬为小姓。康熙《新修东阳县志》提到东阳丐户："服食勤力，情有可原，然多欺诈，改歇姓氏，冒为良人或侮慢人至无业。"③ 新修《东阳县志》记载："小姓与平民划地而居，有的则散居于凉亭侧屋，庙宇外屋。"④ 据华柯考证，"东阳称堕民为小姓，聚居在下庄、大屋、新庄、杨溪、后溪、前程、后董等村"⑤。东阳联丰村上坞也是"小姓"聚居村，画溪民乐吹打由上坞小姓传入画溪，已成为金华非物质文化遗产。

兰溪堕民因以抬轿为业，又称"轿夫"。《兰溪风俗志》记载，女埠乡有专门的"轿夫村"，男堕民从事抬轿和吹鼓等行当，女堕民为平民婚丧嫁娶服役。女埠镇童公山村，是王姓堕民聚居村。"童公山村现为女埠镇焦石行政村下的一个自然村，位于与兰江直线距离约一公里的小丘童公山东南向坡上，逆江而上距兰溪市约10公里。该村至今仍为单一的王姓家族。"⑥ 堕民主业为抬轿，形成了"轿夫村"。

磐安小姓也称"轿夫"，小姓散居平民祠堂或大姓祖宗坟庄，也有小姓聚居村落。"过去轿夫、剃头、阉割、吹鼓手、做山人等职业，多数是小姓所为。大姓嫁女时要小姓给新娘开脸。大姓娶亲时由小姓人抬轿。"⑦ 小姓社会位低下，受人歧视。旧时磐安大户人家娶媳嫁女，都要坐由轿夫抬的"仙轿"，现在已衍化为磐安非物质文化遗产——"四轿八车"。2009年，"四轿八车"被列入第三批金华非物质文化遗产保护名录。

永康小姓乃"无资格上宗谱，受宗族歧视的人"。永康方岩镇胡坑村，乃是著名的"轿夫村"，村中男性均从事剃头和扛轿行当。⑧ 俗话说："天下六个低：剃头、扛轿、赶公猪，吹打、住祠、点水烟。"⑨ 这些正是永康小姓的职业。小姓社会地位低贱，处处受到宗族歧视，不得与大姓杂居，只能住在祠堂、庙宇和山头角落。

嘉庆《义乌县志》记载浦江留有关于堕民的碑刻，"浦江有存据之碑，定制之刻"。《浦江风俗志》认为："浦江小姓大多原是官家富户的奴仆。"战争失败者的后裔、违犯法律被判刑、违犯族规被削谱逐出祠堂者，也被归入小姓行列。小姓职业多

---

① 王牧之：《精研中日战史的虞奇》，《义乌寓台人物小传》，上海人民出版社2015年版，第130页。
② 徐恩平：《义乌礼俗活动与礼俗音乐的考察与研究》，《湖北广播电视大学学报》2009年第6期。
③ 华柯：《东阳土著源流考》，《东阳文史资料选辑》第22辑，2006年编印，第103页。
④ 王庸华主编：《东阳市志》，汉语大词典出版社1993年版，第167页。
⑤ 华柯：《东阳土著源流考》，《东阳文史资料选辑》第22辑，2006年编印，第103页。
⑥ 俞婉君：《浙江兰溪贱民"轿夫"依附习俗考》，《民俗研究》2002年第4期。
⑦ 杜锡瑶主编：《磐安风俗志》，1984年编印，第74页。
⑧ 程珊珊：《清正名臣程文德：题诗斥恶习》，《金华日报》2015年1月15日。
⑨ 永康县文化馆编印：《永康风俗志》，1986年编印，第158页。

为平民不屑于从事的"三十六"行以外的行当,如抬轿、理发、乐工、俳优等,也操钓蛙以及钓黄鳝等。浦江平民葬礼也由小姓奏乐。"殡葬灵輴前陈列方相铭旌,兼用僧人,乐户鼓吹前导,喧阗而出,亲串毕送。"① 小姓不得与平民共处,"所以一般均单独建村。如在其他村落之内的,则必须划地而居,不准混杂。房屋也较低劣简陋"②。小姓很少田产,饥寒交迫,食不果腹。

武义小姓与平民划地而居,小姓严禁居于村落,大都居于村边,多居于凉亭侧屋或庙宇外屋,或者小姓自成村落。武义小姓从事轿夫、吹鼓手、阉猪、剃头、抬棺材等行当,以剃头为多。元宵吹灯,也是小姓的苦差事,俗语云:"小姓好做,吹灯难过。"③

明代衢州衢县(今为衢江区)也有堕民记载。嘉靖三十一年,衢县有94557户,其中"乐户二十七"④。清代西安县(衢县)腊月二十四祀灶神甚谨,虔诚祈祷,以求吉祥,"丐者扮钟馗,手执木简,鸣锣跳舞,沿门乞钱,谓之打夜胡"⑤。民国时期衢县堕民纳有"警捐",衢县"乐户捐二百三十七元六角"⑥。

龙游也有堕民。乾隆二十年,龙游捐纳贡生毛光宗父亲毛茂生为改业堕民,毛氏同族仍从事"贱业",被检举揭发,遭到查处。

开化也有小姓,为卖身为奴者以及因违犯族规被逐出祠堂者。另外,"世称九流即做戏、裁衣、剃头、抬轿、更夫、妓女、叫化、游民、无业者也列入小姓之列"⑦。开化将从事低贱职业者,均打入贱民"另册"。小姓建房不得起鳌楼,仅仅限于造平屋。

温州平阳也有迁入堕民。"迨降元后,处之旁近州郡渐流移入浙与宁绍之堕民、丐户,志称为宋俘之遗。"⑧

永嘉也有堕民,称为"小姓人"。永嘉各村落均为世家大族,但也有个别"小姓人"。"小姓人地位低下,被人歧视。旧时小姓不得参与科举考试,不得与大姓人通婚。凡轿夫、兜脚、抬棺材、阉割、吹鼓手、拜亲爷等职业,多数是小姓所为。"⑨ 永嘉的枫林、岩头、芙蓉、五涑,均有世家大族以宗族名义,以低微身价购买的沦落他乡的异姓人,为整个宗族执使贱役,且助其娶妻生子,给予一定数量的田园房屋以及生产条件,以便安心服役,世代为奴。"新娘在结婚前要请小姓人(堕民、贱民)用红绿丝线为她摘额毛,新娘送给小姓人利事红包1个。"⑩ 男方前来迎亲时,还要给"小姓人"一个红包。小姓从事的贱业往往是农村中利润较为丰厚的职业,其经济地位也因

---

① (清)张景青:《浦江县志》卷三《舆地志·风俗》,民国五年黄志璠再增补铅印本。
② 浦江县县志编纂委员会办公室、浦江县文化馆合编:《浦江风俗志》,1984年编印,第211页。
③ 唐桓臻:《武义风俗志》,中国文史出版社2009年版,第220页。
④ (明)林应翔修,叶秉敬撰:《衢县志》卷之八《国计》,天启二年刊本。
⑤ (清)姚宝煃等修,范崇楷等纂:《西安县志》卷二十《风俗》,嘉庆十六年刻本。
⑥ 郑永禧纂修:《衢县志》卷九《防卫志·警察》,民国二十六年铅印本。
⑦ 姚志元、马雪雄、潘玉光:《开化风俗志》,1984年编印,第68页。
⑧ 王理孚修,刘绍宽纂:《平阳县志》卷十九《风土志一》,民国十四年刊本。
⑨ 姚周辉:《永嘉传统风俗志》,知识产权出版社2012年版,第85页。
⑩ 姚周辉、向华湘:《村落宗族文化的范本——温州永嘉岩头金氏宗族村落文化研究》,杭州出版社2011年版,第132页。

其富裕而上升。以前岩头镇小姓从事的养猪猡副业,现在已丧失其独占性,非小姓的大姓贫困户也可以养猪猡而不再被视为小姓。永嘉五涑小姓绝嗣以后,原先小姓抬棺改由族中贫苦农民执使,除了服饰有所区别外,也不再被视为小姓。

乐清也有堕民,元时称为"怯怜户",明称"丐户"。明代陆容的《菽园杂记》记载乐清近海的三山横渡,有堕民兄弟共娶一妻。"温州乐清县近海村落有三山横渡,其民兄弟共娶一妻。无兄弟者,女家多不乐与,以其孤立,恐不能养也。既娶后,兄弟各以手巾为记。日暮,兄先悬巾,则弟不敢入;或弟先悬之,则兄不入,故又名其地曰手巾呑。"①稍晚的郎瑛也在《七修类稿》记载:"旧闻温州乐清近海丐户,多有弟兄合娶一妻,以其易于养赡也。弘治间,为上司以大罪而绝。"②郎瑛所记乃转述陆容之言,只是隐去其地名而已。直到中华人民共和国成立后,乐清西部仍有世家大族以宗族名义购买的小姓,世袭红白喜事的媒娘、吹班、担礼盒、端礼菜、抬殡出丧等贱役,以及从事宰牛、捉河蟹、钓田鸡、挖鳝鱼、养猪猡、阉猪、剃头等副业。"小姓"遭到大姓的歧视和压迫,"小姓"每个成员与购买其服役的宗族"大姓"每一成员之间,处于不平等的关系。小姓也有所谓"特权",如果大姓因贫困无法生活,希望从事小姓贱业,必须获得小姓同意,如果小姓不同意分碗饭给大姓吃,有权排斥大姓从事贱役。乐清彭桥乃是小姓聚居村落,均从事宰牛、媒娘、捉河蟹等贱业,后来,大姓也因利权充盈,而竞相从事该贱业。乐清柳市的小姓,现在读书也十分踊跃,涌现了一些优秀学生。③

明成化五年(1649),台州设立太平县。1914年,太平改称温岭县。"民国以前,从事剃头、扛轿、吹鼓手、阉猪、殓尸者,向例视为小姓。小姓多与平民杂居,遇喜庆筵席,一般不能上中堂与居民同桌吃饭,绝大多数小姓生活贫困,即使个别人家发迹后,也同样受社会歧视,小姓子弟不得参与科举考试。平民穷极,也不愿与小姓通婚,小姓与平民发生纠纷而挨打挨骂,不得回骂还手。民国初年,县知事提倡解放小姓,收效甚微。解放后已无小姓阶层。"④ 1994年,温岭撤县设市,改为温岭市,仍属台州。

明代天台也有少量堕民。王士性回忆:"余天台官堂亦有此种,四民诸生皆得役而詈之,挞之,不敢较,较则为良贱相殴。"⑤ 王士性谈到绍兴堕民时,也提及天台官堂有堕民。

台州黄岩也有堕民。"古至民国初,从事剃头、打轿、阉割、殓尸、吹鼓手,生活穷苦,低人一等,视为小姓。虽与平民杂居,遭到歧视。发生纠纷,不得回骂还手,不可上中堂入筵席,发迹后亦受歧视。"⑥ 黄岩堕民亦称"小姓"。

---

① 《乐清丐户》,《东瓯逸事汇录》,上海社会科学院出版社2006年版,第35页。
② (明)郎瑛:《七修类稿》卷十五《恶俗》,中华书局1959年版,第224页。
③ 胡珠生:《浙南社会风俗小记》,《胡珠生集》,黄山书社2008年版,第427页。
④ 温岭县志编纂委员会编:《温岭县志》,浙江人民出版社1992年版,第827页。
⑤ (明)王士性:《王士性地理书三种》,上海古籍出版社1993年版,第329页。
⑥ 严振非:《黄岩县志》,上海三联书店1992年版,第696页。

仙居土话有"膆死堕人",特指个性软弱,不会反抗的人。"膆"字原义为"软脚","膆死"乃"软绵绵""软弱"之意,特指"堕人",即"堕民"。仙居原先称正月拜岁为"送饭桶",皆因堕民而来,大多从事婚丧喜庆杂役,也有的从事理发、卖白糖、阉猪等下役。堕民虽与一般平民毗邻而居,但习俗殊异,地位低下,现已无迹可寻。

临海仅仅留有骂人话"惰贫相",意即"讨饭相"。

五 苏沪皖的堕民

明清时期,堕民分布在江苏省的苏州府、松江府和浙江省。苏州府下辖吴县、长洲、元和、昆山、新阳、常熟、昭文、震泽九县以及太湖和海门二厅。清代钱谦益在《牧斋初学集》中提及:"蒙古分民为十户,所谓丐户者,吴人至今尤贱之,里巷伍佰,莫与之接席而坐。"[1] 元朝将人分为十等,丐户即堕民为其中的一种。钱谦益所提"丐户",即江苏堕民,因其更贱于"老百姓",故又有"小老百姓"之称。有关江苏堕民分布的资料奇缺。明万历《常熟县志》载:"山巷一种丐户,谓之丐兵,防御虞山门一带。"[2] 崇祯《常熟县志》载"元旦至上元夕,丐户逐疫,乃乡人傩遗意。"[3] 明代常熟著名丐户乃石电。"而石电者,乃以死义特闻。崇祯八年,流贼蹿中都,围桐城。电与壮士陈英从指挥包文达往援。二月十二日,追贼于宿松,我师恃勇轻进,陷贼伏中,文达死之。英、电分左右翼搏战,杀贼无算,英踬被擒,电大呼往救。贼围之数重,电力尽,舍弓矢手枪,复杀数人。贼群斫之,头既断,犹僵立为击刺状,良久,乃仆。"[4]钱谦益著有《石义士哀辞》。清代《三风十愆记》记载,堕民"其隶于常熟者,男谓之贫子,妇谓之贫婆,其聚族而居之处,谓之贫巷"[5]。《大清世宗宪皇帝实录》记载:"苏州府属之常熟、昭文二县,旧有丐户。"[6] 康熙《常熟县志》也有"元旦至元夕,丐户逐疫,乃乡人傩遗意,夜分测月影占水旱"[7] 的记载。光绪《重修常昭合志》载常熟阜成门外和昭文五渠均建有刘猛将军庙,"丐户奉之尤勤"[8]。雍正年间,苏抚尹继善提出为江苏常熟和昭文堕民除籍。

清代吴县官吏及文学家吴慈鹤,也是慈善家。"嘉庆甲戌大饥,偕郡绅潘乾等力倡

---

[1] (清)钱谦益:《牧斋初学集》卷第七十八《哀辞·石义士哀辞》,崇祯癸未刊本。
[2] (明)姚宗仪撰修:《常熟县志》卷三《叙兵》,北京大学图书馆民国晒印本。
[3] (明)龚立本撰:《常熟县志》,崇祯十二年纂抄本,转引自《中国地方志民俗资料汇编》第8册,国家图书馆出版社2014年版,第424页。
[4] (清)高士义修,钱若灿纂:《常熟县志》卷十九《义侠》,康熙二十六年刻本。
[5] (清)瀛若氏:《三风十愆记·记色荒》,《丛书集成续编》第224册,新文丰出版公司1978年版,第397页。
[6] (清)勒德洪等纂修:《大清世宗宪皇帝实录》卷之九十四"丙戌"条,清内府抄本。
[7] (清)杨振藻修,钱陆灿等纂:《常熟县志》卷之九《风俗》,康熙二十六年刻本。
[8] (清)郑种祥修:《重修常昭合志》卷十五《坛庙志附祠宇》,光绪三十三年刊本。

捐赠，以钱代粥，流民、丐户、渔船莫不周济。"① 康熙二十六年（1687）苏州府的长洲、吴县以鼓吹为业的丐户奚君先、陈惠宇等连名呈称，要求巡按御史确保其从事吹唱的主顾生意，严禁街头吹唱"扬花"的奸棍侵占。联名申诉的丐户有四十七家。"吹业小民朱茂召、浦君林、陈惠宇、奚君先、相哲生、陈九如、浦益之、浦君亮、胡吉生、周晋卿、许子介、薛征如、胡海明、缪嗣芬、许悠珍、顾仁甫、朱君祥、胡君甫、胡云山、平御嘉、陈彩候、陆瑞卿、胡君昌、吴君超、薛景如、顾瑞之、胡茂林、胡顺公、浦俊卿、田万原、朱诗朋、陆瑞之、姚舜荣、胡显之、朱显文、陈定如、朱嘉瑞、汪会□、□□□、程□灏、赵□□、□□□、陈□江、□□□、□□□、□□□。"②《宪奉永禁差役梨园扮演迎春碑文》也有："除行苏州府转饬长元吴三县迎春扮演故事，即往例系丐户，不系梨园扮演，嗣后仍照旧例行。"③ 清代，长洲、元和以及吴县，均有丐户。

清代泰兴县也有堕民。咸丰六年（1856），朱文灏等在泰兴设立慈善机构——"恤釐局"，专门抚恤贫苦寡妇。"专恤儒素清白之嫠，以城内为限，五门外市居者亦恤，村庄乡镇路远难稽，以及客民佣工丐户，或已列保节局者不恤。"④ 已在"保节局"得到资助者不再列入，堕民也未列在抚恤之内。立春前一夕，"向例乐人制小春牛，于是日清晨遍送绅士家及门鼓吹以送，近不行。"⑤ 立春制送"小春牛"，也是丐户专利。

靖江清代腊月二十四日，也有"丐者饰鬼面傩于市"⑥。堕民来源有三种传说：一是元军灭南宋以后，将俘虏及罪人集中于绍兴等地，贬为堕民；二为南宋时金兵南下，宋将焦光瓒部投降，金兵北退后，宋人引以为耻，遂将焦光瓒部落贬为堕民；三为元末张士诚率众起义，后来被朱元璋剿灭，张士诚所部遂被贬为堕民。靖江堕民则属于第三种。"因为元代至正十六年（1356）张士诚曾派其部属朱定、徐太二在马驮沙筑水寨抵抗朱元璋的部队。第二年朱元璋的大将徐达、康茂才攻破水寨将朱定、徐太二生擒斩首。张士诚的部属在马驮沙屯兵一年之久，马驮沙自然有人参加他们的队伍。张士诚被消灭后，朱元璋一统天下，便将参加张士诚部队的人贬为堕民。"⑦ 直到中华人民共和国成立后，靖江堕民才彻底消融。

民国时期无锡还有专门的堕民村——"乐户村"。钱穆生于江苏无锡南延祥乡啸傲径七房桥，"桥北一村，名丁家村，乃七房桥乐户，袭明代旧制。世习昆曲锣鼓，歌唱吹打。每一家有事，亦毕集。遇喜庆，即在宅前大厅搭台唱昆曲，打锣鼓。或分两台，

---

① 邵中、李瑾编著：《吴慈鹤》，《吴中名贤传赞》，江苏古籍出版社1997年版，第1188页。
② 《长洲吴县二县永禁杨花在街头吹唱占夺民间吹手主顾哄骗民财碑记》，《江苏省明清以来碑刻资料选集》，第275页，生活·读书·新知三联书店1959年版。
③ 《奉宪永禁差役梨园扮演迎春碑文》，《江苏省明清以来碑刻资料选集》，生活·读书·新知三联书店1959年版，第277页。
④ （清）杨激云修，顾曾恒纂：《泰兴县志》卷八《义宇》，光绪十二年刻本。
⑤ （清）凌坮、张先甲修：《续修泰兴县志》，嘉庆十八刻本，转引自《中国地方志民俗资料汇编》第8册，国家图书馆出版社2014年版，第510页。
⑥ （清）叶滋森修，褚翔纂：《靖江县志》卷五《风俗》，光绪五年刻本。
⑦ 《靖江堕民》，《靖江日报》1999年11月22日。

或只一台。或一日夜，三日夜不等"①。丁家桥乐户并不务农，以奏乐为生，属于世家大族钱家的乐户。乐户演奏琵琶、笙和箫，也用锣鼓，穷困人家婚丧大事请乐户奏乐，而富庶人家生日庆典也请乐户演奏。丧事4人奏乐1日，婚事8人奏乐1日至3日，遇上人手不够，丁家可请外来人员帮忙。一个乐队服务范围可达二百户左右。

明代如皋县也有堕民。王蚪生乃山东长山人，参加科举考试中进士，于明崇祯十二年（1639）出任如皋县令。如皋产鹤，王蚪生素有鹤癖，在衙署内畜养十余只鹤，鹤喜食蛇。"乃谕诸丐户，每人日纳一蛇。"②有罪应罚款者，也允许纳蛇折值。如皋的蛇被捕殆尽。每当庭空夜静，群鹤蹁跹竞舞，鹤唳彻云，王蚪生乃"辍案牍而玩之"。王蚪生因渎职被弹劾罢官。

松江府下辖华亭、娄县、奉贤、金山、上海、南汇、青浦七县，以及川沙厅，相当于现上海市所辖区域。嘉靖三十三年（1554），郑若增向苏松兵备道任环建议"弭盗事宜"十一条，其中就有管控"乐户"条目。"合行令各州县掌印巡捕官，备将城市乡村乐户、水户，多者十家，少者五六家，中择其能事者一人，定为头领。每日稽查某家接留有无踪迹可疑之人，若有此等，许头领并接留之家，报同地方保甲长等，拿送到官追究；如势不能擒，密报所在官司，督发兵快，协同擒拿，有功一体重赏。若互相容隐，事发，头领并接留之家、地方保甲长等一体坐罪。每月朔望日，有司务取各乐户、水户头领有无容隐盗贼缘由结状查考。"③郑若增与任环采取将乐户及水户编入保甲，由甲首督察下辖的人户，作为"弭盗"之策。

明代殷聘尹撰的《外冈志》，也提到松江堕民。"丐户：相传逊国勋裔，故置之海边，摈不与四民伍。其男子捕蛙或隶伶籍，婚丧之家，执使往役，或舁櫬歌挽。岁时佳节，沿门奏乐乞酒食。其妇习媒或为伴娘，嫁娶者倩以赞其妇。或货鬏髻发髢，或为金珠牙侩，谓之贫婆。旧制衣巾横幅，不得服长衫，俗称为贫子。每岁悬其先世祖宗遗像，如今隶，巾插雉毛，服长领一撒束襕带。或曰此金时达官也。其党恒结盟与四民相争持，小忿则求无主之尸以讼，民以是惮之。迩乃更悍，颇为俗蠹。或曰宋将焦光瓒部落，以叛宋投金，故被斥。"④涉及堕民的起源、聚居地以及职业。

清代乾隆编撰的《华亭县志》以及光绪《重修华亭县志》，均有大同小异的丐户记载。"提督衙门一切公宴及演武场操演应用椅桌什物，悉皆自备，并不借之民间。文武衙门张挂告示，城门着门军，寺庙着僧道，津桥路口着居民，枷犯着铺司看守典刑，尸首着丐户收抬，摆设公案着岳庙住持。"⑤各司其职，不得扰民。农历十二月二十四日，用粉团、糖饼祭灶，妇女不得参加。灶神上天言人过失，用糖取"胶牙"之意。并扫除屋尘，称为"除残"。农历十二月二十五日，举家食赤豆粥，以避瘟疫，外出者

---

① 钱穆：《八十忆双亲》，生活·读书·新知三联书店1998年版，第7页。
② （清）钮琇：《觚賸》卷二《吴觚》，康熙临野堂刻本。
③ （明）郑若增：《江南经略》卷七下《见行兵政二·弭盗事宜·处娼优》，康熙郑起泓刻本。
④ （明）殷聘尹：《外冈志》卷一《俗蠹》，上海书店出版社1992年版，第893页。
⑤ （清）杨开第修，姚光发等纂：《重修华亭县志》卷八《田赋下》，光绪四年刊本。

也留有一份，称为"口数粥"，"丐者饰鬼神傩于街市"①。

川沙县也留有堕民的足迹。北蔡镇堕民为平民丧事奏哀乐。成殓之日，"有堕民不请自来应差"。亲戚前来悼念，妇女则在尸体前号啕大哭。"午后举行大殓，堕民奏起呜呜哀乐，名为'噩气'。先为死者沐浴（揩身），然后着衣，一般人家都备有香花被褥，内外共穿多件衣服，以衣领为准，领头越多，家属越发风光。每一过程，用一次'噩气'、放一次铳。"②

清代青浦县民间婚嫁，无益之费甚多。"而乐人、喜媪又增立名色，以耗其财。"媒人往返男家数次，以索聘礼。"将婚，女家行嫁，自八厨十六箱至一厨两箱不等，均用鼓乐导之。男家迎娶，亦导以鼓乐。"③ 婚礼宴请宾客数日不止，侈汰无节。堕民虽经雍正改籍，仍属贱籍。嘉庆《珠里小志》记载："男工之贱者，曰剃头，曰乐人，曰土作。女工之贱者，曰稳婆，曰喜嫔……僧道、乐人、喜嫔各有主顾，谓之'门眷'。"④ 此处"乐人""喜嫔"似应为男女堕民，堕民均有属于自己的主顾。

民国时期崇明有堕民扮演春官，参与官府的迎春仪式。腊月也有堕民"画衣涂面傩于市"⑤。

明代安徽局部地区也有堕民散居，安徽休宁的叶权在《贤博编》中，谈到自己家乡的堕民。"吾乡长老传言，国初里人有一、二姓，被籍破落户，出入三尺窦，戴狗皮帽，不齿于众。"⑥ 清代茹三樵在《越言释》中，也提到徽州古属越地，也有堕民。"今之为惰贫者，自绍郡八邑外，宁、台、金、衢、严、处以及上江之徽州皆有之，则皆古之越地也。"⑦ 民国以后安徽堕民不见史载。

宋元时期，仅有零星堕民记载。明清时期堕民分布于江浙沪地区。民国以后浙江成为堕民主要聚居区。明代浙江八府均有堕民分布，清以后堕民主要聚居宁波、绍兴和金华地区，江苏及上海仅有零星记载。堕民分布的地区，随着时间的变化，不断缩小。

【作者简介】谢一彪，绍兴文理学院人文学院教授。

---

① （清）杨开第修，姚光发等纂：《重修华亭县志》卷二十三《杂志上·风俗》。
② 北蔡镇人民政府编：《北蔡镇志》，1993 年版，第 342 页。
③ （清）汪祖绶修，熊其英纂：《清浦县志》卷二《疆域·风俗》，光绪四年刊本。
④ （清）周郁滨纂：《珠里小志》卷三《风俗》，嘉庆二十二年刊本。
⑤ 曹炳麟纂修：《崇明县志》卷之四《地理·风俗》，民国十三年修十九年刊本。
⑥ （明）叶权：《贤博编》，中华书局 1987 年版，第 32 页。
⑦ （清）茹三樵：《惰贫》，《越言释》（上），广陵古籍刻印社 1990 年版，第 4 页。

绍兴越社的前世今生

裘士雄

【摘要】 绍兴越社创建于1911年三四月间，宋紫佩、鲁迅、陈去病等人为发起者、主要负责人、指导者和《越社丛刊》总编辑。本文厘清了越社成立的时间、宗旨及其与南社、鲁迅的关系，全面介绍它的所作所为和贡献。对于2008年4月重建的越社，在继承和弘扬书画篆刻传统艺术亦有简要的介绍，并对它有较大的期待。

【关键词】 宋紫佩　鲁迅　越社　前世今生

自古以来，绍兴与全国许多地方一样，也有结社集会的传统，无非是其自由度宽严不一而已。辛亥革命时期，绍兴的结社、建党、组团、集会是一个高峰期，只是这众多的党团会社良莠并存，寿命长短不一。其中，越社不仅与鲁迅、陈去病、宋紫佩等名人以及著名的文学团体南社有相当密切的关系，而且，它在辛亥革命期间乃至民国时期为绍兴经济和社会发展做出了许多贡献。

一　越社成立的时间、宗旨及其与南社、鲁迅的关系

（一）越社成立的时间

长期以来，关于越社成立的时间众说纷纭，莫衷一是。随着近年有关史料的不断发现和考证研究的深入，我们可下它成立于1911年三四月的定论。其理由有五：

1. 宋紫佩的《二十年来之回首》有确凿文字记载。宋紫佩（1887—1952），谱名盛琳，改名琳，字紫佩，又作子培、子佩，今柯桥区平水镇宋家店村人。光复会会员，中国同盟会会员，先后师事寿洙邻、徐锡麟、秋瑾、陈去病、鲁迅等，始终与鲁迅保持非常亲密的关系。"中华民国三年（1914）十月一日午后九时"，宋紫佩在"京师图

书分馆"写就了题为《二十年来之回首》的回忆文。记载的都是清末民初鼎革之际的绍兴史事，正好弥补这一历史时期绍兴史料不多的缺憾。当事人写当时亲身经历的事，弥足珍贵，可视为信史。宋紫佩在这篇回忆文章中说，1909年，陈去病"偕海上诸同志组织南社，欲以文字鼓吹革命，实同盟会之变相也。函招入社，始得与柳亚子、高天梅诸君子游"。1911年春，从浙江两级师范学堂毕业回乡的宋紫佩"主浙江第五中学校理化讲席。时革命思潮，贯注于人人之脑海，而吾越为尤甚。予因征集匪社同志，另设越社，遥与南社相呼应。社员数以百计，一时名流，如周豫才、陈子英、范爱农、李宗裕诸君子皆与焉"①。

2. 鲁迅在1911年4月12日写给挚友许寿裳的书信中谈及此事，说："迩又拟立一社，集资刊越先正著述，次第流布，已得同志数人，亦是蚊子负山之业，然此蚊不自量力之勇，亦尚可嘉。若得成立，当更以闻。"② 此时，鲁迅在绍兴府中学堂担任监学兼博物教员。宋紫佩在回忆文章中称"浙江第五中学校"，绍兴府中学堂则是它的前身。鲁迅与宋紫佩也从先前杭州浙江两级师范学堂的师生关系转变为绍兴府中学堂的同事关系。笔者以为鲁迅致许寿裳信中所说的"拟立一社"，当为越社，他把筹建越社的信息函告挚友，可谓是权威发布。

3. 1912年2月出版的《越社丛刊》第一集载有《越社第二次修改章程》，注明"辛亥十一月十二日"，据此亦可推定越社成立并通过《章程》应在半年前，因为《章程》规定，越社夏冬二季各活动一次。

4. 陈去病所撰的《越社叙》，第一次发表在1911年5月26日北京《帝国日报》，除题为《越社成立叙》外，文末署明"辛亥仲春中浣一日　吴江陈去病书"，由此可见，该叙写于1911年3月11日。《越社叙》也登载在是年6月26日出版的《南社丛刊》第四辑，标志着此时越社已经成立。

以前，有人根据马可兴老人的回忆，将越社的成立时间说成1908年。照理，马可兴是越社成员，他的回忆也是可信的，现在看来，他把1908年成立匪社，说成了越社，是记忆有误。对一个饱经沧桑的老人来说，回忆五六十年前的史事也是难免张冠李戴的。同样，鲁迅三弟周建人在八九十岁高龄接待我们访问时，说鲁迅"是参加又不参加"越社，当时听了以后有丈二和尚摸不着头脑之感。自近年发现宋紫佩《二十年来之回首》这一回忆文章后，也澄清了这个问题。鲁迅不仅参加了越社，还是该社的主要指导者。此外，陈子英、范爱农、李宗裕等许多绍兴人也是越社成员。

5. 当事人鲁植园当年的日记记载："民元前一年辛亥　十九岁"，"又奉令改称浙江省立第五中学校，五学年制。校长陈子英先生潜延周智荷、陈去病、周豫才（鲁迅先生），诸先生多留学东西国归来者。二月越社成立，陈去病为叙。兹检录原文，弥觉

---

① 宋紫佩：《二十年来之回首》，载北京鲁迅博物馆鲁迅研究室编《鲁迅研究资料（10）》，天津人民出版社1982年版。
② 鲁迅1911年4月12日致许寿裳信，载《鲁迅全集》第十一卷，人民文学出版社2005年版，第346页。

可珍"①（叙从略）。这位鲁迅、陈去病的学生关于 1911 年"二月越社成立"的说法可信度更高。他讲的是农历二月，换算成公历，已是 3 月了。

（二）越社与南社的关系

要说越社，其实应先说南社。之所以社名为南社，是因为取"操南音，不忘本"之意。"它底名字叫南社，就是反对北廷的标志"（柳亚子语）。由陈去病、高旭（天梅）、柳亚子等发起，1909 年成立于苏州。这个著名的近代文学团体从事诗文创作，而尤以诗著称。它竭力鼓吹民主革命，反对清王朝的专制统治，在辛亥革命前产生过积极影响。早期成员多为中国同盟会会员，后来品流渐杂，多达千人。据南社于辛亥年（1911）正月编印的通讯录，除 1 人已作古外，有国外社员 20 人、国内社员 172 人，其中绍兴 2 人，即宋紫佩与鲁迅。宋紫佩是他的恩师陈去病"函招入社"的，而鲁迅则是由他的学生和同事宋紫佩介绍参加南社的。鲁迅夫人许广平在《民元前的鲁迅先生》一文中讲得很清楚：鲁迅"加入南社也是宋先生介绍的。不过对于南社的作风，先生似乎不赞同，所以始终是一个挂名的社员，没有什么表现，甚至连许多社友也不知道他是同志之一"②。据笔者所知，后来，陶冶公、宋沅、魏铖（铁珊）等也加入了南社。关于南社，鲁迅在《现今的新文学的概观》《对于左翼作家联盟的意见》《隔膜》等文章中均有所谈及："清末的南社，便是鼓吹革命的文学团体，他们叹汉族的被压制，愤满人的凶横，渴望着'光复旧物'。"③ 起劲地为文字狱的被害者"辑印遗集"。"但他们抱着一种幻想，以为只要将满洲人赶出去，便一切都恢复了'汉官威仪'……谁知赶走清朝皇帝以后，民国成立，情形却全不同，所以他们便失望，以后有些人甚至成为新的运动的反动者。"④ 他"希望革命的文人"应该"明白革命的实际情形"。否则，"一到革命进行，便容易失望"，消沉，颓废，甚至转为革命的反对者。

《越社第二次修改章程》第一条是"本社由南社分设于越，故以越名。"第七条规定"本社书记应将社友姓名、住址及一切社务情形于每年季夏、季冬报告南社书记员。"可见越社与南社关系甚密，越社无疑是南社的分支机构。陈去病在绍兴府中学堂任过教职，以"秋案关系，遭当道之疑忌，辞职归沪上"，仍直接指导绍兴成立越社，并为越社写过一篇《叙》。当时，鲁迅、宋紫佩他们对陈去病也十分尊重，在《越社丛刊》第一集首页登载了这篇《叙》，它分析了当时的形势，抒发了自己的感慨，还有庆贺越社的成立和所寄予的希望。全文照抄如下（标点为笔者所试加）：

---

① 引自鲁树恒：《植园年谱》，系手稿，写于中华人民共和国成立前，藏于绍兴图书馆。
② 许广平：《民元前的鲁迅先生》，载倪墨炎、陈九英编：《许广平忆鲁迅精编·鲁迅的写作和生活》，上海文化出版社 2006 年版，第 88 页。
③ 鲁迅：《三闲集·现今的新文学的概观》，《鲁迅全集》第四卷，人民文学出版社 2005 年版，第 137 页。
④ 鲁迅：《二心集·对于左翼作家联盟的意见》，《鲁迅全集》第四卷，人民文学出版社 2005 年版，第 239 页。

越社叙

风云惨淡之际,脱无人焉,挽狂澜之既倒,作砥柱之中流,则必天倾地圮,人事翻覆。一夺乎大中至正之道,而日即于邪,将三纲沦而万物斁,天下事其尚可为乎?惟夫君子禀百折不回之志,婴至艰极巨之任,毅然决然而无所恐怖,于是经历险阻,备诸困厄,而泰乎如履坦夷之途,斯其所由回劫运而贻祜祺也。孰谓天定胜人,而人定不可以胜天哉?盖亦视乎人而已矣!

晚近以来,中国之变,亦既亟矣。上无道术以速其亡,下亦无所补救以视其亡,而天下因益加危。一二君子忧之,思有所藉手以为之援,乃终弗获。遁而之于旷荡之野,莽苍苍之乡,徒以放浪自娱,狂歌痛哭,以遣厥生。而于是大江之南,迄乎南海,有南之社挺焉。其为社也,上不系于皇之朝,下不托乎民之野,茫茫葱葱,若凭虚御风,而属乎帝之乡。其社之人也,抑又天子不得而臣,诸侯不得而友,颓乎散乎以自放乎山泽之间,而与古为之徒。故世莫之或闻,闻亦以为怪,而弗与之俱。然且植之,且拓之,且响应之,至于声大而洪,而铮钪,而扇厥风,以激荡于浙江之潮,而腾啸乎其东,则翘翘然正吾三千君子欢笑忭舞于会稽之峰,斯越社之雄也,亦我南社之所诧以为功者也。

然则越社之成,余又乌可不文以为之庆乎!庸敢陈其鄙陋,为越社勖,且以祈吾南社将由越而闽而粤,以迄乎南海之南,北海之北,则天下事倘有济乎?抑又南社之庆也。是为叙。吴江陈去病。

(三) 越社的宗旨

关于越社的宗旨,《越社第二次修改章程》第二条已写得清清楚楚:"本社以益智、辅仁兼敦友睦任恤之风为主义",与南社雷同。根据上述《章程》,"品学优长,得社友二人以上之介绍即可入社";"社中公推总编辑一人,副编辑二人,干事三人,书记、会计各一人";"入社者须由本社书记发给入社书,依式填送,能以著述及照片并寄尤妙";"职员每岁一易,由秋季雅集时公推,连任者听……";"岁逢春秋佳日,本社即择湖山胜地,邀同社友雅集二次。如有特别事故须临时集议者,其地址及日期亦由书记预告";"雅集费临时酌捐";"入社者应纳入社金一元,岁纳常捐一元";"本社岁刊丛刻两集,分诗、文、词三种。社友均可不时投稿编辑部,由编辑员汇选付梓";"社集出版后,各社友均分赠一册,其余作卖品";"社友如确有妨害本社名誉者,初用谏,次用摈,以昭直谅";"章程有未妥处,亦于秋季雅集时共同修改"。越社"通信处:绍兴《越铎日报》社"。它与1911年5月26日发表在北京《帝国日报》的章程有较大的改动,但主要内容雷同。看完《章程》后,我们对越社该有基本了解,通信处设在《越铎日报》社,孙德卿、王铎中、赵汉卿、张警黄、郁稚清、沈维翰、沈竹泉、陈古遗、陈兆燕、李鸿梁等报社中人也应是越社社员。

(四) 越社与鲁迅的关系

一直以来,鲁迅研究界认为鲁迅是越社的创办者、主要负责人。其实不然,说鲁迅是指导者、支持者也是参加者，较为恰当，很可能是《越社丛刊》总编辑。1912年1月3日面世的绍兴《越铎日报》不久发生内部分裂，宋琳（紫佩）于3月投书上海《民声日报》，云："前琳以神州光复，特邀集社友周豫才、张越民、王文灏诸君，在绍兴以越社名义组织《越铎日报》，以为文明之鼓吹。"① 宋紫佩这短短的几句话，佐证鲁迅参加越社，故他以"社友"相称。宋紫佩一生为人低调（其子宋舒、孙女宋燕琳几代人均如此），他写信给《民声日报》是实事求是的，当年年仅二十五六岁，距越社成立不到一年时间，也不会产生记忆上的差错。鲁迅在绍兴府中学堂的另一学生鲁树恒（号植园）有《植园年谱》存世，他记载："（一九一一年）八月十九（后定为国历十月十日双十节）武昌起义，九月十五杭州独立，九月十九绍兴光复。先是杭垣事起，府县官及旗营闻风先飏，越社孙德卿先生等出面维持，地方空虚，以吾校学生组织学生军巡防。余为小队长。领队检查钱业存银以备饷糈，梭巡市街，人心安定。"② 此也说明杭州光复后，绍兴一度社会秩序混乱，是越社做安定工作，他写道"孙德卿先生"，鲁迅、宋紫佩都包括在一个"等"字里。当时就社会影响而言，孙德卿肯定是大于其他人的，他毕竟是富甲一方的开明绅士、社会名流，在绍兴是讲话有分量的人物。

二　越社的主要活动和贡献

越社自1911年三四月成立后，为光复绍兴，稳定绍兴秩序和发展绍兴文化、教育等社会事业做出了许多努力和贡献，主要有以下几个方面。

1. 越社集中了绍兴精英，对光复绍兴功不可没。宋紫佩在《二十年来之回首》这一回忆文章中说：武昌首义成功，"密檄传来，同志皆跃跃欲试。爰密议于兰亭，谋所以影响。时全城警队长官，多越社同志．能为我用。惟防营一队，颇称劲旅．管带王国治，不晓大事，未敢即发"③可见，越社并不是纯粹的文学团体，连绍兴军警界也多被掌控。杭州光复后，章介眉"怂恿清吏程赞清宣布（绍兴）独立，组织军政分府"，但人心浮动，宋紫佩"以保安秩序为己任，立集越社同志，开正式大会"④ 于东街千年古刹开元寺。周建人也回忆，越社同人"公举鲁迅做主席。鲁迅当下提议了若干临时办法，例如提议组织讲演团，分发各地去演说，阐明革命的意义和鼓动革命情绪……"⑤ 当时，宋紫佩根据人们思想和社会秩序混乱的局面，与鲁迅取得共识，"宜先设武装演说队，以镇人心，一面更集同志组织学生军一队，举予为之长，有周豫才、

---

① 转引自杨天石《鲁迅与越社新考》，《鲁迅研究动态》1986年第6期。
② 据鲁树恒：《植园年谱》，系手稿，写于中华人民共和国成立前，藏绍兴图书馆。
③ 据宋紫佩：《二十年来之回首》，载北京鲁迅博物馆鲁迅研究室编《鲁迅研究资料（10）》，天津人民出版社1982年版。
④ 同上。
⑤ 乔峰：《略讲关于鲁迅的事情》，人民文学出版社1961年版，第14页。

陈子英诸君子赞襄擘划，以统其成"①。在鲁迅、宋紫佩、孙德卿和其他越社同志组织演说队上街宣传革命后，人心很快安定下来。接着，越社又派出代表赴杭请求革命军尽快进驻绍兴。11月10日，鲁迅和越社社员以及绍兴各界群众欢迎王金发率革命军莅绍主政。可以说，越社推翻了程赞清、章介眉拼凑的伪绍兴军政分府，参加了真正光复绍兴的实际斗争。

2. 力保绍兴的辛亥革命成果，创办《越铎日报》，用以"监督行政，促进共和，鼓吹军国精神，提倡实业、教育"。王金发主政绍兴之初，比较能顾全大局，倾听公众的意见，采取了一系列于民有利的措施，如免收一年粮税；"限令米商出粜米价，以恤穷黎"；奖励兴学，劝导实业；公祭徐锡麟、秋瑾等先烈；训练部队预备北伐等。可是好景不长，越社同志看到王金发被旧官绅和"新进的革命党"所包围，"捧得他连自己也忘其所以，结果是渐渐变成老官僚一样，动手刮地皮"②，还遵循"不修旧怨"的古训，听信章介眉"毁家纾难"的鬼话，将已打入牢狱的"国民之蠹"章介眉平白开释。对于王金发的错误言行，鲁迅、陈去病、王铎中等天天发表政论文，还运用时评、打油诗、讽刺漫画等各种形式对他规劝、揭发和批评，用心何等良苦。《越铎日报》转向后，宋紫佩等越社社员又相继创办《天觉报》《民兴日报》等，"鼓吹社会事业，冀谋社会教育之发展"，发扬共和精神，希冀通过舆论监督，让绍兴执政当局朝正确的政治方向前进。无奈绍兴与全国政局一样发生逆转，越社同志亦回天无力，但他们的用心和努力，历史已做了肯定的结论。

3. 创办《越社丛刊》《绍兴县教育会月刊》（后改《绍兴教育杂志》）等刊物，促进绍兴的文化、教育等事业建设。《越社丛刊》是越社的机关刊物，迄今仅发现它的第一集。其"文录"部分有6位作者发表了10篇文章，其中鲁迅以周建人名义发表了《会稽山采植物记》和《镇塘殿前观潮记》（总称《辛亥游录》），以周作人名义发表了《古小说钩沉·序》；周作人发表了《猥曲序》和《诗铭》。其"诗录"部分有14位作者发表了58首诗，其中周作人有《秋草园》《乙巳除日》和《寒食》等3首。该集诗文作者宋沅、陈国惠、秋复、赵建藩、鲁其潽、郁颖炯、阮恒、吴邦藩、周开山等都是越社社员，与鲁迅的关系或同事，或学生，或亲戚。《越社丛刊》第一集面世后，社会反响较大。1912年2月20日上海《民声日报》发表了柳亚子的评述，云："越社为会稽宋紫佩君发起，与南社相犄角，振风骚于绝响，追几、复之复踪，甚盛事也。顷复裒集社友著述，汇为《越社丛刊》，承以第一集见惠，挖雅扬风，芳馨悱恻，足以发扬大汉之天声矣。自建房兴狱，文献坠地，民国初建，弦诵未遑，得此空谷足音，何快如之邪?!"③柳亚子与宋紫佩往还密切，他的这席话不仅确认宋紫佩是越社的发起人，而且，是柳氏对于鲁迅编辑《越社丛刊》（第一集）及其鲁迅民初在故乡的文学活动最早且较好的评述。这本薄薄的《越社丛刊》为我们保存了清末民初的绍兴文学

---

① 乔峰：《略讲关于鲁迅的事情》，人民文学出版社1961年版，第14页。
② 鲁迅：《华盖集·这个与那个》，《鲁迅全集》第三卷，人民文学出版社2005年版，第151页。
③ 转引自杨天石：《鲁迅与越社新考》，《鲁迅研究动态》1986年第6期。

史料，它也是民国肇建后问世的第一本文学杂志，其意义不言而喻。鲁迅、宋紫佩、周作人先后当过绍兴教育会正副会长，创建并主编过《绍兴县教育会月刊》（后改《绍兴教育杂志》）。该刊作为绍兴教育会的机关刊物，总共印行过36期，它偏重绍兴地方教育状况的调查和报告，兼顾文艺和学术。它为我们保存绍兴民国前期丰富的教育史料，单是鲁迅、周作人和周建人三兄弟就在该刊发表了大量文章。所以，它们不仅提供了研究绍兴文化、教育等各方面的史料，而且也有助于对周氏三兄弟的研究。

4. 倡导新剧和移风易俗，以提高绍兴民众的觉悟和知识水平，促进社会进步。中国近代史上伟大的辛亥革命，大多数越社社员是亲身经历者，或是同情者、支持者，但此后不久发生的历史事件，让他们"看来看去，就看得怀疑起来，于是失望，颓唐得很了"①。但这批绍兴精英懂得教育潜移默化，诱导于无形之中。戏剧作为通俗教育、社会教育，对于社会的进步、民众的觉悟和知识的提升，发挥着非常重要和独特的作用。他们竭力提倡新剧（文明戏），"思取老戏而代之"，何悲夫、许啸天等越社社员尤为积极，他们在绍兴成立戏剧改良社，建造模范剧场，编写《恶家庭》《秋瑾》《家庭恩怨记》等新剧，四处演出。何悲夫是新昌人，驻绍部队的负责人之一，虽系一介武夫，但对此情有独钟，常常亲自粉墨登场。这不仅仅是个人兴趣爱好问题，而是他们把戏剧作为改良人生、改良社会的强有力工具加以使用。

绍兴系建于2500多年的历史文化名城，确有无数值得我们骄傲和自豪的灿烂文化，确有无数值得我们继承和弘扬的良风美俗。然而也附生了不少落后、陈腐、荒诞的恶俗陋习，古往今来，绍兴不知有多少志士仁人热衷于移风易俗。辛亥革命后，绍兴有人组建起"万国改良会"，地方报纸登载它成立的消息：

绍兴万国改良会②

本会以改不良善之风俗，摈绝无益之嗜好，增进社会之幸福，扶助世界之进化为宗旨。凡实行戒绝烟酒嫖赌者，不论职业、宗教，皆可入会。愿入会者，希来事务所取阅章程可也。

事务所暂设绍兴县前明德校

这则报道已将绍兴万国改良会的宗旨、要求说明清楚，也是越社社员发起成立的。而绍兴图书馆藏有的《越社婚丧祭祀简章》则更能说明越社所做出的努力：

越社婚丧祭祀简章③

越俗素称淳朴，年来婚丧交际日竞侈靡，习俗所趋几至悬崖，其谁勒马？实业不兴，饥鸿满野，若不知反，富者慢藏诲盗，贫者挖肉补疮，是古人作礼，反以为灾，故曰：礼奢宁俭，丧易宁戚。窃取此意以为社章，谨举婚丧简章若干条。

---

① 鲁迅：《南腔北调集·〈自选集〉自序》，《鲁迅全集》第四卷，人民文学出版社2005年版，第468页。
② 载1912年9月22日绍兴《民兴时报》。
③ 《越社婚丧祭祀简章》，连载于民国元年（1912）三月廿八日至三十日《越铎日报》。

又礼时为大，若国民程度于道德之精神未尽完全，则祭祀之形式未可捐弃。又拟祭祀简章若干条，我同志以身先之，不敢谓转移风气也。自民国元年始，每年由社中衡量修订，要以黜华崇实为唯一之宗旨。条举如后：

一　婚礼

（一）婚礼。两姓为婚，由正式媒介书写《婚约》，聘金多寡仅以为礼（绸缎、茶、酒、花果、糕饼等类概行革除）。婚期先时报告，届期婿亲谒见女父母，行鞠躬礼，即迎妇。诣宗祠，三鞠躬，见翁姑如见父母礼。夫妇揖往来舟舆，不仪仗，不鼓吹，来宾琴歌，一饮而散，不贺以著代也。

（二）嫁具。嫁具衣物仅以适用，用不求备（妆饰馈送、犒赏，三朝、七日、年节，外孙弥月、周年及其他铺张，一并革除）。

（三）戚谊。戚谊往来，食物赠答，本属人情，若铺张舟舆、仆从、盘盒等类，反为不情。

（四）婚约。主婚某某第几子，女年龄若干，仰荷某处媒介订婚，民国某年月日立约。

（五）祝词。夫妇人伦之始，老尔敬幼而慈，家由是立，国由是治，尚慎旃哉。

二　丧礼

（一）丧礼：举丧一日而殓，一祭而殡，再祭而葬。族戚、来宾开会追悼，吊用挽词，以彰其德。若僧道忏悔，反彰其过，而又使若辈以此为生，不事正业，误人莫甚，当以为戒。葬宜避田就山，以保出示而避践踏。

（二）省墓。省墓不祭，插花以为纪念。

三　祭祀

（一）祭日。元旦祀神，春秋、除夕祭祖，自身以上三代，于生卒日祭之，以为纪念。

（二）祭法：祭始祖至父，置三爵三箸，义取三献，不设位，合祭故也。祭身以上三代各设位置，各爵箸，特祭故也。席设于堂所，以教孝。祀神唯一无二席，设于庭，义取敬天；不置爵箸，义取大祭。

（三）祭品。动物毛羽鳞各一器，植物豆菽果菜各一器，焚香朝祭，左右置花，夕祭，左右提灯，宣祝，盖合动植声色光气备物，以为礼（焚箔革除）。

（四）祭礼：1. 家长主祭者免冠，北面；2. 家属与祭者皆免冠，北面；3. 主祭者宣祝或默念；4. 祭者皆三鞠躬。彻凡祭从同。

（五）祝文。祭祖父母人何种曰：自而来，惟祖父母。此身何自而来，惟祖父母。今此身在，欲见无由，欲事不得，惟祭祖父母曰：我父母生我、育我、教我，今此身在，欲报之德，昊天罔极。惟祭祀神曰日星地月之所由，主发生而司运动者，惟神灿陈万物，予我知觉，不自为功，吾人存心，亦当如是，乃不负天。往者已矣，悔从今始，心无可表，惟祭。

《越社婚丧祭祀简章》，订立于民国元年，距今整整107年。《简章》的唯一宗旨是："黜华崇实"，并号召"我同志以身先之"，表明越社中人颇有思想高度。说实话，时至今日，《简章》中所列举的一些陋俗依然，所主张的意见仍可借鉴、仿照。如"聘金多寡仅以为礼（绸缎、茶、酒、花果、糕饼等类概行革除）"；男婚女嫁，"不仪仗、不鼓吹……不贺以著代"；用"三鞠躬"代替繁文缛节；"嫁具衣物仅以适用，不求备"；"举丧一日而殓，一祭而殡，再祭而葬。族戚、来宾开会追悼，吊用挽词，以彰其德"，反对僧道做法事。"葬宜避田就山"；"省墓不祭，插花以为纪念"，祭礼、祭品均从简，"焚箔革除"等。越社发表这份《简章》100多年了，像扫墓，当今还在倡导用鲜花代替供祭品、点烛燃香，甚至鸣放鞭炮，可见风俗习惯是根深蒂固的，是千百年来相沿成俗的，移风易俗不可能是短时期用行政命令和措施就能完成的，这项长期艰巨的任务，靠结社、靠我们、靠后人，从政府官员到普通民众，需全社会动员、努力，全民参与，方可逐步移风易俗。

5. 致力于革命传统教育、文物保护，热衷于慈善、赈济、纂修地方志书等公益事业。徐锡麟、秋瑾等英勇就义后，越社社员主要是暗地里缅怀先烈，通过在杭州西泠桥堍营造秋墓等方式与清廷抗争。肇建民国后，越社迅速发起成立秋社、徐社和陶社，并与秋社、徐社和陶社一起共同举行"追悼秋瑾大会"（1912年1月27日）、"恭送徐锡麟、陈伯平、马宗汉三烈士入祠"（1912年6月10日）、"徐锡麟、陈伯平、马宗汉三烈士第二届纪念大会"（1914年7月8日）等纪念辛亥革命烈士活动。他们还通过建祠、立社、竖碑、筑亭、学校命名和撰文、赋诗、演讲、展览、演剧、集会、祭祀等方式缅怀先烈，对绍兴人民尤其是青少年一代进行革命传统教育和乡土教育，从而激发民众的爱国爱乡热情。

1928年7月，蔡元培起草《为秋瑾建祠筑亭募捐弁言》，与县长汤日新和王子余、姚烈、杜海生等绍兴官绅发起建秋瑾纪念碑和风雨亭。《弁言》说："去岁，故乡越社诸君子谋建风雨亭于女侠就义之所"[①]（秋瑾纪念碑与风雨亭后因故互易其位）。由此可见，如今矗立在绍兴轩亭口的"秋瑾烈士纪念碑"和府山西南峰的"风雨亭"，都是越社倡议并采用集资的方式营建。如今，秋瑾烈士纪念碑、大通学堂（含徐社）、徐锡麟故居、秋瑾故居等均先后成为全国重点文物保护单位。越社对许多辛亥革命先烈文物的征集、保护和陈列都做出了重要贡献。至于越社中坚王子余等人纂修绍兴地方志书，编印《绍兴县志资料》第一辑，创办难童教养所之类，在绍兴已是众所周知的事，毋庸赘述。所以，在某种意义上讲，越社赓续了历史，创造了文物和文明，把真情和大爱奉献给了故乡绍兴。

[①] 蔡元培：《为秋瑾建祠筑亭募捐弁言》，中国蔡元培研究会编：《蔡元培全集》第六卷，浙江教育出版社1997年版，第267页。

三 期待越社的"今生"更有作为，成绩更为卓著

综上所述，160年前成立的绍兴越社在绍兴近现代史上写下了光辉的一页。只是越社成立后不久，越社的主要发起者、领导人和指导者陈去病、鲁迅、宋紫佩等先后离开了绍兴，赴外地工作，靠王子余、孙德卿等乡贤支撑越社社务。后因他们于20世纪三四十年代陆续辞世，40年代初，绍兴又陷于敌手五年光景，再加上国民党统治腐败导致民不聊生，越社失去了它生存和发展的环境和条件，无形解散和销声匿迹了半个多世纪。中华人民共和国成立后，又遭受极"左"路线的干扰，运动一个接着一个，根本提不上议事日程，以致越社在绍兴民间逐渐被淡忘，但许多绍兴精英始终惦记着它。2008年4月，我们欣喜地看到古越大地重新挂出了"越社"的牌子。在中共绍兴县（今柯桥区）县委县政府的高度重视下，县委宣传部、县文广局直接领导重新成立"越社"，将其打造成为"文化强县（区）"的新品牌、新名片。众所周知，绍兴书画篆刻历史悠久，中国书画篆刻史上里程碑式的绍兴籍名家几乎历朝历代皆有，其经典的书画篆刻作品举不胜举，珍藏在海峡两岸的故宫博物院、大英博物馆和其他海内外博物馆以及收藏单位、个人。为继承绍兴优秀的历史文化遗产，弘扬绍兴书画篆刻艺术传统，团结绍籍和在绍工作、生活过或对绍兴有缘分的书画篆刻家，培养和造就一批又一批新生代艺术人才，绍兴县（今柯桥）有关部门和领导可能出于这种考虑，或者说这是重建越社的宗旨，也是颇有道理和意义的。现在，我们在太平盛世中过好日子，它的标志主要是经济发达，社会和人民生活安定，文化繁荣。绍兴县（柯桥区）各级党委、政府和业内人士以至普通民众都深深懂得：绍兴（含柯桥）是越文化的发源地，自古以来，就有耕读传家、文化昌盛的好风气，好传统。越文化的文脉只能延续，只能发扬光大。所以，笔者以为绍兴县（柯桥区）重建越社，是一种社会责任感、历史使命感的驱使和自觉表现，是继承和发扬鲁迅、宋紫佩等乡贤好思想、好精神、好传统的实际行动。作为一名普通的绍兴市民，向他们恭喜道贺的同时更要表达敬意。其实，这是一个聪明之举。有这么好的现成品牌，后人能从前辈身上汲取精神力量和文学艺术精华，我们何乐不为呢？这也给从事鲁迅研究和地方文史研究的我们一个启示，搞这些研究切忌空口讲白话，做文字游戏，也可搭建一个平台，有一个载体，形式亦要与时俱进，接地气，有所创新和突破。2008年9月8日，笔者应邀到柯桥山阴路蠡园越社展馆，参观"皓首童心——任在山小品画展"。是晚，又参加相应的越社公益书吧活动，一进门，会场早已济济一堂，与会者少数是年过花甲或古稀的老人，但大多数是柯桥城区充满朝气的青少年男女，也有二三个从沪杭专程赴会的知音，他们认真地观看画展后，纷纷发言，谈感受，谈书画技艺的切磋，谈建议，气氛十分热烈、轻松。听越社的操盘手朱勇方先生说，他们来自各个行业，有机关干部，也有布商；有在校学生，也有企业职工；有营业员，也有老总；有刚从田畈里走出来的农民，也

有清洁工……是书画这一祖国传统艺术感召他们聚集在一起，这是越社卓有成效的工作产生强大凝聚力的表现和结果。这种气氛和场面感染了我，触动了我，不得不使我们深思，我们鲁迅专业工作者、文史工作者和社科工作者能否从中获得一些启示呢？譬如，我们的博物馆、纪念馆习惯于观众以团队的形式听取讲解员的介绍（如有人批评似学校教学中的填鸭式），习惯于举行大型的全国性的最好是国际的学术研讨会。笔者以为上述活动和形式有存在的必要性，但不应该是唯一的。记得2002年，在日本松本市参观文学家——田空穗纪念馆时，笔者没有看到大呼隆的一批进、一批出，而见到几个不大的房间里，分别有一两位馆员同若干这位文学家的粉丝、研究者在进行恳谈式探讨。可见，在国外是形式多样的。专业工作者只有脚踏实地工作，才能团结、培养人才，文史和社科领域也许会更有生气。

越社办有一个内部刊物，亦名曰《越社》，迄今已出版39期，内辟越社传真、越中论坛、越墨流韵、越中一脉、越中随笔等栏目，内容丰富多彩，图文并茂，印刷精良。笔者虽未能每期收阅，但从视野所及的几期已感受到它的分量。姑且不论书画艺术这一专业，笔者也有较大的收获，在《越社》第23期看到退休教师谢治国先生所绘鲁迅的《阿Q正传》113幅插图，这与以前看到过的赵延年、程十发、丰子恺等大家、名家确有不同之处。绍兴本土画家对绍兴籍世界文豪鲁迅以绍兴为背景所创作的名著《阿Q正传》进行再创作，以国画这种美的形式宣传鲁迅，诠释鲁迅作品，其意义非同一般。2017年9月8日有幸初识谢先生，笔者就感到他为人谦和、低调。据说，2016年鲁迅诞辰135周年暨逝世80周年，越社举办过"谢治国——鲁迅小说插图展"，一方面是经越社负责人朱勇方的再三动员才首肯，另一方面，他也从小就受到鲁迅思想的熏陶，故以画作向鲁迅感恩和致敬。谢先生自幼与书画结缘，与鲁迅结缘，年过七十依然如此。他用左手执笔作画，以古拙质朴的线条勾勒成画，这是他的画作的特色。谢治国先生用画笔讲述鲁迅的动人故事，而笔者是几乎一辈子从事学习、宣传和研究鲁迅的人，对鲁迅的共同热爱，对故乡和祖国的共同热爱，我俩初识就有相见恨晚之感。而越社虽定位在书画艺术，但又同文学、戏剧、曲艺、历史、摄影等各界相通，是经常互动的。谢治国先生是美术家，以鲁迅作品作为创作题材与鲁迅研究界不是很好地在共同讲好鲁迅故事，共同讲好许许多多绍兴的好故事吗？

同样，笔者在《越社》看到了孙伟良的《补〈躬耻斋文钞〉》、娄国忠的《越墨先贤》、沈定庵的《记绍兴东湖创建者陶濬宣三件大事》和《近代绍兴十大书画家》、林岫的《紫竹斋艺话》、陈秋田的《稽山镜水忆画人》等许多好文章。笔者说它们好，其中一个理由是同为绍兴地方文史题材，我们有共同的爱好和研究。又如，笔者阅《越社》得知，永和会朱勇方等先生历时半年，实地踏访陶氏故里，登门拜访陶氏前辈，饱览陶濬宣一手打造的东湖胜境美景，查阅陶氏文稿，观摩陶氏书法，拓跋陶氏碑刻等，于2015年7月5日举办了《浔阳访陶——为陶濬宣诞辰170周年寿·永和会专题书展之三》。可以说，这是永和会诸书家与有志于乡邦文化之青年才俊，以追怀乡贤之情，作探古访幽之旅，行考据文献之功，著妙笔生花之文，成点画精湛之书，合成此洋溢人文意趣之情的展览。此前，笔者也写过几篇关于陶濬宣的文章，颇以为他是了不起的乡贤。他自筹8000两银子将一座残山剩水建设成今日绍兴主要旅游目的地之一的东湖。在当时的白色恐怖之中，他又仗义执言，敢于为被杀的秋瑾辩诬等。除沈定庵、娄国忠和笔者所写的内容外，笔者还觉得，他在清末办丝厂等实业方面也很有作为，为此，赶写了《从事实业旨在"裕国救时"的陶濬宣》一文，力图使这位乡贤以更丰满、更伟大的形象矗立在世人面前。

2013年竣工开放的柯桥蠡园越社，江南仿古建筑，古朴典雅，建筑面积不算大，480平方米而已，但它已成为柯桥和绍兴书画篆刻家向往的胜地。充分利用越社这一平台载体，"越墨流韵"越社公益书画展览常态化，每年推出系列书画展览十余场，迄今已举办各种形式的公益书画活动五十场次左右。如2015年4月，举办了《"秋田画水乡"小品展览》，丁酉三月初三（书法节），举办了《山阴道上行——2017年绍兴柯桥中国书法家协会会员小品邀请展》，17位会员正草隶篆行各体竞相呈现，还有如《浮生墨记——周俊生书法作品展览》《兰亭部落青年书法五人展》《惠风荷畅——钱志海"荷"主题书法摄影展览》《"近墨者"朱——朱勇方书法作品展》《问道山阴——"文心墨相"书翰展》《越社关注——少儿书画教育主题展》《翰墨情——越中遗墨展》《竹露滴清馨——王振尧中国画作品展》《乡情——李平野先生作品纪念展》《翰墨集趣——书画作品展》《风·雅——书画成扇雅集展》《平和天成——魏国平书法作品展》《越社：一场往事——"於越来宾"李建忠书法展》《似是而非——绍兴市中青年书法家临创作品展》等，都是有影响的书画展览。另一个可喜的现象是，既有固定在越社举办的"月舍雅集"，又有到社外举办的"越社雅集"。如2017年4月18日的《"越墨流韵"越社公益书画活动回眸图片展》就办到柯桥区行政中心大厅。同时，在这些书画展览展出期间，均有公益书吧活动开展，与会者有赞美，又有商榷；有总结，又有计划；有建议，又有批评；畅所欲言，一个目的，都是为了把越社办得更好。

笔者以为，百年之前创办的越社是文学团体，如今重建的越社则为书画团体，这也是社会进步、形势发展的取向所致。目的都是为了繁荣绍兴的文化艺术，推动绍兴经济和社会发展。我们后人应不断地善于从前辈及其从事的事业中汲取有效的做法和经验。重建的越社办得挺有特色，挺有生气，挺有影响。越社前世有辉煌、光荣的历史，期待它的今生赓续历史，创造更加灿烂的文化。而我们搞鲁迅研究的团体、个人，亦不妨从越社得到一些启迪、思考。

兰亭学：从学科定位到学科构建

毛万宝

【摘要】 近年来，始有一些学者撰文谈论兰亭学，肯定兰亭学的存在。但他们只认为兰亭学是一种学说或学说群，而非具有严密体系的一门学科。本文的看法与之相反，笔者认为无论在内容的丰富性方面，还是在体系的严密性方面，兰亭学都与红学一样，堪称一门地地道道之学科。兰亭学关注《兰亭序》及相关问题，直接从属于中国文化史研究，是文化学与历史学下面的一个分支学科。紧承学科定位，本文还就兰亭学的学科构建提出初步设想，认为兰亭学既有自己特定的研究对象、发展轨迹，更有自己特定的内容构成（即包括《兰亭序》研究、兰亭雅集研究、兰亭诗研究与兰亭接受研究四大板块的内容构成），是已然存在的《兰亭序》研究所无法涵盖与取代的。

【关键词】 兰亭学　学科定位　学科构建　研究对象　内容构成　发展轨迹　《兰亭序》研究

大凡略知中国文化史的人，都能说出这样的话：东晋时期有一位大书法家名叫王羲之，他写出了一通被后世称之为"古今法帖第一"和"天下第一行书"的名作《兰亭序》。由于受到唐太宗和其后历代十多位封建帝王的超常规接受，受到自唐以降历代封建士大夫的高度重视，《兰亭序》不仅获得广泛复制、化身千万，而且获得人们在理论上的大力关注，留下了极其丰富的学术成果，从而促使一门新的学科——"兰亭学"应运而生！

说起兰亭学，我们首先要弄清楚"兰亭"一词的所指，否则有的人会根据简单的字面意思，偏颇地认为兰亭学就是研究位于绍兴的一个地理存在——兰亭——的学科[1]。实际上，我们所说的兰亭学，尽管在研究对象或内容构成上也含有地理兰亭，但

---

[1] 如周幼涛撰《兰亭学研究刍议》即如此。《兰亭学研究刍议》，发表于《中国越学》第2辑（绍兴文理学院越文化研究院主办、中国文联出版社2010年版），后来，又收入王照宇和陈浩编著、浙江人民美术出版社2011年版《〈兰亭序〉综合·版本研究》一书。

主体还是指向文帖合一的作品——《兰亭序》。之所以出现如此的复杂性，无非因为当初王羲之在起草《兰亭序》时，并未明确写出文章的题目，像我们今天看到的各种《兰亭序》帖本，均是既无题目亦无署名。所以，后来记载《兰亭序》的人，便各以己意加以命名，有全称《兰亭集序》的，有简称《兰亭序》或《兰亭》的，也有作其他称谓的。据史料所载，最早记述《兰亭序》的，是南朝刘宋年间的刘义庆，他在所著《世说新语·企羡第十六》中写道："王右军得人以《兰亭集序》方《金谷诗序》，又以己敌石崇，甚有欣色。"① 而南朝梁刘孝标在为《世说新语》作注时又称为《临河序》②（原文注曰"王羲之《临河序》曰……"，当然，也有学者认为，按照刘孝标《世说新语》注文体例，"临河序"三字非篇名，即现代人不应该把它加上书名号，而应读作"临河作序"③）除此，南宋桑世昌辑《兰亭考》还叙说道："晋人谓之《临可（河）序》，唐人称《兰亭诗序》，或言《兰亭记》。欧公云《修禊序》，蔡君谟云《曲水序》，东坡云《兰亭文》，山谷云《禊饮序》。通古今雅俗所称，俱云《兰亭》。至高宗皇帝所御宸翰，题曰《禊帖》。"④

这样，我们便可认为，所谓兰亭学，就是研究《兰亭序》的一门学科。

可在我们之前，尚未有人对兰亭学做如此界定。

较早撰文谈论兰亭学的是陈浩⑤，他在《兰亭学述略》⑥一文中说道："兰亭学概念的提出，意味着兰亭及其相关研究将成为一门独立的知识系统。而事实上，历来的兰亭研究，无外乎人物研究（它包括兰亭雅集的参加者，其中王羲之及其相关人物是研究重点）、文献研究（主要指兰亭集的文辞研究）、文化研究（它主要包括由兰亭衍生出来的各种文化现象研究）三个方面。据此来看，这些研究大多缺乏特有的概念系统，不具备自身的命题以及研究对象独特性的缺失。那么，兰亭学的提出就成为一个近乎口号的话语？如果认真思忖一下，经久不衰的'红学''敦煌学'研究，以及近年来的'故宫学'研究等，难道它们都严格符合一门学科的要求吗？尤其是'红学'研究，百余年，社会力量介入的力度可谓使其他'学'望尘莫及，其影响社会阶层广泛，无疑是其产生经久不衰的重要魔力之一。当然，当下中国文人爱提出'××学'，而对'学'的理解也像提出'××学'的口号一样极具延伸性。它既可以指一门学问或者一种学说，也可以指现代学科中相对于实践的部分，如'美术学'，一般更偏指美术理论的部分。于是，兰亭学的理解也一样具有这种弹性，严格来讲它并不是一门学

---

① （南朝宋）刘义庆著，（南朝梁）刘孝标注，余嘉锡笺疏：《世说新语笺疏》，中华书局2011年版，第546页。
② 原本"序"作"叙"，因古人那里"叙""序"同义，为使本文称谓前后统一，凡遇"叙"皆直接改之为"序"。
③ 请参见许庄叔《〈兰亭〉后案》一文，收入上海书画出版社1985年版《书学论集》，即1981年"中国书学研究交流会"论文选集。
④ （南宋）桑世昌辑：《兰亭考》卷一，清鲍廷博刻《知不足斋丛书》第十集，清乾隆四十七年据柳大中影宋本刊本。
⑤ 本文涉及人物众多，为简洁起见，现当代人名之后一律不缀"先生"二字，但尊敬之情依然，特此声明。
⑥ 陈浩：《兰亭学述略》，《绍兴文理学院学报》（哲学社会科学版）2009年第1期。

科，而是一种学说，一种学术研究中自成系统的理论研究。"在我们看来，陈浩说兰亭学"是一种学说"当然无大错，试想，有哪门"学"不是由"学说"来构建的呢？可以说，没有"学说"的存在，就没有一门"学"的诞生之可能。但其断言兰亭学"并不是一门学科"则有待商榷。

稍后，又有陈望衡对兰亭学给予较详细的论述。2009 年 11 月 20 日，他于美国芝加哥"急就"出长达两万余言的专论《试论兰亭学》①。得学术合作之便②，笔者有幸于该文公开发表前就读到了该文。遗憾的是，《江海学刊》2010 年第 3 期发表该文（易题《兰亭学论稿》）时，竟将篇幅压缩一半以上，而我们要引述的作者观点，恰恰被压缩的发表稿所删去。在原稿中，作者曾留下一段简洁而又清晰的兰亭学之界说，很难得，特于此给予完整抄录、留存。陈望衡的界说是："我们提出，要建立兰亭学，这'学'的概念是必须加以辨析的。'学'有多种含义，有'学问'义、'学说'义、'学科'义和'学说群'义。我们说的兰亭学，不是关于《兰亭序》的某一种理论，也不是关于《兰亭序》的某一学科，诸如书法学、诗学，而是有关《兰亭序》的'学说群'。它虽然没有像某一学科那样有着严密的体系，但仍然是有一定的内在联系的。正是这种内在联系，决定了它是学。"在这里，陈望衡把兰亭学界定为"有关《兰亭序》的学说群"，理由是"有一定的内在联系"，但尚无"严密的体系"。然而，我们的看法与之有所不同，我们认为兰亭学也"有着严密的体系"，只是尚待我们去把握、去描述而已。

除陈浩、陈望衡二人以外，我们则未看到其他学者有关兰亭学的论述文字了。当然，较早提到"兰亭学"这三个字的学者我们也不能忘记，毕竟他们触及了兰亭学可否指向《兰亭序》研究的问题。早在 1983 年，浙江绍兴举办"纪念王羲之撰写《兰亭集序》一千六百三十周年大会"，陈振濂便提交了一篇长文《宋代"兰亭学"的兴起及其意义》③，以宋代"兰亭学"指称宋代《兰亭序》研究的方方面面④，只是正文当中没有一处提及"兰亭学"三个字。和陈振濂一样，祁小春 2000 年所编的《日本近现代"兰亭学"论著目录》⑤，所说兰亭学也指向《兰亭序》研究。后来，方爱龙著、上海古籍出版社 2008 年版《南宋书法史》，于第四章第三节也用"南宋的'兰亭学'"指称南宋的《兰亭序》研究，他在注释中说："笔者在此借用'兰亭学'，以说明南宋

---

① 陈望衡为武汉大学哲学学院教授，2008 年前后任绍兴文理学院特聘教授。期间，应邀加入该院美术学院"兰亭文化研究"课题（省级）组，《试论兰亭学》为其承担的一个具体项目。
② 上则注释所说绍兴文理学院美术学院"兰亭文化研究"课题（省级）组，笔者亦为成员之一，承担编著《兰亭学古代文献辑览》《当代〈兰亭序〉真伪论争文选》（两书 2011 年由浙江人民美术出版社出版）和撰写《兰亭论辩：学术背后的政治话语》《〈兰亭序〉：中国书法史上的永恒经典》（两文收入王照宇与陈浩编著、浙江人民美术出版社 2011 年版《〈兰亭序〉综合·版本研究》）的具体项目。
③ 后来，该文收入民盟浙江省委华夏书画学会编《书画论集》第三辑（"华夏书画学会丛书"之一，2002 年 4 月内部印刷）。
④ 三十年后，陈振濂在《杭州日报》2016 年 5 月 12 日发表随笔《浅谈"兰亭学"》，依然将《兰亭序》的"版本系统""流传脉络""后世追捧"和南宋以降的有关《兰亭序》研究文字，视作兰亭学的基本内容与研究范围。
⑤ 作为"附录"收入华人德与白谦慎主编、苏州大学出版社 2000 年版《兰亭论集》。

时代有关《兰亭序》研究的兴盛。"①针对陈振濂、祁小春二人把《兰亭序》研究直接视作兰亭学的做法，华人德与白谦慎二人则提出了不同的意见，他们认为："由于《兰亭序》在中国文化史和书法史上的特殊地位，关于'兰亭'的文字记录和讨论也代不乏人，把历代的讨论称之为'兰亭学'，或许言之为过，但对《兰亭序》的著录、研究确实是源远流长、自成传统的"，"关于《兰亭序》比较严肃的学术研究是从宋代开始的。桑世昌的《兰亭考》汇集了散见于各种著录、笔记、信札、诗文、题跋中有关《兰亭序》的资料，间或加入自己的一些简短的考订和评语，并进行分类编纂，内容庞杂丰富。之后，俞松又作《兰亭续考》，所收多为俞氏所藏所见各本《兰亭序》的题记。桑、俞二考，虽主要为资料汇集，而非研究性的著作，但它们为研究《兰亭序》在唐宋两代的临摹、翻刻、流传、著录、文人们对它的评论保存了十分珍贵的资料"。②

当然，我们认为兰亭学就是研究《兰亭序》的一门学科，并非一时心血来潮、随口说说而已，相反，而是建立在多年慎重的思考基础之上。

这种思考，一者觉得兰亭学内容很丰富，有很多谜团、很多话题让人说不完、道不尽。内容上的丰富，是一门学科成立的基本前提。很难设想，某种研究只要数篇文章即可定调，他人再也说不出新道道，却可以把该研究上升到学科层次。有人比较《红楼梦》与《水浒传》两部古典小说，发现《红楼梦》研究之所以能形成学科意义上的红学，关键在于它可"说"的东西太多，单是作者研究，人们仍在无休止地考证，下不了定论。还有各种版本优劣的争论，还有前八十回与后四十回作者是否是同一人的争论，还有关于脂评的争论，还有各种主题、各种人物形象意义和各种写作技巧的争论，等等，真可谓要多复杂有多复杂。而《水浒传》研究直到今天都没有跨入独立的学科层次，其中最主要的原因无非也就是值得争论的话题太少了，内容丰富性不足。再回到书法，除《兰亭序》外，像被称为天下第二、第三行书的唐颜真卿《祭侄文稿》与北宋苏轼《黄州寒食诗帖》，以及其他被称作经典的大大小小之法帖，没有一种不是说着说着就没有多少"新"义可供发掘了，往往一两种评语即可取得共识、成为后人言说的依凭，想争论都争论不起来。试想，这样的帖本研究又怎能上升为学科性研究呢？《兰亭序》因书法而出名，可它的书法与王羲之传世的其他法帖面目又大不一样，为什么？与东晋时期整体的书法风貌也存在一些距离，又是为什么？书法外，《兰亭序》还是一篇完整的文学作品——散文，且由书家本人创作，不是抄别人的。可这篇散文，唐以前的文献，今人只见到它的不完整部分（均为节注之文，抒情、议论部分都被一一删去。当然，唐以前文献的不完整，有的也许因宋代文人如晏殊等妄加删削所致），直到唐初唐太宗命房玄龄等人编撰《晋书》，才于"王羲之传"中完整抄录下《兰亭序》全文。据此，人们又争论开了：或以为不完整的节注之文才是王羲之原文面目，完整者为后人所伪托；或以为节注之文就是节注之文，既不会代表原文，也

---

① 方爱龙：《南宋书法史》，上海古籍出版社2008年版，第301页。
② 华人德、白谦慎主编：《兰亭论集》"序"，苏州大学出版社2000年版，第1页。

不会是王羲之当初定稿之面目,只有《晋书》中的"王羲之传"所载全文为王羲之所撰写,等等。其次则是与《兰亭序》有关的问题构成也极其丰富。简略地说,作者王羲之生卒年有争论,诞生《兰亭序》的兰亭雅集出席人数究竟是四十一人还是四十二人有争论,出席人员有无支遁、许询、谢尚、王操之与李充五人有争论,兰亭雅集是文人聚会还是军政会议有争论,兰亭雅集的具体遗址何在有争论,《兰亭序》流传经过(细节)有争论,《兰亭序》哪种版本最接近真迹、哪种版本最优秀有争论,晚清之后更有《兰亭序》真伪之争论以及对争论的反思之争论。而且,这些争论"剪不断,理还乱",还会派生许多新的争论(清中期赵魏、阮元等人对《兰亭序》的真实性提出了疑问,但尚未形成"争论"),使《兰亭序》研究成了一个地地道道的"说不尽"之存在。

除丰富性外,《兰亭序》研究能成为一门学科,还在于它同"红学"一样,也有自身严密的体系。其实,丰富性的"有序"存在或互为关联地存在,即可随之构成严密之体系。如果没有体系存在的话,那丰富性也就不成其为丰富性,而沦为毫无意义之琐碎、之杂乱,"一地鸡毛"而已。红学是有严密体系的。这种体系,在红学家周汝昌看来,就是"四大板块"论,即红学当由曹学(曹雪芹家世、生平研究)、版本学(《石头记》版本研究)、探佚学(《石头记》佚稿研究)与脂学(脂砚斋评点研究)四大板块组成,把这四大板块研究好之后,方可进行《红楼梦》的思想、艺术研究。1982年,周汝昌应邀为河北师范大学中文系学生做了一场《什么是红学》的演讲,明确告诉我们:"红学显然是关于《红楼梦》的学问,然而我说研究《红楼梦》的学问却又不一定都是红学。为什么这样说呢?我的意思是,红学有它自身的独特性,不能只用一般研究小说的方式、方法、眼光、态度来研究《红楼梦》。如果研究《红楼梦》同研究《三国演义》《水浒传》《西游记》以及《聊斋志异》《儒林外史》等小说全然一样,那就无须红学这门学问了。比如说,某个人物性格如何,作家是如何写这个人的,语言怎样,形象怎样,等等,这都是一般小说学研究的范围。这当然也是非常必要的。可是,在我看来,这些并不是红学研究的范围。红学研究应该有它自己的特定的意义。如果我的这种提法并不十分荒唐的话,那么大家所接触到的相当一部分关于《红楼梦》的文章,并不属于红学的范围,而是一般的小说学的范围。"[①] 但多数红学家却认为,红学在四大板块之外,还应包括《红楼梦》思想、艺术研究,前者是基础,后者是目的,二者缺一不可。也有部分红学家认为,红学体系可分"外学"和"内学"两大板块,外学研究曹雪芹的家世、传记、文物等,内学研究《红楼梦》的版本、思想内容、人物创造、艺术成就与成书过程等。那么,兰亭学的体系何在呢?我们认为,兰亭学以《兰亭序》研究(书法的与文学的;思想性与艺术性;真实性与可疑性;考据的与鉴赏的;风格的与技法的……)为核心,向上追溯,可进入诞生《兰亭序》的兰亭雅集研究,兰亭雅集下面又可进行修禊习俗研究、文人集会研究、魏晋文化背

---

① 周汝昌:《什么是红学》,《河北师范大学学报》(哲学社会科学版)1982年第3期。

景研究、兰亭雅集性质研究、兰亭雅集召集者王羲之研究、兰亭雅集嘉宾研究（含王献之研究）与兰亭雅集遗址研究等；横向联系，可进行兰亭诗研究，兰亭诗下面又可分兰亭诗流传经过研究、兰亭诗版本研究、兰亭诗性质（玄言诗还是山水诗）研究、兰亭诗思想艺术研究与兰亭诗文学史地位研究等；向后推衍，可进行《兰亭序》的帝王接受研究、书家接受研究、诗人接受研究与画家接受研究等。于此不难看出，兰亭学有自己的研究核心，也有自己的研究外围或研究分支，各项具体研究有层次、有定位，秩序井然，这不叫"严密体系"，还有什么能叫"严密体系"？

经过上述思考，我们对兰亭学的界说则可更加明确了，即所谓兰亭学就是关于《兰亭序》及相关问题研究的一门学科。这里的"相关问题"，当然指的是"密切"的相关问题，如我们以上谈"严密体系"时所列举的那些。至于上述列举未及部分，都属于"不太密切"的相关问题，研究之，意义也不大。

现在，我们还得思考另一个问题，这就是兰亭学这门学科该从属于哪门学科呢？也可以说这是一个学科定位问题。我们想，如果单从它的重点研究对象——《兰亭序》着眼，一者可认为它从属于中国文学史研究中的魏晋文学研究，因为《兰亭序》这篇文章就是魏晋时期的散文作品之一。二者可认为它从属于中国书法史研究中的魏晋书法研究，因为《兰亭序》这通墨迹又是魏晋时期的行书作品之一；再考虑到《兰亭序》被后人尊为"天下第一行书"，在整个中国书法史中占有显赫地位，也可将兰亭学上升到中国书法史研究的从属地位。遗憾的是，以上所述三种从属关系，三种理由并存，谁也涵盖不了谁，谁也取代不了谁，说明它们皆不可取。所以，我们还得另辟思路，同时考虑到兰亭学还要研究《兰亭序》之外的几个相关问题，如兰亭雅集研究、兰亭诗研究和兰亭接受研究等。当我们作整体观照时，就会发现，能够涵盖、统摄《兰亭序》文章、《兰亭序》书法与《兰亭序》相关问题研究的概念或称谓只能是"文化"。由此，我们认为，兰亭学最直接的从属学科就是中国文化史研究。而中国文化史研究作为一门边缘学科，既是文化学的一个分支。也是历史学的一个分支，这样，我们若为兰亭学做更高一级的学科定位的话，当然也就可以说兰亭学同时从属于文化学与历史学。据此定位，今后有关高等院校开设兰亭学课程，该放在哪个院系之下就非常清楚了，比如有文化学院（系）者可放在文化学院（系），无文化学院（系）者可放在早已有之的历史学院（系）。另外，为拓展学生的文化视野，丰富学生的文化史知识，在书法学院（系）以至艺术学院（系）里，开设兰亭学课程也有其合理性与必要性，毕竟兰亭与书法、兰亭与艺术存在着无法割离之关系。

兰亭学既然是一门学科，那它当然应该有自己特定的研究对象。研究对象不明的话，这门学科的存在性就会遭到质疑。为此，关于兰亭学的研究对象问题，我们更无法回避。在我们看来，兰亭学的研究对象或主要研究对象就是一件作品，书法的与文学的，名叫《兰亭序》。有了这一对象规定，我们就会清楚，哪些东西（或问题）属于兰亭学应该研究的，哪些东西（或问题）不属于兰亭学要研究的；哪些东西（或问题）属于兰亭学应该予以重点研究的，哪些东西（或问题）只属于兰亭学予以附带研究的。正因为如此，虽然《兰亭序》的作者王羲之很重要，但兰亭学依然不把他放在"主要研究对象"位置，王羲之应是"王羲之学"（王玉池等人所倡导，尚在设想之中）的主要研究对象，在"王羲之学"那里，王羲之无论如何都是主角。兰亭学与王羲之学，一个指向作品，一个指向作者；一个指向特定的"物"，一个指向特定的"人"，所以，它们的主要研究对象也就各不相同。

如果说研究对象是兰亭学面临的首要问题的话，那么，内容构成则是兰亭学面临的重点问题。对此，我们想，作为一门学科的兰亭学，其内容构成一定不能平面化，更不能零散化与杂乱化，而必须是环环相扣、互为依存的，它们具有不同的层次性，并处于不同的逻辑架构点上。本乎该原则，我们为兰亭学设定了如下内容构成，这就是——在第一层面上，兰亭学的研究内容为四大板块，即《兰亭序》研究、兰亭雅集研究、兰亭诗研究与兰亭接受研究。在第二层面上，《兰亭序》研究包括《兰亭序》书法（或帖本）研究与《兰亭序》文学（或文章）研究，兰亭雅集研究包括源自先秦的修禊习俗研究、永和九年前的文人集会研究与永和九年的兰亭雅集研究等；兰亭诗研究包括兰亭诗流传经历研究、兰亭诗版本研究、兰亭诗用典研究与兰亭诗文学史地位研究等；兰亭接受研究则包括帝王、书家、诗人与画家的兰亭接受研究等。在第三层面上，像《兰亭序》书法研究又包括《兰亭序》的创作、版本与真伪问题研究三个小板块；《兰亭序》文学研究又包括《兰亭序》与《金谷序》的比较、《兰亭序》与《临河序》的比较，以及《兰亭序》文学价值的辨析等；"永和九年的兰亭雅集"板块下又包括六个小板块，即兰亭雅集的时代、性质、召集者、嘉宾与遗址研究，以及孙绰《兰亭后序》与兰亭雅集的关系寻探等。不难看出，这样的内容构成，也是对我们上文关于《兰亭序》研究内容是否存在"严密体系"讨论文字的一种呼应。当然，这样的内容构成，仅是兰亭学内容构成之一种，只代表我们的思考，其他学者自可根据自己的理解设置出其他面目的内容构成。

在研究对象与内容构成之外，兰亭学还要关注自身的发展轨迹。这是因为，兰亭学虽然在我们的努力下，初显学科雏形，但在这之前，却经历了一个漫长的发展过程。只有把握该发展过程，方可帮助我们全面而深入地了解兰亭学本身。那么，兰亭学的最初源头又在哪里呢？从提供研究对象着眼，我们认为，王羲之主持兰亭雅集、创作兰亭诗和《兰亭序》的东晋永和九年三月初三就是最初源头。其后至北宋，《兰亭序》真迹从家传到寺藏再到宫藏并葬入昭陵，兰亭诗由隐而显为唐人记录、抄录，人们开始探讨《兰亭序》不入"阁帖"问题、不入《文选》问题与"僧"字是否押缝问题等，这段时间可称之为兰亭学的滥觞期。到南宋，兰亭学进入形成期，这时出现了一个了不起的有心人——桑世昌，他竟用去十多年的精力，到处走亲访友，把北宋以来有关《兰亭序》著录、题跋等文字，从分散状态一一搜罗起来，放在一起，汇编成了《兰亭博议》十五卷（后经高似孙删削、付梓，被改题《兰亭考》，留下十二卷），其卷目设置即可视为桑世昌关于兰亭学基本架构的一种朴素认识，它代表了桑世昌心目中的兰亭学所应包含的大致内容。南宋年间，除桑世昌外，其前其后更有姜夔撰《兰亭考》(为与桑世昌的《兰亭考》相区别,后世改称《禊帖源流考》)、《禊帖偏旁考》,俞松撰《兰亭续考》,为兰亭学的形成做出了共同努力。南宋之后,直到1950年代,兰亭学都属于延续期,它们谈论的话题,同北宋以前一样,多为版本优劣问题。清代中期(偏前)起,增加了一个帖本真伪与文章真伪问题,但文本样式多为题跋体,没有多少逻辑力量。当然,这期间并不乏专著化文本样式,它就是翁方纲撰写的《苏米斋兰亭考》。翁著是兰亭学延续期也是兰亭学整个发展史上第一部个人化的学术论著(而大大不同于以辑录他人文字为主的辑著),只不过它仅仅是讨论版本问题罢了。进入1960年代与1970年代,自郭沫若发表《由王谢墓志的出土论到〈亭序〉的真伪》[①]开始,兰亭学跨入兴盛期,"论"的力度一下强化起来,人们发表的文章除极少数者外,绝大部分是充满思辨色彩的现代议论文(即常言所谓"论文")体裁,既利于表达个人观点,又利于根据史料展开推理、论证过程,使现代意义上的"学"应运而生。而到了1980年代,大家的理论视野进一步开阔,研究内容也进一步丰富化,除过去已有的《兰亭序》帖本论与文章论外,还增加了兰亭雅集研究、兰亭诗研究与兰亭接受研究等,成果体现上以论文发表为主,但也不乏论著出版。更重要的是,本期的成果在质上远远超过了以前各期,有新度,有广度,也有高度与深度,较之一些新兴学科(如甲骨学、敦煌学、史记学、唐诗学与故宫学等)的发展,一点儿也不逊色。

论述至此,我们终于可以看清兰亭学与《兰亭序》研究之间的关系了,这就是——兰亭学可以"包括"《兰亭序》研究,但绝不"等于"《兰亭序》研究。因为,《兰亭序》研究针对"作品",且偏于书法,无法突破魏晋书法史的研究范围。如果宽泛一点,兼顾一下它对后世书法史的影响,以及它同时又是一篇文学作品,勉强可以让它扩大到中国书法史与魏晋文学史的研究范围。既如此,则我们遇到的如下一系列问题,像唐太宗为何对《兰亭序》那样偏爱,唐宋元明清为何要对《兰亭序》进行那么多的辗转复制,宋人为何发起《兰亭序》不入《文选》之讨论,晚清为何出现对《兰亭序》从文到帖真实性的质疑,还有1960年代为何出现郭沫若与高二适等人发起与参与的兰亭论辩,还有1980年代以后兴起的关于兰亭雅集研究、兰亭诗研究、刘孝标《世说新语》注文版本研究、王羲之哲学思想研究等,皆非《兰亭序》研究所能囊括、所能给予有效解决的。因此,用兰亭学取代《兰亭序》研究,绝非只是简单地换一种说法,而是实实在在地出于一种客观诉求,我们只不过顺应学术发展形势,给兰亭学的学科构建当名"助产士"而已。

顺应学术发展形势,以兰亭学取代或超越《兰亭序》研究,其意义在我们看来是非常明显的。首先,即在于我们上段文字所说,不再把对《兰亭序》的研究局限于书法、局限于文学,而向外扩展到文化领域,进入文化史研究层面。其次,兰亭学确立之后,有利于借鉴相关学科的前沿成果,吸引相关学科的人才介入,进而提高《兰亭序》及相关问题的研究水准。再次,兰亭学可为高等院校的中文专业、历史专业、书

[①] 《文物》1965年第6期,《光明日报》1965年6月10、11日转载。

法专业与美术专业等讲授《兰亭序》，提供本学科以外的诸多系统知识，帮助它们加深对《兰亭序》及相关问题的理解。最后，兰亭学的构建，可呼应林语堂当年所说——"谈论中国艺术而不懂书法及其艺术的灵感是不可能的"[①]一语，帮助海内外学者尤其是海外那些汉学家或中国学家，从中更准确、更清晰地把握中国文化的特殊本质，进而有效地向全世界传播永远充满活力的中国文化。

兰亭学就其滥觞期来说，自是历史悠久，但它的兴盛期毕竟不长，依我们上述所言，从1960年代算起，到现在也不过五十余载而已，是一门地地道道的新兴学科。唯因新兴学科，它自身的理论建设还没有及时跟上，有限的几篇谈论兰亭学的文字皆流于浮光掠影，而论述兰亭学的专著则一部未见。好在我们相信毛泽东当年所说——"一张白纸，没有负担。好写最新最美的文字，好画最新最美的画图"[②]，让我们以目前兰亭学面临的困境为契机，不避愚钝，勇敢地借鉴相关学科理论建设经验，整合已有的兰亭学知识，尝试兰亭学的学科定位与学科构建，并最终托出兰亭学的学科雏形！

【作者简介】毛万宝，绍兴兰亭书法研究所副所长（主持工作），云南师范大学特聘教授。

---

① 万近平编：《林语堂论中西文化》，上海社会科学院出版社1989年版，第240页。
② 毛泽东：《介绍一个合作社》（1958年4月15日），《建国以来毛泽东文稿》第7册，中央文献出版社1992年版，第178页。